工程经济学

（第5版）

邵颖红　黄渝祥　邢爱芳　等　**编著**

同濟大學 出版社
TONGJI UNIVERSITY PRESS
·上海·

内 容 提 要

本书系统地阐述了工程经济分析的原理和方法，给出了现金流量的识别和估算方法、利息公式和等值计算方法，介绍了如何根据方案研究期内的现金流量计算有关指标，以确定方案经济效果的高低和比较选择最优的方案。结合工程项目所处的经济环境，介绍了会计对折旧、利润、所得税等的核算方法，在此基础上进一步介绍了工程项目的盈利性分析和清偿能力分析，并从应用的角度全面而实用地阐述了贷款融资、价格变化、所得税等对工程经济分析的影响。此外就公共项目经济分析、资产更新、租赁与改扩建方案比较、工程项目方案的不确定性和风险估计技术、价值工程进行了专题介绍。

本书是在第 4 版的基础上修改而成，可作为大专院校各类工科专业工程经济类课程的基础教材，也可作为计划、设计、咨询部门或企业的工作人员（如经济师、造价师、建筑师和咨询师等）自学或培训用的教材。

图书在版编目(CIP)数据

工程经济学/邵颖红等编著. --5 版. --上海:同济大学出版社，2015.2(2023.7重印)

ISBN 978-7-5608-5767-1

Ⅰ. ①工… Ⅱ. ①邵… Ⅲ. ①工程经济学—高等学校—教材 Ⅳ. ①F062.4

中国版本图书馆 CIP 数据核字(2015)第 024589 号

工程经济学（第 5 版）

邵颖红　黄渝祥　邢爱芳　等　编著

责任编辑　张　莉　　责任校对　徐春莲　　封面设计　潘向蓁

出版发行　同济大学出版社　　www.tongjipress.com.cn

（地址：上海市四平路 1239 号　邮编：200092　电话：021－65985622）

经　　销　全国各地新华书店

印　　刷　启东市人民印刷有限公司

开　　本　787mm × 1092mm　1/16

印　　张　16.75

印　　数　72 901—78 000

字　　数　418 000

版　　次　2015 年 2 月第 5 版

印　　次　2023 年 7 月第 12 次印刷

书　　号　ISBN 978-7-5608-5767-1

定　　价　35.00 元

前　言

本书写作的主要目的就是把工程经济实践带到课堂上来，帮助学生结合实际考虑工程项目决策问题。

第5版是在第4版的基础上吸收了编著者在本领域的最新的研究成果，根据我国投资体制、财税体制和会计制度改革的新要求重新修改而成。新版延续了第4版简明扼要、注重应用的特点，删除或更新了章节间重复或过时了的内容。本版的改进和新增内容如下：

（1）第2章补充和明确了现金流量要素，建筑安装工程费组成按照最新《建标(2013)44号文件》修订，同时更新了经营成本估算内容。

（2）第3章新增了几何梯度系列复利计算公式、利息加总等额还款计算公式、计息期长于支付期的计算以及若干计算实例。

（3）第4章引入了修正内部收益率、外部收益率、项目余额概念，清楚地解释了多个收益率问题。

（4）第5章更新了折旧年限、摊销、折耗等相关数据资料。

（5）第6章把工程项目的盈利性分析的现金流量按营运活动、投资活动、债务融资活动和权益投(融)资活动进行了划分，使报表更简洁、清晰，更贴近市场经济环境下的经济行为。

（6）用Excel生成了所有的现金流量表，补充若干Excel电子表格计算的复杂实例。

（7）书中添加了大量结合工程实际全新的实例和习题。

另外应该说明的是，随着经济体制改革的深化，各种行政法规和经济参数也在不断变化中，读者在实际运用本书时，应着重于原理和方法的理解，注意随时变化的工程项目所处的经济环境。

第5版由邵颖红、黄渝祥策划统稿，并执笔所有修改。此外一些同事也给出了修改意见，在本书的编写过程中参考了国内外众多学者的著作，在此一并表示衷心的感谢。

编者

2014年12月

第 1 版前言

本书是在我校翟立林教授 1981 年编写的《工程经济学》教材的基础上，根据我们几年来教学实践的经验，并吸收国内近几年可行性研究的成果修改补充而成的。本书阐述了国外工程项目经济分析的理论和方法，并力求与我国过去采用的技术经济分析方法相衔接，同时反映我国当前经济分析中的一些实际做法。本书注意把各个行业技术经济分析中共同的、带有规律性的原理和方法抽象出来，进行系统阐述，因此，它适于作为各类工科专业的技术经济课的基本教材，各个专业可以结合不同行业的特点适当加以补充。

采用本书作为教材的课内教学时数建议为 35～40。为了帮助学生加深理解、掌握内容，每章都附有一定数量的习题，学生以选做一半左右为宜。

翟立林教授、华南工学院王剑琴副教授对全书的编写提出了许多宝贵意见与帮助，改正了一些错误，并做了最后的审核。参加本书编写修改的还有朱懿铭同志。

由于我们水平有限，编写时间又仓促，书中一定还有不少缺点和错误，请广大读者不吝指正。

同济大学经济管理学院
黄渝祥　邢爱芳
1984 年 9 月

目　　录

1 基本概念

1.1 工程技术的两重性

工程技术和科学不同，是科学的应用。科学家的目的在于增加人类已经积累起来的系统的知识，发现宇宙间的各种规律。对于工程技术人员来说，知识本身不是目的，而是被他们用来作为设计和制造各种结构、系统、过程等的素材。

工程技术的先进性表现在两个方面。一个方面是它能够创造出落后技术所不能创造的产品和劳务，例如宇宙航行技术、海底资源开发技术、原子能利用技术，等等；另一方面是它能够用更少的物力和人力创造出相同的产品和服务。

工程技术作为人类进行生产斗争的手段，它的经济目的性是十分明显的。因此，对于任何一种技术，在一般的情况之下，都不能不考虑经济效果的问题。脱离了经济效果的标准，技术是好、是坏，是先进、是落后，都无从加以判断。

既然人类发展技术是为了经济的目的，因而技术不断发展的过程，也就是其经济效果不断提高的过程。随着技术的日新月异，人类越来越能够用较少的人力、物力获得更多更好的产品或服务。从这一方面来看，技术的先进性是同它的经济合理性相一致的。凡是先进的技术，一般说来，总是具有较高的经济效果；恰恰是较高的经济效果才决定它是先进的技术。

但是另一方面，在技术的先进性和其经济的合理性之间又存在着一定的矛盾。这是因为在实际的生产斗争中采用技术时，不能不凭借当时当地的具体的自然条件和社会条件，而条件不同，技术所带来的效果也不同，某种技术在某种条件下体现出较高的经济效果，而在另一种条件下就不一定是这样。可能从远景的发展方向来看，应该采用某种技术，而从近期的利益来看，则需要采用另一种技术。这类的例子是很多的。例如，大家知道，铁路机车的牵引动力，从总效率方面比较，以电力牵引为最优，内燃牵引其次，蒸汽牵引最差。采用电力牵引，可以节省燃料，提高行车速度，降低运输成本，减少污染和排放，但是需要建设庞大的电力网和许多发电站。因此，目前阶段，世界上很多山区和偏僻地区仍然以蒸汽牵引或内燃牵引作为主要的牵引动力。由此可见，联系到具体的自然条件和社会条件，并非一切先进的技术都是经济合理的。

因此，为了保证工程技术很好地服务于经济，最大限度地满足社会的需要，就必须研究在当时当地的具体条件之下采用哪一种技术才是适合的。这个问题显然不是单单由技术是先进或落后所能够决定的，而必须通过经济效果的计算和比较才能够解决。

归纳以上所述，可见工程技术有两类问题。一类是科学技术方面的问题，另一类是经济分析方面的问题。前者是研究如何把自然规律应用于工程实践，这些知识构成了诸如工程力学、工程材料学等学科的内容；后者是研究经济规律在工程问题中的应用，这些知识构成工程经济类学科的内容。

随着科学技术的飞跃发展，为了用有限的资源来满足人们的需要，可能采用的工程技术方案越来越多。怎样以经济效果为标准对许多技术上可行的方案互相比较，做出评价，从中选择最优方案的问题，就越来越突出，越来越复杂。**工程经济学**[①](Engineering Economy)这门学科就是在这样的背景下产生的。

一般而言，一项成功的工程项目，除了技术上可行和成功外，还要产生预期的效益。在有些情况下还要求产生的效益要超过为实施该工程而付出的费用，从而使所设计的工程(或产品)能实现净的效益。工程经济学就是研究有关工程设计和分析的效益和费用，并对此进行系统计量和评价的学科。我们以后会看到，大到工程项目的投资决策，小到工程设计人员的材料设备选择，工程经济学都能提供有用的经济学知识和分析的框架。

人们在生产实践中逐步体会到工程经济的重要性。很多重大工程技术的失误不是由于科学技术上的原因，而是经济分析上的失算。英法两国联合试制的"协和"号超音速客机在技术上完全达到了原来的设计要求，是世界上最先进的。但是由于耗油量太大，噪声太响，尽管速度快，并不能吸引足够的客商，由此蒙受了极大的损失。在同等的通货膨胀率下，"协和"号的票价比普通客机的票价上涨快得多。所以，随着机票价格的上涨，很快"协和"号的机票价格就远远地超过了人们的接受能力。经过27年的商业运营，世界上著名的超音速客机"协和"号终于在2003年10月结束了它的飞行生涯。它给航空迷留下了美好的回忆，但被商界公认为是投资决策失误的例子。

20世纪90年代末，以美国硅谷为代表的网络泡沫，就是因为被媒体等炒作，脱离了经济的基础，一味追求成长性，导致股价与基本面的背离。一旦投资者发现光有网络的点击，没有现实的现金流进账，投资回报不能实现时，纷纷抛售股票，股市狂泻，导致整个经济的衰退。事实上目前很多高科技项目，如新能源汽车、新型材料和生物技术产品，在技术上实现功能已没有问题，问题往往是成本太高，无法实现商业价值。任何没有商业价值的工程技术不能说是成功的，也可以说是没有经济意义的。

我国迄今为止，最成功、经济效益最好的工程，当数都江堰水利工程。都江堰位于四川成都平原西部的岷江上，建于公元前3世纪，是中国战国时期秦国蜀郡太守李冰及其子率众修建的一座大型水利工程，是全世界至今为止，年代最久、唯一留存、以无坝引水为特征的水利工程。2 200多年来，一直发挥巨大效益，灌溉土地达1 000多万亩(1亩=666。$6m^2$)，不愧为文明世界的伟大杰作，造福人民的伟大水利工程。从工程本身来说，没有宏大的水坝，也没有自动开启的水闸，用看上去并不起眼的鱼嘴、飞沙堰和宝瓶口实现了分水、溢洪和引水。所用的技术也谈不上先进。在没有火药的情况下，用火烧石使之爆裂开凿山岩；在没有水泥的情况下，就地取材，用竹笼裹卵石筑堰；在没有钢材的情况下，用树木编成的木排实现分水。其了不起之处还在于工程巧妙地解决了水利工程常见的泥沙淤积的问题，使工程能延续数千年不辍。可以说都江堰以最小的代价实现了最大的社会经济效益。而我们近代实施的一些大水利工程，可谓高峡出平湖，非常雄伟，技术也先进，但不出数年，泥沙淤积，水位提高，造成上游被淹。这些工程即便不算是完全失败，但至少可说是没有达到规划设计的要求。

我国在社会主义经济建设中取得了重大的成就。但是由于体制和观念上的原因，很多工程项目的经济效益是不好的。产品不对路、资源利用率不高、盲目引进国外资金密集的成套项目而不重视国内丰富资源的利用等情况长期严重地存在，以致耗用了大量的人力物力而并没有使人民生活水平得到应有的改善。改革开放以来，党和政府再三强调了经济建设要以提高经济效益为中心的方针，这是完全符合经济发展的客观规律和我国具体情况的。一个合格的

---

① 工程经济学与工程经济(Engineering Economy)经常交叉使用，没有什么区别。

工程师不仅要对他所提出的方案的技术可行性负责，也必须对其经济合理性负责，只有这样，他的工作才有利于社会主义经济建设，才有利于满足广大人民的需要，这就要求他掌握这门学科所探讨的规律性。

工程技术经济方面的规律性远没有自然规律那么精密和严格。这是因为经济规律牵涉到人们的行为和社会现象的研究，情况远比自然现象复杂多变。因此，工程经济学的内容也在不断地充实和发展之中。不能期望一下子找到一种能给出绝对正确结论的方法。重要的是要掌握基本的经济概念，以求在实际问题中灵活地运用。

1.2 工程经济学研究的对象和出发点

工程经济学的研究对象是工程项目的经济性。这里所说的项目(project)是指投入一定资源的计划(plan)、规划(programme)或方案(alternatives)并具有相对独立功能的，可以进行分析和评价的单元。因此，工程项目的含义是很广泛的，它可以是一个拟建中的工厂、车间，也可以是一项技术革新或改造的计划；可以是设备，甚至设备中某一部件的更换方案，也可以是一项巨大的水利枢纽或交通设施。

任何工程项目都可以划分成更小的、便于进行分析和评价的子项目(subproject)。通常，一个项目需要有独立的功能和明确的费用投入者。例如，拟建一个汽车工厂，采用的是通用轮胎，轮胎可以由本厂制造，也可以向其他工厂购进甚至进口，这样轮胎一项可以作为一个独立项目进行专门研究。但是，如某水利工程，其水坝和引水渠道等在规划、设计和效益发挥上密不可分，把它们分成两个项目就不合适了。

工程项目的经济方面研究还有个出发点(viewpoint)的问题。在以市场机制为导向的经济中，可以证明，在满足完全竞争的市场均衡，不存在外部效果和公用物品等一系列前提条件下，从企业角度出发的利润最大化的决策和从社会角度出发的资源配置效率最大化的目标是一致的。尽管这些前提假设很难完全得到满足，但从社会角度的经济分析，还是可以在企业角度分析的基础上进行修正。因此，我们可以以企业(或投资者)角度的分析作为基本的平台和框架。这就是通过产出的收益和投入费用的计算比较得出结论，而这些计算多数是以市场价格为基础，以货币量为单位的。因为在市场经济中，我们还没有办法找到比价格和货币更为一般的度量尺度。此外，作为国家和社会的目标，资源配置的效率有时可能不是唯一的，还有诸如公平分配、社会稳定等政治目标。即便如此，也要计算实现这些目标所付出的经济代价，还要问为实现这些目标是否还有更好的方案，为什么要选择这个方案而放弃其他技术上可行的方案？要回答这些回题，尽可能地用货币度量效益和费用还是必要的。

1.3 工程经济分析的原则和方法框架

工程经济分析是帮助决策者(设计人员或管理者)做出正确的决策的过程，它是与工程技术的考虑紧密联系在一起的，贯彻于设计和决策的全过程。经验表明，很多决策失误往往不是具体计算的失误，而是由于分析的原则和方法框架选择不当。因此，有必要对这些原则和方法框架作必要的说明。

1.3.1 形成尽可能多的备选方案

迄今为止，多数情况下的设计、决策变量还不可能是连续的，只能在给定方案中进行选择。所谓决策就是在两个或两个以上的**备选方案**(alternatives)中做出选择。因此，形成尽可能多的备选方案是提高工程设计和决策水平的基础。如果一旦忽略了潜在的、可行的备选方案，就有可能失去进一步优化决策的机会。工程技术人员经常要多问“还有没有其他可行的方案?”诸如此类的问题。例如，大到发电厂方案是建火电还是水电？在火电方案下是用煤、油还是天然气？每台机组功率是 90 万 kW 还是 75 万 kW？小到在厂房结构上是用钢结构还是钢筋混凝土结构？在形成备选方案过程中，工程技术人员的创新精神是极为重要的。

在这些备选方案中，有一个特殊的方案，这就是使原有的情况延续的方案，也就是所谓“不干什么”或“无”项目方案(doing nothing)。实际上，最终选定的项目方案都得与这个“无”项目方案进行评价比较，这就是所谓**“有、无”对比**(with vs. without)，“有”这个项目与“没有”这个项目进行比选，以确定项目是否实施。例如，在考虑改善城市道路的交通项目时，方案一是新建干线，方案二是对原有干线拓宽。如果比选的结果是方案一(新建干线)较好，最后还要与既不新建也不拓宽的维持现有道路延续的“无”项目方案进行比较。有可能因为投资太大，暂时不建为好。对“无”项目的界定要合情合理，不可有意拔高“无”项目状况以贬低项目实施的必要性。以上面这个城市道路建设为例，有项目的交通状况不能与目前状况相比(可能改善不大)，而应与不搞这个项目以后可能出现的交通状况相比(可能会得出有较大改善的结论)。

1.3.2 形成比较的基础，着眼方案的差异

不同方案的使用寿命、产出效益(功能)、投资和运行费用可能都不相同(如果都相同，就不存在比较和决策的问题了，随机地选一个方案就可以了)。要注意项目方案之间的可比性。如果两个方案的寿命期不同，我们就失去了总量比较的基础，就要设法通过更新，使寿命期相同，或者采用年度费用作为比较的基础。又如，费用支出总量相同，而分布的时间不同，比较费用总量就没有意义。例如，功能相同的设备，投资大的项目的经常性运行费用就比较省，投资小的项目运行费用高。由于投资是近期的支出，运行费用是日后的支出，简单加总的比较是没有意义的。这就要设法通过考虑资金时间价值的换算来比较，以后的章节中会详细说明这种比较的方法和指标。

只有方案产生的结果间有差别，才对方案的比选有意义，因此我们可只集中注意方案结果之间有差异方面的比较。功能完全相同的，我们可只比较费用；投资相同的，我们可只比较经常性的运行费用；费用相同的，我们可只比较功能和效用。如，企业内部某车间局部设备的更新和改造项目，我们就可以只比较“有”或“无”这种更新改造项目对企业支出和收益产生的差异，可只看收益由此增加了多少，费用又增加了多少，就以这种差额来进行比较和评价。这就是所谓**增量比较**(incremental comparison)，而无需太多关注企业由此产生的总量变化。

1.3.3 选择影响正确决策的恰当的成本费用数据

成本或费用(cost)，有很多不同的含义。从会计角度，为了保证会计数据的完整正确，按交易发生时的凭证加以记录，称为会计成本(accounting cost)，也称账面或历史成本。从财务税收角度，考虑税收的合理性和及时性，成本是按一定周期(年、季或月)、与收入相对应调整的成本费用，称为应税成本，除了包含在产品内的各种物料投入费用外，还包括各种税法规定的

费用分摊，如折旧和摊销等非现金成本（参见第 5 章）。还有与其他用途相对应的如单位产品成本、全寿命周期成本（life cycle cost）、固定成本（fixed cost）、可变成本（variable cost），等等。在工程经济分析中，成本费用（包括收入，下同）的界定是为今后的决策服务的，这与会计、财务或税务的成本费用不同。其主要区别是：工程经济分析中强调的是**机会成本**（opportunity cost），而避免用与此对立的**沉没成本**（sunk cost）。沉没成本是指过去已发生的、与以后的方案选择均无关的成本费用。也就是说，这些费用对所有的备选方案都是相同的、无法改变的，因此，在工程经济分析中应不予以考虑。联系我们生活中的决策例子：一个学生准备在外面租一个月的房子写论文，看中了一套，月租金1 300元，付了定金 100 元，无论租与否，定金都不退。过了一周，他又发现了一套，面积和使用条件都相同，月租金只有1 210元，不收定金。从月租金看，似乎后者便宜了 90 元（1 300－1 210＝90），但正确的决策应该选择前面那个方案。因为已付的定金 100 元是沉没成本，无论租或不租那个房子，这笔钱都已经花了，是无法挽回的。正确的比较应是第一方案的 1 200 元（1 300－100＝1 200）与第二方案的 1 210 元相比。按费用最小的判据，应选择第一方案。

关于沉没成本，再举一个经典例子，企业在过去买了一台设备花了 50 万元（原值），现在账面上的净值（原值扣除使用期间的折旧）是 20 万元。现在这台设备在市场上只值 5 万元。如果现在考虑是否要对该设备进行更新的决策，“无”方案（不更新）的设备价值既不是 50 万，也不是 20 万，正确的认定应是 5 万元。前面的 50 万或 20 万都是沉没成本，是无法挽回的支出。也有人把设备的减值 15 万元（20－5＝15）看做是沉没成本[①]，这个减值损失同样也不能用来作为设备更新决策的数据。设想，如果市场上有同样功能（包括使用费和使用年限都相同）的设备可供更换，价格只有 6 万元（包括拆除、安装等各种费用和损失）。想一想，要不要更换？如果按沉没成本比较，会得出要更换的结论，而显然这个结论是错的。正确的做法是新设备的 6 万元与老设备的 5 万元进行比较，结论是不更换。如果更换，同样的效果，企业多付了 1 万元（6－5＝1），因为更换出来的设备只能卖 5 万元，而更新需花 6 万元，净损失 1 万元。这里，对旧设备的价值估计的原则是：用做其他用途（备选方案），最大机会价值是多少。这就是机会成本的概念。

机会成本是指，由于资源的有限性，考虑了某种用途，就失去了其他被使用而创造价值的机会。在所有这些其他可能被利用的机会中，把能获取最大价值作为项目方案使用这种资源的成本，称之为机会成本。作为决策，采用机会成本是合理的：只有把有可能实现的、最大的效益牺牲作为成本，才能保证决策有现实性，而又不浪费资源。在上面的例子中，老设备出卖是最好的机会，那么，机会成本就是 5 万元。有些资产，特别是房屋、土地，机会成本有可能比沉没成本高出许多，把它们作为项目投入时就要以机会成本作价，如果按这样的计算，投资回报不理想还不如把这些资产变现。机会成本通常是隐性的（implicit）而非账面的或显性的（explicit）。譬如，某企业考虑搞一个项目，要用到原来空着的仓库。作为新项目的这笔投入，可能没有账面上显性支出。但是，如果这个仓库有出租的机会，就应该把最大可能的出租收入作为新项目的占用仓库的费用。又如，投资者用自有资金来投资，尽管项目没有为此支付资金占用的利息，但这笔资金被占用肯定会牺牲其他获利的机会。这就要求新项目的投资回报不应低于其他投资机会的回报，如至少不应低于存银行或买国债的利息。这种对资金要求的回报

① 这里，关于沉没成本有不同的表述：一种是原值 50 万，另一种是账面净值 20 万，还有就是净值与当前市场值（机会成本）的差 15 万。这些都可以看做是过去发生费用衍生出来的成本，都可以看做是沉没成本，不能作为今后决策的依据。

就叫**资金占用的机会成本**(opportunity cost of capital)。

工程经济分析通常是考察比较工程项目方案长期的投资效果。在项目的使用寿命、经济寿命或产品寿命周期中选定一个**研究期**(或称计算期,study period)来分析项目的投入费用和产出收入,同时为了充分反映资金的时间价值,成本费用和收入用的是**现金流量**(cash flow)而不用财务会计上的成本和收入的概念。现金流量是指在特定时刻经济实体或投资者实际收到或支出的用货币度量的现金、货币等价物和可以变现的资产①。现金流量在两个方面区别于财务会计中的收入和费用。一是有些非现金的费用分摊,如折旧和摊销不是现金流出;二是有些仅是权属变化的收入和支出,如应收而未收、应付而未付的现金,在会计财务核算上是作为收入和支出,而在现金流量中还不能作为现金流入和流出。

1.3.4 选择恰当的评价量纲和评价判据

前面说过,作为经济分析,在市场导向的经济中,用货币来度量工程项目的效果(outcome)是最普遍的。有些效果不直接表现为货币的量纲,但是为了比较,也希望能尽可能地转化为货币单位。例如,环境、安全、教育和卫生等效果,由于治理资源的有限性以及与经济协调发展的必要性,这些效果通过权衡也有可能转化为货币度量。实在不行,也应尽可能加以量化(如用物理量),与所花的代价进行比较(详见第 8 章)。工程经济分析不能代替最终的决策,但要为决策提供尽可能多的信息。把一些目标定性地绝对化是不科学的。如"安全第一"、"环境保护一票否决"等,作为重视这些问题的口号是可以的,但不具有可供操作的意义,因为我们不可能把所有的经济活动都停下来保证安全和环境。

本书的中心内容是介绍工程经济分析中的各种判据(criteria),也就是通过一个或几个指标的比较来评判选择项目方案(见第 4 章)。本书着重从企业(或组织)所有者的长期经济利益角度选择这些判据。这是基于这样的假设:这些所有者以一定投资资本,通过工程项目的实施,取得最大的投资回报。

1.3.5 充分揭示和估计项目的不确定性

对工程项目的经济分析涉及对未来可能发生结果的预测和估计。这些结果都具有不确定性(uncertainty)。这种不确定性是无法避免的,即便是不搞工程项目、按现状延续的"无"项目,将来可能出现的变化也是不确定的。分析人员的任务是尽可能事先揭示和估计这种不确定性有多少以及对项目的影响程度。这将在本书的第 9 章中详细讨论。

1.4 在工程经济分析中使用电子表格

电子表格(spread sheet)是解决工程经济学问题的一种有用的工具。大多数工程经济学问题都可以用电子表格来解决,理由如下:

(1) 工程经济学问题都是由结构化的、重复的计算组成的,因此可以通过一些函数关系用公式来表示。

(2) 工程经济学问题都是相似的,但不是完全相同的。

---

① 这里现金流量的现金(cash)已约定成俗,并不限于日常所说的货币现金。在投资分析中可泛指以用货币度量的资源或财富,甚至还可包括未变现的资产的增值。

(3) 工程经济问题的参数是变化的。

(4) 需要用图表输出，同时控制图表的格式。

(5) 工程经济问题的求解采用手算非常复杂和困难。

电子表格的属性使建立工程经济问题的结构化模型非常容易。所以，比起用手工解决问题，用电子表格更容易使读者发现其中的问题。此外，电子表格的柔性特性使它更容易改正在学习过程中发生的不可避免的错误。

有关 Excel 的基础知识参见一些 Excel 专业书籍，本书主要介绍如何用 Excel 建立电子表格来解决工程经济问题。

习 题 1

1. 请列举国内外重大工程建设项目成功和失败(或没有达到原设计计划目标)的例子各 3 个，并分析造成成功和失败的主要原因。

2. 就你所学的专业，试列举社会经济因素是怎样推动或制约新技术(或新产品)的商业化的？

3. 通过实地考察或网上搜索，说明都江堰水利工程成功的主要原因是什么？有些什么经验值得我们今天借鉴？

4. 以城市交通设施改造项目为例，项目效益比较的基准(也就是“无”项目)如何确定？为什么“前、后”对比(指改造工程实施前后)代替“有、无”对比会造成较大的误差？

5. 世界银行援助我国第一个项目是在我国华北的一个 20 万 hm^2 的地区进行土地改良和改善灌溉的试验。该项目 1980 年开始，1987 年完成。按项目实施前后的农产品产出收益的实际增加算得投资回报率(相当于支付投资的年利率)达到 56%，你是否认为这个项目有如此高的效益？为什么？

6. 为什么说工程项目实施和运行中，用货币现金的支付都等于其机会成本？

7. 请举 3 个机会成本与沉没成本(或历史成本)产生差异的例子。再举 3 个属于隐性机会成本的例子。

8. 如果你大学本科毕业后再攻读研究生，试列出各种可能的机会成本。如果从纯收入角度，你选择读研究生方案的判据应是怎样的？

2 工程项目投资现金流量识别与估算

工程项目的现金流量分析是资本投资决策中最重要的环节之一。现金流量包括项目所需的投资额、项目投入运营后的经营现金流量以及项目终结时的现金流量。在预测现金流量过程中，将会遇到很多可变因素，预测不仅建立在对多种变量的估计基础之上，例如售价、销售量、成本费用额、资本成本、折现率等，而且还涉及公司内众多部门的参与，如销售部门、生产部门、计划部门、会计部门等。投资项目的长期性，决定了预测的不确定性；多部门参与的预测过程，决定了协调的必要性。

在实际经济生活中，投资项目的失败屡见不鲜。既有现金流量估计困难的客观因素的影响，也存在人为因素的影响。例如，缺乏正确的现金流量分析技术，存在现金流量估计偏差等。下面详细讨论有关现金流量识别和估算方法，以避免或减少我们在预测中的错误。

2.1 工程项目投资的现金流量

2.1.1 现金流量的概念

现金流量(cash flow)的概念参见1.3节，在投资决策中是指一个项目引起的企业(或投资主体)现金(或现金等价物，下同)支出和现金收入增加的数量。这时的“现金”是广义的现金，它不仅包括各种货币资金，而且还包括项目投入企业拥有的非货币资源的变现价值。现金流量可以分为现金流入量、现金流出量和净现金流量。

1. 现金流入量(cash inflow)

指在整个计算期内所发生的实际现金流入，或者说是某项目引起的企业现金收入的增加额。通常来自于营业(销售)收入、固定资产报废时的残值收入以及项目结束时收回的流动资金。这里的中心指标是营业现金流入。

2. 现金流出量(cash outflow)

指在整个计算期内所发生的实际现金支出，或者说是某项目引起的企业现金支出的增加额。通常支付于企业的投入资金(建设投资和流动资金投资)、营业税金及附加和经营成本等。

3. 净现金流量(net cash flow)

指一定期间现金流入量与现金流出量的差额。流入量大于流出量时，其值为正；反之，其值为负。

2.1.2 相关现金流量的确定

在投资项目决策中很关键的一点是，经济分析是严格建立在现金流量的基础上，也就是说，项目分析是建立在一定时期内项目的收益和支出的实际资金数量之上的。而影响项目投资决策结果的现金流量是相关现金流量，因此我们要在现金流量分析中考虑相关的现金流。

在辨别相关现金流量时，应坚持以下的原则：

(1) 明确净现金流量不是利润。

(2) 相关现金流量是有无对比的增量的现金流量，而非总量的现金流量。

(3)相关现金流量是未来发生的，而非过去发生的，即沉没成本不应该考虑在内。

(4)相关现金流量不能忽视机会成本。

当项目需要建设厂房、购买设备等资产时，称之为项目投资。企业进行项目投资是为了将来从中获得收益。此类投资与银行贷款类似。对银行贷款而言，未来现金流量包括利息和本金。对项目而言，未来收益是项目资产利用所产生的现金流量。估计资本投入时，只考虑由项目投资直接产生的现金流量。此类现金流量称为增量现金流量(incremental cash flows)，表示由项目投资直接导致的企业总现金流量所发生的变化。以下章节将分析大多数投资中常见的现金流量要素。

2.1.3 现金流出要素

1. 投资

项目全部增量投资表示投资于某项目所必须增加的资金总额，可从以下三种角度进行分类：

1) 从工程投资估价角度

从工程投资估价角度新建项目的全部投资(total capital investment)包括建设投资(construction investment)、流动资金(working capital)和建设期利息(interest in construction period)。事实上，一个项目的投资到底是多少，可以有很多不同的说法。一种是计算资本金基数的总投资，指建设投资与铺底流动资金之和，铺底流动资金为全部流动资金的30%。还有一种是所谓“静态”的投资额，指的是项目建设期间将要实际支出的总费用，不包括建设期利息和物价上涨等数额。如果包括建设期利息和物价上涨等数额，则被称为“动态”的总投资。在项目经济评价采用现金流量折现方法时，因为已经考虑了货币的时间价值，全部投资指的是建设投资和全部流动资金投资，不包括建设期利息。图 2-1 加总的建设项目全部投资是目前国内统计上的口径。

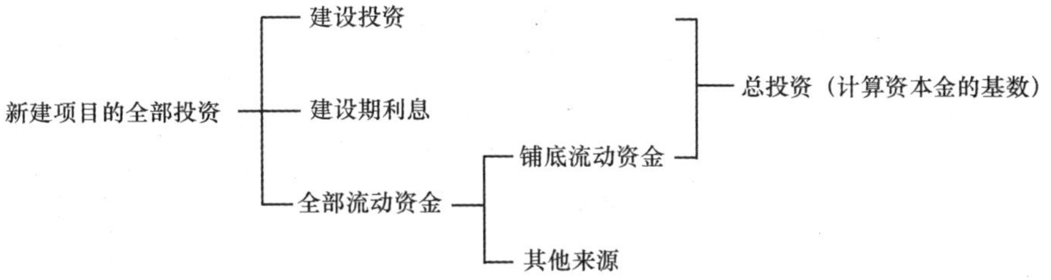

图 2-1 建设项目全部投资构成

建设投资是指从工程项目确定建设意向开始直至建成竣工投入使用为止，在整个建设过程中所支出的总建设费用，这是保证工程建设正常进行的必要资金。建设投资按概算法分类，由工程费用、工程建设其他费用和预备费用三部分构成。工程费用又由建筑工程费、设备购置费和安装工程费构成，预备费用包括基本预备费和涨价预备费。

流动资金(working capital)是指为维持生存所占用的全部周转资金。它是流动资产(current assets)与流动负债(current liabilities)的差额。流动资产包括各种必要的现金、各种存款、应收款项、预付款项及存货，流动负债主要是指应付账款、预收账款。值得指出的是，这里说的流动资产是指为维持一定规模生产所需的最低周转资金和存货；流动负债只含正常生产情况下平均的应付账款、预收账款，不包括短期借款。为了表示这种区别，把资产负债表通常含义下的流动资产称为流动资产总额，它除了上述最低需要的流动资产外，还包括生产经营活动中新产生的盈余资金。同样，把通常含义下的流动负债叫流动负债总额，它除应付账款外，还包括短期借款，当然也包括为解决流动资金投入所需要的短期借款。

建设期利息是指筹措债务资金时在建设期内发生并按规定允许在投产后计入固定资产原值的利息，即资本化利息。建设期利息包括银行借款和其他债务资金的利息，以及其他融资费用。

2）从资产投资角度

从资产投资角度，新建项目的全部投资包括固定资产投资、无形资产投资、其他资产投资、流动资金投资。

固定资产（fixed assets）是指使用期限超过一年的房屋、建筑物、机器、机械、运输工具以及与生产经营有关的设备、器具、工具等。这些资产的建造或购置过程中发生的全部费用都构成固定资产投资。投资者如果用现有的固定资产作为投入的，按照评估确认或者合同、协议约定的价值作为投资。融资租赁的，按照租赁协议或者合同确定的价款加运输费、保险费、安装调试费等计算其投资。耕地占用税，也应算做固定资产投资的组成部分。

无形资产（intangibles）投资是指专利权、商标权、著作权、土地使用权、非专利技术和商誉等的投入。其他资产投资主要指开办费，包括筹建期间的人员工资、办公费、培训费、差旅费、印刷费和注册登记费，等等。

3）从投资资金来源角度

投资的资金来源可划分为两大块，即**权益资金**（equity capital）和**负债资金**（debt capital）。权益资金指的是企业股东提供的资金。权益资金不需要归还，筹资的风险小，但其期望的报酬率高。负债资金包括长期负债（长期借款、长期债券发行收入和融资租赁的长期应付款）和流动负债（这里指的是短期借款）。负债资金在使用上具有时间限制，必须到期归还，无论企业经营好坏，均须按时还本付息，财务风险较大，筹资成本比权益资金低，不会分散投资者对企业的控制权。

整个投资投入阶段的资金来源、投资的构成和形成的资产可以用图 2-2 来概括地表述。

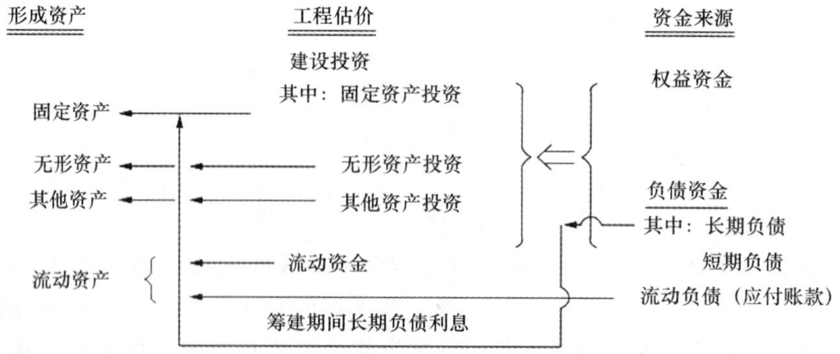

图 2-2　项目全部投资的三种分类

2. 各种成本支出

生产一种新产品需要确定其相关成本。典型的生产成本包括人工费、材料费和间接费用，其中，间接费用包括燃料动力费和间接人工费等。对固定资产的投资通常需要定期维修和保养，以及额外的营运成本支出，所有这些在投资分析中都需要充分考虑。

3. 其他现金流出

除投资、各种成本支出外，其他典型的现金流出有：

租赁费用 当设备或建筑通过租赁（而非购买）获得时，租赁费用成为现金流出。许多公司都会租赁电脑、汽车、工业设备及其他更新换代较快的物品。

偿还本金和利息 当通过借款来为项目融资时，需要偿还利息和本金。从权益投资者角度无论是短期借款（银行贷款）还是长期借款（债券）都视为现金流入，偿还借款（利息和本金）视为现金流出。

各种税收和税收抵免 项目建设和运营会涉及很多税费，一般工程经济分析涉及的税费主要有关税、增值税、营业税、消费税、资源税、土地增值税、耕地占用税、城镇土地使用税、企业所得税、城市维护建设税、教育费附加等。不同项目涉及的税费种类和税率可能各不相同，也可能有减免税费优惠。出于财务盈利性目的，任何项目涉及的税费都应视为现金流出，特别是由利润产生的所得税。如本书第 5 章所述，对可计提折旧的资产进行投资时，折旧额可以抵消部分应税所得。这一策略称为税盾或节税，在计算所得税时必须充分考虑这一点。如果允许投资税收抵免，则可以直接减少所得税，导致现金流入。

2.1.4 现金流入要素

以下为整个项目寿命期中现金流入的潜在来源：

借款 如果通过借款为项目融资，则借入资金在借入时点为项目的现金流入。这些资金可用于购买新设备或其他投资。

营业收入 如果实施项目最初的目的是提高生产或服务能力以满足不断增长的市场需求，则新项目会带来额外收入。

成本节约(或成本降低) 如果实施新项目是为了降低经营成本，则出于资本预算的目的，则所节约的金额应视为现金流入。降低成本等同于增加收入，尽管实际销售收入可能保持不变。

回收资产余值 在很多情况下，资产的预估余值非常低，而且发生在很久以后，因此对项目决策不能产生显著影响。此外，有些余值被拆除清理费用抵消。在某些情况下，预估余值很大，在处置资产时应将其净余值视作现金流入。现有资产的净余值（net salvage value）即资产售价减去销售、拆除和清理费用，并受纳税损益的影响。

回收流动资金 当项目接近结束时，要售出全部库存，收回应收账款。即在项目结束时，对各项成本进行清算，企业获得与项目开始时流动资金投入等额的现金流入。回收的流动资金不需缴纳所得税，因为这仅是企业所投资金的回收。

2.1.5 现金流量的时间选择

一个完整的投资全过程是从第一笔投资投入到项目不再产生收益为止。作为实业性投资，这个周期至少要几年甚至几十年。在投资决策的前期，一般要事先估计这样一个投资的周期，即计算期或研究期。计算期的起点可以定在投资决策后开始实施的时点上，在此之前的投资支出(一般不会很大)可以合并后作为这点上的支出。计算期可根据产品的寿命周期、主要生产设备的经济寿命、合资合作期限而定，一般取上述考虑中较短者，最长不宜超过20年。投资者希望在这段时间内使投资活动取得成功，在投资环境风险较大的情况下，投资者一般选定较短的计算期，仅几年甚至几个月，这样，投资项目选择的余地很小，投资规模也不会很大。

项目计算期的长短还取决于项目本身的特性，有些基础设施项目，如水利、交通和环境生态项目持续很长时间，计算期可设定为数十年，甚至上百年。有些项目，如有些电子产品项目可能计算期只设定为数年甚至数月。市场类项目的计算期没有必要选得与项目存续时间一样长，因为远期的现金流量对盈利性指标影响很小，对现金流的预测也难以准确。大型生产性建设项目的计算期可以细分为建设期和运营期，运营期又可分为投产期和达产期。

此外，在工程经济分析中，我们还必须正确地考虑现金流量发生的时间。由于货币具有时间价值，从理论上讲，分析投资项目现金流量应该与其发生时间相一致。而投资项目的现金流量可能会发生在投资期间的任何时点，因此，在大多数情况下，为了方便计算和汇集现金流量，按投资各年归集现金流量时，现金流量发生在年(期)末，第一年初发生的可另行处理，可作为"0"年。

为使决策更准确，最好进行每日现金流量估计，但是预测中的不确定性和工作量的加大，会导致决策成本过高，所以选择估计现金流量的时间要考虑所得和所费之间的平衡，一般按年分析项目现金流量比较合适。但是，如果有必要和可能，可以按月、季或半年为单位进行分析。

2.1.6 现金流量图表

在工程经济的研究中往往要考察企业的某一项活动，在这种情况下，为了便于考察，需要把该项活动用某种方法从整个企业中分离出来，正像在力学中画出一个自由体的图形一样。例如，为了考察采购一部机器的经济效果，就必须把有关这部机器的收入和支出都显示出来，然后可以看出投资的回收情况。

在考察不同投资方案的经济效果时，利用所谓现金流量图(cash flow diagram)把各个方案的现金出入情况表示出来，是一种很方便的方法。图2-3所示为同一经营活动分别从借款人和贷款人角度绘制的现金流量图。

对现金流量图有如下几点说明：

(1) 水平线是时间标度，时间的推移是自左向右，每一格代表一个时间单位(年、月、日)。标度上的数字表示时间已经推移到的单位数。应该注意，第 n 格的终点和第 $n+1$ 格的起点是相重合的。

(2) 箭头表示现金流动的方向，向下的箭头表示支出(现金的减少)，向上的箭头表示现金收入(现金的增加)，箭头的长短与收入或支出的大小成比例。

(3) 现金流量图与立脚点有关。图2-3(a)的立脚点是借款人，图2-3(b)的立脚点是贷款人。

此外，现金流量还可以用表的形式表达，用现金流量表(cash flow table)可以更方便地进行方案的分析。

例如，有一个投资项目，其收入和支出的情况如表2-1所示，其净现金流量的值列在右方。

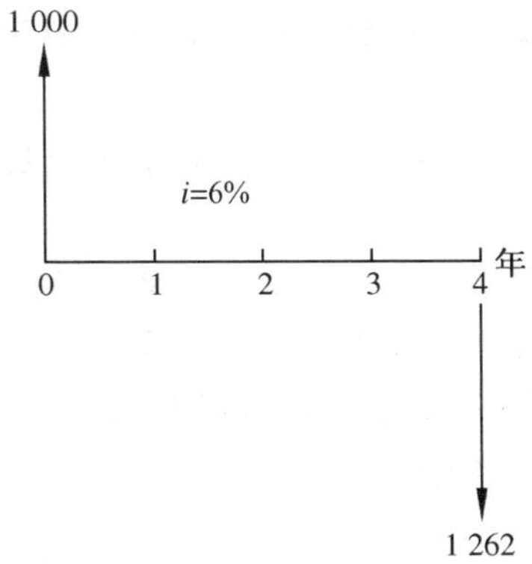

(a) 借款人的现金流量图

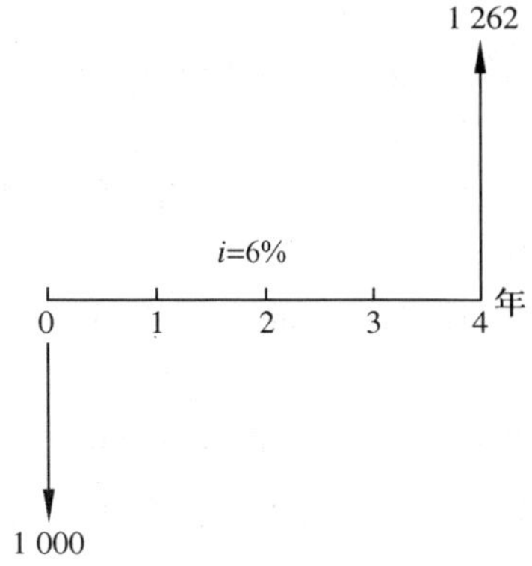

(b) 贷款人的现金流量图

图 2-3　两种立脚点的现金流量图(单位:元)

表 2-1　　**某项目的现金流量表**　　(单位:万元)

年　末	收　入	支　出	净现金流量
0	0	−5 000	−5 000
1	4 000	−2 000	2 000
2	5 000	−1 000	4 000
3	0	−1 000	−1 000
4	7 000	0	7 000

各年收入和支出的具体内容和确定方法将在以后各章中详细讨论。相同年份发生的现金流量可以相加减,当一个投资方案在相同年份既有收入又有支出时,应计算其净现金流量(net cash flow)。净现金流量是同一时期发生的收入(+)与支出(−)之代数和。

显然,现金流量表清晰地显示了现金流的时间性、所做的假设和已知的所有数据。大多数情况下,现实情况十分复杂,现金流量图不能反映所有的现金流量金额,因此,我们更经常使用现金流量表。

2.2　估算技术

项目经济分析的现金流量的形成是基于对项目建设期间的投资费用以及运营阶段收益和成本支出的估计。本节从方法论上,对成本和费用的估算技术作一框架性的介绍。

2.2.1　综合估算方法框架

投资现金流量的综合估算方法框架,包括以下三个基本部分:

(1) 工作分解结构(Work Breakdown Structure,WBS)。任何一个工程项目或产品,都是由一系列工作元素(work elements)组成的,通过对这些工作元素的投入(人工、材料或部件)或收入的估算加总得出整个项目的现金流量。WBS 明晰地定义了一个项目的工作要素和它们的相互关系的结构(也称为工作元素结构)。

(2) 成本与收入的分类(cost and revenue structure)。为了估算 WBS 中每一个层级的现金流量,显然需要对成本和收入进行分类识别,然后根据分类,分别对各工作元素相应的成本和收入分别归类估算。

(3) 估算方法(estimating models)。估算研究期内的成本和收入时,需要选择适当的数学模型。

上述三个组成部分与其相应的分析程序相结合,为分析备选方案的现金流量提供了一种有效的方法。

WBS是项目管理的一种基本工具,对工程经济分析也是一种极其重要的辅助手段。WBS为定义所有的项目元素及其相互关系、收集和组织信息,并为确定成本和收入数据以及整合项目管理活动提供了一个框架。如果项目没有WBS,那么在分析现金流量时,第一步就应构建WBS,图2-4给出了一个房屋建筑项目工作分解结构的示例。

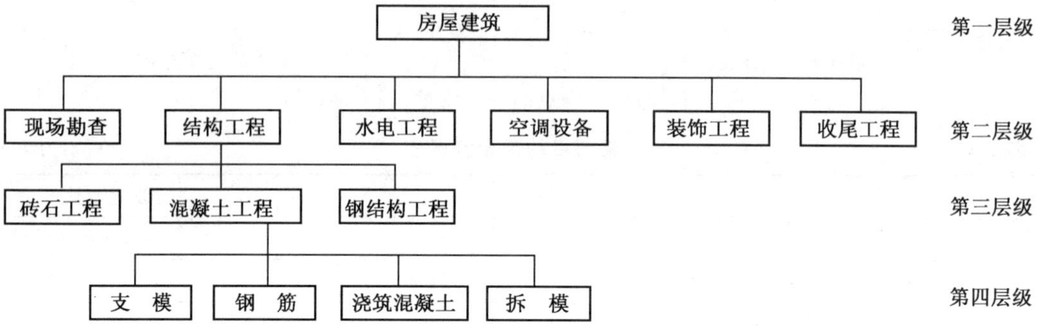

图2-4　房屋建筑项目工作分解结构图

构建WBS时,既要确保WBS包括所有的工作元素,又要避免工作元素的重叠,并要防止纳入不相关的活动。因此,在大型工程项目的分析中,应编写一份WBS的说明,以保证每一个层级的工作元素都得到清晰的定义。

综合估算法的第二个基本部分是成本与收入的分类。这一分类结构是用来对在分析中所需要的成本和收入进行识别与分类,并在这一分类结构下准备成本与收入估算模型所需要的详细的数据,进而估算方案的现金流量。

项目现金流量的估算要与项目的研究期相一致。项目的研究期最好就是项目、产品或服务的寿命周期(life cycle)。项目寿命周期从最初明确经济上的需求开始,到最终项目退出或处置结束的整个过程。因此,涵盖了目前和未来所有的成本和收入。如果仅做全部的成本费用估算,应该包括整个寿命周期内的各种费用,这称为寿命周期费用(life cycle cost)。因此在决策时,就可全面考虑所有现在与将来的有关成本和收入;此外,这种做法有利于决策人员重视建设阶段的初始投资与运营阶段的成本和收入之间的平衡。

项目寿命周期可分为两个主要阶段,即建设(采购)阶段和运营阶段。项目寿命周期和WBS的概念对于确定项目成本和收入结构具有重要的辅助作用。项目寿命周期定义了最完整的时间段,包括一系列在分析现金流中需要考虑的成本和收入要素,WBS则将分析的重点集中在工程中具有特定功能和物理性的工作元素以及与之相关的成本与收入上。

然而,随着研究期数的增长,成本与费用估算的准确性会降低,同时,估算的成本也会增加。因此,在选择项目经济分析的研究期时,应综合考虑上述因素以及方案比选对数据的要求,才能获得满意的决策。

分析人员除了要确定研究期外,还要确定哪些成本和收入对现金流量估算最重要、需要更深入详细的研究,哪些不重要、对分析结果影响不大。

对项目的主要成本和收入可根据 2.1.3 和 2.1.4 节所述的现金流出和现金流入要素进行分类。

综合估算框架的第三个基本组成部分是估算方法。这些方法的选用，要考虑成本与收入的具体特性，对不同的工作元素采用不同的估算方法，从而得出单个元素的现金流量和整个方案的现金流量。

成本和收入估算可以根据详细程度、精度和用途不同分为如下三类：

(1) 初步估算(重要性估算)。用于项目规划与初始评估阶段；

(2) 准详细估算(概算)。用于项目概念设计阶段或初步阶段；

(3) 详细估算。用于项目详细设计(施工图设计)与施工建设阶段。

初步估算用于概念设计方案的选择，其精度范围在±30%～±50%之间，可以通过会议、问卷调查和 WBS 中第一层级或第二层级的公式等方法估算。

准详细估算(概算)是为支持初步设计阶段的决策而进一步编制的成本与费用估算。其精度通常为±15%，这与成本和收入划分的准确性以及估算人员与估算资源投入有关。在准详细估算中，估算人员常常应用 WBS 第二层级和第三层级的公式来计算。

详细估算是项目投标的基础，用于详细设计决策，其精度为±5%。估算人员一般可根据项目的规范与说明、设计图纸、现场勘查、供应商的报价单、公司内部历史记录，对 WBS 第三层级及以下的层级的工作元素进行详细估算。

需要强调的是，本章介绍的估算技术主要是预测项目的现金流量，用于方案的评价与比选，而不是用作实际支付的精确数据。因此，这些技术主要是用于初步估算和准详细估算阶段。

显然，成本或收入的估算，既可由一位估算人员作出粗略的估算，也可由一个项目组来完成，其详细程度和估算精度取决于下列因素：

① 根据分析研究的重要程度而投入的时间和精力；

② 估算项目的难易程度；

③ 采用的估算方法；

④ 估算者的资质；

⑤ 对于特定的影响因素的敏感性。

随着估算详细程度和精度的提高，估算的成本也会急剧上升(图 2-5)。因此，在做估算前，应明确估算的用途与精度的要求，从而避免不必要的估算开支。无论采用何种估算方法，即使是最先进的估算方法，也会存在误差。然而，可以通过选取可靠数据和恰当的估算方法使估算误差最小化。

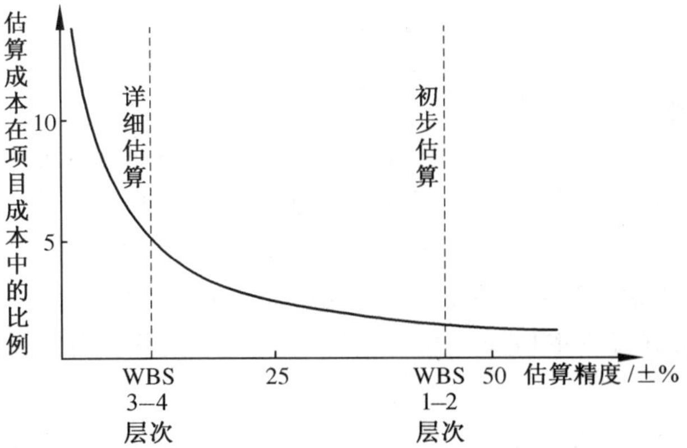

图 2-5　估算精度与估算成本的关系

2.2.2 估算的数据来源

成本和收入估算的信息来源很多，难以完全罗列。按照其重要性顺序，有如下 4 个主要信息来源：

1. 会计记录

会计记录是工程经济分析中信息的主要来源之一。然而，这些数据一般不能直接使用，需要进行调整。

企业会计部门的数据往往会对经济分析产生误导，这是因为：第一，会计数据是以过去的结果为基础的；第二，会计系统有其严格的分类，这种对资产、负债、净值、收入和支出的分类只适用于公司营运决策与财务报告，而不适用于项目设计与方案比选的经济分析与决策；第三，会计规则对资产价值的计算偏保守，会计数据经常是表面上精确，实际上却体现了“长官意志”，尽管其数字精确到每角每分，但并不一定真实。

总的说来，会计记录是历史数据的重要来源，但是，在用于工程经济分析的估算中也存在某些局限，而且，会计记录往往无法直接反映经济分析中常常用到的边际成本或机会成本。

2. 企业内部的其他信息

企业内部的记录是估算信息极好的来源。企业内部的一些职能部门保存的工程、生产、销售、质量、采购和人事记录，对经济分析非常有用。

3. 企业外部的信息

公司外部信息来源很多，都可提供有价值的信息。主要问题在于估算人员如何决定哪些信息最有用。外部信息主要来自公开出版物与个人间的联络。

公开出版物包括技术指南、物价指数、政府出版物、参考书与专业杂志。

个人间的联络是信息潜在的重要来源。通过个人之间的联系，可以从供应商、销售人员、业内人士、顾客、银行、政府机构、商会甚至竞争对手那里获取有用的信息。

4. 研究与开发

如果没有公开的信息资料，或者无法从外部咨询机构获得所需数据，那么，唯一的途径就是通过企业内部的研究与开发(R&D)而获得相关信息。例如，可研究开发一个试验性的工厂并试销其新产品。这种方法成本昂贵，而且并不能保证成功，只有在无法通过以上信息来源获得数据并做重大项目决策时，才会采用。

2.2.3 估算方式

成本估算的方式是多样的，主要包括：

(1) 召开成本估算会议。通过召开对成本估算信息充分了解、具有丰富经验的专家参加的会议估算项目成本。例如，可采用德尔菲法，通过多轮问卷调查与反馈汇集专家的意见。

(2) 采用比较法完成成本估算。通过类似工程或设计项目的比较，推算项目的成本，尽管其估算的精度有限，但可确定项目成本的范围，为决策提供参考。

(3) 采用定量方法进行成本估算。其方法将在本章以后各节中介绍。

2.2.4 估算模型

本部分介绍的指数法、单价法和要素法等成本与费用的估算方法适用于初步估算与准详细估算，常常用于工程概念设计阶段或初步设计阶段的方案初步比选的可行性分析；有时，也用于工程详细设计阶段，以材料清单、标准成本和其他详细数据为基础，控制工艺设计的预算费用。

1. 指数法(indexes method)

随着时间的推移，成本和价格常常会发生变化，其原因是多样的，主要包括：

① 技术的进步；

② 劳动力和材料的可获得性；

③ 通货膨胀。

指数是量纲为一的数字，它揭示了参照基年水平，成本或价格随时间变化的波动情形。应用指数法很容易根据历史数据来估算现在和将来的成本和价格。在第 n 年的成本或者项目销售价格的估算可以根据在此之前年份(第 k 年)的成本和价格的历史数据，通过计算第 n 年(I_n)和第 k 年(I_k)的指数比率来获得，即：

$$C_n = C_k(I_n/I_k)。 \tag{2-1}$$

式中 k——参照对比的年份(如 1993 年)；

n——需要估算成本或价格的年份(如 2002 年)，其中 $n>k$；

C_n——在第 n 年的成本或价格估算值；

C_k——参照年份 k 的成本或价格。

上面所列的方程有时被称做是求解成本和价格的比率法。这种方法使得成本或项目销售价格可以根据某一特定年份的历史数据和指数来计算。这一概念可以用在 WBS 较低层级上，用来估算设备、材料和人工费用，当然也可用在 WBS 中的较高层级中，用来估算整个新设备、桥梁等的项目总成本。

在我国，许多指数会定期公布，例如，生产者价格指数以及消费价格指数。我国除了发布全国性的通用物价指数外，还有分地区分行业价格指数。价格指数在工程经济研究和学习中会经常用到。

例 2-1 某工厂准备在 2002 年扩建锅炉房，其中主要的支出是购买和安装锅炉的费用，该型号的设备在 1993 年曾购置过，总费用为 425 万元。据初步了解，生产厂家的技术并无大的变化。试在厂方报价之前估计这笔购置费大约是多少？

解 考虑到这笔费用的变化主要是因为物价上涨引起的，可以用固定资产投资价格指数。查统计年鉴，1993 年该指数为 145.9，2002 年为 182.4。代入以上指数法估算公式，得出购置费估价为

$$C_{2002} = C_{1993} \cdot \left(\frac{I_{2002}}{I_{1993}}\right) = 425 \times \frac{182.4}{145.9} = 531(\text{万元})。$$

2. 单价法

单价法(unit technique)是采用估算的单位成本乘以相应的数量来估算项目成本。这些单位成本主要包括：

① 每千瓦发电装机容量的投资费用；

② 每千米、每件或每吨产品的销售收入；

③ 每千瓦时的燃油成本；

④ 每运营 500h 的节约费用；

⑤ 每安装一部电话的初装成本；

⑥ 蒸汽管道每千米的温度损耗；

⑦ 每平方米建筑面积的土地、土建或配套成本。

这些要素单价，当乘以相应的数量后，就可估算出总成本或总收入。

虽然单价法对初步估算十分有用，但是平均值的概念很容易对人产生误导。一般来说，应采用更加详细、具体的方法来提高估算精度。

3. 要素法

要素法(factor technique)是对单价法的延伸，其估算方法是将产品组成要素的直接估算成本与产品其他组成要素的估算(单价法)相加，以求得产品的成本，即

$$C = \sum_{d} C_d + \sum_{m} f_m U_m 。 \tag{2-2}$$

式中 C——要估算的成本；

C_d——可直接估算成本的要素 d 的成本；

f_m——要素 m 的单位成本(即单价)；

U_m——要素 m 的数量。

这种方法把成本和费用分为两大部分：第一部分是直接估算；第二部分是间接估算。

例 2-2 某个能容纳 800 学生的小学，占地 5000m²，主体建筑是由一幢教学楼和办公楼组成。二者的建筑面积分别是 1 500m² 和 300m²；直接估算造价分别是 350 万元和 50 万元。操场和附属设施的造价按上述两个单体的建筑面积以 500 元/m² 估算；市政设施与景观的造价按占地面积以 150 元/m² 估算。此外，运动设施的造价按学生人数每人 800 元计算。试用要素法估算总投资。

解 按要素法公式将有关数据代入，得

$$\begin{aligned} C &= 3\,500\,000 + 500\,000 + 500 \times (1\,500 + 300) + 150 \times 5\,000 + 800 \times 800 \\ &= 6\,290\,000(\text{元}) = 629(\text{万元})。\end{aligned}$$

总投资估算为 629 万元。

4. 参数成本估算法

参数成本估算(parametric cost estimating)是采用历史成本数据和统计方法来预测将来的成本。统计方法用来建立成本估算关系(Cost Estimation Relationship ,CER)，将某一项目(如产品、服务)的成本或价格与一个或几个自变量联系起来(如成本驱动因素等)。成本驱动因素(cost driver)主要是设计变量，对项目总成本影响较大。前面描述的单价法是参数成本估算法的一个简单例子。表 2-2 所示为部分产品的一些成本驱动因素。

参数模型应用在早期的设计阶段，以便了解产品成本是如何随着其物理属性(如重量、容积、功率)等发生变化的。它有助于让工程师了解设计方法的选择对产品总成本的影响，这对于开发在经济和技术上可行的产品极为重要。

很多统计方法与数学方法可用于构建成本估算关系。例如，一元线性回归分析和多元线性回归分析模型，是估算一个或多个自变量函数的因变量的标准方法，常常用来建立成本估算关系，这里主要介绍常用的生产规模法和学习曲线。

表 2-2　　产品与成本驱动因素

产　　品	成本驱动因素(自变量)
建筑物	楼面面积、屋面面积、墙面面积
卡车	空载重量、毛重、功率
客运车	控制重量、乘客空间、功率
涡轮发动机	最大冲力、运转推力、燃油消耗
发电厂	功率
压力容器	容积
柴油机机车	功率、重量、行驶速度
航天器	重量
软件	代码的行数
文献	页数
喷气发动机	推力的大小
发动机	功率
飞机	空载重量、速度、翼展

1) 生产规模法

生产规模法(power-sizing technique),有时又叫做生产能力指数法,或称为指数模型,常用于推算拟建工厂和设备的投资。一般来说,成本会随生产能力或规模的变化呈指数变化,这一指数往往大于零而小于1。其公式为

$$I_c = I_r\left(\frac{D_c}{D_r}\right)^m \cdot \phi。\tag{2-3}$$

式中　I_c, I_r——分别为拟建和已建工程或装置的投资额;

D_c, D_r——分别为拟建和已建工程或装置的生产能力;

ϕ——因建设地点和时间的不同而给出的调整系数;

m——投资生产能力指数。

m 取决于被估算的工厂或设备的类型。例如,对于核电厂 $m=0.68$,而对于炼油厂 $m=0.79$。请注意,若 $m<1$,则表示规模经济产生的新增单位产品成本的减少;若 $m>1$,则表示规模不经济,即新增单位产品的成本增加;若 $m=1$,则表示产品成本与规模成线性关系。

例 2-3　我国已建成原油一次加工(常减压蒸馏)装置数十座,每座年加工(生产)能力从100万t到1050万t不等。收集了近年建的十座的投资额为样本,并统一换算到2010年价格水平,如表2-3所示。试推出这类装置的投资生产能力指数 m。

解　由式(2-3),暂时略去调整系数 ϕ,有

$$\left(\frac{I_k}{I_0}\right) = \left(\frac{D_k}{D_0}\right)^m,$$

两边求对数,线性化后有

$$\ln\left(\frac{I_k}{I_0}\right) = m \cdot \ln\left(\frac{D_k}{D_0}\right)。$$

上式中下标"0"表示选定第1($k=0$)个样本为基准,进行线性回归。这可直接套用 Excel

中函数“=linest”来完成，可求得 $m=0.7568$，并通过统计检验，参见图 2-6。这样，就可以利用公式(2-3)来估算拟建项目的投资额了。

表 2-3　　原油一次加工的投资生产能力指数的估算

样本	生产能力/万 t，　投资额/万元			
k	D_k	I_k	$\ln(D_k/D_0)$	$\ln(I_k/I_0)$
0	1000	73000	0	0
1	920	71000	−0.08338	−0.02778
2	550	47000	−0.59784	−0.44031
3	250	25000	−1.38629	−1.07158
4	630	52000	−0.46204	−0.33922
5	650	54000	−0.43078	−0.30148
6	1050	75000	0.04879	0.027029
7	600	50500	−0.51083	−0.36849

	A	B	C	D	E
1	样本	生产能力/万t	投资额/万元	X	Y
2	k	D_k	I_k	$\ln(D_k/D_0)$	$\ln(I_k/I_0)$
3	0	1000	73000	0	0
4	1	920	71000	-0.08338	-0.02778
5	2	550	47000	-0.59784	-0.44031
6	3	250	25000	-1.38629	-1.07158
7	4	630	52000	-0.46204	-0.33922
8	5	650	54000	-0.43078	-0.30148
9	6	1050	75000	0.04879	0.027029
10	7	600	50500	-0.51083	-0.36849
11	8	410	37000	-0.8916	-0.67954
12	9	250	25500	-1.38629	-1.05178
13					
14	m 的估计值	0.75680893	0	#N/A	#N/A
15		0.01010572	#N/A	#N/A	#N/A
16		0.9985756	0.01955267	#N/A	#N/A
17		5608.38281	8	#N/A	#N/A
18		2.14412318	0.00305845	#N/A	#N/A
19		#N/A	#N/A	#N/A	#N/A

回归方程　$Y=mX$

={linest(E3:E12, D3:D12, false, true)

图 2-6　例 2-3 的 Excel 计算过程

2）学习曲线

学习曲线(learning curve)是表述随着产出的重复增加，劳动者在生产过程中不断学会技术、提高了劳动生产率，使单位产品的劳动用工不断下降的一种规律。在估算成本费用时要充分考虑这种重复生产成本的下降趋势。例如，生产第 1 件产品时单位产品用工为 10000 工时，生产第 2 件产品时就可能只要 8000 个工时，生产第 4 件只要 6400 工时，第 8 件只要 5120 工时，以此类推。一般假定，产出翻一番，用工下降相同的比率。上述的例子中，产出翻一番，用工下降为 0.8。用公式表示为

$$Y_x=K(S)^{\lg x/\lg 2}。\tag{2-4}$$

式中　Y_x——生产第 x 个产品的用工工时；

K——生产第 1 件产品的用工工时；

S——用工下降参数，是大于零，小于 1 的正数；

x——产出个数(第 x 件产品)。

例如，上面的例子中，第 8 件产品的单位用工为

$$Y_8 = 10\,000(0.8)^{\lg 8/\lg 2} = 5\,120(\text{工时})。$$

通过简单的代数运算，上面的式子也可表述为等价的

$$Y_x = K(x)^{\lg S/\lg 2}。\tag{2-5}$$

以同样的数据代入公式(2-5)，结果是一样的。

$$Y_8 = 10\,000(8)^{\lg 0.8/\lg 2} = 10\,000(8)^{-0.322} = 5\,120(\text{工时})。$$

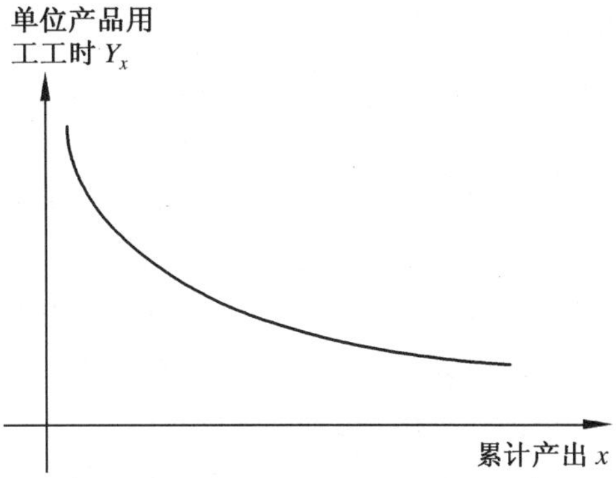

图 2-7　学习曲线示意图

学习曲线的参数 S 可通过调查同类产品的历史数据统计得出。S 越大，工时下降得越慢，反之则越快，如图 2-7 所示。

例 2-4　某飞机制造公司开发研制了一种新型的支线飞机，其装配车间完成第一架飞机的装配用了 1 200 工日，根据以往经验，估计的学习曲线的下降参数为 $S=0.8$，求装配第 120 架时的用工。

解　代入公式(2-5)，有

$$Y_{120} = 1\,200 \times (120)^{\lg 0.8/\lg 2} = 1\,200 \times (120)^{-0.322} = 256.8(\text{工日})。$$

2.3　投资估算

2.3.1　建设投资的估算

在投资决策的前期阶段，如投资机会研究、项目建议书和可行性研究阶段，只能对这些投资费用进行估算。不同的研究阶段所具备的条件和掌握的资料不同，估算的方法和准确程度也不相同。目前常用的有以下几种方法：

1. 生产能力指数法

如上节所述，这种方法是根据已建成的、性质类似的工程或装置的实际投资额和生产能力，按拟建项目的生产能力，推算出拟建项目的投资。一般说来，生产能力增加一倍，投资不会也增加一倍，往往是小于 1 的倍数。根据行业的不同，可以找到这种指数关系。

例 2-5　已知生产流程相似的年生产能力为 10 万 t 的化工装置，两年前建成的固定资产投资为 2 500 万元。拟建装置年生产能力设计为 15 万 t，一年以后建成。根据过去大量这种装置的数据得出投资生产能力指数 $m_0=0.72$，这几年设备与物资的价格上涨率平均为 7%左右，试估算拟建装置的投资费用。

解　由于两个装置建成时间相隔 3 年，物价上涨的调整系数 ϕ 可按 $(1+0.07)^3$ 估计，有关数据代入公式(2-3)可得

$$I_c = 2\,500 \times \left(\frac{15}{10}\right)^{0.72} \times (1+0.07)^3 = 4\,100(\text{万元})。$$

2. 按设备费用的推算法

这种方法是以拟建项目或装置的设备费为基数，根据已建成的同类项目或装置的建筑工程、安装工程及其他费用占设备购置费的百分比推算出整个工程的投资费用为

$$I_c = E(1 + \phi_1 m_1 + \phi_2 m_2 + \phi_3 m_3)。\qquad (2\text{-}6)$$

式中 I_c——拟建工程的投资额；

E——拟建工程的设备购置费；

m_1, m_2, m_3——分别为建筑工程、安装工程和其他费用占设备费用的百分比；

ϕ_1, ϕ_2, ϕ_3——相应的调整系数。

例 2-6 某套装置的设备全部进口，按设备清单的全部到岸价（c. i. f.）为 3 500 万美元，结算汇率 1 美元＝8.20 元人民币，平均关税税率为 20%，外贸手续费率为 1.5%，增值税率为 17%，国内运杂费率为 1%。根据以往资料，与设备配套的建筑工程、安装工程和其他费用占设备费用的百分比分别是 43%，15%和 10%。假定各种工程费用的上涨与设备费用上涨是同步，即 $\phi_1 = \phi_2 = \phi_3 = 1$。试估算全部工程费用。

解 设备购置费估算为

$$E = 3\,500 \times 8.2 \times (1+0.015) \times (1+0.20) \times (1+0.17) \times (1+0.01)$$
$$= 41\,308\ (\text{万元人民币})。$$

再代入公式(2-6)得到全部工程的投资估算值为

$$I_c = 41\,308 \times (1+0.43+0.15+0.10) = 69\,397(\text{万元人民币})。$$

3. 造价指标估算法

对于建筑工程，可以按每平方米的建筑面积的造价指标来估算投资。也可以再细分为每平方米的土建工程、水电工程、暖气通风和室内装饰工程的造价，并汇总出建筑工程的造价。另外，再估算其他费用及预备费，即可估算出项目的固定资产的投资数。

4. 分类估算法

分类估算法是按照综合估算框架，根据建设投资的一般工作分解结构，自下而上分类分层分别估算。

1）建筑安装工程费用

建筑安装工程费用（building and installation cost）是指花费在建筑安装工程施工过程中的费用，它按工程内容分为建筑工程费用和安装工程费用。建筑工程费用通常指建筑物和构筑物的土建工程费用，包括房屋、桥梁、道路、堤坝、隧道工程的建造费用，建筑物内的给排水、电气照明、采暖通风等工程费用，以及农田水利、场地平整、厂区整理和绿化等工程费用。安装工程费用一般包括各种需要安装的机械设备和电气设备等工程的安装费用。我国现行建筑安装工程费按照费用构成要素划分为人工费、材料费、施工机具使用费、企业管理费、利润、规费和税金。其中人工费、材料费、施工机具使用费、企业管理费和利润包含在分部分项工程费、措施项目费、其他项目费中。建筑安装工程费按照工程造价形成由分部分项工程费、措施项目费、其他项目费、规费、税金组成，分部分项工程费、措施项目费、其他项目费包含人工费、材料费、施工机具使用费、企业管理费和利润。

2）设备、工器具购置费

设备、工器具购置费用（equipment and instrument cost）由设备购置费和工器具、生产用家具购置费用组成。

设备购置费用，包括一切需要安装与不需要安装的设备的购买原价和设备运杂费，即

设备购置费＝设备原价或进口设备抵岸价＋设备运杂费。

工器具及生产用家具购置费是指未达到固定资产标准的工具、器具、家具和仪器的购置费用，如各种计量、分析、化验、五金工具、工具台、办公台等的费用，即

工器具及生产用家具购置费＝设备购置费×定额费率。

3）工程建设其他费用

工程建设其他费用(other building cost)是指在进行工程建设，包括建筑安装和设备购置等工作中，从工程筹建起到工程竣工验收、交付使用止的整个建设期间，除建筑安装工程费用和设备、工器具购置费以外的，为保证工程建设顺利完成和交付使用后能够正常发挥效用而发生的各项费用的总和。工程建设其他费用由土地使用费，与项目建设有关费用(建设单位管理费、勘察设计费、研究试验费、临时设施费、工程监理费、工程保险费、供电贴费等费用)及与未来企业生产经营活动有关的费用(联合试运转费、生产准备费、办公和生活家具购置费)组成。

经主管部门批准征用建设用地的国家投资项目，在投资估算的其他费用中应按国家规定的标准估算出土地征用费、耕地占用税、新菜地开发建设基金及筹建期的土地使用税等。其中，土地征用费包括土地补偿费、青苗补偿费、居民安置费、地面附属物拆迁补偿费、征地管理费等。随着城市土地市场的建立，投资者按实际获得的土地使用权所付的代价估算投资。其中还应包括政府征收的契税、增值税和土地占用费等。

4)预备费用

预备费用(contingency cost)是指在初步设计和设计概算中难以预料的工程费用，包括基本预备费和涨价预备费。

基本预备费是指在项目实施中可能发生难以预料的支出，需要事先预留的费用，又称工程建设不可预见费，主要指设计变更及施工过程中可能增加工程量的费用。基本预备费以建筑工程费、设备及工器具购置费、安装工程费及工程建设其他费用之和为计算基数，乘以基本预备费率计算。

涨价预备费是对建设工期较长的项目，由于在建设期内可能发生材料、设备、人工等价格上涨引起投资增加，需要事先预留的费用，亦称价格变动不可预见费。涨价预备费以建筑工程费、设备及工器具购置费、安装工程费之和为计算基数。计算公式为

$$PC = \sum_{t=0}^{n} I_t[(1+f)^{m+t}-1]。 \quad (2\text{-}9)$$

式中 PC——涨价预备费；

I_t——第 t 年的建筑工程费、设备及工器具购置费、安装工程费之和；

m——估算年到建设开始年的年数；

f——年价格上涨指数；

n——建设期。

投资估算的方法很多，应根据项目的具体特点和当时掌握的资料和研究深度，力求准确。通常希望在投资项目决策前的估算误差在10%以内。

2.3.2 流动资金的估算

在项目决策研究的早期，流动资金可以根据项目的特点和以往已建成运行的同类项目的数据，按营业收入、经营成本或固定资产投资的比例来估算，也可以按单位产量占用流动资金

的比率来确定。譬如，百货零售商店，流动资金可按年营业收入的10%～15%估算；机械制造项目可按年经营成本的15%～20%考虑；钢铁联合企业可按固定资产投资的8%～10%估算等。由于项目的加工深度、原料供应和销售渠道各不相同，这种估算方法误差较大。随着项目投资决策研究的深入，有必要进行分项的详细估算。

分项估算的思路是：先按照项目各年生产运行的强度，估算出各大类的流动资产的最低需要量，加总以后减去该年估算出的正常情况下的流动负债（应付账款），这就是该年需要的流动资金，再减去上年已注入的流动资金，就得到该年流动资金的增加额。当项目已经达到正常的生产运行水平后，流动资金就可以不再投入。在各项流动资产估算时，要先确定这项流动资产对应的成本和费用，再确定这种流动资产的最低周转天数。每年的周转次数为

$$周转次数=\frac{360}{最低周转天数}。$$

这类流动资产的最低需要量为

$$流动资产=\frac{对应的年成本费用}{周转次数}。$$

以现金为例，企业赖以周转的对应的年成本费用主要是工资、福利费和其他费用（如差旅费、办公费、车间和管理部门的水电费、保险费和咨询费等）。流动资产中的现金为

$$现金=\frac{年工资及福利费+年其他费用}{周转次数}。$$

一般工业企业的流动资产可以按以下的对应关系估算：

流动资产	**对应的赖以周转的成本费用**
应收账款	年经营成本
存货	
其中：外购原材料、燃料	年外购原材料、燃料费
在产品	年外购原材料、燃料及动力费＋年工资及福利费＋年维修费＋年其他制造费用
产成品	年经营成本
现金	年工资及福利费＋年其他费用

流动负债中的应付账款也按同样办法估算，对应的是年外购原材料、燃料及动力费用。这种流动负债可以看作是一种自动提供的资金来源，流动资产扣除了这一部分就是应该投入的流动资金。

例 2-7 某拟建项目第四年开始投产，投产后的生产成本和费用的估算如表2-4所示。各项流动资产和流动负债（应付账款）的最低周转天数如表2-5所示。试估算投产阶段需要投入的流动资金。

表 2-4 **年生产成本和费用估算** （单位：万元）

序号	项目	计算期				
		4	5	6	7	…
1	外购原材料	2055	3475	4125	4125	
2	进口零部件	1087	1208	725	725	
3	外购燃料	13	25	27	27	

续表

序 号	项 目	计 算 期				
		4	5	6	7	…
4	外购动力	29	48	58	58	
5	工资及福利费	213	228	228	228	
6	修理费	15	15	69	69	
7	折旧费	224	224	224	224	
8	摊销费	70	70	70	70	
9	利息支出	234	196	151	130	
10	其他费用	324	441	507	507	
11	总成本费用	4 264	5 930	6 184	6 163	
12	经营成本(11－7－8－9)	3 736	5 440	5 739	5 739	

说明:①经营成本是指生产总成本费用中不包括折旧、摊销和利息的支出和费用,详见本章第 4 节和第 5 章。

②这张表的项目是按成本要素列的。其中各项要素费用包括了制造费用、管理费用、财务费用和销售费用中的该要素费用。表中第 10 项"其他费用"是指制造费用、管理费用、财务费用和销售费用中扣除了工资及福利费、折旧费、摊销费、修理费和利息支出后的其他费用。

表 2-5　　流动资金和应付账款的最低周转天数　　(单位:天)

序 号	项 目	最低周转天数
1	应收账款	40
2	存 货	—
2.1	原材料	50
2.2	进口零部件	90
2.3	燃 料	60
2.4	在产品	20
2.5	产成品	10
3	现 金	15
4	应付账款	40

解　按以上资料,列表(表 2-6)算出流动资金的需要量和逐年的投入量。附注中给出对应表 2-4 的赖以周转的成本费用项目。

表 2-6　　流动资金估算　　(单位:万元)

序 号	项 目	最低周转天数	周转次数	计 算 期					对应表 2-4 的成本费用项目
				4	5	6	7	…	
(一)	流动资产	—	—						—
1	应收账款	40	9	415	604	638	638		12
2	存货	—	—						—
2.1	原材料	50	7.2	285	483	573	573		1
2.2	进口零部件	90	4	272	302	181	181		2
2.3	燃料	60	6	2	4	5	5		3

续表

序号	项目	最低周转天数	周转次数	计算期					对应表2-4的成本费用项目
				4	5	6	7	…	
2.4	在产品	20	18	190	278	290	290		1+2+3+4+5+6
2.5	产成品	10	36	104	151	159	159		12
3	现金	15	24	22	28	31	31		5+10
	小计	—	—	1 290	1 850	1 877	1 877		—
(二)	流动负债	—	—						—
4	应付账款	40	9	354	528	548	548		1+2+3+4
(三)	流动资金 (一)-(二)			936	1 322	1 329	1 329		
(四)	流动资金本年增加额			936	386	7	0		

由表2-6可知,投产年初(第四年初)需投入流动资金936万元;第五年再投入386万元;第六年再投入7万元。第六年后,假定生产已达正常,流动资金已不再需要投入,始终保持在1 329万元的水平上。

当项目总投资确定后,需编制项目总投资使用计划与资金筹措表,如表2-7所示。

表2-7　　项目总投资使用计划与资金筹措　　(单位:万元)

序号	项目	合计			第Ⅰ期			……		
		人民币	外币	小计	人民币	外币	小计	人民币	外币	小计
1	总投资									
1.1	建设投资									
1.2	建设期利息									
1.3	流动资金									
2	资金筹措									
2.1	权益资金									
2.1.1	用于建设投资 ××方 ……									
2.1.2	用于流动资金 ××方 ……									
2.1.3	用于建设期利息 ××方 ……									
2.2	银行借款									
2.2.1	用于建设投资 ××借款 ……									
2.2.2	用于建设期利息 ××借款 ……									

续表

序号	项　目	合　计			第Ⅰ期			……		
		人民币	外币	小计	人民币	外币	小计	人民币	外币	小计
2.2.3	用于流动资金 ××× ……									
2.3	其他资金 ××× ……									

2.4 投资项目税前收益的估算

2.4.1 项目的税前投资收益

投资项目建成并投入生产经营后，投资者最关心的是尽可能快地收回投资并获取尽可能多的盈利。因此，首先应明确哪些内容以及通过什么途径才能估算出投资的收益。

从项目整个投资周期看，生产经营期中可看做是全部投资的税前投资收益为

税前全部投资收益(或税前营业净现金流量)＝营业收入－营业税金及附加－经营成本。

2.4.2 收入估算

营业收入(operating revenue)　企业生产经营阶段的主要收入来源是营业收入，它是指企业销售产品或者提供劳务等取得的收入。计算方法为

营业收入＝产品的销售数量×销售价格。

营业税金及附加　指消费税、营业税、城市维护建设税、资源税和教育费附加等。

消费税是以消费品(或者消费行为)的流转额为课税对象的税种。在经济分析中，一般按销售额乘以消费税税率计算。营业税是对交通运输、商业、服务等行业的纳税人，就其经营活动营业额(销售额)为课税对象的税种。在经济分析中，营业税按营业收入额乘以营业税税率计算。资源税是对开采自然资源的纳税人征收的税种，通常按应课税矿产的产量乘以单位税额计算。城市维护建设税和教育费附加是以增值税、营业税和消费税为税基乘以相应的税率计算。

增值税　是对生产、销售商品或者提供劳务的纳税人实行抵扣原则，就其生产、经营过程中实际发生的增值额征税的税种。在经济分析时的销售收入和成本不含增值税。

2.4.3 经营成本估算

经营成本(operating cost)　是项目现金流量分析中所使用的特定的概念，指项目生产经营过程中的全部经常性的成本费用支出。一般工业项目的经营成本由外购原材料费、外购燃料及动力费、职工薪酬、修理费和其他费用构成，可表示为

经营成本＝外购原材料、燃料、动力费＋职工薪酬＋修理费＋其他费用。

外购原材料、燃料及动力费　包括生产经营过程中外购的原材料、辅助材料、备品配件、半成品、燃料、动力、包装物及其他材料。估算中，可按各年的生产负荷算出各项消耗的数量乘以单价得到。也可按销售产品价值中的内含比例匡算。

职工薪酬 包括直接从事生产人员、管理人员和销售部门人员的职工工资、奖金、津贴和补贴，职工福利费，医疗保险费、养老保险费、失业保险费、工伤保险费等社会保险费，住房公积金，工会经费和职工教育经费，按企业定员人数乘以各类人员年平均薪酬水平得到估算数。确定各类职工的年平均薪酬水平应考虑项目性质、行业特点、项目所在地职工薪酬水平等因素。职工福利费可按工资总额的14%估算，主要用于职工医疗、职工困难补助以及其他福利性开支。工会经费按照职工工资总额的2%估算；职工教育经费按照职工工资总额的1.5%估算。

修理费 对固定资产的投资通常需要定期维修和保养，修理费是与固定资产有关的后续支出中不能满足固定资产确认条件的费用，包括生产单位、行政管理部门和销售部门发生的修理费用。一般可按固定资产原值(扣除所含的建设期利息)的一定比例估算。

其他费用 指经营成本剔除上述成本费用后的费用，包括办公费、差旅费、运输费、保险费、土地使用费、技术转让费、技术研究费、咨询费、业务招待费、坏账损失和在成本费用中列支的税金、租赁费(非融资租赁)、广告费、销售服务费用，等等。

列入成本和费用中的税金有房产税、车船使用税、土地使用税和印花税等。

习 题 2

1. 某公司正在开会讨论是否投产一种新产品，对以下收支发生争论。你认为各项收支是否应列入该项目评价的现金流量？并解释为什么？

(A) 新产品投产需要占用营运资金80万元，它们可在公司现有周转资金中解决，不需要另外筹集。

(B) 该项目利用现有未充分利用的厂房和设备，如将该设备出租可获收益200万元，但公司规定不得将生产设备出租，以防止对本公司产品形成竞争。

(C) 新产品销售会使本公司同类产品减少收益100万元；如果本公司不经营此产品，竞争对手也会推出此新产品。

(D) 拟采用借债方式为本项目筹资，新债务的利息支出为每年50万元。

(E) 运用为其他产品储存的原料约200万元。

2. 一公司在2000年以150000元购买的制造设备，在2005年年底必须更新。根据表2-8中所列的设备成本指数，这一设备置换更新的成本估计是多少？

表2-8 习题2的数据

年份	指数	年份	指数
2000	223	2003	257
2001	238	2004	279
2002	247	2005	293

3. 某台电子程控设备的主要成本要素的组成以及参照年份与现在年份的相关成本指数如表2-9所示。

表 2-9　　习题 3 的数据

成本要素	制造成本百分比/%	指数(参照年份)	指数(现在年份)
工厂人工	13	131	176
直接材料费	20	150	210
购买零配件	32	172	231
间接成本	21	160	190
工艺成本	8	135	180
其他成本	6	140	172

计算参照年份与现在年份的综合成本指数。如果参照年份一台上述设备的制造成本为20 万元,那么现在一台这种设备的制造成本为多少万元?

4. 公司的工厂经理,在生产过程中需要购买一台新的起重机。如果 10 年前一台 15 万磅起重重量的起重机的成本是 100 万元,现在需要一台 12.5 万磅起重重量的起重机。已知现在成本指数是 333.5,10 年前的成本指数是 181.2,这种类型设备的生产能力指数是 0.75,那么新起重机的成本是多少万元?

5. 已知生产流程相似,年生产能力为 15 万 t 的化工装置,3 年前建成的固定资产投资为3 750万元。拟建装置年设计生产能力为 20 万 t,2 年建成。投资生产能力指数为 0.72,近几年设备与物资的价格上涨率平均为 9%左右。试用生产能力指数法估算拟建年生产能力 20 万 t 装置的投资费用。

6. 机械工程系的一个学生小组拟设计一方程式赛车以参加全国竞赛。小组组装第一辆车花费了 100h。他们的改进参数(学习率)是 0.8,即当产量加倍时,组装一辆车的时间将减少20%。根据这些信息,请计算:

(a) 该小组组装第 10 辆车时需要花费多长时间;

(b) 组装前 10 辆车总共需要多长时间;

(c) 前 10 辆车平均每辆的装配时间。

7. 2006 年商务飞机的制造商每架飞机的成本指数是 94.6,预计该机型 2010 年的成本指数为 106.8。今后 15 年复合增长率将平稳增长。假如 2006 年建造一架飞机的成本是10 200 000美元,那 2015 年建造飞机的成本是多少?

8. 在早期的设计中,人们相信火星探测飞船的成本与其重量有关。表 2-10 所列为 6 艘太空船重量与成本的数据信息(已经标准化)。作图显示两者存在线性关系,试运用电子表格中的线性回归函数估计二者的线性关系式。

表 2-10　　习题 8 的数据

飞　船	重量/磅	成本/百万美元
1	400	278
2	530	414
3	750	557
4	900	689
5	1130	740
6	1200	851

9. 新建生产经营性项目通过投资将形成哪些资产？这些资产的原值由哪几部分组成？

10. 新建生产经营性项目的流动资金（working capital）投资的数量是怎样决定的？它与必要的流动资产和流动负债的关系如何？

11. 设想你做汽车经销生意，平均每天卖出 10 辆，买主收货后 2 天才付款，而你买进一套整车要先付款 10 万元，2 天后才能到货，到货后每辆车要装配调试，2 天后才能发货，每辆车装配调试费（主要是人工工资等支出）1 000 元。你为此要雇一些职工，每月要付工资等开支 30 万元，平均要保有这些开支需半个月的现金备用。其他费用、税收和利润等都暂不考虑，你做这笔买卖至少要投入多少流动资金才能保持周转？

3 含时间因素的货币等值计算

3.1 货币的时间价值

既然通常用货币单位来计量工程技术方案的得失，那么，在经济分析时就主要着眼于方案在整个寿命期内的货币收入和支出的情况。能不能把方案寿命期内不同时期发生的现金流量加总(代数和)来代表方案的经济效果呢？先来看两个例子。

例 3-1 有一个总公司面临两个投资方案 A，B，寿命期都是 4 年，初始投资也相同，均为 10 000 万元。实现盈利的总数也相同，但每年数字不同，具体数据见表 3-1。

表 3-1 **投资方案的现金流** (单位：万元)

年 末	A 方案	B 方案
0	−10 000	−10 000
1	+7 000	+1 000
2	+5 000	+3 000
3	+3 000	+5 000
4	+1 000	+7 000

如果其他条件都相同，应该选用哪个方案呢？从直觉和常识，我们会觉得方案 A 优于方案 B。为什么？

例 3-2 另有两个方案 C 和 D，其他条件相同，仅现金流量不同。可用图 3-1 形象地表示。

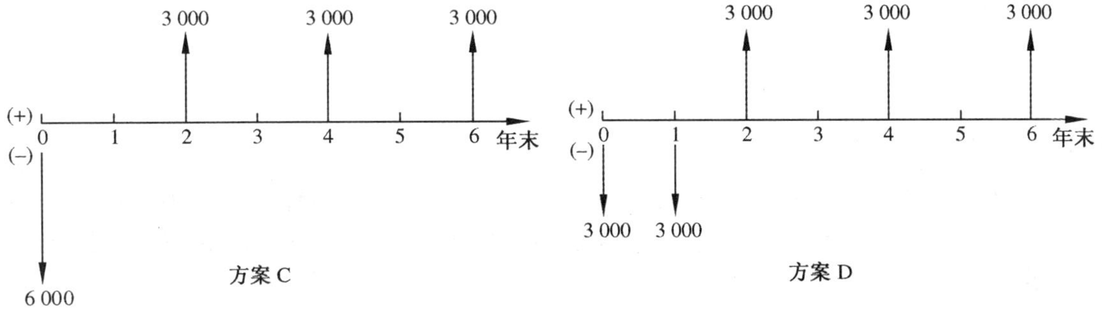

图 3-1 方案 C 与方案 D 的现金流量图(单位：万元)

方案 C 与方案 D 在现金流量上唯一的不同是在初始现金流出上。总投资 6 000 万元在方案 C 上为一次支出(第一年年初)，而方案 D 分两年支出(第一年和第二年年初)。依据日常积累的认识，我们会判断方案 D 比方案 C 好。

是什么样的认识使我们做出上述明确的判断的呢？在例子中，方案 A 的得益比方案 B 早；方案 D 比方案 C 晚一年支出 3 000 万元。这就是说，货币的支出和收入的经济效应不仅与货币量的大小有关，而且与发生的时间有关。同样 1 元钱今年到手与明年到手的“价值”是不同的。先到手的资金可以用来投资而产生新的价值。因此，今年的 1 元要比明年的 1 元更值钱。这种货币的时间价值(time value of money)在银行的利息中可以体现出来。如果年利率是5%,那么今年到手的1元存入银行,到明年底就可以到手1.05元,就是说,今年的1元等值于明年的1.05元。换一种说法,明年的1元相当于今年的$\frac{1}{1.05}=0.9524$元。

货币时间价值的存在是基于两个方面的原因:一是以货币表示的资源可以成为资本,存在投资的机会,从而产生对资本投入要素的回报;另一方面,消费者都存在一种潜在的期望,要求现在消费的节省以换回日后更多的消费。后者储蓄的这个期望正好可由投资者的要素回报得以满足,储蓄和投资供需双方的市场均衡就构成了利率的基础。此外,现实的利率还受通货膨胀、税收和这种回报的不确定性的影响。

由于货币的时间价值的存在,使不同时间上发生的现金流量无法直接加以比较,这就使方案的经济评价变得比较复杂。以图3-2为例,从现金流量的绝对数看,方案E比方案F好;但从货币的时间价值看,方案F似乎有它的好处。如何比较这两个方案的优劣就构成了这本教材要讨论的重要内容。这种考虑了货币时间价值的经济分析方法,使方案的评价和选择变得更现实和可靠。

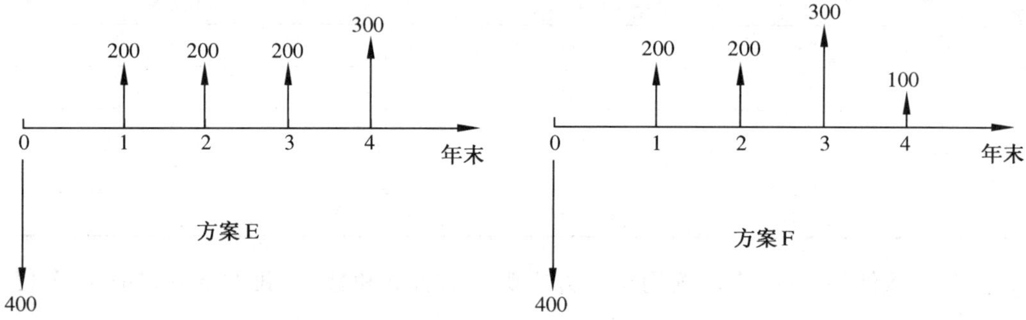

图3-2 方案E和方案F的现金流量图(单位:万元)

3.2 利息公式

3.2.1 利息的种类

利息分为单利(simple interest)及复利(compound interest)两种。利息可以按年也可以按不等于一年的周期计算。用以表示计算利息的时间单位称为计息周期。以下暂时假定计息周期为一年。

1. 单利

每期均按原始本金计息,这种计息方式称为单利。在以单利计息的情况下,利息与时间是线性关系,不论计息期数为多大,只有本金计息,而利息不计利息。设P代表本金,n代表计息期数,i代表利率,I代表所付或所收的总利息,F代表计息期末的本利和,则

$$I=Pni, \tag{3-1}$$

$$F=P(1+ni)。 \tag{3-2}$$

假如以单利方式借入一笔资金1000元,规定年利率为6%,则在第一年末时利息应为

$$I=1000\times1\times0.06=60(元)。$$

年末应付的本利和等于1060元。

当借入一项资金的时间等于 n 个利息周期时，应在每期末尾时计算利息。假如以年利率6%借入资金 1 000 元，共借 4 年，其偿还的情况应如表 3-2 所示。

表 3-2　　单利利息计算与偿付　　（单位：元）

年	年初欠款	年末应付利息	年末欠款	年末偿还
1	1 000	1 000×0.06=60	1 060	0
2	1 060	1 000×0.06=60	1 120	0
3	1 120	1 000×0.06=60	1 180	0
4	1 180	1 000×0.06=60	1 240	1 240

2. 复利

将这期利息转为下期的本金，下期将按本利和的总额计息，这种计息方法称为复利。在以复利计息的情况下，除本金计息外，利息再计利息。上例如果按复利计息，偿还方式如表 3-3 所示。

表 3-3　　复利利息计算与偿付　　（单位：元）

年	年初欠款	年末应付利息	年末欠款	年末偿还
1	1 000.00	1 000×0.06=60.00	1 060.00	0
2	1 060.00	1 060×0.06=63.60	1 123.60	0
3	1 123.60	1 123.60×0.06=67.42	1 191.02	0
4	1 191.02	1 191.02×0.06=71.46	1 262.48	1 262.48

设 P 代表本金，n 代表计息期数，i 代表利率，I 代表所付或所收的总利息，F 代表计息期末的本利和，则可得到以下复利计息公式：

$$F=P(1+i)^n, \tag{3-3}$$

$$I=P(1+i)^n-P。 \tag{3-4}$$

从表 3-2、表 3-3 中可以看出，同一笔借款，在 i，n 相同的情况下，用复利计算出的利息金额数比用单利计算出的利息金额数大，当所借本金越大，利率越高，年数越多时，两者差距就越大。

例 3-3　复利的威力。1626 年荷兰西印度公司花了 24 美元从印第安人手中买下了曼哈顿岛。而到 2000 年 1 月 1 日，曼哈顿岛的价值已经达到了约 2.5 万亿美元。这笔交易无疑很合算。

但是，如果改变一下思路，西印度公司也许并没有占到便宜。如果当时的印第安人拿着这 24 美元去投资，分别按照 8%的单利和复利利率计算，结果如下：

单利　　$24\times(1+8\%\times374)=742$（美元），

复利　　$F=24\times(1+8\%)^{374}\approx76$（万亿美元）。

到 2000 年，这 24 美元复利计息将变成约 76 万亿美元，几乎是其 2.5 万亿美元价值的 30 倍。而按照单利计算这 24 美元仅变成 742 美元。爱因斯坦就说过，“世界的第八大奇迹是复利，复利的威力超过原子弹。”

在实际生活中，一般都按复利计息，因为没有理由不让前期产生的利息作为下期的本金计算利息，除非每期都将利息取出。但是，为了储户的方便和易于接受，我国银行目前名义上用的还是单利计算，只是通过存期的不同，规定不同的单利利率。例如，2014 年 11 月 22 日人民币存贷款基准利率调整情况为，我国居民银行存款的一年期基准利率为 2.75%，二年期是 3.35%，三年期为4.00%。如果按年利率为 2.75%的复利计息，其等价的单利利息率应分别是 2.75%，2.79% 和 2.83%①，可见银行为了吸引长期存款，规定的利率还高于等价的复利利率。贷款方面，银行考虑贷款风险，现行的基准利率分别是 5.6%（0—1 年），6%（1—5 年），6.15%（5 年以上），一般都是按不同的还款方式直接用复利计算利息的（参见后面 3.4 节）。因此，本书以后除特别指明外，都是用复利计息。

3.2.2 等值的含义

如果两个事物的作用是相同的，则称它们为等值的。例如，有两个力矩，一个是由力 100N 和力臂 2m 组成的，另一个是由力 200N 和力臂 1m 组成的，说它们是等值的，因为二者的作用都等于 200N·m。

货币等值（equivalence）是考虑了货币的时间价值的等值。即使金额相等，由于发生的时间不同，其价值并不一定相等；反之，不同时间上发生的金额不等，其货币的价值却可能相等。

货币的等值包括三个因素：①金额；②金额发生的时间；③利率。例如，在年利率 6%情况下，按照复利计息，现在的 300 元等值于第 8 年年末的 478.20 元。这两个等值的现金流量如图 3-3 所示。

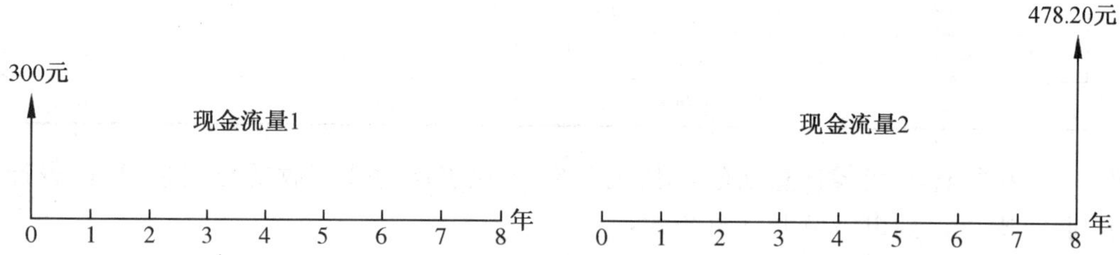

图 3-3　同一利率下不同时间的货币等值②

现在的 300 元在第 8 年年末为

$$300(1+0.06)^8=300\times1.594=478.20(\text{元})。$$

由图 3-3 经计算可知，0 年的 300 元与 8 年末的 478.20 元在年利率 6%的情况下，发生的时间和金额不同，但其价值相等；相反，0 年的 300 元与 8 年末的 300 元在年利率 6%的情况下，虽然金额相等，由于发生的时间不同，其价值并不相等。此外当利率不是 6%时，0 年的 300 元与 8 年末的 478.20 元其值也不相等。

在工程经济分析中，等值是一个非常重要的概念。在方案的比较中都采用等值概念来进行分析和选定。

3.2.3 复利计算公式

以后复利计算公式采用的符号如下：

i——利率；

---

① 等价的单利利率 i 可按下式算得：$1+ni=(1+0.0275)^n$；或 $i=\dfrac{(1+0.0275)^n-1}{n}$。

② 如前所述，现金流量图的水平线是时间标度，每一格代表一个时间单位，凡以后的现金流量图，除注明者外，一般以年为单位。

n——计息期数；

P——现值，即相对于将来值的任何较早时间的价值；

F——将来值，即相对于现值的任何以后时间的价值。

它们之间的关系为

现值＋复利利息＝将来值，

将来值－复利利息＝现值。

A——n 次等额支付系列中的一次支付，在各个计息期末实现。

根据现金的不同支付方式，下面介绍 8 个主要的复利计算公式。

1. 一次支付复利公式

如果存款 P 元，按年利率 i 计息，n 年以后本利和应为多少？这项活动可用现金流量图表示(图 3-4)，n 年末的将来值为公式(3-3)，即

$$F=P(1+i)^n。$$

为了计算方便，可以按照不同的利率 i 和计息期数 n 计算出 $(1+i)^n$ 值，列成一个系列表(附录 A1)。这个系数 $(1+i)^n$ 叫做一次支付复利系数。通常用 $(F/P,i,n)$ 表示。这样，式(3-3)可以写成

$$F=P(F/P,i,n)。$$

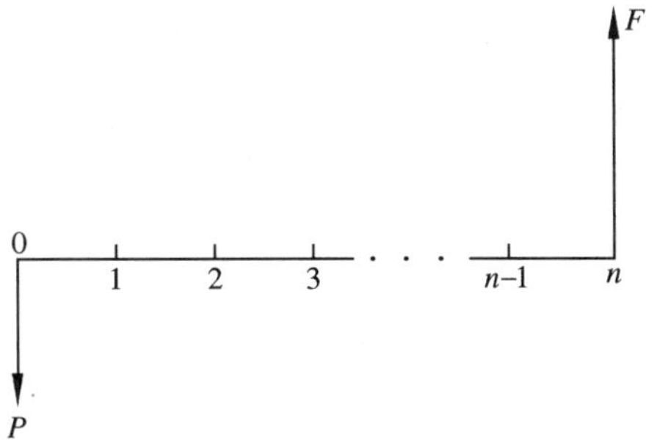

图 3-4　一次支付复利现金流量图

例如，在第一年年初，以年利率 6％借款 1 000 元，则到第四年年末可得本利和为

$$F=P(F/P,i,n)=1000(\underset{}{\overset{F/P,6\%,4}{1.2625}})=1\,262.50(元)。$$

用复利公式也可算得

$$F=P(1+i)^n=1\,000(1+0.06)^4=1\,262.50(元)。$$

上述问题也可以用等值概念来陈述，即现在的 1000 元，年利率为 6％的情况下，问与其等值的第四年年末的将来值是多少？

一个特定的现金流量问题有很多种不同的表示方式，如存取款问题、借还款问题、等值问题、投资问题。一般地，诠释像公式(3-3)中各变量间关系的最好的方法之一就是对于给定的利率 i，计算某一时点发生的值 F 等值于(即可以换算成)另一时点发生的已知值 P。

2. 一次支付现值公式

由 $F=P(1+i)^n$ 变换成由将来值求现值的公式

$$P=F\left[\frac{1}{(1+i)^n}\right]。\qquad(3\text{-}5)$$

$\left[\frac{1}{(1+i)^n}\right]$叫做一次支付现值系数，并用 $(P/F,i,n)$ 代表，式(3-5)可写成

$$P=F(P/F,i,n)。$$

利用这个系数可以求出将来金额 F 的现值 P(图 3-4)。

如果现在的问题是：在第四年年末的资金 1 262.50 元，按年利率 6％计算，问与其等值的第 0 年的现值为多少？

代入公式(3-5)得

$$P=1\,262.50\left[\frac{1}{(1+0.06)^4}\right]=1\,000(元)。$$

查附录 A2 求得

$$P=1\,262.50\underset{}{(\overset{P/F,6\%,4}{0.7921})}=1\,000(元)。$$

3. 等额支付系列复利公式

在工程经济研究中常常需要求出连续在若干期的期末支付等额的资金，最后所积累起来的资金。这种财务情况可用图 3-5 表示。在利率为 i 的情况下，n 年末积累的资金为

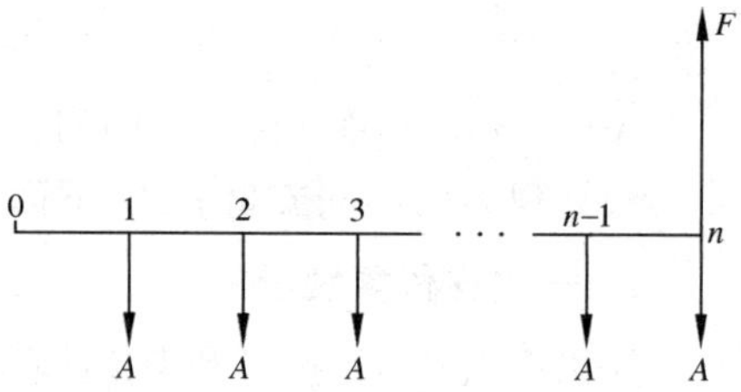

图 3-5　一次支付复利现金流量图

$$F=A(1)+A(1+i)+\cdots+A(1+i)^{n-2}+A(1+i)^{n-1}。$$

以 $(1+i)$ 乘上式，可得

$$F(1+i)=A(1+i)+A(1+i)^2+\cdots+A(1+i)^{n-1}+A(1+i)^n。$$

减去前式，得

$$F(1+i)-F=-A+A(1+i)^n,$$

$$Fi=A[(1+i)^n-1],$$

则

$$F=A\,\frac{(1+i)^n-1}{i}。\tag{3-6}$$

$\left[\frac{(1+i)^n-1}{i}\right]$的值叫做等额支付系列复利系数，通常用 $(F/A,i,n)$ 表示。系数的值可以用$\left[\frac{(1+i)^n-1}{i}\right]$计算求得，也可查附录 A3 求得。公式(3-6)可表示为

$$F=A(F/A,i,n)。$$

例如，连续 5 年每年年末借款 1 000 元，按年利率 6%计算，第 5 年年末累计的欠款为

$$F=1\,000(\overset{F/A,6\%,5}{5.6371})=5\,637.10(元)。$$

另一个例子是连续 4 年等额年末支付 100 元，按年利率 6%计算，与其等值的第 4 年末的将来值是

$$F=100(\overset{F/A,6\%,4}{4.3746})=437.46(元)。$$

4. 等额支付系列积累基金公式

与式(3-6)相反，如为了在 n 年末能筹集一笔钱 F，按年利率 i 计算，从现在起连续几年每年末必须存储多少？将公式(3-6)变换可得到等额支付系列积累基金公式

$$A=F\left[\frac{i}{(1+i)^n-1}\right]。\tag{3-7}$$

$\left[\frac{i}{(1+i)^n-1}\right]$叫做等额支付系列积累基金系数，用符号 $(A/F,i,n)$ 表示。系数的值可以用$\left[\frac{i}{(1+i)^n-1}\right]$计算求得，也可查附录 A4 求得，公式(3-7)可以表示为

$$A=F(A/F,i,n)。$$

如果要在第 5 年年末得到资金 1 000 元，按年利率 6%计算，从现在起连续 5 年每年必须存储

$$A=1\,000\overset{A/F,6\%,5}{(\;0.177\,4\;)}=177.40(元)。$$

第 4 年年末的 437.46 元，按年利率 6%计算，与其等值的年末等额支付是

$$A=437.46\overset{A/F,6\%,4}{(\;0.228\,6\;)}=100(元)。$$

5. 等额支付系列资金恢复公式

某人以年利率 i 存入一项资金 P。他希望在今后 n 年内把本利和在每年年末以等额资金 A 的方式取出。这项活动可用图 3-6表示。

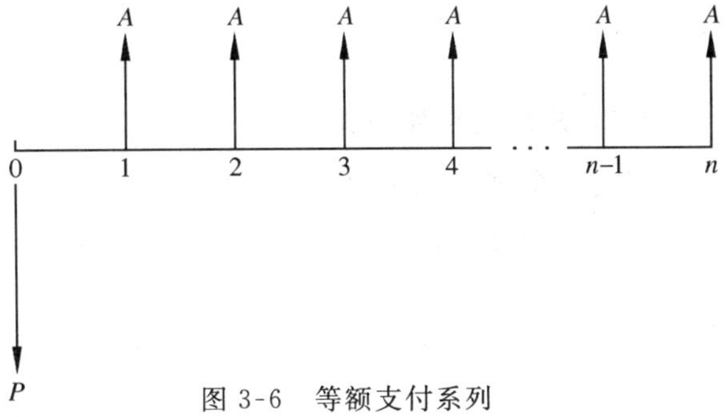

图 3-6　等额支付系列

前面我们已经知道

$$A=F\left[\frac{i}{(1+i)^n-1}\right]。\qquad(3\text{-}8)$$

将 $F=P(1+i)^n$ 代入上式，即得等额支付系列资金恢复公式

$$A=P(1+i)^n\left[\frac{i}{(1+i)^n-1}\right]=P\left[\frac{i(1+i)^n}{(1+i)^n-1}\right]。\qquad(3\text{-}9)$$

$\left[\frac{i(1+i)^n}{(1+i)^n-1}\right]$的值叫做等额支付系列资金恢复系数。用符号$(A/P,i,n)$表示。系数的值可以用$\left[\frac{i(1+i)^n}{(1+i)^n-1}\right]$计算求得，也可查附录 A5 求得。公式(3-8)可表示为

$$A=P(A/P,i,n)。$$

现在如果以年利率 5%投资 1 000 元，今后 8 年中把本利和在每年年末以相等的数额提取，每年末可以提取

$$A=1\,000\overset{A/P,5\%,8}{(\;0.154\,7\;)}=154.70(元/年)。$$

现在的 1 000 元，按年利率 5%计算，与其等值的连续 10 年年末等额支付是

$$A=1\,000\overset{A/P,\ 5\%,\ 10}{(\;0.129\,5\;)}=129.5(元/年)。$$

6. 等额支付系列现值公式

与式(3-9)相反，按年利率 i 计算，为了能在今后几年中每年年末提取相等金额 A，现在必须投资多少？

把式(3-9)倒过来，得到等额支付系列现值公式

$$P=A\left[\frac{(1+i)^n-1}{i(1+i)^n}\right]。\qquad(3\text{-}10)$$

$\left[\frac{(1+i)^n-1}{i(1+i)^n}\right]$的值叫做等额支付系列现值系数，用符号$(P/A,i,n)$表示，系数的值可以用

$\left[\frac{(1+i)^n-1}{i(1+i)^n}\right]$计算求得，也可查附录 A6 求得。公式(3-10)可表示为

$$P=A(P/A,i,n)。$$

按年利率 6%计算，如果为了能在今后 5 年中每年年末提取 100 万元用于设备更新，现在应存入

$$P=100\left(\overset{P/A,\ 6\%,\ 5}{4.2124}\right)=421.24(万元)。$$

连续 10 年年末等额支付 129.5 元，按年利率 5%计算，与其等值的第 0 年的现值是

$$P=129.5\left(\overset{P/A,\ 5\%,\ 10}{7.7217}\right)=1\,000(元)。$$

7. 均匀梯度系列公式

假定一个现金流量如图 3-7 所示，第一年年末的支付是 A_1，第二年年末的支付是 A_1+G，第三年年末的支付是 A_1+2G，……，第 n 年年末的支付是 $A_1+(n-1)G$。

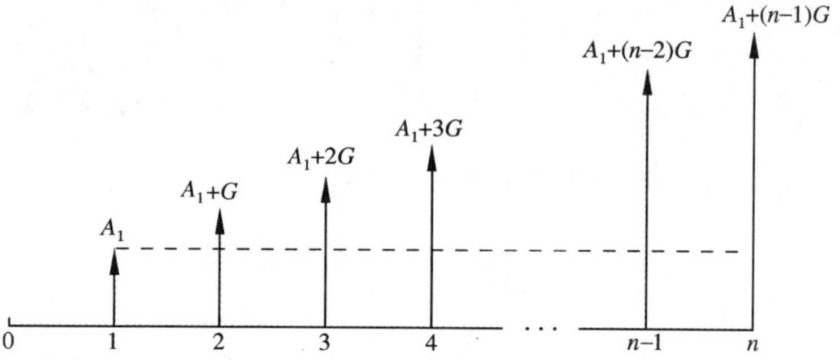

图 3-7　均匀增加支付系列

如果我们能把图 3-7 所示的现金流量转换成等额支付系列的形式。那么根据等额支付系列复利公式和等额支付系列现值公式很容易求得 n 年年末的将来值 F 和 0 年的现在值 P。

比较简便的方法是把一个均匀增加(减少)的支付系列看做是由下列两个系列组成：一个是等额支付系列，其等额的年末支付是 A_1；另一个是由 $0,G,2G,\cdots,(n-1)G$ 组成的梯度系列。如果能把 $0,G,2G,\cdots,(n-1)G$ 组成的梯度系列转换成与其等值的年末等额支付 A_2，那么所要求的等额支付的年末支付 $A=A_1+A_2$，如图 3-8 所示。

A_1 是已知的，A_2 可以通过下列方法求得：先把梯度系列 $0,G,2G,\cdots,(n-1)G$ 分解成 $(n-1)$ 个年末支付为 G 的等额支付，并通过等额支付复利公式可求得将来值 F_2，再通过等额支付系列积累基金公式求得 A_2，如图 3-9 所示。

梯度系列的将来值为

$$\begin{aligned}F_2&=G(F/A,i,n-1)+G(F/A,i,n-2)+\cdots+G(F/A,i,2)+G(F/A,i,1)\\&=G\left[\frac{(1+i)^{n-1}-1}{i}\right]+G\left[\frac{(1+i)^{n-2}-1}{i}\right]+\cdots+G\left[\frac{(1+i)^2-1}{i}\right]+G\left[\frac{(1+i)-1}{i}\right]\\&=\frac{G}{i}[(1+i)^{n-1}+(1+i)^{n-2}+\cdots+(1+i)^2+(1+i)^1-(n-1)\cdot 1]\\&=\frac{G}{i}[(1+i)^{n-1}+(1+i)^{n-2}+\cdots+(1+i)^2+(1+i)+1]-\frac{nG}{i}。\end{aligned}$$

方括弧中的各项之和等于 n 年的等额支付系列复利系数，所以

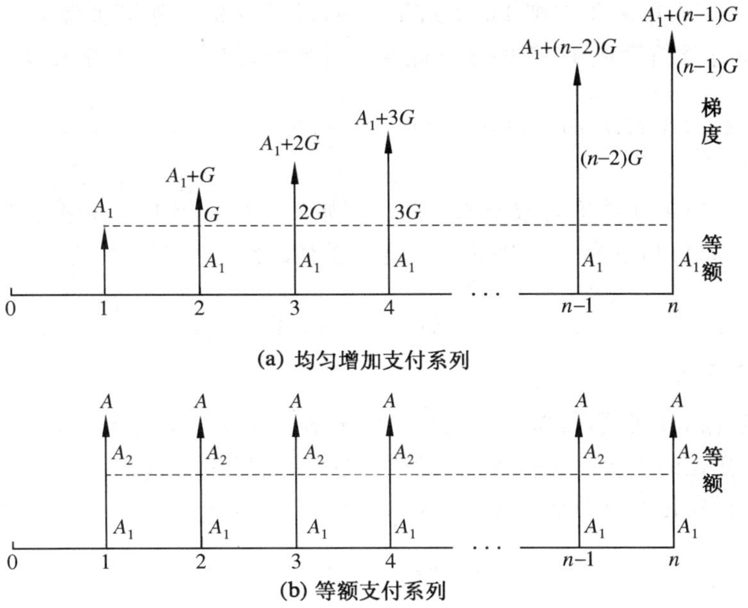

图 3-8　均匀增加支付系列的转换

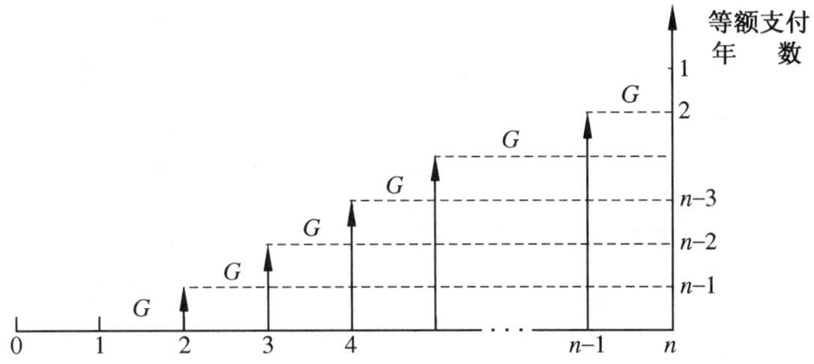

图 3-9　梯度系列的分解

$$F_2=\frac{G}{i}\left[\frac{(1+i)^n-1}{i}\right]-\frac{nG}{i}。$$

而

$$\begin{aligned}A_2&=F_2\left[\frac{i}{(1+i)^n-1}\right]=\left\{\frac{G}{i}\left[\frac{(1+i)^n-1}{i}\right]-\frac{nG}{i}\right\}\left[\frac{i}{(1+i)^n-1}\right]\\&=\frac{G}{i}-\frac{nG}{i}\left[\frac{i}{(1+i)^n-1}\right]=\frac{G}{i}-\frac{nG}{i}(A/F,i,n)\\&=G\left[\frac{1}{i}-\frac{n}{i}(A/F,i,n)\right]。\end{aligned}\tag{3-11}$$

这种把梯度支付转化为等额支付形式的运算系数$\left[\frac{1}{i}-\frac{n}{i}(A/F,i,n)\right]$叫做梯度系数，通常用符号$(A/G,i,n)$表示，$A_2=G(A/G,i,n)$。梯度系数的数值可以用$\left[\frac{1}{i}-\frac{n}{i}(A/F,i,n)\right]$计算求得，也可以查附录 A7 求得。附录 A1—A6 列出上述其他利息公式常用的计算值。

把 A_1 和 A_2 相加就得 A。

例 3-4 假定某人第一年末把 1 000 元存入银行，以后 9 年每年递增存款 200 元。如年利率为 8%，若这笔存款折算成 10 年的年末等额支付系列，相当于每年存入多少？

解 $A=A_1+G(A/G,i,n)=1\,000+200(\overset{A/G,8\%,10}{3.8713})=1\,744$(元)，

每年应存入 1 744 元。

梯度系数也可用来计算均匀减少的系列。例如某人第一年末存入银行 5 000 元，以后 5 年每年递减 600 元，如年利率为 9%，则相当于这个系列的年末等额支付为

$$A=A_1-G(A/G,i,n)=5\,000-600(\overset{A/G,9\%,6}{2.2498})=3\,650\text{(元)}。$$

8. 几何梯度系列

很多工程经济相关问题，常常要涉及现金流量随时间以固定的比率增加或下降，而不是以常量(均匀梯度)变化的情况。这种现金流量模式称为几何梯度(geometric gradient)。设相邻两个周期之间支付变化的百分比为 g，第 N 次支付 A_n 与首次支付 A_1 有如下关系：

$$A_n=A_1(1+g)^{n-1}, \quad n=1,2,\cdots,N。 \tag{3-12}$$

变量 g 可以取正也可以取负，这取决于现金流量的类型。如果 $g>0$，系列递增，其现金流量如图 3-10 所示。

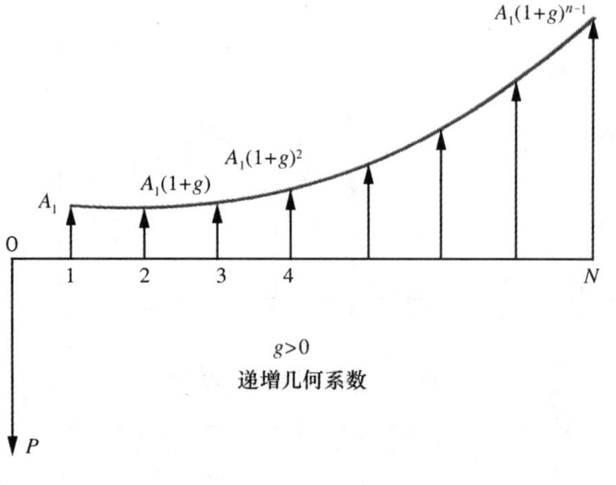

图 3-10 以固定比例 g 呈几何级数递增的梯度系列

图 3-10 的几何梯度支付系列的现值是

$$P=\sum_{n=1}^{N} A_1(1+g)^{n-1}(1+i)^{-n}。$$

将常数项 $A_1(1+g)^{-1}$ 从累加求和公式中提到式外：

$$P=\frac{A_1}{(1+g)}\sum_{n=1}^{N}\left[\frac{1+g}{1+i}\right]^n,$$

设 $Z=\dfrac{1+i}{1+g}$，则

$$\begin{aligned}P&=\frac{A_1}{1+g}(Z^{-1}+Z^{-2}+\cdots+Z^{-N})\\&=\frac{A_1}{1+g}\left[\frac{Z^N-1}{Z^N(Z-1)}\right]。\end{aligned}$$

将 Z 的表达式代入上式，得

$$P=\begin{cases}\dfrac{A_1}{i-g}\left[1-\left(\dfrac{1+g}{1+i}\right)^N\right] & i\neq g,\\ \dfrac{NA_1}{1+i}, & i=g。\end{cases}\tag{3-13}$$

或

$$P=\begin{cases}\dfrac{A_1[1-(P/F,i,N)(F/P,g,N)]}{i-g}, & i\neq g,\\ A_1N(P/F,i,1), & i=g。\end{cases}\tag{3-14}$$

$\dfrac{1-(1+g)^N(1+i)^{-N}}{i-g}$称为几何梯度系列现值系数(geometric-gradient series present-worth factor)，记为$(P/A_1,g,i,N)$。特殊情况下，当 $i=g$ 时，式(3-14)变为 $P=[NA_1/(1+i)]$。

例 3-5 求解图 3-11 给出的几何支付系列现金流量的现值 P、年度等值 A 和将来值 F。从第 2 年开始年增长率为 20%，年利率为 25%。

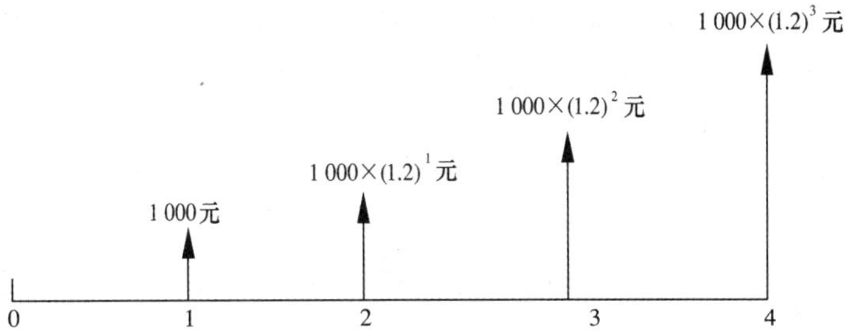

图 3-11 例 3-5 的现金流量图

解

$$\begin{aligned}P&=\frac{1000[1-(P/F,25\%,4)(F/P,20\%,4)]}{0.25-0.20}\\&=\frac{1000}{0.05}(1-0.4096\times2.0736)\\&=20\,000\times0.150\,65\\&=3013(元),\\A&=3013(A/P,25\%,4)=1\,275.70(元),\\F&=3013(F/P,25\%,4)=7\,355.94(元)。\end{aligned}$$

9. 运用利息公式应注意的问题

① 为了实施方案的初始投资，假定发生在方案的寿命期初。

② 方案实施过程中的经常性支出，假定发生在计息期(年)末。

③ 本年的年末即是下一年的年初。

④ P 是在当前年度开始时发生。

⑤ F 是在当前以后的第 n 年年末发生。

⑥ A 是在考察期间各年年末发生。当问题包括 P 和 A 时，系列的第一个 A 是在 P 发生

一年后的年末发生；当问题包括 F 和 A 时，系列的最后一个 A 是和 F 同时发生。

⑦ 均匀梯度系列中，第一个 G 发生在系列的第二年年末。

3.2.4 名义利率和有效利率①

以上一直把计息期作为一年。但是实际上计息期可以规定为半年、三个月或一个月。当利率的时间单位与计息期不一致时，就出现了名义利率(nominal interest rate)和有效利率(real interest rate)的概念。例如，每半年计息一次，每半年计息期的利率为 3%，3%是实际计息用的利率，也是资金在计息期所发生的实际利率，称为有效利率。有效利率都是指的计息期的利率，当计息期为一年，此时的有效利率称为年有效利率。当计息期短于一年时，每一计息期的有效利率乘上一年中的计息期数所得到的年利率，如上例为 3%×2＝6%，6%就称为年名义利率。在实际计息中不用这个利率，它只是习惯上的表示形式。例如，每月计息一次，月利率为 1%，习惯上称为"年利率为 12%，每月计息一次"。通常说的年利率都是指名义利率，如果后面不对计息期加以说明，则表示一年计息一次，此时的年利率也就是年有效利率。

1. 离散式复利

按期(年、季、月和日)计息的方法称为离散式复利(discrete compounding)。一年中计算复利的次数越频繁，则年有效利率越比名义利率高。例如，年利率 6%，每半年计息一次，即资金 1 元按利率 3%每半年计息一次，到第一年年末将等于

$$F=1\times(1.03)\times(1.03)=1\times(1.03)^2=1.0609(\text{元})。$$

这 1 元的实际利息是 1.0609－1.0000＝0.0609 元，即有效年利率是 6.09%，大于名义利率 6%。

例如，年利率 6%，每月计息一次，则月有效利率为 0.5%，1 元资金到第一年末的本利和将等于

$$F=1\times(1.005)^{12}=1.0617(\text{元})。$$

这 1 元的实际利息是 0.0617 元＞0.0609 元，因为一年中计息的次数频繁了。

如果名义利率为 r，一年中计算利息 n 次，每次计息的利率为 $\frac{r}{n}$，根据一次支付复利系数公式，年末本利和为

$$F=P\left(1+\frac{r}{n}\right)^n。$$

上式表示 P 元本金、计息 n 次后的本利和，而其中利息即本利和与本金之差为

$$P\left(1+\frac{r}{n}\right)^n-P。$$

又按定义，利息与本金之比为利率，则年有效利率为

$$i(\text{年有效利率})=\frac{P\left(1+\frac{r}{n}\right)^n-P}{P}=\left(1+\frac{r}{n}\right)^n-1。\tag{3-15}$$

例 3-6 假定某人把 1000 元进行投资，时间为 10 年，利息按年利率 8%，每季度计息一次计算，求 10 年末的将来值。

---

① 这里的名义利率是用以区别一年中计息期多于一次的有效利率。在有些场合，名义利率还用于区别剔除了通货膨胀后的实际利率(interest in real term)，这时的名义利率指的是含通货膨胀因素在内的利率。

解　由题意可知，每年计息4次，10年的计息期为4×10＝40次，每一计息期的有效利率为8%÷4＝2%，根据式(3-3)可求得10年末的将来值为

$$F=1000\left(\overset{F/P,2\%,40}{2.2080}\right)=2208(\text{元})。$$

其名义利率为8%，每年的计息期$n=4$，年有效利率为

$$i=\left(1+\frac{0.08}{4}\right)^4-1=8.2432\%。$$

2. 连续式复利

按瞬时计息的方式称为连续复利(continuous compounding)。在这种情况下，复利可以在一年中按无限多次计算，年有效利率为

$$i=\lim_{n\to\infty}\left(1+\frac{r}{n}\right)^n-1。$$

但是由于

$$\left(1+\frac{r}{n}\right)^n=\left[\left(1+\frac{r}{n}\right)^{\frac{n}{r}}\right]^r,$$

而

$$\lim_{n\to\infty}\left(1+\frac{r}{n}\right)^{\frac{n}{r}}=\mathrm{e},$$

因而

$$i=\left[\lim_{n\to\infty}\left(1+\frac{r}{n}\right)^{\frac{n}{r}}\right]^r-1=\mathrm{e}^r-1。$$

这就是说，如果复利是连续地计算，则

$$i(\text{年有效利率})=\mathrm{e}^r-1。\tag{3-16}$$

式中，e为自然对数的底，其数值为2.71828；连续复利6%的年有效利率为

$$i=\mathrm{e}^r-1=(2.71828)^{0.06}-1=6.1837\%。$$

就整个社会而言，资金确实是在不停地运动，每时每刻都通过生产和流通在增值，从理论上讲应采用连续复利，但在经济评价中实际应用多为离散式复利。

有效利率对于描述一年之内利上滚利的复利计算效果是有用的。名义利率为6%分别按年、按半年、按季、按月、按日、连续地计算复利，其相应的有效利率见表3-4。

表 3-4

计算复利的方式	一年中的计息期数	各期的有效利率/%	年有效利率/%
按年	1	6.0000	6.0000
按半年	2	3.0000	6.0900
按季	4	1.5000	6.1364
按月	12	0.5000	6.1678
按日	365	0.0164	6.1799
连续地	∞	0.0000	6.1837

在投资方案比较时，如果各方案均采用相同的计算期和年名义利率，由于它们计算利息次数不同彼此也不可比，应先将年名义利率化成年有效利率后再进行计算和比较。

3.3 等值计算实例

3.3.1 计息期为一年的等值计算

计息期为一年时，有效利率与名义利率相同，利用 7 个复利计算公式可以直接进行等值计算。

例 3-7 当利率为多大时，现在的 300 元等值于第 9 年年末的 525 元？

解

$$F=P(F/P,i,n),$$

$$525=300(F/P,i,9),$$

$$(F/P,i,9)=\frac{525}{300}=1.750。$$

从利息表上查到，当 $n=9$，1.750 落在 6% 和 7% 之间。从 6% 的表上查到 1.689，从 7% 的表上查到 1.838。用直线内插法可得

$$i=6\%+\left(\frac{1.689-1.750}{1.689-1.838}\right)\times 1\%=6.41\%。$$

计算表明，当利率为 6.41% 时，现在的 300 元等值于第 9 年年末的 525 元。

例 3-8 当利率为 8% 时，从现在起连续 6 年的年末等额支付为多少时与第 6 年年末的 1 000 000元等值？

$$A=F(A/F,i,n)=1\,000\,000(\overset{A/F,8\%,6}{0.136\,3})=136\,300(元/年)。$$

计算表明，当利率为 8% 时，从现在起连续 6 年 136 300 元的年末等额支付与第 6 年年末的 1 000 000 元等值。

例 3-9 当利率为 10% 时，从现在起连续 5 年的年末等额支付为 600 元，问与其等值的第 0 年的现值为多大？

$$P=A(P/A,i,n)=600(\overset{P/A,10\%,5}{3.790\,8})=2\,774.48(元)。$$

计算表明，当利率为 10% 时，从现在起连续 5 年的 600 元年末等额支付与第 0 年的现值 2 274.59元是等值的。

3.3.2 计息期短于一年的等值计算

如计息期短于一年，仍可利用以上的利息公式进行计算，这种计算通常可以出现下列三种情况：

1. 计息期和支付期相同

例 3-10 年利率 12%，每半年计息一次，从现在起，连续 3 年，每半年为 100 元的等额支付，问与其等值的第 0 年的现值为多大？

解 每计息期的利率 $i=\frac{12\%}{2\text{ 期}}=6\%$ （每半年一期），

$$n=(3\text{ 年})\times(\text{每年 }2\text{ 期})=6\text{ 期},$$

$$P=A(P/A,i,n)=100(\overset{P/A,6\%,6}{4.917\,3})=491.73(元)。$$

计算表明，按年利率 12%，每半年计息一次计算利息，从现在起连续 3 年每半年支付 100

元的等额支付与第 0 年的 491.73 元的现值等值。

例 3-11 求等值状况下的利率。假如有人目前借入 2000 元，在今后 2 年中分 24 次偿还。每次偿还 99.80 元。复利按月计算，试求月有效利率、名义利率和年有效利率。

解

$$99.80=2\,000(A/P,i,24),$$

$$(A/P,i,24)=\frac{99.80}{2\,000}=0.0499。$$

查附录 A5，上列数值相当于 $i=1.5\%$。因为计息期是一个月，所以月有效利率为 1.5%。名义利率为

$$r=(\text{每月 }1.5\%)\times(12\text{ 个月})=\text{每年 }18\%,$$

年有效利率为

$$i=\left(1+\frac{r}{n}\right)^{n}-1=\left(1+\frac{0.18}{12}\right)^{12}-1=19.56\%。$$

2. 计息期短于支付期

例 3-12 按年利率 12%，每季度计息一次计算利息，从现在起连续 3 年的等额年末借款为 1 000 元，问与其等值的第 3 年年末的欠款金额为多大?

解 其现金流量如图 3-12 所示。

每年向银行借一次，支付期为 1 年，年利率为 12%，每季度计息一次，计息期为一个季度，属计息期短于支付期。由于利息按季度计算，而支付在年底。这样，计息期末不一定有支付，所以例题不能直接采用利息公式，需要进行修改，使之符合计息公式，修改方法有如下三种：

第一种方法：取一个循环周期，使这个周期的年末支付转变成等值的计息期末的等额支付系列，其现金流量如图 3-13 所示。

$$A=F(A/F,i,n)=1\,000(\overset{A/F,3\%,4}{0.2390})=239(\text{元})。$$

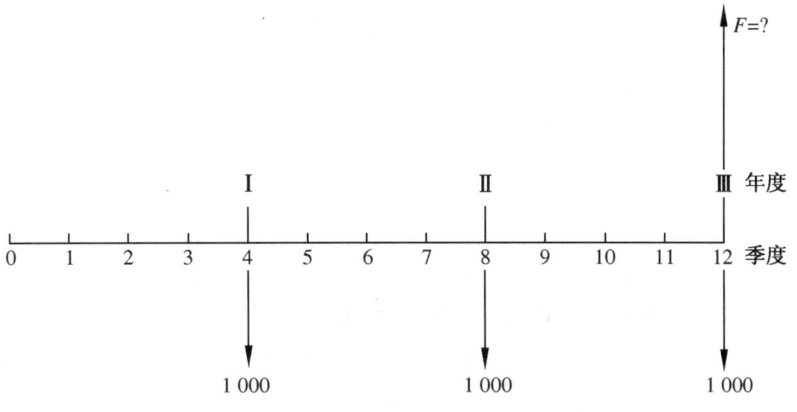

图 3-12 按季计息年度支付的现金流量图(单位：元)

式中，$r=12\%$，$n=4$。得

$$i=12\%\div4=3\%。$$

经过转变后，计息期和支付期完全重合，可直接利用利息公式进行计算，并适用于后 2 年。例题的现金流量图变成图 3-14。

$$F=A(F/A,i,n)=239(\overset{F/A,3\%,12}{14.192})=3\,392(\text{元})。$$

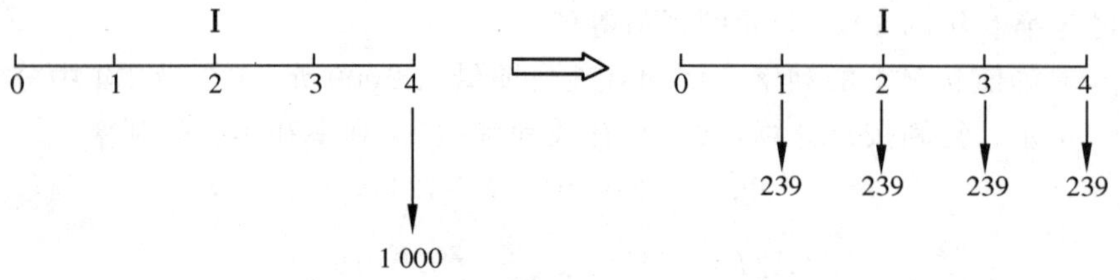

图 3-13　将年度支付转化为计息期末支付(单位:元)

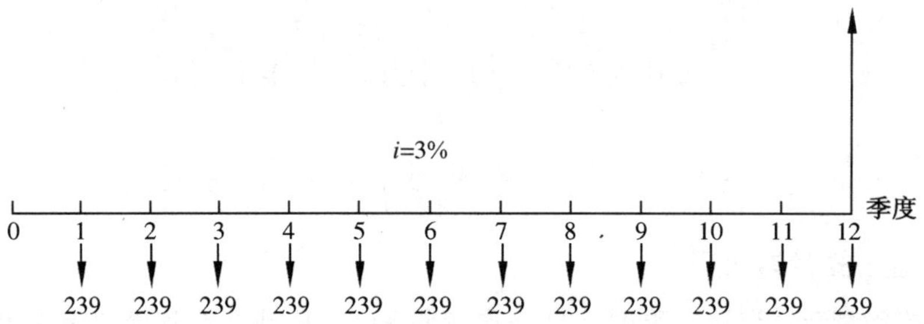

图 3-14　经转变后计息期与支付期重合(单位:元)

第二种方法:把等额支付的每一个支付看做为一次支付,求出每个支付的将来值,然后把将来值加起来,这个和就是等额支付的实际结果。

$$F=1\,000(\overset{F/P,3\%,8}{1.267})+1\,000(\overset{F/P,3\%,4}{1.126})+1\,000=3\,392(\text{元})。$$

式中,第一项代表第1年年末借的1000元将计息8次;第二项代表第2年年末借的1000元将计息4次;最后一项代表第3年年末借的1 000元。

第三种方法:先求出支付期的有效利率,本例支付期为一年,然后以一年为基础进行计算。年有效利率是

$$i=\left(1+\frac{r}{n}\right)^{n}-1。$$

现在 $n=4$,$r=12\%$,所以

$$i=\left(1+\frac{0.12}{4}\right)^{4}-1=12.55\%。$$

由此可得

$$F=1\,000(\overset{F/A,12.55\%,3}{3.392\,3})=3\,392(\text{元})。$$

$(F/A,12.55\%,3)=3.392\,3$ 可由下列查表内插方法求得:

$$(F/A,12\%,3)=3.374\,4,\quad (F/A,15\%,3)=3.472\,5,$$

$$(F/A,12.55\%,3)=3.374\,4+\frac{3.472\,5-3.374\,4}{3}\times 0.55=3.392\,3。$$

通过三种方法计算表明,按年利率12%,每季度计息一次,从现在起连续3年的1 000元等额年末借款与第3年年末的3 392元等值。

3. 计息期长于支付期

当计息期长于支付期时,有两个完全不同的假设决定了如何计算利息。一种假设为现金流量一旦发生则开始计息;另一种假设为计息期间发生的现金流量不计息,只有到计息期末才开始计息。选用哪种假设取决于所涉及的具体交易以及金融机构。一般对项目进行的工程经

济分析是将计息期间的现金流量视为在那段周期期末发生。而对存贷款业务，在计息期间存入的款项在该计息期不计算利息，要到下一个计息期才计算利息；在计息期间的借款或贷款，在该计息期计算利息。因此，在对现金流量进行合并时，计息期间的存款应放在期末，而在计息期间的取款、借款或贷款应放在期初。

例 3-13 假如有一项财务活动，其现金流量如图 3-15 所示。如复利是每季度计息一次，年利率 8%，求一年末的将来值。

解 可将图 3-15 按上述原则加以整理，而得到等值的现金流量图（图 3-16）。按照这个图，计息期和支付期相同，计算可以按利息公式进行。

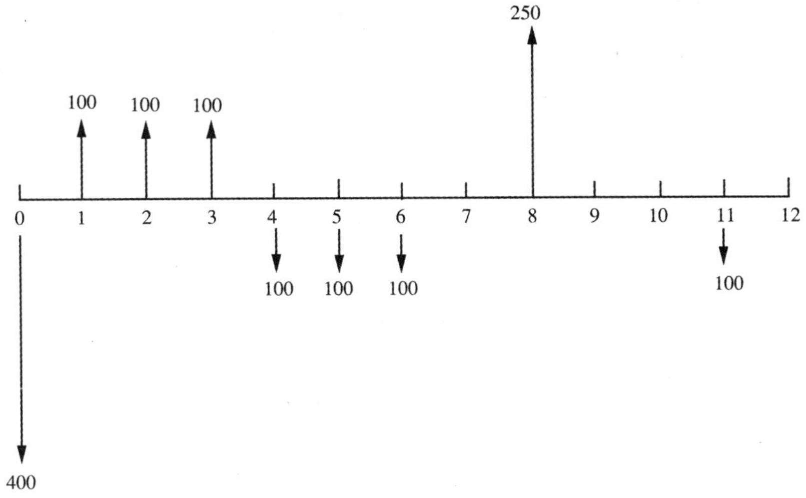

图 3-15 例 3-13 的现金流量图

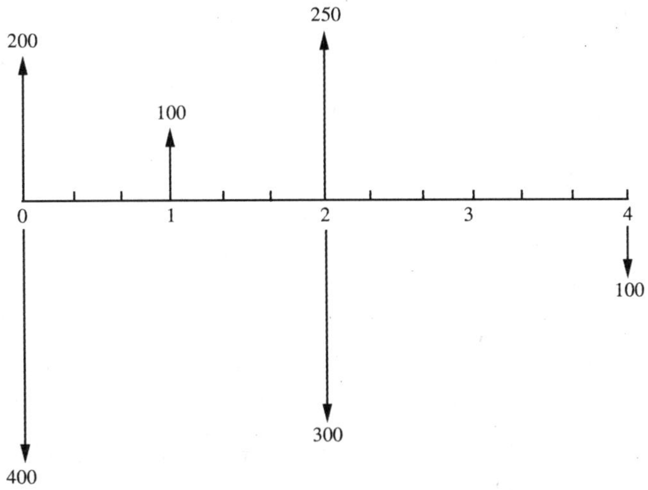

图 3-16 整理后的现金流量图

如年利率为 8%，每季度计息一次，这个财务活动等值于年底的 262.2 元，以存入为正，取出为负，计算如下：

$$F=(499-200)\overset{F/P\ 2,4}{(1.082)}-100\overset{F/P\ 2,3}{(1.061)}+(300-250)\overset{F/P\ 2,2}{(1.040)}-100=262.3(\text{元})。$$

3.3.3 综合计算实例

对于复杂的问题，可以先画出一个简明的图，以提高计算的速度和准确性。

例 3-14 假定现金流量是：第 6 年年末支付 300 元，第 9，10，11，12 年年末各支付 60 元，第 13 年年末支付 210 元，第 15，16，17 年年末各支付 80 元。如按年利率 5%计息，与此等值的现金流量的现值 P 为多少？

解 先把所有的支付画出现金流量图（图 3-17）。

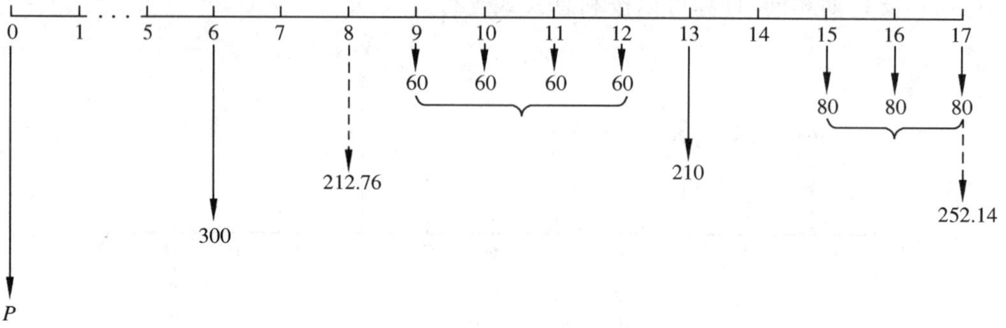

图 3-17 现金流量图（单位：元）

然后根据现金流量图利用公式进行计算：

$$P=300\overset{P/F,5\%,6}{(0.7462)}+60\overset{P/A,5\%,4}{(3.5456)}\overset{P/F,5\%,8}{(0.6768)}+210\overset{P/F,5\%,13}{(0.5303)}+$$

$$80\overset{F/A,5\%,3}{(3.153)}\overset{P/F,5\%,17}{(0.4363)}$$

$$=589.27(\text{元})。$$

这个现金流量，按年利率 5%计息，与其等值的现值为 589.27 元。

例 3-15 求每半年向银行借 1 400 元，连续借 10 年的等额支付系列的等值将来值。利息分别按(a)年利率 12%，每半年计息一次；(b)年利率为 12%，每季度计息一次，两种情况计息。

解 两种计息情况的将来值

(a) 计息期等于支付期

$$F=1\,400\overset{F/A,6\%,20}{(36.7856)}=51\,500(\text{元})；$$

(b) 计息期短于支付期

$$F=1\,400\overset{A/F,3\%,2}{(0.4926)}\overset{F/A,3\%,40}{(75.4013)}=52\,000(\text{元})。$$

例 3-16 某人购买一套住房总价 150 万，其中 70%申请期限为 20 年、年利率为 5%的商业抵押贷款，约定按月等额还款。每月要还多少？这种贷款的年有效利率是多少？

解 贷款总额 $P=150\times70\%=105$ 万元，每月还款额为

$$A=P\,\frac{i(1+i)^n}{(1+i)^n-1}=105\times\frac{(0.05/12)(1+0.05/12)^{240}}{(1+0.05/12)^{240}-1}=105\times0.006\,599=0.692\,9(\text{万元})。$$

即每月要还款近 7 000 元。

这种还款方式下，年实际有效利率为

$$i_e=(1+5\%/12)^{12}-1=5.116\,2\%。$$

3.4 常用的还本付息方式[①]

在现代货币市场中，借款人与银行（债权人）事前约定还款的方式和期限，惯用的方式有等额还款、等额还本、每期付息到期一次还本、本息到期一次总付和利息加总等额还款等 5 种方式。

1. 等额还款

这种方式是要求借款人每期归还相等的金额，直到约定的期限还清本金和利息。所谓"等额"是指每期要支付的利息和归还的本金相加的金额各期相等，这相当于用等额支付资金恢复系数计算的还款系列。例如，借款 100 万，年利率 5.94%，分五年等额还款，假设借款发生在第一年年初，还款均发生在年末。我们可用等额支付系列资金恢复公式算得每年还款为23.70万元。五年中总计还款 118.50 万元，其中 100 万是本金，18.5 万是利息。但是，要注意的是，虽然每年的还款额相等，但其间发生的利息和归还的本金各年是不等的，前者从大到小，后者从小到大。这种还本付息方式便于借款人记忆和均匀地筹集还款数额，多数住房抵押贷款都采取这种还款方式，借款人一般也不区分还款中的利息和本金。但是，对于企业法人来说，由于利息可以抵扣所得税，因此有必要加以区分每年不同的利息支付，如表 3-5 所示。

表 3-5　　等额还款方式计算　　（单位：万元）

年　份	1	2	3	4	5	合　计
年初欠款	100.00	82.24	63.42	43.49	22.37	311.52
年末还本付息	23.70	23.70	23.70	23.70	23.70	118.50
其中付息	5.94	4.89	3.77	2.58	1.33	18.50
还本	17.76	18.82	19.93	21.12	22.37	100.00
年末欠款	82.24	63.42	43.49	22.37	0.00	

2. 等额还本

这种方式要求借款人每期归还等额的本金外，再加上每期的利息支付。由于利息随欠款余额而减少，因此每期还款的总金额是不等的，从大到小。这种方式对借款人初期的还款压力较大。同样以上面的例子为例，先确定每年等额还本 20 万元，再按年初欠款余额计算利息，两者相加后就是各年的还款数，显然各年是不等的，如表 3-6 所示。利息支付的总额（代数和）只有 17.82 万元，比上面等额还款方式的利息 18.5 万要少。我们能说这种还本付息方式对借款人有利吗？

表 3-6　　等额还本方式计算　　（单位：万元）

年　份	1	2	3	4	5	合　计
年初欠款	100.00	80.00	60.00	40.00	20.00	300.00
年末还本付息	25.94	24.75	23.56	22.38	21.19	117.82
其中付息	5.94	4.75	3.56	2.38	1.19	17.82
还本	20.00	20.00	20.00	20.00	20.00	100.00
年末欠款	80.00	60.00	40.00	20.00	0.00	

① 目前商业银行贷款多数标价为年利率，计息和还款期以月为单位。为简化计，本节下面的例子都简化为以"年"为计息期和还款期单位。

3. 每期付息到期一次还本

这种方式常见于债券的偿付，债权人按票面值获得利息，到期一次兑现面值。同样的例子如表 3-7 所示，发债人每年支付利息 5.94 万元(100×5.94%)，至第五年末连同本金(面值)和利息 105.94 万元还清债务。显然，这种方式累计的利息要比上两种方式多，这是因为各期没还本金，保持相同的计息基数。

表 3-7 **每期付息到期一次还本计算** (单位:万元)

年　份	1	2	3	4	5	合　计
年初欠款	100.00	100.00	100.00	100.00	100.00	500.00
年末还本付息	5.94	5.94	5.94	5.94	105.94	129.7
其中付息	5.94	5.94	5.94	5.94	5.94	29.70
还本	0	0	0	0	100.00	100.00
年末欠款	100.00	100.00	100.00	100.00	0	

4. 本息到期一次总付

这种方式常发生在投资较大、建设期较长的项目贷款。银行在建设期给予一定时间的宽限期，在此期间既不付息也不还本，但所发生的利息累积计入本金一次总付。总付的金额相当于用复利公式计算的本利和。同样的例子，如表 3-8 所示。显然，这种方式的累计利息代数和最大。

表 3-8 **本息到期一次总付计算** (单位:万元)

年　份	1	2	3	4	5	合　计
年初欠款	100.00	105.94	112.23	118.90	125.96	563.03
年末还本付息	0	0	0	0	133.44	133.44
其中付息	0	0	0	0	33.44	33.44
还本	0	0	0	0	100.00	100.00
年末欠款	105.94	112.23	118.90	125.96	0	

5. 利息加总等额还款

这种方式和前面几种有本质的区别，它是先按合同计算贷款期限内应计利息的总额，然后把利息总额平均加到每期的还本额中去，一般按单利计算利息。这种还本付息方式的利率表述和利息计算的方式，会给借款人一定的错觉，似乎利率低，而且是单利，但实际上的年有效利率高于以上复利计息，称之为 add-on interest loan。这种方式在西方利率市场化国家流行于小额抵押(如车辆购置)贷款。因为单笔额度小，单位额度贷款的手续管理费高，因此要求的利率也高一些。还是以前面贷款 100 万元，年利率 5.94%，五年期为例，总计单利利息为

$$100 \times 5 \times 5.94\% = 29.70\text{(万元)}。$$

每年还款额为

$$(100 + 29.70) \div 5 = 25.94\text{(万元)}。$$

实际的年有效利率达 9.35%(可用下一节介绍的 Excel 函数=rate(5,25.94,−100))，比上述四种复利计算要高出很多。反过来说，贷款人为达到年实际利率 5.94%，按 add-on interest loan 方式，只要求年单利利率 3.7%就可以了(见 3.5 节例 3-18 中 Excel 的 Goal Seek——单变量求解)。表 3−9 给出了这种贷款年利率为 4%的计算表，与其他几种复利贷款利率为 5.94%比较，还是对贷款人有利(年有效利率可以达到 6.4%)。因此，金融监管部门

要求贷款机构向借款人出示这类贷款的可供比较的实际年利率。

表 3-9　　add-on interest loan(年利率 4%)计算　　(单位:万元)

年份	1	2	3	4	5	合计
年初欠款	100.00	80.00	60.00	40.00	20.00	300.00
年末还本付息	24.00	24.00	24.00	24.00	24.00	120.00
其中付息	4.00	4.00	4.00	4.00	4.00	20.00
还本	20.00	20.00	20.00	20.00	20.00	100.00
年末欠款	80.00	60.00	40.00	20.00	0	

由于货币的时间价值,不能把发生在不同时间的利息或还款额简单地相加来判断还本付息的好坏。事实上,以上例子中的前 4 种还款方式的货币时间价值都是一样的,年利率都是 5.94%,都是按每年欠款余额的 5.94%计算利息,这点从上面各表的"合计"列中可以得到验证:合计的利息除以合计的年初欠款都等于 5.94%。

除以上 5 种还本付息方式外,还可以在这些方式基础上组合成其他方式。例如,在建设期采用第四种,到生产经营期再采用第一或第二种方式归还建设期累计的本息和。还有一种不同的、目前已较少见的所谓"有多少还多少"的方式。这种方式也就是我国上世纪 90 年代经常采用的国有银行对国有企业贷款的所谓"拨改贷"方式。那时,贷款期限不是事先约定的,而是要求企业投产后按规定的全部盈余归还贷款。因此,银行就有必要对贷款的偿还期和偿还进度进行详细的预测,政府主管部门也以测算出的偿还期作为投资项目经济评价的主要依据。

3.5　电子表格的运用

3.5.1　利息公式系数

本书的附录 A1—A7 给出了七个利息公式的系数,供查表用。但是,限于篇幅,不可能给出所有的利率 i 和计息期 n 下的系数。一种方法就是找相邻的数据内插,这有可能造成较大的误差。其实可以借助电子表格(Excel)很容易算出所有的系数。另外,还可以把一些参数设为绝对地址,变动这些参数,就可得到不同的相应的参数。图 3-18 就是以利率 $i=5\%$ 为绝对地址的前 6 个公式的系数计算的输出。当利率变化时,只要改变该绝对地址的单元赋值,就可以得到全部新的系数。这张电子表格还可以用来解类似于例 3-7 和例 3-11 的反求利率等问题:不断调节利率,观察系数是否逼近有关系数,以求得足够精度的利率。

3.5.2　直接套用函数

在电子表格的常用函数中,有一些给定参数和已知数据求将来值(FV)、现值(PV)等额支付系列(PMT)等的功能。如:

FV(rate, nper, pmt, pv, type);

PV(rate, nper, pmt, fv, type);

PMT(rate, nper, pv, fv, type)。

式中　rate——利率;

nper——计息期数;

pmt——等额支付系列;

	A	B	C	D	E	F	G
5	i=	5%					
6							
7	N	(F/P,i,N)	(P/F,i,N)	(F/A,i,N)	(A/F,i,N)	(P/A,i,N)	(A/P,i,N)
8	1	1.0500	0.9524	1.0000	1.0000	0.9524	1.0500
9	2	1.1025	0.9070	2.0500	0.4878	1.8594	0.5378
10	3	1.1576	0.8638	3.1525	0.3172	2.7232	0.3672
11	4	1.2155	0.8227	4.3101	0.2320	3.5460	0.2820
12	5	1.2763	0.7835	5.5256	0.1810	4.3295	0.2310
13	6	1.3401	0.7462	6.8019	0.1470	5.0757	0.1970
14	7	1.4071	0.7107	8.1420	0.1228	5.7864	0.1728
15	8	1.4775	0.6768	9.5491	0.1047	6.4632	0.1547
16	9	1.5513	0.6446	11.0266	0.0907	7.1078	0.1407
17	10	1.6289	0.6139	12.5779	0.0795	7.7217	0.1295
18							
19							
23							
24	公式输入						
25	A8						
26	A9						
27	B8	=(1+$B$5)^A8					
28	C8	=1/B8					
29	D8	=(B8-1)/$B$5					
30	E8	=1/D8					
31	F8	=(B8-1)/($B$5*B8)					
32	G8	=1/F8					

图 3-18　用 Excel 计算利息公式系数

pv——现值；

fv——将来值；

type——输入 0 或 1 分别代表现金流发生在期末或期初，不输入代表 0。

例 3-17　同例 3-4，假定某人第一年末把 1 000 元存入银行，以后 9 年每年递增存款 200 元。如年利率为 8%，将这笔存款折算成 10 年的年末等额支付系列，相当于每年存入多少？

解　这类例子也可以直接用 Excel 等电子表格直接计算，不必用公式或查表，如图 3-19 所示。

	A	B	C	D	E	F	G	H	I	J	K
1	年末	1	2	3	4	5	6	7	8	9	10
2	年末存款	1000	1200	1400	1600	1800	2000	2200	2400	2600	2800
3	A=	1,774									

图 3-19　例 3-17 的计算

图 3-19 中等值的年末等额支付系列在 Excel 中的计算公式为

$$A=\text{PMT}(8\%,10,\ -\text{NPV}(8\%,\text{B2:K2})),$$

算得 $A=1\,774$ 元。

例 3-18　商业银行对个人住房商业性抵押贷款额为 100 万元，期限 30 年，年利率5.94%，求每月还款额。

解　一般商业银行与借款人约定的还款方式有以下几种：

(1) 按月等额还款。这种方式最为普遍，计算还款额公式如同例 3-16。也可用 Excel 中的函数计算，每月还款额为

$$A=\text{PMT}(5.94\%/12,360,-100)=0.595\,7(\text{万元})。$$

另一种计算办法是先计算年的等值还款额，此时的年利率要用年有效利率 $(1+5.94\%/12)^{12}-1=6.104\,4\%$，求出年还款额后，再按月利率(5.94%/12)用等额支付系列公式求出月还款额。如果用 Excel 函数计算，则可求得相同的结果为

$$A=\text{PMT}(5.94\%/12,12,0,-\text{PMT}(6.104\,4\%,30,-100))=0.595\,7(\text{万元})。$$

具体利用 Excel 的求解过程如图 3-20 所示。这种还款方式的好处是借款人容易记忆，便

于安排家庭预算。但要注意的是，每月的还款总数相同，但其中的利息支付和本金归还各月是不等的。例如，第一个月还款 0.5957 万元中利息支付为 100×(5.94%/12)＝0.4950 万元(或应用 Excel 公式＝IPMT(5.94/12，1，360，－100))，偿还本金为 0.5957－0.4950＝0.1007 万元(或应用 Excel 公式＝PPMT(5.94/12，1，360，－100))。第二个月的利息支付为(100－0.1007)×(5.94%/12)＝0.4945 万元，还本为 0.5957－0.4945＝0.1012 万元。依此类推，利息支付逐月减少，本金偿还逐月增加。

=PMT($B$3,$B$4,-$B$1)

=IPMT($B$3,$A9,$B$4,-$B$1)

	A	B	C	D	E	F	G	H	I	J	K
1	贷款额P=	100									
2	年名义利率r=	5.94%									
3	月利率i月=	0.50%									
4	期限（月）N=	360									
5											
6											
7				按月等额还款					按月等额还本		
8	月	期初欠款	当期还款	当期付息	当期还本	期末欠款	期初欠款	当期还款	当期付息	当期还本	期末欠款
9	1	100	0.5957	0.4950	0.1007	99.8993	100	0.7728	0.4950	0.2778	99.7222
10	2	99.8993	0.5957	0.4945	0.1012	99.7981	99.7222	0.7714	0.4936	0.2778	99.4444
11	3	99.7981	0.5957	0.4940	0.1017	99.6964	99.4444	0.7700	0.4923	0.2778	99.1667
12	4	99.6964	0.5957	0.4935	0.1022	99.5942	99.1667	0.7687	0.4909	0.2778	98.8889
13	5	99.5942	0.5957	0.4930	0.1027	99.4915	98.8889	0.7673	0.4895	0.2778	98.6111
14	6	99.4915	0.5957	0.4925	0.1032	99.3883	98.6111	0.7659	0.4881	0.2778	98.3333
15	7	99.3883	0.5957	0.4920	0.1037	99.2846	98.3333	0.7645	0.4868	0.2778	98.0556
16	8	99.2846	0.5957	0.4915	0.1042	99.1803	98.0556	0.7632	0.4854	0.2778	97.7778
17	9	99.1803	0.5957	0.4909	0.1048	99.0756	97.7778	0.7618	0.4840	0.2778	97.5000
18	10	99.0756	0.5957	0.4904	0.1053	98.9703	97.5000	0.7604	0.4826	0.2778	97.2222
19	11	98.9703	0.5957	0.4899	0.1058	98.8645	97.2222	0.7590	0.4813	0.2778	96.9444
20	12	98.8645	0.5957	0.4894	0.1063	98.7582	96.9444	0.7577	0.4799	0.2778	96.6667
367											
368	359	1.1826	0.5957	0.0059	0.5898	0.5928	0.5556	0.2805	0.0028	0.2778	0.2778
369	360	0.5928	0.5957	0.0029	0.5928	0.0000	0.2778	0.2792	0.0014	0.2778	0.0000
370											

图 3-20　例 3-18 的计算

(2) 按月等额还本。这种还款方式每月还本金 100/360＝0.2778 万元，再支付当月的利息，加总以后每月的还款额是不等的，从大到小为

第 1 个月还款　　0.2778＋100×(5.94%/12)＝0.7728(万元)，

其中利息支付 0.4950 万元；

第 2 个月还款　0.2778＋(100－0.2778)×(5.94%/12)＝ 0.7714(万元)，

其中利息支付为 0.4936 万元。以此类推，利息支付也是从多到少。

以上两种还款方式对客户来说，主要取决于还款能力。近期经济宽裕可以采取第二种等额还本的方式，使还本较快，利息支付的总代数和较少。对商业银行来说，虽然利息收入总量等额还款要多于等额还本，但后者还款先多后少，考虑时间价值后，两种方式还是等值的。等额还本的还款系列呈梯度状，逐月减少，每月减少额为

$$G=0.2778\times(5.94\%/12)=0.001375(\text{万元})。$$

采用前面的均匀梯度系列公式，可以求得等值的等额月还款额为

$$A=A_1-A_2=0.7728-G\left[\frac{1}{i}-\frac{n}{i}(A/F,i,n)\right],$$

利用 Excel 的函数计算得

A= 0.7728－0.001375/(5.94%/12)×(1－PMT(5.94%/12，360，0，－360))= 0.5957(万元)，

这个数值是和第一种等额还款额是相同的。

为了吸引客户，商业银行还开发了其他还款方式，以适应客户的能力与需要，在此同时，银行还有可能获得更多的利益。

例 3-19 某人打算在银行开设一个退休基金账户，他计划在第一年年末开始存款(A_1)，并在以后将每年增加 6%。年复利利率为 8%，目标是 20 年后退休时账户余额为 100 万元。那么他第一次存入的金额(A_1)应该为多少？第一笔存款发生在第一年年末，接下来也在每年年末存入，最后一笔存款发生在第 20 年年末。

解 根据题意得

$$F = A_1(P/A_1, 6\%, 8\%, 20)(F/P, 8\%, 20)$$
$$= A_1(72.6911)。$$

求 A_1 得：

$$A_1 = 1\,000\,000/72.6911 = 13\,757(元)。$$

我们可以利用 Excel 中的单变量求解(Goal Seek)函数。[①]

在图 3-21 中，包含了所要求解公式的单元格称为“目标单元格”(Set cell)($C$30)。公

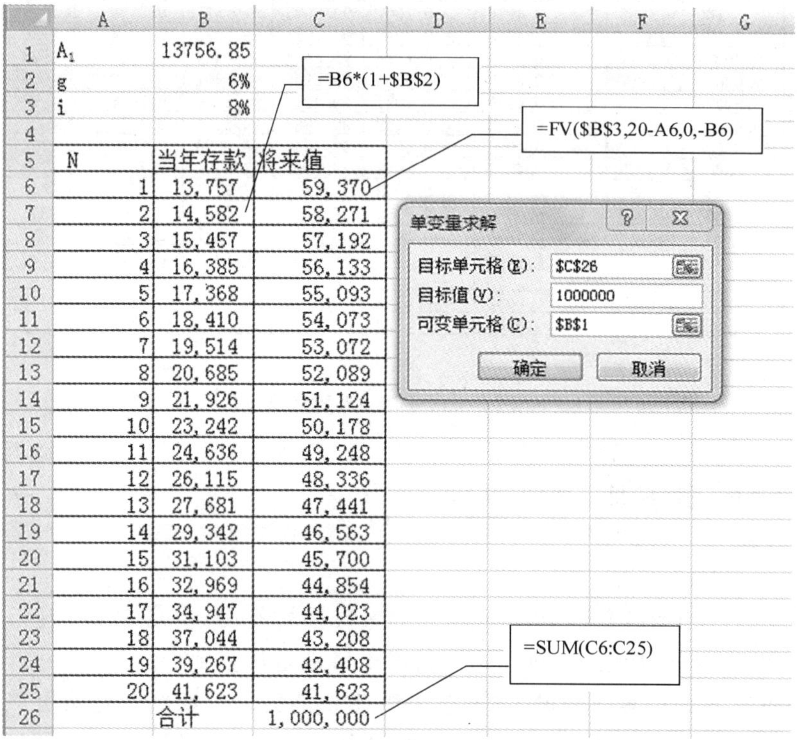

	A	B	C
1	A_1	13756.85	
2	g	6%	
3	i	8%	
4			
5	N	当年存款	将来值
6	1	13,757	59,370
7	2	14,582	58,271
8	3	15,457	57,192
9	4	16,385	56,133
10	5	17,368	55,093
11	6	18,410	54,073
12	7	19,514	53,072
13	8	20,685	52,089
14	9	21,926	51,124
15	10	23,242	50,178
16	11	24,636	49,248
17	12	26,115	48,336
18	13	27,681	47,441
19	14	29,342	46,563
20	15	31,103	45,700
21	16	32,969	44,854
22	17	34,947	44,023
23	18	37,044	43,208
24	19	39,267	42,408
25	20	41,623	41,623
26		合计	1,000,000

图 3-21 演示单变量求解函数应用的 Excel 工作表

式所要达到的值叫做“目标值”(To value)(1 000 000)，公式中的变量称为“可变单元格”(By changing cell)($B$2，初始存款)。“目标单元格”必须包含一个公式或一个函数，“可变单元格”只能包含一个值，而不是一个公式或函数。点击“确定”，Excel 会求得 A_1 的值为 13 756.85 元，与利用等值公式求解所得结果相同。

例 3-20 试求 3.4 节中的第 5 种加总等额还款方式(add-on interest loan)的年利率为多少时，贷款人的年有效利率能达到 5.94%？

解 在图 3-22Excel 电子表格中，单元 B2 为要求 add－on 利率(可变单元格)；单元格

① 当公式的结果已知，而得到该结果所需输入值未知时，可以通过“单变量求解”求得输入值。可以不断变换某个特定单元格中的值直到得到已知结果为止。

C4:G4 为每年要支付的等额还本付息；单元格 B5 为目标单元格，按 5.94%计算的 5 年还本付息的现值，设该目标值为 100；确定后，B2 单元显示的 3.7%就是要求的利率。

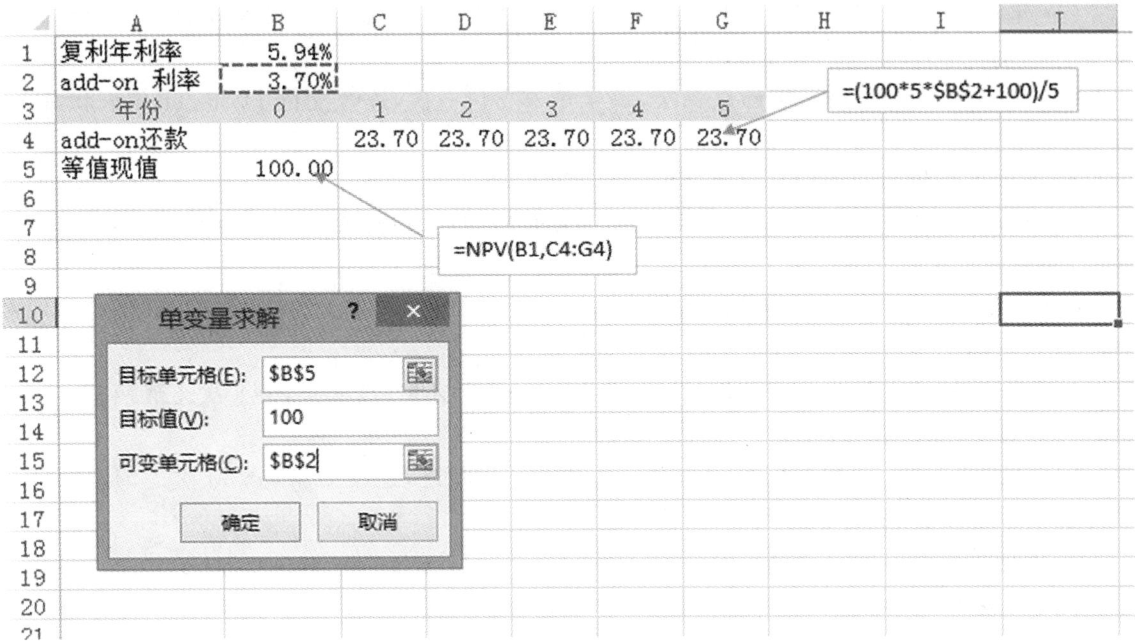

图 3-22　用 Excel 求解 add-on loan 的等价利率

习　题　3

1. 向银行借款 1 000 元，借期为 5 年，试分别用 8%单利和 8%复利计算借款的利息。

2. 某人以 8%单利借出 1 500 元，借期为 3 年。到期后以 7%复利把所得的款额(本金加利息)再借出，借期 10 年。问此人在 13 年年末可获得的本利和为多少？

3. 下列现在借款的将来值为多少？

(a) 年利率为 10%，8 000 元借款，借期 8 年。

(b) 年利率为 8%，11 000 元借款，借期 52 年。

(c) 年利率为 4%，每半年计息一次，675 元借款，借期 20 年。

(d) 年利率 12%，每季度计息一次，11 000 元借款，借期 10 年。

4. 下列将来支付的现值为多少？

(a) 年利率为 9%，第 6 年年末为 5 500 元。

(b) 年利率为 12%，第 37 年年末为 6 200 元。

(c) 年利率为 6%，每月计息一次，第 12 年年末为 1 700 元。

(d) 年利率为 12%，每月计息一次，第 15 年年末为 6 200 元。

5. 下列等额支付的将来值为多少？

(a) 年利率为 6%，每年年末借款 500 元，连续借 12 年。

(b) 年利率为 9%，每年年末借款 4 200 元，连续借 43 年。

(c) 年利率为 8%，每季度计息一次，每季度末借款 1 400 元，连续借 16 年。

6. 下列将来值的等额支付为多少？

(a) 年利率为 12%，每年年末支付一次，连续支付 8 年，8 年末积累金额 15 000 元。

(b) 年利率为 8%，每年年末支付一次，连续支付 58 年，58 年末积累金额 5 200 元。

(c) 年利率为 12%，每季度计息一次，每季度支付一次，连续支付 8 年，8 年末积累金额15 000 元。

(d) 年利率为 9%，每半年计息一次，每年年末支付一次，连续支付 11 年，11 年末积累金额 4 000 元。

7. 下列现在借款的等额支付为多少？

(a) 借款 5 000 元，得到借款后的第一年年末开始归还，连续 5 年，分 5 次还清，利息按年利率 4%计算。

(b) 借款 37 000 元，得到借款后的第一年年末开始归还，连续 32 年，分 32 次还清，利息按年利率 9%计算。

(c) 借款 16 000 元，得到借款后的第一年年末开始归还，连续 8 年，分 8 次还清，利息按年利率 7%，每半年计息一次计算。

(d) 借款 37 000 元，得到借款后的第一月月末开始归还，连续 5 年，分 60 次还清，利息按年利率 9%，每月计息一次计算。

8. 下列等额支付的现值为多少？

(a) 年利率为 7%，每年年末支付 3 500 元，连续支付 8 年。

(b) 年利率为 15%，每年年末支付 230 元，连续支付 37 年。

(c) 年利率为 8%，每季度末支付 720 元，连续支付 10 年。

(d) 年利率为 12%，每季度计息一次，每年年末支付 5 000 元，连续支付 6 年。

9. 下列梯度系列等值的年末等额支付为多少？

(a) 第一年年末借款 1 000 元，以后 3 年每年递增借款 100 元，按年利率 5%计息。

(b) 第一年年末借款 5 000 元，以后 9 年每年递减借款 200 元，按年利率 12%计息。

(c) 第二年年末借款 200 元，以后 9 年每年递增借款 200 元，按年利率 7%计息。

10. 写出图 3-23 现金流量图的复利系数，现值系数，年利率为 i。

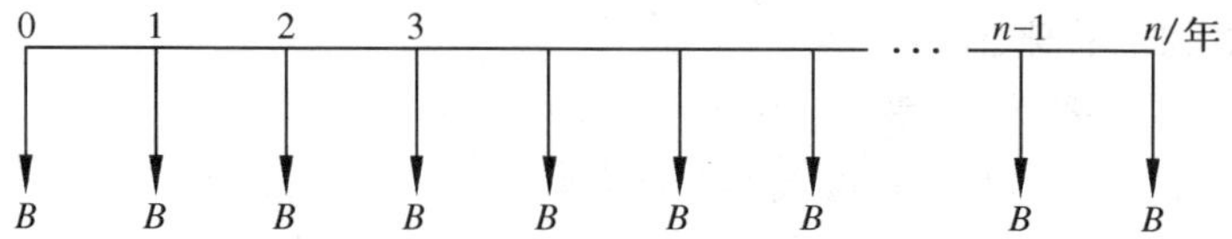

图 3-23　习题 10 的现金流量图

11. 写出计算期为 y 年，每年计息 x 次，名义利率为 r 的一次支付复利系数公式。

12. 求出下列计息情况的年有效利率。

(a) 年利率为 8%，半年计息一次。

(b) 年利率为 12%，每月计息一次。

13. 试求图 3-24 现金流量的现值，若年利率为 10%。

14. 某公司购买了一台机器，估计能使用 20 年，每 4 年要大修一次，每次大修费用假定为1 000 元，现在应存入银行多少钱足以支付 20 年寿命期间的大修费支出(按年利率 12%，每半年计息一次)？

15. 某人借了 5 000 元，打算在 48 个月中以等额月末支付分期还款。在归还 25 次之后，他想第 26 次以一次支付立即归还余下的借款，年利率为 24%，每月计息一次，问此人归还的

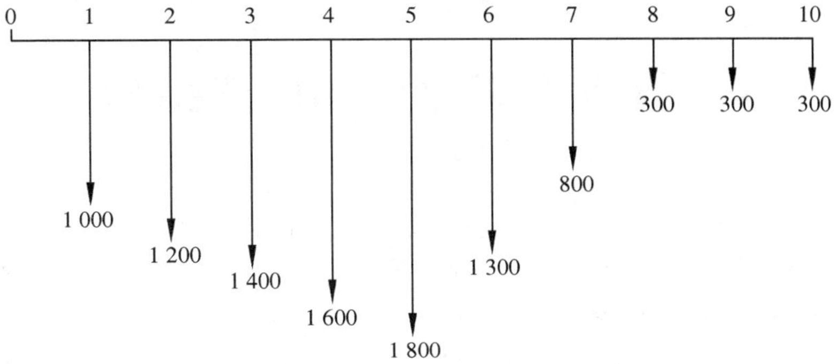

图 3-24　习题 13 的现金流量图(单位:元)

总金额为多少?

16. 借款 2 000 万元,分四年等额还款(本金加利息每年相等),年利率 10%,求每年的还款额以及其中的利息和本金各是多少?

17. 借款 2 000 万元,分四年等额还本,年利率 10%,求每年的还款额以及其中的利息和本金各是多少?

18. 某项目一年内借款 1 000 万元,支取时间在该年内连续均匀分布,利息按支取的时间开始连续计息,年名义利率为 10%,求至年底的本利和。

19. 我国银行存款目前都以单利结算为主,但存期不同,单利的年利率也不同,从而体现了复利的因素。以 1996 年 8 月 23 日调整的存款利率为例,单利的年利率为:一年期,7.47%;二年期,7.92%;三年期,8.28%;五年期,9%。试比较不同存期的复利利率以及一笔钱五年后本利和最大的存款方案。

20. 一笔 10 000 元的款子有两种五年期的存款方案:①五年期整存整取,单利年利率 9%;②五年存本取息,每月可支取利息 0.69%;再将每月支取的利息以零存整取方式存至第五年末,平均月息为 0.587 5%。试计算哪个方案所得利息较多?

21. 张先生在 2011 年 6 月向银行借款 200 万元、期限 30 年以每月等额还款(每月的利息加本金的还款额相等),利率变动时,从变动后的次年年初开始按新的基准利率的七折利率计算。中国人民银行在 2012 年 6 月 8 日将这类贷款的基准利率从 7.05%调低至 6.55%。问按以上约定,从 2013 年 1 月开始每月的还款额比原来可减少多少(至 2012 年年底,张先生均按合同等额还了 18 个月的利息加本金)?

22. 购车抵押采用 add-on 年利率 3.5%单利计息贷款 10 万元,期限为 2 年,按月等额还本付息多少?这相当于按月复利计息的年名义利率又是多少?如果要与住房贷款利率 5.8%相当,该 add-on 贷款模式的年利率可定为多少?

4 投资方案评价和比选指标

多数工程技术方案都可以看做是一种投资方案。为了评价和比较工程技术方案的经济效果，可以根据各方案计算(研究)期内的现金流量计算有关指标，以确定方案经济效果的好坏。这些指标有投资回收期、净现值、将来值、年度等值和内部收益率等。

在工程技术方案的经济分析中见得较多的是方案的比较和选择问题。由于技术的进步，为实现某种目标会形成众多的工程技术方案，这些方案或是采用不同的技术工艺和设备，或是不同的规模和坐落位置，或是利用不同的原料和半成品，等等。当这些方案在技术上都可行，经济上也合理时，经济分析的任务就是从中选择最好的方案。有限的方案中并不一定包含着客观上最优的方案，但只要形成尽可能多的方案以及在形成方案的过程中尽可能地有意识地运用各种技术方面的和经济方面的信息，那么所选的方案可以说是近似于最优的了。

并不是任何方案之间都是绝对可以比较的。不同方案产出的质量和数量、产出的时间、费用的大小及发生的时间和方案的寿命期限都不尽相同。对这些因素的综合经济比较就需要有一定的前提条件和判别标准。

为了便于说明投资方案的现金流量，以后采用下列符号：以 F_{jt} 代表投资方案 j 在时期 t 时的净现金流量，若 $F_{jt}<0$，则代表净支出；若 $F_{jt}>0$，则代表净收入。

4.1 投资回收期

常常听到“这项目投资可以在某年之内回收”这类说法，这就是用回收期来评价投资方案。所谓回收期(payback or payout period)是指用投资方案所产生的净现金流量补偿原投资所需要的时间长度。投资回收期的计算开始时间有两种：一种是从出现正现金流量的那年算起，另一种是从投资开始时(0 年)算起。本书采用后一种计算方法。如 P 代表投资方案的原始投资，F_t 代表在时期 t 时发生的净现金流量，则回收期就是满足下列公式的 n 的值，即

$$P=\sum_{t=1}^{n}F_t。\tag{4-1}$$

如果把原始投资部分理解为 F_0，回收期公式也可表示为

$$\sum_{t=0}^{n}F_t=0。\tag{4-2}$$

以表 4-1 中的方案 A 为例，有

$$\sum_{t=0}^{3}F_t=-1\,000+500+300+200=0。$$

计算得到方案 A 的投资回收期为 3 年。

表 4-1　　三个方案的净现金流量　　(单位:万元)

年　末	方案 A	方案 B	方案 C
0	−1 000	−1 000	−700
1	500	200	−300
2	300	300	500
3	200	500	500
4	200	1 000	0
5	200	2 000	0
6	200	4 000	0
净现金流量总和	600	7 000	0

前面讨论的所有指标都是用来反映计算期(研究期)N 内备选方案的盈利性。现在要讨论的回收期方法,则主要用来衡量一个项目方案的流动性而不是盈利性。因为流动性主要反映了一项投资回收的速度,所以历史上回收期方法曾被用来衡量方案的风险。通常情况下,投资回收期越短越好,表示能在最短时期内回收投资,回收期之后的净现金流量都是投资方案的得益了。对于净现金流量具有如图 4-1 所示的那种情况,回收期有

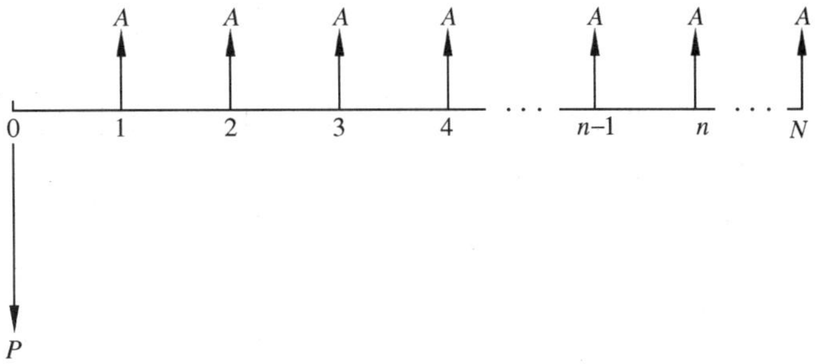

图 4-1　某种特定情况下的净现金流量

$$n=\frac{P}{A}。\tag{4-3}$$

当计算所得的回收期小于或等于同行业相同规模的平均回收期 n_0 时,说明方案较好;如计算所得的回收期大于平均回收期 n_0 时,方案较差。

投资回收期法的优点是简单易懂。通常,要求回收期比投资方案的计算期要短,因此,该方法在一定程度上考虑了货币的时间因素。其缺点是太粗糙,没有全面地考虑投资方案整个计算期内净现金流量的大小和发生的时间。以表 4-1 所示的三个投资方案为例,凭经验也可看出三个方案的经济效果有很大的区别,但回收期法并不能加以区分(投资回收期都是 3 年)。由于以上这些缺点,回收期法使早期效益好的方案显得有利。

但是,回收期可以指出投资方案的原始投资得到补偿的速度,所以当未来的情况很难预料而投资者又特别关心资金的回收时,回收期还是有用的,它可以作为其他评价方法的补充。

上述回收期指标忽略了货币时间价值,称之为静态回收期(simple payback period)。目前还有一种流行的判据,称为动态的投资回收期(discounted payback period),它是指给定一个类似于利率概念的贴现率(折现率)i,用项目方案的净现金收入求出偿还全部投资的时间。用公式表示,动态回收期 n_d 由下式决定:

$$\sum_{t=0}^{n_d}F_t(1+i)^{-t}=0。\tag{4-4}$$

例 4-1 以表 4-1 中的方案 A 为例，列表计算动态回收期，设折现率为 10%。

解 表 4-1 中方案 A 的净现金流量、各现金流量的现值和累计现值见表 4-2。

表 4-2 **动态回收期计算** （单位：万元）

年　末	净现金流量	现值	累计现值
0	−1000	−1000	−1000
1	500	454.55	−545.45
2	300	247.93	−297.52
3	200	150.26	−147.26
4	200	136.60	−10.66
5	200	124.18	113.53

根据表 4-2 中的数据，动态回收期计算为

$$n_d=4+\frac{10.66}{124.18}\approx 4.09。$$

当项目方案的现金流量图如图 4-1 的形式，即仅有第 0 年有一个投资为 P（即 $F_0=P$），以后各年的净现金流量相等（$F_t=A, t=1,2,3,\cdots,n$）。

则由

$$\frac{P}{A}=\frac{(1+i)^{n_d}-1}{i(1+i)^{n_d}} \tag{4-5}$$

可求得动态回收期。

式(4-5)经移项整理得

$$(1+i)^{n_d}=\frac{1}{1-\frac{Pi}{A}}。$$

两边取对数得

$$\lg(1+i)^{n_d}=\lg\left(\frac{1}{1-\frac{Pi}{A}}\right),$$

即

$$n_d\lg(1+i)=\lg 1-\lg\left(1-\frac{Pi}{A}\right),$$

故

$$n_d=\frac{-\lg\left(1-\frac{Pi}{A}\right)}{\lg(1+i)}。 \tag{4-6}$$

例 4-2 某投资方案投资总额 $P=1\,000$ 万元，预计从第一年年末开始每年获得净现金流入 250 万元，假定利率为 5%，求方案的动态回收期。

解 $$n_d=\frac{-\lg\left(1-\frac{1\,000\times 0.05}{250}\right)}{\lg(1+0.05)}=\frac{-(-0.096\,91)}{0.021\,19}=4.57(\text{年})。$$

从静态回收期变为考虑了货币的时间价值的动态回收期，得出了项目的盈亏平衡所需要的时间。然而，任何一种回收期方法都没有包括回收期后发生的现金流量。这就意味着回收期指标没有考虑整个研究期的现金流量。因此，如果其中一个备选方案比其他的方案有更长的回收期，但却在总投资上产生较高的收益率或（现值），此时根据回收期决策可能得出错误的结论。

除了作为衡量投资回收快慢的标准，显示项目风险的大小，应尽量避免采用回收期做投资决策。静态回收期和动态回收期告诉我们要用多久才能使累积现金收入等于或者超过现金支出。投资的回报时间越长，那么项目的风险就越大。

4.2 净现值、将来值和年度等值

4.2.1 净现值的计算

净现值（present worth，PW，or net present value，NPV）指标的经济含义是：把不同时点上发生的净现金流量，通过某个规定的利率 i，统一折算为现值（0 年）然后求其代数和。这样就可以用一个单一的数字来反映工程项目方案的经济性。

若已知投资方案 j 的计算期为 N，净现金流量为 $F_{jt}(t=0,1,2,\cdots,N)$，那么，定义净现值 $PW(i)_j$ 为

$$PW(i)_j = \sum_{t=0}^{N} F_{jt}(P/F,i,t) = \sum_{t=0}^{N} F_{jt}(1+i)^{-t}。 \quad (4\text{-}7)$$

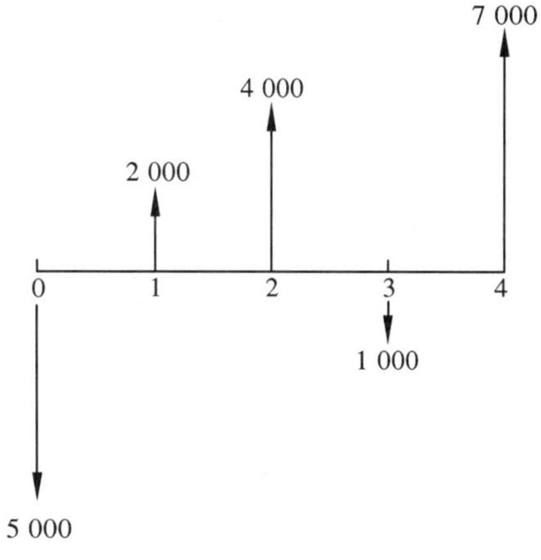

图 4-2　某方案的现金流量（单位：万元）

净现值表示项目达到利率 i 水平外剩余的资金的现值价值。净现值的基准值为零。方案可取的评价判据是 $PW(i)\geqslant 0$，表明投资项目方案达到或超过给定的利率 i 的回报水平。

如果算出的净现值大于零，说明在规定的利率为 i 的情况下，工程项目仍可以得益。以图 4-2 中的净现金流量为例，计算其净现值，当 $i=10\%$ 时，则有

$$\begin{aligned} PW(10\%) &= -5\,000+2\,000(\overset{P/F,10\%,1}{0.9090})+4\,000(\overset{P/F,10\%,2}{0.8265})- \\ &\quad 1\,000(\overset{P/F,10\%,3}{0.7513})+7\,000(\overset{P/F,10\%,4}{0.6830}) \\ &= 4\,154(\text{万元})。\end{aligned}$$

计算结果表明图 4-2 所示的投资方案，在 $i=10\%$ 的情况下，$PW(10\%)=4\,154$ 万元 >0，这个方案是可取的。

例 4-3　某项目总投资为 10 000 万元，连续 5 年每年产生等额收入 5 300 万元，第 5 年末有 2 000 万元的市场残值。每年的费用大概是 3 000 万元。公司愿意接受的投资收益率为 10%，用净现值指标估算项目是否可接受。

$$PW(10\%) = -10\,000+(5\,300-3\,000)(\overset{P/A,10\%,5}{3.7908})+2\,000(\overset{P/F,10\%,5}{0.6209})=-39(\text{万元})。$$

因为 $PW(10\%)<0$，所以这个项目是不能接受的。

净现值指标反映了项目的投资是赢还是亏的基本情况，可以衡量出投资者对项目在经济上的基本满意度。净现值的优点是考虑了资金的时间价值及方案在整个寿命期内经济情况，在给定净现金流量 F_t、计算期 n 和折现率 i 的情况下，都能算出唯一的净现值指标值。在理论上比其他方法更完善，在实际上也有广泛的适用性。净现值指标应用的一个主要问题是如何确定折现率，由于各项资金来源预期收益估计比较困难，使资金成本仅具有在理论上的意义，因而实际应用上受到一定的限制。

4.2.2 净现值函数

假定有一个工程方案，其净现金流量如图 4-3 所示。

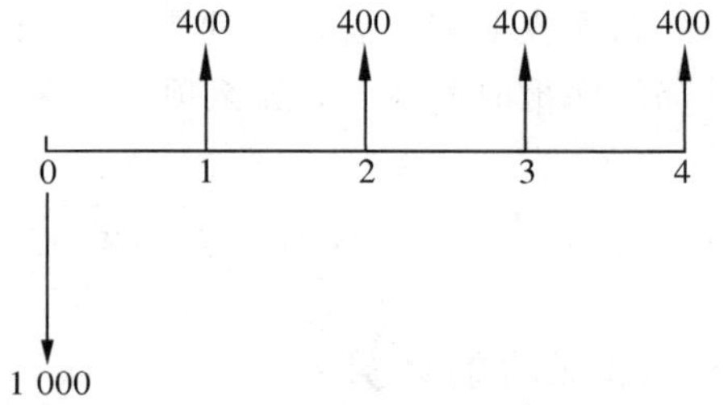

图 4-3 工程方案的净现金流量(单位：万元)

根据不同的利率 i，可以计算出工程方案的净现值，其结果列于表 4-3。如将 $PW(i)$ 作为 i 的函数画出，可得图 4-4 的曲线。

表 4-3 不同利率下的净现值 (单位：万元)

i/%	$PW(i)=-1000+400\left\{\sum_{i=1}^{4}\left[\frac{1}{(1+i)^t}\right]\right\}$
0	600
10	268
20	35
22	0
30	−133
40	−260
50	−358
∞	−1000

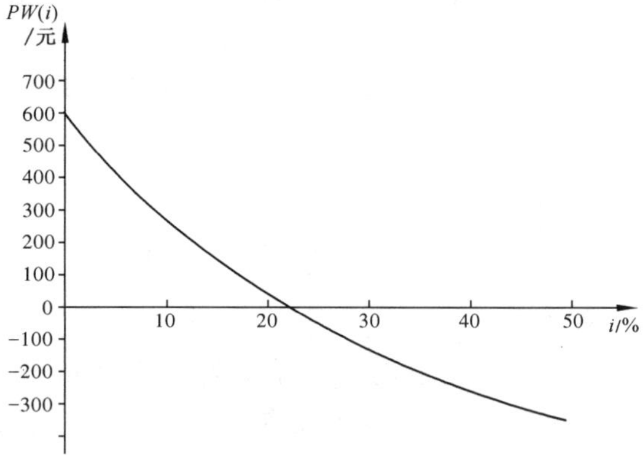

图 4-4 净现值函数曲线

从这条曲线上可以得到许多对于决策有用的知识。在 $0\leqslant i<22\%$ 的范围内，$PW(i)$ 是正值，这说明相当于收入的现值大于相当于支出的现值。如 $i>50\%$，则曲线将渐近于直线 $PW(i)=-1000$。这是当然的，从一次支付现值系数 $\left[\frac{1}{(1+i)^n}\right]$ 中可以得出 i 增大，现值系数变小，当 $i\to\infty$ 时，现值系数趋于零。

对于开始时有一笔或几笔支出，而以后有一连串的收入，并且收入之和大于支出之和的现金流量，其 $PW(i)$ 函数都具有图 4-4 所示的特点，即当 i 从零逐渐增加时，函数的值逐渐减少，曲线只和横轴相交一次。大多数实际问题的现金流量都是先发生支出，然后发生一系列的收入，都属于这种类型。

4.2.3 将来值

投资方案 j 在 N 年后的将来值(future worth，FW)：

$$FW(i)_j=F_{j0}(F/P,i,N)+F_{j1}(F/P,i,N-1)+\cdots+F_{jN-1}(F/P,i,1)+F_{jN}(F/P,i,0)$$

$$= \sum_{t=0}^{N} F_{jt}(F/P,i,N-t),$$

而

$$(F/P,i,N-t)=(1+i)^{N-t},$$

所以

$$FW(i)_j = \sum_{t=0}^{N} F_{jt}(1+i)^{N-t} 。 \tag{4-8}$$

另一种计算方法是先把有关的现金流量换算成现值，然后再把现值换算成 N 年后的将来值，即

$$FW(i)_j = PW(i)_j(F/P,i,N)。 \tag{4-9}$$

从上式可知，将来值额等于净现值乘上一正常数，数值不同，符号是一致的。由此可见，不同方案用净现值判据和用将来值的结论相同。

例 4-4 用将来值重新评价例 4-3 中的项目。用这个例子来说明将来值与现值之间的关系。

解

$$FW(10\%)=-10\,000(\overset{F/P,10\%,5}{1.6105})+(5\,300-3\,000)(\overset{F/A,10\%,5}{6.1051})+2\,000=-63(\text{万元})。$$

同样，结果显示这个项目是不能接受的（$FW(10\%)<0$）。将来值也可由现值乘上一个常数算得，即

$$FW(10\%)=-39(F/P,10\%,5)=-63(\text{万元})。$$

关键是将来值与现值在研究期内都使用了同一个已知的、固定不变的贴现率 10%。两者是等值的，其提供的经济信息的差别主要在于时间节点的不同：净现值计算的是现在时点的值，而将来值计算的是研究期末的值。

4.2.4 年度等值

和净现值等价的另一个评价方法是年度等值（Annual Worth，AW）。即把项目方案计算期内的净现值流量，通过某个规定的利率 i 折算成与其等值的各年年末的等额支付系列，这个等额的数值称为年度等值。

任何一个方案的净现金流量可以先折算成净现值，然后用等额支付系列资金恢复系数乘之，就可以得到年度等值 $AW(i)_j$，即

$$AW(i)_j = PW(i)_j(A/P,i,N) = \left[\sum_{t=0}^{N} F_{jt}(1+i)^{-t}\right]\left[\frac{i(1+i)^N}{(1+i)^N-1}\right]。 \tag{4-10}$$

如果把任何一个方案的净现金流量折算成将来值，用等额支付系列积累基金系数乘之，同样可以得到年度等值 $AW(i)_j$，即

$$AW(i)_j = FW(i)_j(A/F,i,N) = \left[\sum_{t=0}^{N} F_{jt}(1+i)^{N-t}\right]\left[\frac{i}{(1+i)^N-1}\right]。 \tag{4-11}$$

由式(4-9)、式(4-10)和式(4-11)可以看出，当 i 和 N 都是有限值时，则 $FW(i)=PW(i)$ ×常数，$AW(i)=PW(i)$×常数，或 $AW(i)=FW(i)$×常数。这就是说，净现值、将来值和年

度等值是成比例的。

只要其中一个判据满足，如 $PW(i)\geqslant 0$，则其他两个判据也满足，即必有 $FW(i)\geqslant 0$ 或 $AW(i)\geqslant 0$。

两个不同的方案，不论是以净现值作为评价判据，还是以将来值作为评价判据，或是以年度等值作为评价判据，其评价的结论都是相同的。

如果有两个投资方案 A 和 B，只要 i 和 N 不变，存在着下列的关系：

$$\frac{PW(i)_A}{PW(i)_B}=\frac{FW(i)_A}{FW(i)_B}=\frac{AW(i)_A}{AW(i)_B}。$$

以表 4-1 中方案 A、方案 B 为例来说明。当 $i=10\%$ 时

$$\begin{aligned}PW(10\%)_A &= -1\,000+500\overset{P/F,10\%,1}{(0.9091)}+300\overset{P/F,10\%,2}{(0.8264)}+\\&\quad 200\overset{P/A,10\%,4}{(3.1699)}\overset{P/F,10\%,2}{(0.8264)}\\&=226(万元)。\end{aligned}$$

$$\begin{aligned}FW(10\%)_A &= -1\,000\overset{F/P,10\%,6}{(1.7716)}+500\overset{F/P,10\%,5}{(1.6105)}+\\&\quad 300\overset{F/P,10\%,4}{(1.4641)}+200\overset{F/A,10\%,4}{(4.6410)}\\&=401(万元)。\end{aligned}$$

$$AW(10\%)_A=226\overset{A/P,10\%,6}{(0.2296)}=52(万元/年)。$$

$$\begin{aligned}PW(10\%)_B &= -1\,000+200\overset{P/F,10\%,1}{(0.9091)}+300\overset{P/F,10\%,2}{(0.8264)}+500\overset{P/F,10\%,3}{(0.7513)}+\\&\quad 1\,000\overset{P/F,10\%,4}{(0.6830)}+2\,000\overset{P/F,10\%,5}{(0.6209)}+4\,000\overset{P/F,10\%,6}{(0.5645)}\\&=3\,988(万元)。\end{aligned}$$

$$\begin{aligned}FW(10\%)_B &= -1\,000\overset{F/P,10\%,6}{(1.7716)}+200\overset{F/P,10\%,5}{(1.6105)}+300\overset{F/P,10\%,4}{(1.4641)}+500\overset{F/P,10\%,3}{(1.3310)}+\\&\quad 1\,000\overset{F/P,10\%,2}{(1.2100)}+2\,000\overset{F/P,10\%,1}{(1.1000)}+4\,000\\&=7\,063(万元)。\end{aligned}$$

$$AW(10\%)_B=3\,988\overset{A/P,10\%,6}{(0.2296)}=916(万元/年)。$$

$$\frac{PW(10\%)_A}{PW(10\%)_B}=\frac{226}{3\,988}=0.057,$$

$$\frac{FW(10\%)_A}{FW(10\%)_B}=\frac{401}{7\,063}=0.057,$$

$$\frac{AW(10\%)_A}{AW(10\%)_B}=\frac{52}{916}=0.057,$$

计算结果表明

$$\frac{PW(10\%)_A}{PW(10\%)_B}=\frac{FW(10\%)_A}{FW(10\%)_B}=\frac{AW(10\%)_A}{AW(10\%)_B}=0.057。$$

例 4-5 用年度等值重新评价例 4-3 中的项目。用这个例子来说明年度等值与将来值、现值之间的关系。

$$AW(10\%)=-10\,000(\overset{A/P,\,10\%,5}{0.263\,8})+(5\,230-3\,000)+2\,000(\overset{A/F,10\%,5}{0.163\,8})=-10(\text{万元})。$$

同样，结果显示这个项目是不能接受的（$AW(10\%)<0$）。

同时，我们可以证明例 4-5 里的 $AW(10\%)=-10$ 万元和例 4-3 里的 $PW(10\%)=-39$ 万元是等值的，和例 4-4 里 $FW(10\%)=-63$ 万元也是等值的。即

$$AW(10\%)=-39(A/P,10\%,5)=-10(\text{万元}),$$

$$AW(10\%)=-63(A/F,10\%,5)=-10(\text{万元})。$$

4.2.5 基准贴现率

由上述可知，在计算净现值等指标时，利率 i 是一个重要的参数。在方案评价和选择中所用的这种利率被称之为基准贴现率（也称基准折现率或基准收益率）或简称贴现率（或折现率），它是由投资者选定的重要决策参数。基准贴现率定得太高，可能会使许多经济效益好的方案被拒绝；如果定得太低，则可能会接受过多的方案，其中一些方案的经济效益可能并不好。

对投资主体的企业或组织的高层管理者来说，对基准贴现率都有一个大致的判断或主观上的考虑：对所有可能的投资项目，期望达到的投资回报水平应不低于多少，有时把这样的“利率”水平称之为具**最低吸引力的收益率**（Minimum Attractive Rate of Return，*MARR*）。对这个收益率水平，主要考虑下列几方面的因素：第一，投资资金的来源及其成本。如果来源于银行的贷款，显然基准收益率不能低于银行要求的利率[①]；第二，企业面临的各种可能的投资机会。譬如，现在投资机会很多很好，在企业能筹措到的资金范围内，投资于其他可能的项目最低也能达到相当于 16% 的利率水平，那么，基准贴现率应不低于 16%。因此也有人把这样的利率叫资金占用的门槛值（hurdle rate），也就是在第 1 章所说的资金占用的机会成本。由于实业投资都不同程度地涉及不确定性和风险，投资者要求的基准贴现率要高于资金来源的成本。例如，投资资金来源于银行贷款，利率是 6%，那么设定的基准贴现率为 9%，其中的 3% 一般称为资金成本的风险溢价（risk premium）。一个项目的投资资金的来源有多个渠道，每个渠道的成本也不相同，可以按资金来源的比例计算一个**加权平均资金成本**（Weighted Average Capital Cost，*WACC*）作为基准贴现率的低限。也就是说 *WACC* 可以看做是 *MARR* 的低限。这是因为，一是市场中的投资者不会做亏本的生意（投资）；二是在资金来源有限的情况下，企业一般有高于成本的投资机会。关于 *WACC* 的具体计算，在后续章节中会详细讨论。

4.3 内部收益率

4.3.1 内部收益率的定义

内部收益率（Internal Rate of Return，*IRR*）是另一个被广泛采用的投资方案的评价方法。它是指方案计算期内可以使净现金流量的净现值等于零的贴现率。如以 i'_j 代表投资方案 j 的内部收益率，它必须满足下列等式：

---

① 本章暂不考虑企业所得税对资本成本的影响。

$$PW(i'_j)_j = \sum_{t=0}^{N} F_{jt}(1+i'_j)^{-t} = 0。 \tag{4-12}$$

这里 N 是方案 j 的计算期。

为了从经济上解释，必须是 $-1<i'<\infty$，而对于大多数实际问题说来 $0\leqslant i'<\infty$。

由于工程项目方案的净现值为零时，其将来值和年度值也必须为零，因此

$$FW(i'_j)_j = AW(i'_j)_j = 0。$$

采用内部收益率计算时，不需事先给定折现率，它是由项目本身的净现金流量所决定的，另外，这个指标直接给出项目盈利水平的相对值，便于投资者理解和作出判断，因此，这个指标在长期投资决策中得到广泛应用。内部收益率能反映投资方案本身的盈利水平，但由于求解内部收益率的方程是 N 次方程，如果是非常规投资方案，即在项目计算期内各年的净现金流量，有时为正，有时为负，正、负号的改变超过一次以上的投资方案，往往有若干个解，这时就不能采用内部收益率作为评价指标。由于内部收益率不能在所有情况下给出唯一确定值，使其应用受到一定程度的限制。此外，内部收益率在再投资收益率的假设上存在缺陷。

4.3.2 内部收益率的经济含义

假定一个工厂用 1 000 万元购买一套设备，寿命为 4 年，各年的现金流入如图 4-5 所示。按式(4-12)可求得内部收益率 $i'=10\%$，这 10%表示尚未恢复的(即仍在占用的)资金在 10%的利率情况下，工程方案在寿命终了时可以使占用资金全部恢复。具体恢复过程如图 4-6 所示。所以可以粗略地说，内部收益率是项目整个计算期内占用资金的平均的盈利能力。

如果第 4 年年末的现金流入不是 220 万元，而是 260 万元，那么按 10%的利率，到期末除全部恢复占用的资金外，还有 40 万元的富余。为使期末资金刚好全部恢复，利率还可高于 10%，即内部收益率也随之升高。因此，内部收益率可以理解为工程项目对占用资金的一种恢复能力，其值越高，一般说来方案的投资盈利能力越高。

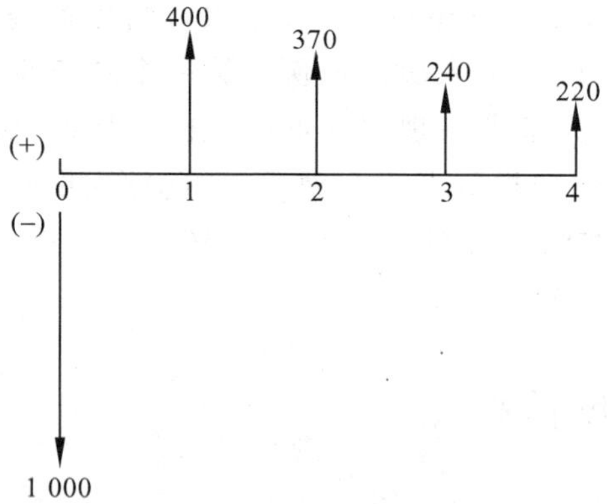

图 4-5 $i'=10\%$时的净现金流量(单位：万元)

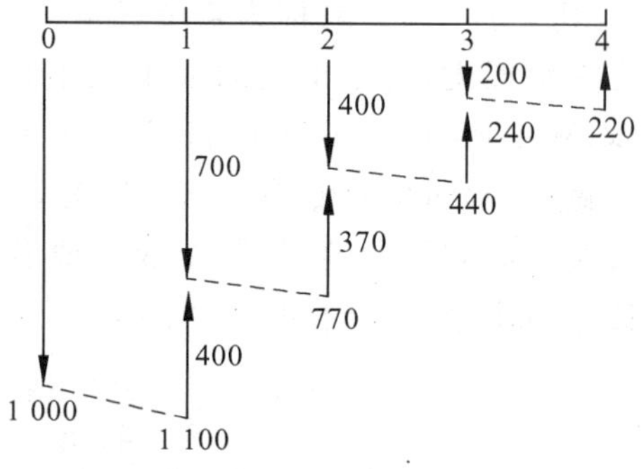

图 4-6 资金的恢复过程(单位：万元)

4.3.3 内部收益率的计算方法

内部收益率的计算求解较为困难，直接按定义求解时，要解一个 N 次的高次方程，一般无法解出，通常都是采用反复试算的方法。

例 4-6 试求表 4-4 中所列现金流量的内部收益率。

表 4-4　　现金流量

t 年年末	净现金流量 F_t/万元
0	−1000
1	−800
2	500
3	500
4	500
5	1200

解　按照内部收益率的定义可得

$$PW(i')=-1\,000-800(P/F,i',1)+500(P/A,i',3)(P/F,i',1)+1\,200(P/F,i',5)=0。$$

解上列方程式去求 i'，计算工作很复杂，通常可以用逐次试验法去求。先令 $i=0\%$，代入得

$$PW(0\%)=-1\,000-800(1)+500(3)(1)+1\,200(1)=900。$$

由于所有正的现金流量都是在负的现金流量之后发生的，当贴现率增加时，收入的现值比支出的现值减少得更多。这样，净现值的总额可以逐步趋向于零。例如 $i=12\%$，可得

$$PW(12\%)=-1\,000-800(\overset{P/F,12\%,1}{0.8929})+500(\overset{P/A,12\%,3}{2.4018})(\overset{P/F,12\%,1}{0.8929})+1\,200(\overset{P/F,12\%,5}{0.5674})=39。$$

39 还是大于零，现在取 $i=15\%$，得

$$PW(15\%)=-1\,000-800(\overset{P/F,15\%,1}{0.8696})+500(\overset{P/A,15\%,3}{2.2832})(\overset{P/F,15\%,1}{0.8696})+1\,200(\overset{P/F,15\%,5}{0.4972})=-106。$$

由此可见，内部收益率必在 12%和 15%之间，用直线内插法可得

$$i'=12\%+\left[\frac{39-0}{39-(-106)}\right]\times3\%=12\%+\frac{39}{145}\times3\%=12.8\%。$$

例 4-7　小心使用信用卡。某银行宣传“信用卡任意分期付款计划”，无论在哪里购买何物，采用信用卡付款，单笔刷卡消费金额超过 1 500 元(当然了，申请分期付款业务的金额最高不能超过持卡人的信用额度)就可以在交易日两天后至账单日两天前，拨打客户服务电话进行申请，把这笔消费转成 6 个月、9 个月和 12 个月的分期付款。之后，持卡人就可以分期，按时向银行还款了。但是，持卡人在利息费用之外，银行每个月都要收取一定比例的手续费。一女士采用该付款计划，购买衣服刷卡 3 600 元，分 12 月付清，每月手续费率 0.72%，每月还款金额为

$$3\,600\times0.72\%+3\,600\div12=25.92+300=325.92(元)。$$

她实际支付的年有效利率是多少?

解　月有效利率 i' 根据下式求得

$$3\,600=325.92(P/A,i',12),$$

$$(P/A,i',12)=\frac{3\,600}{325.92}=11.05。$$

查附录 A5 中 $N=12$ 最接近 11.05 的 P/A 系数值，可得$(P/A,1\%,12)=11.2551$ 和 $(P/A,1.5\%,12)=10.9075$。采用直线内插法计算得到

$$\frac{i'-1\%}{1.5\%-1\%}=\frac{11.05-11.2551}{10.9075-11.2551},$$

$$i'=1.30\%。$$

因为是按照每个月来付款的，用直线内插法计算出来的内部收益率是每个月 1.30%。信用卡透支借款的名义利率应该是 1.30%×12=15.6%，按月复利，相应的年有效利率为

$$[(1+0.013)^{12}-1]\times 100\%=16.76\%。$$

第一眼看上去合算的交易结果其实是误导人的，年有效利率是所声称利率 0.72%×12=8.64%的近 2 倍之多。

计算内部收益率需要解一个 N 次多项式，在数学上，多项式有多个实根。通过对现金流量分析和分类，可以事先预期多个收益率情况。各种不同的投资现金流量根据计算净现金流量序列中符号变化的次数可分为常规投资和非常规投资，无论是从"+"变为"−"还是从"−"变为"+"，都算做一次符号变化(忽略零现金流量)。

常规投资(simple investment)是指期初现金流量为负，净现金流量序列符号只改变一次的投资。如果期初现金流量为正，净现金流量序列也只有一次符号变化，那么我们称之为**常规借入**(simple borrowing)或非投资现金流量。**非常规投资**(nonsimple investment)是指项目净现金流量序列的符号变化超过一次以上的投资。

目前有两条符号变化的法则可用于预测内部收益率的情况：①净现金流量的符号变化，正实根的个数不会超过其系数系列 $F_0,F_1,F_2,\cdots,F_{N-1},F_N$ 中符号变更的数目；②累计净现金流量的符号变化，如果累计现金流量序列开始为负并且符号变化只有一次，那么内部收益率存在唯一正实数解。

必须强调的是，符号法则只是对多个收益率的可能性进行估计，预测最多存在多少个 i' 值。许多项目的现金流量序列尽管有多次符号变化，但其 i' 值仍然只存在唯一正实数解。

例 4-8 (预测 i' 的个数)推测表 4-5 中现金流量系列收益率正实数解的个数，并求解。

表 4-5 例 4-8 中的现金流量系列

期	A	B	C	D
0	−6000	1000	−1000	−1000
1	+2000	+800	+1500	+400
2	+3000	−800	+860	−600
3	+4000	−800	−1400	+800
4	0	−800	0	+2800

解 (1) 项目 A 代表许多常见的常规投资，即许多投资项目先是一系列现金流出，随后是一系列现金流入。这种情况下的净现值曲线如图 4-7(b)所示。曲线与利率横轴只有一个交点。

(2) 项目 B 代表的既不是常规投资也不是非常规投资，尽管在现金流量序列中只有一次符号变化。因为初始现金流量是正的，所以这是非投资现金流量，而不是投资现金流量。图 4-8(b)描述了这类投资的净现值曲线。

(3) 项目 C 和 D 代表非常规投资。项目 C 的净现值曲线如图 4-9 所示。与 i 轴相交于 5.125%和 40%。

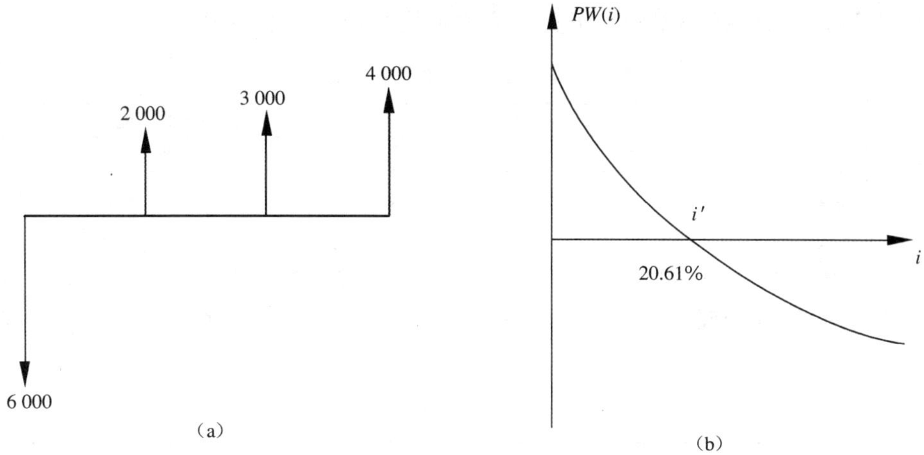

图 4-7　项目 A 的现金流量图及现值曲线

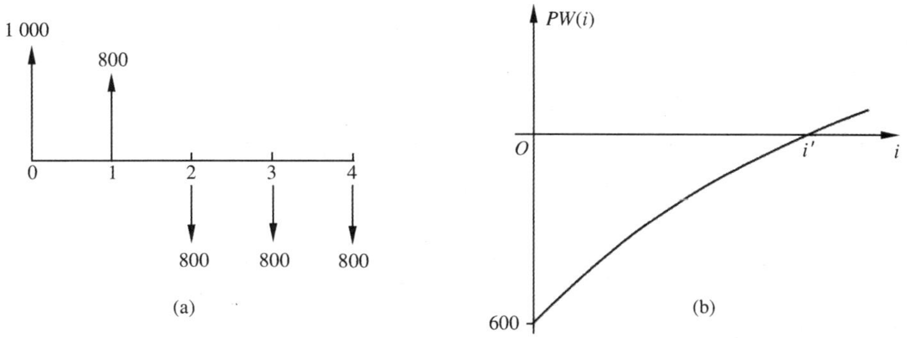

图 4-8　非投资情况

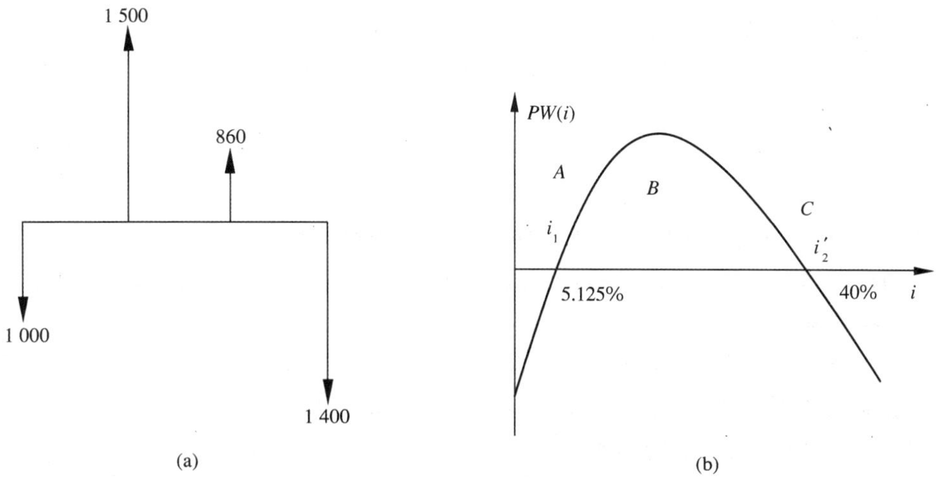

图 4-9　项目 C 的现金流量图及净现值曲线

并非所有的非常规投资的净现值曲线与横轴有多个交点。在分析项目现金流量时，首先要判断是否存在多个收益率的情况。一种判断方法是通过计算机生成净现值变化曲线图，判断图形是否穿过利率横轴多于一次；另一种判断方法是通过审视现金流量类型来判断多个交点的情况。

由现金流量符号法则我们得到 i' 正实数解的可能个数，如表 4-6 所示。

表 4-6　　各项目 i' 正实数解的可能个数

项目	净现金流量符号变化次数	正值 i' 的可能个数
A	1	1 或者 0
B	1	1 或者 0
C	2	2,1 或者 0
D	3	3,2,1 或者 0

对于项目 C 和 D，用更精确的累计现金流量符号测试法看看是否能够得到更少的 i' 正实数解的可能个数，见表 4-7。

表 4-7　　项目 C 和 D 的累计现金流量

	项目 C		项目 D	
N	F_n	S_n	F_n	S_n
0	−1000	−1000	−1000	−1000
1	+1500	+500	+400	−600
2	+860	+1360	−600	−1200
3	−1400	−40	+800	−400
4	0		+2800	+2400

根据符号变化法则，如果累计现金流量序列以负值开始，然后只改变一次符号，那就有且只有一个正 i'。只有项目 D 初始现金流量为负而且通过了测试，因此，可以推测项目 D 具有唯一正的 i' 值，项目 C 没有通过测试，我们无法消除其有多个正收益率的可能性。

4.3.4　内部收益率判据

内部收益率与净现值、将来值、年度等值等其他几个评价方法相比，其显著的特点是不需要预先知道贴现率的数值。当要进行一项投资而未来的情况和未来的利率等都具有高度的不确定性时，采用内部收益率作为判据不失为一种评价投资方案而取得满意结果的方法。

内部收益率和净现值的关系：

正如前面所讨论的，净现值分析主要依赖于用来计算净现值的贴现率。不同的贴现率可能会改变项目的决策结果，或是改变多个项目之间的排序。

考虑图 4-7 常规投资项目的净现值曲线。从图中可以看出当 $i<i'$ 时，对于所有的 i 值，净现值是正的；而当 $i>i'$ 时，对于所有的 i 值，净现值是负的。不仅是净现值，就是年度等值和将来值，也存在同样的关系。

因此，在通常情况下，与净现值等判据有相一致的评价准则：当内部收益率大于基准贴现率 i_0 时，投资方案是可取的。此时，方案必有大于零的净现值 $PW(i_0)$。

以上讨论的内部收益率的情况仅适用于常规投资方案。这类方案的净现值函数有如图 4-4 或图 4-7 的那种情况。此时，净现金值 $PW(i)$ 随 i 的增加而减少，曲线与横轴仅有唯一的交点，并在 $(0,\infty)$ 范围内。一般说来，凡是投资方案的净现金流量从零年起有一项或几项是负的，接下去是一系列正的，而所有净现金流量代数和是正的时，一定都具有上述的那种情况，但是并不是所有现金流量都具有上述的那种理想的情况。

图 4-8 是一种非投资的情况，投资者先从工程方案中取得资金，然后再向方案投资。注意，在此种情况下与图 4-4、图 4-7 的情况相反，只有内部收益率 i' 小于基准贴现率时，方案才可取。

如图 4-8 中的现金流量，当 $i=0\%$时，$PW(0\%)=-600$，当 $i=10\%$时，有

$$PW(10\%)=+1000+800(\overset{P/F,10\%,1}{0.9091})-800(\overset{P/A,10\%,3}{2.4869})(\overset{P/F,10\%,1}{0.9091})=-81。$$

当 $i=15\%$时　　　　　　$PW(15\%)=+108$；

当 $i=20\%$时　　　　　　$PW(20\%)=+236$。

从上面的计算中可以看出，净现值随 i 增大而从负值变到正值，数值也增大。只有在内部收益率 i'小于基准贴现率时，用基准贴现率 i_0 计算净现值可得 $PW(i_0)>0$，方案才可取。

例 4-9　企业发行债券就是非投资的例子。某企业拟发行一种债券，面值为 5 000 美元，票面利率为每年 8%。该债券可以在 20 年后按票面价值赎回，而且从现在开始的 1 年后开始支付每年的利息。如果这张债券目前的市场价格为 4 600 美元，该企业的 *MARR* 为 10%，是否发行该债券？

解　　$4600-5000(P/F,i',20)-5000\times0.08\times(P/A,i',20)=0$，

解得 $i'=8.9\%$。由于 $8.9\%\leqslant10\%$，应该发行。

我们可以通过计算净现值验证该结论。

$PW(10\%)=4600-5000(P/F,10\%,20)-5000\times0.08\times(P/A,10\%,20)=451.36$。

$PW(10\%)\geqslant0$，同样得出该债券应该发行。

对于非常规投资项目，净现值如图 4-9 所示。根据净现值分析，我们应该在 A 和 C 区域拒绝该项目，在 B 区域接受项目。这一结果违背了直觉判断，即随着利率的提高，本来不可接受的项目不可能变为可接受的。因此，对于图 4-7(a)所示的常规投资的情况，i'可以作为一个合适的指标来判断项目是否被接受或拒绝。但是，对于图 4-9 的非常规投资，并不能确定哪个 i'可以作为判据指标进行决策。因此，对于存在多个收益率的项目，i'的值不能有效的衡量投资项目的盈利性。

4.3.5　纯投资与混合投资

为了得到与净现值一致的决策准则，可将项目分为纯投资项目和混合投资项目。**纯投资**(pure investment)是指项目期初现金流量为负($A_0<0$)，以项目的 i'值计算的投资期内各年项目余额 $PB(i')_n$都小于等于零，**常规投资都是纯投资**。

如果有以 i'值计算的项目余额为正的情况出现，那么这个项目就不是纯投资。正的项目余额表明在项目期内的某一时点，项目不是处于资金占用($PB(i')<0$)的情况，而是利用项目资金($PB(i')>0$)的情况。这类投资称为**混合投资**(mixed investment)，如图 4-10 所示。

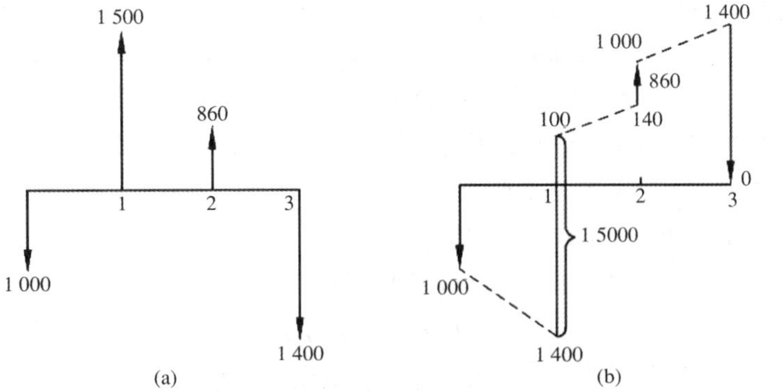

图 4-10　混合投资情况

非常规投资可能会出现混合投资的情况，如图 4-10。但有些非常规投资的内部收益率也可能属于纯投资的情况。如图 4-11(a)，显然是非常规投资，但在内部收益率 $i'=40\%$ 时还是属于纯投资，如图 4-11(b)所示。判定非常规投资的内部收益率是否属于纯投资，只能观察其是否始终处于资金占用的情况。

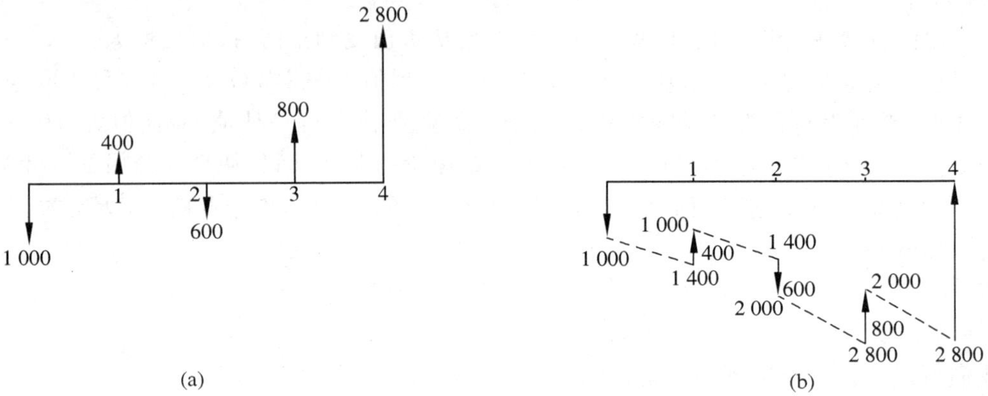

图 4-11　非常规投资中的纯投资

归纳以上情况，判定所求出的内部收益率是否是纯投资的规则如图 4-12 所示：令净现金流量为 F_t。

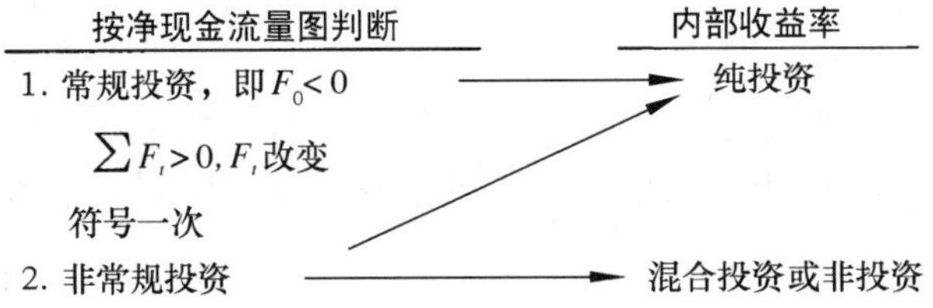

图 4-12　纯投资情况的判定

使项目产生混合投资情况的“内部”收益率并不能真正反映项目资金的盈利水平。因此不能用来判断项目的可接受性。可以用**外部收益率**(external rate of return)解决混合投资情况的判据问题。

然而，当我们用 i' 来计算混合投资项目余额时，项目资金的利用通过外部投资收益率被认为与内部投资的收益率相同。事实上，项目利用资金再投资收益率一般不太可能与内部投资收益率相等。通常情况下，商业资本投资的收益率与其他外部投资收益率相差很大，一般前者要高于后者。因此，在计算项目的现金流量余额时，有必要引入两个收益率，一个适用于项目内部投资，即修正内部收益率(modified internal rate of return, *MIRR*)；另一个适用于外部投资，即外部收益率。一般把 *MARR* 作为项目外部收益率的取值标准。

以下的过程概括了确定混合投资修正内部收益率 *MIRR* 的步骤。

步骤一：确定 *MARR*(或者外部收益率)。

步骤二：根据准则计算 $PB(i,MARR)_n$。

$$PB(i,MARR)_0=F_0,$$

$$PB(i,MARR)_1=\begin{cases} PB_0(1+i^*)+F_1, & \text{当 } PB_0<0, \\ PB_0(1+MARR)+F_1, & \text{当 } PB_0>0, \end{cases}$$

$$\vdots$$

$$PB(i,MARR)_n=\begin{cases} PB_{n-1}(1+i^*)+F_n, & \text{当 } PB_{n-1}<0, \\ PB_{n-1}(1+MARR)+F_n, & \text{当 } PB_{n-1}>0, \end{cases}$$

F_n 表示 n 期末的净现金流量。

步骤三:求解最终项目余额等式,确定 i 值。

$$PB(i^*,MIRR)_N=0。$$

利率 i^* 就是混合投资的修正内部收益率。将 $MARR$ 作为外部收益率,如果项目内部收益率高于 $MARR$,则我们接受此项目;反之,则拒绝此项目。

例 4-10 思考例 4-9 中的项目 C,已知该项目属于混合投资,计算该项目的 $MIRR$。假设 $MARR=10\%$。

解 当 $MARR=10\%$,首先假定 $i^*=15\%$。

$$PB(15\%,10\%)_0=-1000,$$

$$PB(15\%,10\%)_1=-1000(1+15\%)+1500=350,$$

$$PB(15\%,10\%)_2=350(1+10\%)+860=1245,$$

$$PB(15\%,10\%)_3=1245(1+10\%)-1400=-30.5。$$

寿命期末项目余额为负,说明我们假设 $i^*=15\%$ 是错的。经过一系列试错,得到当 $MARR=10\%$时,IRR 在 12.48%左右。由于 $MIRR>MARR$,项目可接受。

4.4 几种评价方法的比较

年度等值和将来值可以看做是净现值中派生出来的指标,性质上与净现值判据相同。因此,性质上不同的投资方案评价指标有三个:投资回收期、净现值和内部收益率。

这三个指标都考虑了货币的时间价值。从形式上看,似乎投资回收期不计利息,但在用这个判据来评价方案时,通常要比项目的计算期小很多,这就在实质上考虑了时间因素。不过回收期判据考虑时间因素较为粗糙,在回收期内用的贴现率是零(不考虑时间因素),而在回收期以后的收入和支出全部忽略,贴现率是无穷大。可见这种方法过于粗糙。在某些特殊情况下,例如当投资发生在 0 年,以后各年年末的收益相等时,投资回收期和内部收益率是等价的。如图 4-13 的现金流量,若给定项目计算期为 N,按内部收益率的定义有

$$-P+A(P/A,i',N)=0,$$

$$(P/A,i',N)=\frac{P}{A}。$$

由回收期的定义,上式右边即回收期 n,因此有

$$n=\frac{(1+i')^N-1}{i'(1+i')^N}。$$

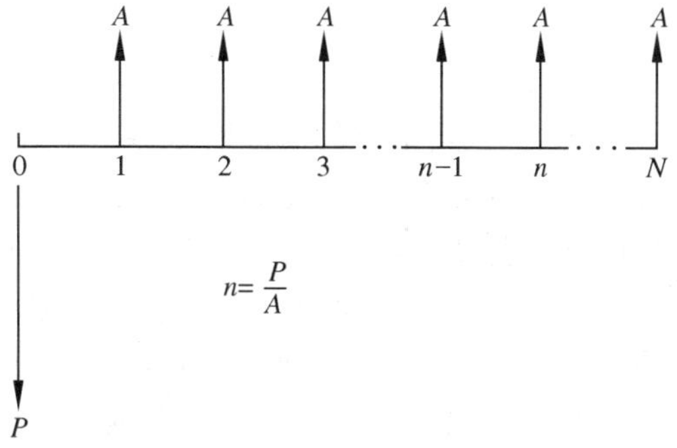

图 4-13 内部收益率与回收期

若给定 N,回收期与内部收益率 i'有对应的关系。例如,若给定基准贴现率为 15%,项目的计算期 N 为 20 年,那么等价于基准回收期为

$$n_0=\frac{(1+0.15)^{20}-1}{0.15(1+0.15)^{20}}=6.26(年)。$$

对于如图 4-13 的投资净现金流量，还有一种常用的指标叫静态(简单)投资收益率，即

$$\frac{A}{P}=(A/P,i',N)=\frac{i'(1+i')^N}{(1+i')^N-1}。$$

不难看出，这种收益率的数值是大于内部收益率的。如果给定的基准贴现率为 15%，计算期 N 为 20 年，那么，要求 $\frac{A}{P}=16\%$；当 $N=10$ 年时，$\frac{A}{P}=19.93\%$。不难证明，当 $N\to\infty$时，有 $\frac{A}{P}=i'$，就是说，在这种特定情况下，内部收益率就接近于简单的投资收益率。做类似的引申，当 N 足够大时，给定基准贴现率(利率) i，有

$$A=Pi \quad 或 \quad P=\frac{A}{i}。$$

年值 A 和现值 P 之间有简单的关系。体现这种关系的公式就叫永续年金公式(perpetual series of uniform payment)。对于现金流稳定、项目存续周期较长的项目，可以利用永续年金公式，对项目做出大致的判断。

例 4-11 某收费桥梁，建造投资估计 1.5 亿元。按交通预测和通过能力，每年收费稳定在 1500 万元。每年桥梁通行的经常性开支(包括维修保养和各种税金)在 300 万元左右。求该投资项目的内部收益率。

解 由于桥梁的寿命期很长，收益相对稳定，按永续年金公式，内部收益率为

$$i'=\frac{A}{P}=\frac{1500-300}{15000}=0.08=8\%。$$

当项目开发当局建桥的资金来源成本(譬如说贷款利率)不高于 8%时，这项投资是可以考虑的。

例 4-12 有关资料同例 4-10，假定桥已建成，主管部门想把收费权出让给非公有企业，这些企业对投资回报的要求(基准贴现率或 $MARR$)都在 10%左右，主管部门收费权出让招标的底价大致是多少？

解 假定出让期很长，底价是

$$P=\frac{A}{i_0}=\frac{1500-300}{0.10}=12000(万元)=1.2(亿元)。$$

实质上，当给定的基准贴现率 i 刚好等于项目方案的内部收益率 i' 时，此时的动态回收期就等于项目方案的计算期，即 $n_d=N$。一般情况下，若 $n_d<N$，则必有 $i<i'$，因此，动态回收期与内部收益率是等价的。项目方案计算期 N，一般依据项目主要设备设施的经济寿命，也取决于产出品的寿命周期。对于家用电器和电子产品，寿命期很短，且很不稳定，采用动态回收期作为判据，不失为一种直观的好方法。

对于上述各种评价判据应根据具体应用场合，合理选用。

4.5 互斥方案的比选方法

4.5.1 互斥方案的定义

互斥方案(mutually exclusive alternatives)是指采纳一组方案中的某一方案，必须放弃其他方案，即方案之间相互具有排他性，互斥关系既可指同一项目的不同备选方案，也可指不同

的投资项目。同一项目的不同被选方案之间显然是互斥的关系。常见的例子有：

① 项目地址应设在北京、上海还是深圳？

② 项目的技术是采用日本技术、还是德国技术？

③ 设备是购买进口的，还是购买国产的？

不同的投资项目可能由于资本、资源以及项目不可分的原因而成互斥的关系。

1. 资金的约束

无论什么样的投资主体，可用于投资的资金不可能是无限的，投资资金的限制主要有两方面的原因：一是筹集数量的限制，二是资本成本的约束。

资本市场供应的资金额是有限的，随着筹资额的增加，筹资的成本将会增加，因此企业按企业认为是经济的价格从资本市场上得到的资金额是有限的，限制了部分投资方案的资金有效性，企业必须对各种投资方案组合选择。

企业对于能够使用的资金要求投资的收益率要大于企业的资本成本率，资本费用的提高使得投资主体必须放弃收益率低于资本成本的方案。

无论以上哪种情况，都使企业的内部资金定量分配，使一些方案受到限制。

2. 资源的限制

企业所能调动的资源是有限的，除第1条的资本有限外，其他生产要素土地、自然资源、企业家才能、人力资源等都是有数量限制的。由于资源的限制不可能实施所有技术上可行的项目。

3. 项目的不可分性

一个项目要实现其功能，总是要被完整地接受或是拒绝。在这种情况下，不可能将一个完整的项目分成部分项目或是若干个部分来执行。因此，由于资金定量分配，接受一个大项目方案往往会自动排斥了接受若干个小项目的方案。

4.5.2 互斥方案比较的原则

进行互斥方案比较，必须明确以下三点原则：

① 可比性原则。两个互斥方案必须具有可比性。

② 增量分析原则。对现金流量的差额进行评价，考察追加投资在经济上是否合算。如果增量收益超过增量费用，那么增加投资的方案是值得的。例如，有两个方案A和B，方案A比方案B投资金额大，方案A是否好于方案B，就要看增加的投资是否有利。

③ 选择正确的评价指标。增量分析无论用哪一个评价指标都能得出正确的结论，这时就可以按照一般净现金流量采用本章介绍的净现值、内部收益率等指标。如果这些指标大于基准值，我们就认为投资大的方案A优于投资小的方案B。如果不用增量分析法，则需要合理选用适合的评价指标。

4.5.3 增量分析法

互斥方案比较采用增量分析法。增量分析法的原理是：

① 用投资大的方案减去投资小的方案，形成寻常投资的增量现金流；

② 应用增量分析指标考察经济效果；

③ 一般情况下的比较需要有一个基准。即相对于某一给定的基准贴现率而言，看一看投

资大的方案比投资小的方案所增加的投资是否值得。

增量分析指标有如下几种：

1. 增额投资回收期

增额投资回收期（ΔP_t）指两个方案的净现金流量之差额的投资回收期。当 ΔP_t 小于规定的基准回收期 n_0 时，投资大的方案好。

2. 增额投资净现值

投资增额净现值（ΔPW）是指两个方案的净现金流量之差额的净现值。

比选原则：若 $\Delta PW \geqslant 0$，选投资大的方案；若 $\Delta PW < 0$，选投资小的方案。

3. 增额投资内部收益率

增额投资内部收益率（ΔIRR）是指两个互斥方案的差额投资净现值等于零时的折现率。

比选原则：若 $\Delta IRR \geqslant i_0$，则投资大的方案为优；若 $\Delta IRR < i_0$，则投资小的方案为优。

增量分析法将两个方案的比选问题转化为一个方案的评价问题，从而可以利用前面介绍的指标进行评价，增量分析的结论显然是准确可靠的。

例 4-13 方案 A_1 和方案 A_2，各年现金流量如图 4-14 所示，试比较两个方案。

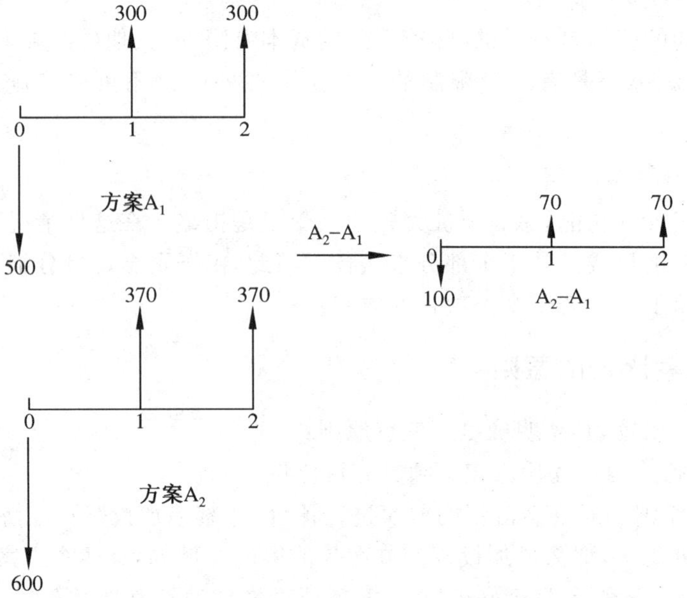

图 4-14 投资增额现金流量

解 方案 A_2 比方案 A_1 多用 100 单位的投资，而每年多收益 70 个单位。方案 A_2 比方案 A_1 是否有利，就是看这 100 单位的投资是否有利，也就是看图 4-14 中的投资增额现金流量的差额（A_2-A_1）现金流量是否有利。要作出这种判断，就要先定出一个基准贴现率，譬如说 10%，那么（A_2-A_1）的净现值为

$$PW(10\%)_{A_2-A_1} = -100 + 70(\overset{P/A,10\%,2}{1.7355}) = 21.49 > 0。$$

说明方案 A_2 多用 100 单位的投资是有利的。因此，方案 A_2 比方案 A_1 好。

若基准贴现率不是 10% 而是 30%，这说明规定的资金时间价值较大，因 $PW(30\%)_{A_1} =$

-91.7，$PW(30\%)_{A_2}=-96.43$，均小于零，这两个方案都不可取。但就比较而言，因

$$PW(30\%)_{A_2-A_1}==-100+70\left(\begin{matrix}P/A,30\%,2\\1.361\end{matrix}\right)=-4.73<0,$$

因此，A_2 还不如 A_1 好，这样可少用些投资，把它用在其他的投资机会上（可达 30%）。

4.5.4 产出相同、寿命相同互斥方案的比较

先考虑两个产出和使用寿命完全相同的工程技术方案的比较。此时，就是费用的比较问题了。当一个方案的一次投资和经常费用都小于另一方案时，不言自明，前者优于后者，不存在比较的问题。经常碰到的问题是：方案 2 的一次投资费用 K_2 大于方案 1 的一次投资费用 K_1，而经常费用 C_2 要小于 C_1，由于投资和经常费用的支出时间不同，就不能简单地用绝对的费用节省来判定方案的好坏。采用增量分析方法，看方案 2 比方案 1 是否有利的准则是看方案 2 多花投资（K_2-K_1）是否能通过经常费用的节省（C_2-C_1）在规定的时间内回收回来，或者看方案 2 多花投资（K_2-K_1）是否能通过经常费用的节省（C_2-C_1）在预定的期限内达到要求的收益水平（图 4-15）。

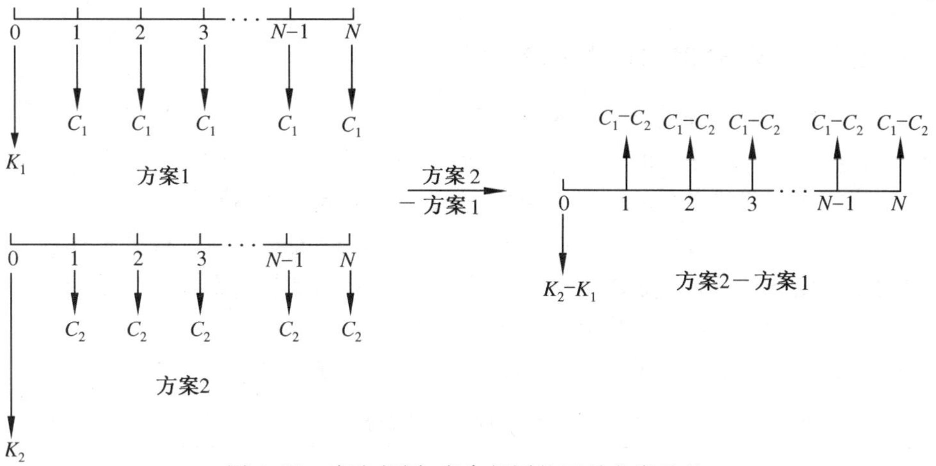

图 4-15 产出相同、寿命相同的互斥方案比较

通过投资大的方案每年所节省的经常费用来回收相对增加的投资所需要的时间为增额投资回收期，可用公式表示为

$$\Delta P_t=\frac{K_2-K_1}{C_1-C_2}。\tag{4-13}$$

当 ΔP_t 小于规定的基准回收期 n_0 时，我们认为方案 2 比方案 1 好。

通过投资大的方案每年所节省的经常费用能否达到要求的收益率水平，可采用价值类指标（投资增额净现值等）或收益类指标（投资增额内部收益率等）来比较。

若选用增额投资年度等值判据，这个判据大于零时说明投资大的方案好，那么

$$(C_1-C_2)-(A/P,i_0,N)(K_2-K_1)>0,$$

整理上式得

$$C_2+(A/P,i_0,N)K_2<C_1+(A/P,i_0,N)K_1。\tag{4-14}$$

上式的左右两边的表达式分别为方案 1 和方案 2 的年度等值，由于考虑的现金流量均是

方案的费用，一般称这年度等值为年度费用，用符号 AC 表示。

方案 2 优于方案 1 表明方案 2 的年度费用小于方案 1，反之亦然，即我们可以直接计算几个互斥方案的年度费用，哪个方案年度费用小，哪个方案就是最好的方案。一般地，对于方案 j 的第 t 年投资或经常费用用统一的符号 C_{jt} 来表示，那么

$$\min(AC_j)=\min\left\{\left[\sum_{i=0}^{N}C_{jt}(1+i_0)^{-t}\right]\cdot(A/P,i_0,N)\right\}。\qquad(4\text{-}15)$$

年度费用最小的方案就是最优的方案。

例 4-14 某厂需要一部机器，使用期为 3 年，购买价格为 77 662 元，在其使用期终了预期残值为 25 000 元，同样的机器每年可花 32 000 元租得，基准收益率为 20%，问是租还是买？

解 计算各个方案的年度费用：

购买方案 $AC_1=77\,662\left(\overset{A/P,20\%,3}{0.4747}\right)-25\,000\left(\overset{A/F,20\%,3}{0.2747}\right)=30\,000$(元)，

租赁方案 $AC_2=32\,000$(元)。

故应选择购买机器。

4.5.5 产出不同、寿命相同的互斥方案比较

如果产出的质量相同，仅数量不同时，可用单位产出的费用来比较方案的经济性。例如电厂的每千瓦小时的成本、住宅建筑的每平方米造价，等等。在一般情况下，不同方案的产出质量是不同的，在不同行业和部门之间的工程项目方案的性质也是完全不同的，为使方案之间可比，最常用的办法是用货币统一度量各方案的产出和费用，利用增量分析法进行分析比较。按投资大小将方案排队，首先选择投资最小的方案作为基准，然后看追加投资在经济上是否合算。

下面我们举例说明如何比较几个相互排斥的方案。

例 4-15 现有三个互斥的投资方案(表 4-8)，试进行方案比较。

表 4-8 **三个互斥的投资方案** (单位：万元)

年末 \ 方案	A_0	A_1	A_2	A_3
0	0	−5 000	−10 000	−8 000
1～10	0	1 400	2 500	1 900

解 第一步：先将方案按照初始投资的顺序排列，如表 4-9 所示。

表 4-9 **按初始投资顺序排列** (单位：万元)

年末 \ 方案	A_0	A_1	A_3	A_2
0	0	−5 000	−8 000	−10 000
1～10	0	1 400	1 900	2 500

A_0 为全不投资方案，有时所有互斥方案均不可行，而在方案比较时，总能选出一个相对较优的方案，而这相对较优的方案也可能是不可取的。为了避免这种情况的发生，因此我们把全不投资也作为一个方案。所谓全不投资并不意味着把资金存在保险箱里得不到任何效益，而是把资金投放在其他机会上，不投到上述所考虑的那些方案上。

第二步：选择初始方案投资最少的作为临时最优方案，这里选定全不投资方案作为临时最优方案。

第三步：选择初始投资较高的方案作为竞赛方案，计算两个方案的现金流量之差。这里选择 A_1 作为竞赛方案，假定 $i_0=15\%$，计算所选定的评价指标：

$$\Delta PW(15\%)_{A_1-A_0}=-5000+1400\sum_{t=1}^{10}(1+15\%)^{-t}=2026.32(\text{万元}),$$

$$\Delta IRR_{A_1-A_0}=25.0\%。$$

如增额现金流量的净现值大于零，或者内部收益率大于基准收益率，说明竞赛方案优于临时最优方案，所以应把临时最优方案 A_0 划掉，而将竞赛方案 A_1 作为临时最优方案。否则，划掉竞赛方案，临时最优方案维持不变。

第四步：把上述步骤反复下去，直到所有方案比较完毕，可以找到最后的最优方案。现在以 A_1 作为临时最优方案，将 A_3 作为竞赛方案，计算方案 A_3 和方案 A_1 两个现金流量之差的净现值或内部收益率。

$$\Delta PW(15\%)_{A_3-A_1}=-3000+500\sum_{t=1}^{10}(1+15\%)^{-t}=-490.60(\text{万元}),$$

$$\Delta IRR_{A_3-A_1}=10.5\%。$$

净现值为负，内部收益率小于 15%，说明方案 A_3 较差，将它舍弃，方案 A_1 仍为临时最优方案。再将 A_2 作为竞赛方案，计算方案 A_2 和方案 A_1 两个现金流量之差的净现值或内部收益率。

$$\Delta PW(15\%)_{A_2-A_1}=-5000+1100\sum_{t=1}^{10}(1+15\%)^{-t}=520.68(\text{万元}),$$

$$\Delta IRR_{A_2-A_1}=17.7\%。$$

由于净现值大于零，或内部收益率大于 15%，所以 A_2 优于 A_1，即 A_2 为最后的最优方案。

从上述例子可以看出，采用增额投资净现值法和增额投资内部收益率法比较结论是一致的。容易证明，按方案的净现值的大小直接比较也可以得到完全相同的结论。证明如下：

$$\begin{aligned}PW(i)_B-PW(i)_A&=\sum_{t=0}^{N}F_{B_t}(1+i)^{-t}-\sum_{t=0}^{N}F_{A_t}(1+i)^{-t}\\&=F_{B_0}-F_{A_0}+F_{B_1}(1+i)^{-1}-F_{A_1}(1+i)^{-1}+\cdots+F_{B_N}(1+i)^{-N}-F_{A_N}(1+i)^{-N}\\&=F_{B-A,0}-F_{B-A,1}(1+i)^{-1}+\cdots+F_{B-A,N}(1+i)^{-N}\\&=\sum_{t=0}^{N}F_{B-A,t}(1+i)^{-t}\\&=\Delta PW(i)_{B-A}。\end{aligned}$$

若 $\Delta PW(i)_{B-A}>0$，则有 $PW(i)_B>PW(i)_A$，反之亦然。因此可以方便地直接用净现值的大小进行比较。

例如，表 4-9 中所列的 4 个方案，如取 $i=15\%$，各方案的净现值为

$$PW(15\%)_{A_0}=0,$$

$$PW(15\%)_{A_1}=-5000+1400\overset{P/A,15\%,10}{(\quad 5.0188 \quad)}=2026.32,$$

$$PW(15\%)_{A_3}=-8000+1900\overset{P/A,15\%,10}{(\quad 5.0188 \quad)}=1535.72,$$

$$PW(15\%)_{A_2}=-10000+2500\overset{P/A,15\%,10}{(\quad 5.0188 \quad)}=2547.00。$$

同样得出 A_2 为最优方案。但是不能直接使用内部收益率法，直接使用内部收益率会导致不一致的结论。

仍然采用上述例子，根据各个方案的现金流量计算的内部收益率值如下所示：

$$i'_{A_0}=15\%,\quad i'_{A_1}=25\%,\quad i'_{A_3}=19.9\%,\quad i'_{A_2}=21.9\%。$$

A_1 方案的内部收益率最大，但选择该方案不能选出净现值最大的方案。这是因为 $i'_{A_1}>i'_{A_3}$，并不一定有 $i'_{A_1-A_3}>15\%$（基准收益率）。以上各种方法比选结果如表 4-10 所示。

表 4-10　　按不同评价判据排序　　（单位：万元）

排序判据		方案			
		A_0	A_1	A_3	A_2
净现金流量	（0 年末）	0	−5000	−8000	−10000
	（1～10 年末）	0	1400	1900	2500
按投资增额净现值或收益率大小		4	2	3	1
按净现值大小（$i=15\%$）		0	2026.32	1535.72	2547.00
		4	2	3	1
按内部收益率的大小		15%	25%	19.9%	21.4%
		4	1	3	2

按内部收益率比选方案与当基准贴现率为 15%时，采用其他判据来评选方案的结论并不一致。这种不一致的情况可由图 4-16来说明，其中两个方案即表 4-5 中的方案 A_1 和 A_2。

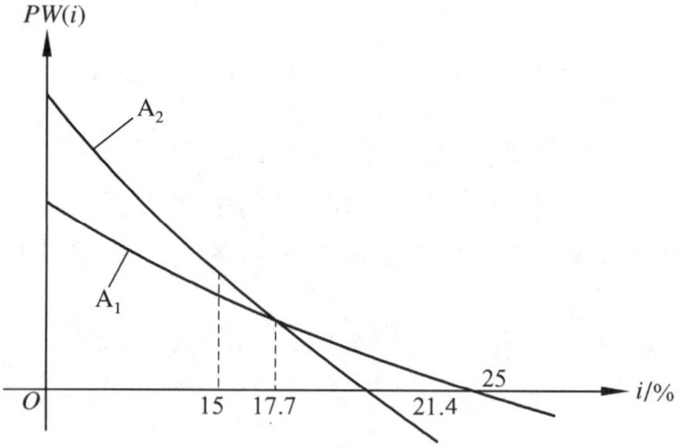

图 4-16　互斥方案比较

虽然方案 A_1 的内部收益率是大于 A_2 的，但在基准贴现率 15%处，A_2 的净现值大于 A_1，投资增额内部收益率 $i'_{A_2-A_1}=17.7\%$，表示贴现率为 17.7%时，两个方案的净现值相同。因此，只要基准贴现率在投资增额收益率的左边 $i'_{A_2-A_1}>i_0$，则方案 A_2 优于 A_1，这样就与净现值或投资增额净现值等判据相一致了。因此和净现值判据不同，用收益率来比较方案时，一定要用投资增额内部收益率，而不能直接用内部收益率的大小进行比较。

在采用投资增额收益率判据时要注意本章前面提到的那些要注意的问题。在互斥方案比较时，所以要用初始投资大的方案的现金流量减去初始投资小的方案的现金流量，就是要形成常规投资的形式，处理起来较为方便。图 4-17 中分别表示 A_2-A_1 和 A_1-A_2 所形成的净现值函数，

虽然 $i'_{A_2-A_1}=i'_{A_1-A_2}=17.7\%$,但判别的标准就不相同。如果用 A_2-A_1,那么 A_2 优于 A_1 的条件是 $i'_{A_2-A_1}>i_0$(基准贴现率);反之,若用 A_1-A_2,那初始投资小的方案的现金流量减去初始投资大的方案,形成的是非常规投资形式,那么 A_1 优于 A_2 的条件是 $i'_{A_1-A_2}<i_0$(基准贴现率)。

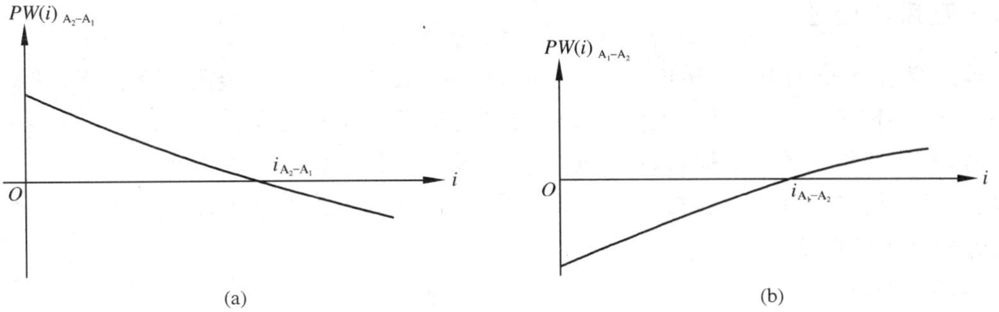

图 4-17　投资增额内部收益率

投资回收期指标不反映项目在投资回收期后的收支情况,也不能区别有相同投资回收期但现金流量分布不同的方案,因此一般不采用。

4.6　项目方案的排序

以上的讨论都是针对互斥方案的,实际问题中按方案相互之间的经济关系,除互斥方案外,还有互相独立方案(independent alternatives)和依存方案(contingent alternatives)。

独立方案是指在经济上互不相关的方案,即接受或放弃某个项目,并不影响其他项目的接受安排与否。如果两个方案不存在资本、资源的限制,这两个方案就是相互独立的,其中每一个方案称为独立方案,例如某企业有三个项目可供选择,一个是房产项目,一个是生物制药项目,一个是信息工程项目。如果企业的资金等是充足的,这三个方案就是独立方案。

依存方案指某一方案的接受是以其他一些方案的接受为前提,该方案不能独立接受。例如购买打印机方案就依存于购买电脑方案,移民工程就依存于建造三峡大坝方案。

在无约束条件下,一组独立项目的决策是比较容易的,只要看看评价指标是否达到某一评价标准。因为对于独立的常规投资项目,用净现值、内部收益率等任何一种判据进行评价的结论是一致的。例如某一常规投资项目 $PW\geqslant 0$,或者 $IRR\geqslant i_0$,则该项目就认为是可以接受的。但是如果在有约束条件下(比如受一定资金限制),只能从中选择一部分项目而淘汰其他项目,这时就出现了资金合理分配的问题,一般要通过项目排队(独立项目按排序的最优组合)来优选项目。关于独立项目的无约束的评价方法和评价指标已在前面作了介绍,本节将讨论项目排队方法。

企业手头里有很多投资方案,一般来说,全部入选项目组的资金需要量与实际可提供量不一致。例如有三个投资方案,其现金流量如表 4-11 所示,假如企业仅有 600 万元,很显然如果接受方案 A,就必须放弃方案 B 和方案 C;如接受方案 B 和方案 C,就必然放弃方案 A。

表 4-11　　三个投资方的现金流量　　(单位:万元)

方案＼年末	0	1	2	3
A	−500	200	200	200
B	−200	100	100	100
C	−350	160	160	160

由于项目的不可分性(即一个项目只能作为一个整体而被接受或放弃),使决策不能按项目 *IRR* 或 *PW* 从大到小顺序排列进行取舍。可用的方法主要有三种:互斥组合法、线性规划法、净现值率法。

4.6.1 互斥组合法

互斥组合法(mutually exclusive combination method)就是在资金限量条件下,选择一组不突破资金限额而经济效益又最大的互斥组合投资项目作为分配资金的对象。当存在多个投资项目时,不论其相互关系如何,都可以把它们组成许多互斥组合,并按净现值、年度等值等指标计算各互斥组合的经济效益,在不突破资金限额的条件下,选取经济效益最大的一组投资项目作为分配资金的对象。

其具体步骤是:

① 形成所有各种可能的互斥方案组合,把所有的项目组合全部列举出来,每个组合都代表一个满足约束条件的相互排斥的项目组合中的一个方案;

② 按各方案组合的投资从小到大排列起来;

③ 在总的初始投资小于投资限额的方案组合中,按互斥方案的比选原则选择最优的方案组合。

本章之前所介绍的各种投资经济效益评价方法适用于直接对互斥项目进行评选。所以,当若干项目之间存在着非互斥关系时,有时需要把它们转换为一系列互斥的组合项目(简称互斥组合),以便利用前述各种方法对项目进行评价。所谓互斥组合是指每一组合中包括数目不等的项目,组合与组合之间存在互斥关系。下面举例说明怎样根据投资项目的原有关系把他们转换为一系列互斥组合。

1. 独立项目的互斥组合。

当项目 A,B,C 为独立项目时,可把它们转换构成表 4-12 所示的 8 种互斥组合。表中“1”与“0”分别表示某一互斥组合内是否包括某项目,“1”表示组合内有该项目,“0”表示无该项目。

表 4-12　　3 个独立项目的互斥组合

序号	组合方案			组合内的方案
	A	B	C	
1	0	0	0	无
2	1	0	0	A
3	0	1	0	B
4	0	0	1	C
5	1	1	0	A,B
6	1	0	1	A,C
7	0	1	1	B,C
8	1	1	1	A,B,C

2. 互斥项目的互斥组合

若项目 A,B,C 为互斥项目,则它们可构成表 4-13 所示的 4 种互斥组合。

表 4-13　　　3 个互斥项目的互斥组合

序　号	组　合　方　案			组合内的方案
	A	B	C	
1	0	0	0	无
2	1	0	0	A
3	0	1	0	B
4	0	0	1	C

3. 依存项目的互斥组合

若项目 A,B,C 之间,C 依存于 A 与 B,B 依存于 A,则它们可构成表 4-14 所示的 4 种互斥组合。

表 4-14　　　3 个依存项目的互斥组合

序　号	组　合　方　案			组合内的方案
	A	B	C	
1	0	0	0	无
2	1	0	0	A
3	1	1	0	A,B
4	1	1	1	A,B,C

4. 多种关系项目的互斥组合

若项目 X,Y 为独立项目,X 由两个互斥项目 X_1 与 X_2 组成,Y 由两个互斥项目 Y_1 与 Y_2 组成,则它们可构成如表 4-15 所示的 9 种互斥组合。

表 4-15　　　多种关系项目的互斥组合

序　号	互斥组合				组合内的方案
	X_1	X_2	Y_1	Y_2	
1	0	0	0	0	无
2	1	0	0	0	X_1
3	0	1	0	0	X_2
4	0	0	1	0	Y_1
5	0	0	0	1	Y_2
6	1	0	1	0	X_1,Y_1
7	1	0	0	1	X_1,Y_2
8	0	1	1	0	X_2,Y_1
9	0	1	0	1	X_2,Y_2

又若 A_1,A_2,B_1,B_2,D 五个项目中,A_1 与 A_2,B_1 与 B_2 互斥,B_1 与 B_2 依存于 A_2,D 依存于 B_1,则它们可构成表 4-16 所示 6 种互斥组合。

表 4-16　　多种关系项目的互斥组合

序号	互斥组合					组合中的项目
	A_1	A_2	B_1	B_2	D	
1	0	0	0	0	0	无
2	1	0	0	0	0	A_1
3	0	1	0	0	0	A_2
4	0	1	1	0	0	A_2,B_1
5	0	1	0	1	0	A_2,B_2
6	0	1	1	0	1	A_2,B_1,D

可组成的互斥组合数 N 可用下列公式计算：

$$N=\prod_{j=1}^{S}(M_j+1)=(M_1+1)(M_2+1)(M_3+1)\cdots(M_S+1)。\tag{4-16}$$

式中　S——独立项目数；

M_j——第 j 个独立项目组所包括的互斥项目数。

例 4-16　有 A,B,C,D 四类独立项目，每类中又包括若干互斥项目。

A：　A_1,A_2,A_3,A_4,A_5,A_6

B：　B_1,B_2,B_3

C：　C_1,C_2,C_3,C_4

D：　D_1,D_2

求互斥组合数。

解　互斥组合数 N 为

$$N=(6+1)(3+1)(4+1)(2+1)=420(个)。$$

例如，对于表 4-11 中的三个相互独立的投资方案可以组合成如表 4-17 所示的 8 个相互排斥的方案组合。如果投资限额为 600 万元，则只能在方案组合 1,2,3,4,7 中选择一个。按净现值比较法，若基准贴现率 $i=15\%$，由表 4-17 可知方案组合 7 净现值最大，即由方案 B 和方案 C 的组合为最好。

表 4-17　　投资方案组合　　（单位：万元）

相互排斥的方案组合	组合方案			年末				净现值 $i=15\%$
	X_A	X_B	X_C	0	1	2	3	
1	0	0	0	0	0	0	0	0
2	1	0	0	−500	200	200	200	−43.35
3	0	1	0	−200	100	100	100	28.32
4	0	0	1	−350	160	160	160	15.31
5	1	1	0	−700	300	300	300	—
6	1	0	1	−850	360	360	360	—
7	0	1	1	−550	260	260	260	43.63
8	1	1	1	−1050	460	460	460	—

互斥组合法的优点是简单明了，但只适用于备选项目很少的情况。当备选项目增多时，互

斥组合数目很多，计算工作量会很大。互斥组合法理论上是严密的，但要求寿命相同，该例只有 3 个项目的工作量就如此之大，当项目方案较多时互斥组合数很大，工作量很大。

4.6.2 线性规划法

对于投资项目较多的资金分配问题，可以运用线性规划模型(linear programming model)和计算机来解决。应用线性规划解决资金分配问题的数学模型如下：

设以净现值最大为目标，则其目标函数可写做

$$\max Z=\sum_{j=1}^{n} PW_j \cdot x_j 。\tag{4-17}$$

式中 PW_j——第 j 个投资项目的净现值；

x_j——决策变量。其取值为 1 或 0。x_j 取值为 1，表示第 j 个投资项目被接受；x_j 取值为 0，表示第 j 个投资项目被舍弃($j=1,2,\cdots,n$)。

上述目标函数的约束条件分为两类：一类是计划期的资金限额；另一类是投资项目之间的相互关系。其表达式如下：

1. 资金约束条件

$$\sum_{j=1}^{n} I_j x_j \leqslant I 。\tag{4-18}$$

式中 I——允许的最大现金支出；

I_j——第 j 个项目的现金支出(如投资额或年度经营支出)。

2. 项目相互关系约束条件

(1) 若若干项目间存在互斥关系，设其决策变量分别为 $x_1,x_2,\cdots,x_n$，则它们有如下关系式：

$$x_1+x_2+x_3+\cdots+x_n\leqslant 1 。\tag{4-19}$$

(2) 若某一项目对另一项目有依存关系，设其决策变量分别为 x_1,x_2，则 x_1 与 x_2 有如下关系式：

$$x_1\leqslant x_2 。\tag{4-20}$$

例 4-17 有 7 个投资项目，各个项目方案的收益现值、初始投资如表 4-18 所示，假定投资资金总额为 50 万元，试选出最优的方案。

表 4-18　各个方案的初始投资、收益现值　(单位：万元)

方　案	收益现值	初始投资	净现值
1	150	30	120
2	45	30	15
3	40	10	30
4	24	20	4
5	17	9	8
6	10	5	5
7	8	1	7

解　根据式(4-15)，式(4-16)列出整数规划模型如下：

$$\max Z = \sum_{j=1}^{n} PW_j \cdot x_j = 120x_1 + 15x_2 + 30x_3 + 4x_4 + 8x_5 + 5x_6 + 7x_7,$$

$$\text{s.t.} \quad 30x_1 + 30x_2 + 10x_3 + 20x_4 + 9x_5 + 5x_6 + 1x_7 \leqslant 50,$$

$$x_j = 0,1, \quad j = 1,2,\cdots,7。$$

根据上述模型解出最优的方案是项目 7,1,3,5。

方案 7,1,3,5 的净现值总和为 $\sum PW = 7 + 120 + 30 + 8 = 165$(万元)。

方案 7,1,3,5 的投资额总和为 $\sum I = 1 + 30 + 10 + 9 = 50$(万元)。

4.6.3 净现值率法

净现值率法(net present value ratio)是一种在计划期资金限额内先选择净现值率大的投资项目,直到资金限额分完为止的项目选择方法。其具体做法是把能满足最低期望盈利率的投资项目,按净现值率由大至小顺序排列,首先将资金分配给净现值率最大的项目,直到全部资金分完为止。净现值率法应用简单,一般能求得投资经济效益较大的项目组合,但不一定能取得最优的项目组合。

例 4-18 资料同上例,请用净现值率法进行选择。

解 各个方案的净现值、净现值率计算见表 4-19。

表 4-19 **各个方案的净现值、净现值率** (单位:万元)

方　案	收益现值	初始投资	净现值	净现值率
1	150	30	120	4
2	45	30	15	0.5
3	40	10	30	3
4	24	20	4	0.2
5	17	9	8	0.9
6	10	5	5	1
7	8	1	7	7

净现值率法解出方案是 7,1,3,6。

方案 7,1,3,6 的净现值总和为 $\sum NPV = 7 + 120 + 30 + 5 = 162$(万元)。

方案 7,1,3,6 的投资总和 $\sum I = 1 + 30 + 10 + 5 = 46$(万元)。

按净现值率排序只是一种近似的方法,并不能在所有情况下都得出正确的结论。由于投资项目的不可分性,净现值率排序法在许多情况下,不能保证现有资金的充分利用,不能达到净现值最大的目标。只有在当每个项目的初始投资相对于投资总限额相对较小或各方案投资额相差不大的情况或各入选方案投资累加额与投资预算限额相差无几时,才有比较可靠的结论。

4.7 服务寿命不等的方案比较

相互比较必须具有可比性,当两个方案寿命不等时,这两个方案就不能直接比较,否则有可能是不公平的。因此,必须加以处理使两者的寿命期相等,通常有两种方法:最小公倍数法和研究期法。

4.7.1 最小公倍数法

取各方案的寿命的最小公倍数作为各方案的共同寿命，在此期间各个方案的投资、收入支出等额实施，直到最小公倍数的寿命期末为止。例如两个方案分别有 4 年、6 年的寿命期，最小公倍数就是 12 年，方案 1 反复实施 3 次，方案 2 反复实施 2 次。当最小公倍数较小时，这种重置的假设是合理的，但当最小公倍数很大时，由于技术进步，这种假设就不符合实际了。

例 4-19 两个方案 A 和 B，方案 A 原始投资费用为 2300 万元，经济寿命为 3 年，寿命期内年运行费比 B 多 250 万元，寿命期末无残值；方案 B 原始投资费用比方案 A 多 900 万元，经济寿命为 4 年，寿命期末残值为 400 万元。基准贴现率为 15%，比较两个方案。

解 方案 A 寿命期为 3 年，方案 B 的寿命期为 4 年，最小公倍数为 12 年，所以方案 A 重置 4 次，方案 B 重置 3 次，现金流量如表 4-20 所示。

表 4-20 **最小公倍数年限比较** （单位：万元）

年末	方案 A		方案 B	
0	−2300		−3200	
1	−250			
2	−250			
3	−250	−2300		
4	−250		400	−3200
5	−250			
6	−250	−2300		
7	−250			
8	−250		400	−3200
9	−250	−2300		
10	−250			
11	−250			
12	−250		400	

采用净现值作为判据：

$$PW(15\%)_A = -2300 - 2300\left(\overset{P/F,15\%,3}{0.6575}\right) - 2300\left(\overset{P/F,15\%,6}{0.4323}\right) - 2300\left(\overset{P/F,15\%,9}{0.2823}\right) - 250\left(\overset{P/A,15\%,12}{5.4206}\right) = -6819\text{(万元)}。$$

$$PW(15\%)_B = -3200 - 2800\left(\overset{P/F,15\%,4}{0.5718}\right) - 2800\left(\overset{P/F,15\%,8}{0.3269}\right) + 400\left(\overset{P/F,15\%,12}{0.1869}\right) = -5612\text{(万元)}。$$

在 12 年的寿命期内方案 B 的费用现值（5612 万元）小于方案 A（6819 万元），因此方案 B 优于方案 A。

采用年度费用作为判据：

方案 A 第一次实施的年度费用 $AC(15\%)_A = 2300\left(\overset{A/P,15\%,3}{0.4380}\right) + 250 = 1257.4$（万元），

方案 A 第二次实施的年度费用 $AC(15\%)_A=2300\left(\overset{A/P,15\%,3}{0.4380}\right)+250=1257.4$(万元),

方案 A 第三次实施的年度费用 $AC(15\%)_A=2300\left(\overset{A/P,15\%,3}{0.4380}\right)+250=1257.4$(万元)。

注意到方案 A 第二次、第三次实施的年度费用与第一次实施的值完全相同,因此没有必要计算第二次之后实施的值,只需计算一次实施就行了。

方案 B 年度费用 $AC(15\%)_B=3200\left(\overset{A/P,15\%,4}{0.3503}\right)-400\left(\overset{A/F,15\%,4}{0.2003}\right)=1040.84$(万元)。

由于方案 B 年度费用低于方案 A,所以方案 B 优于方案 A。

从上面的例子中可以看出用现值指标必须采用最小公倍数法,例如,两个方案寿命期分别为 10 年、13 年,必须在共同的寿命期限 130 年内应用现值法,而采用年度等值指标,只需对方案的第一个寿命期的年度等值作比较,完全避开了寿命不等问题。

4.7.2 研究期法

研究期法是指对不等寿命的方案指定一个计划期作为各方案的共同寿命。研究期通常是所有竞争方案的最短寿命,该方法假定在研究期末处理掉所有资产,因此必须估计残值。如果能够准确地估计残值,这一方法将比最小公倍数法更为合理。但通常估计各个方案资产将来的市场价值是非常困难的。变通的做法是计算最低残值,然后判断资产的市场价值是高于还是低于该最低残值,据此选择方案。

例 4-20 资料同例 4-19,请用研究期法进行比选。

解 选 2 年为研究期,假定残值为 0,有

$$PW(15\%)_A=-2300-250\left(\overset{P/A,\ 15\%,\ 2}{2.1500}\right)=-2707,$$

$$PW(15\%)_B=-3200。$$

确定 B 的余值 F 使 $PW(15\%)_B=PW(15\%)_A$,有

$$2707=3200-F(P/F,\ 15\%,\ 2),$$

$$F=652(万元)。$$

当 B 的余值比 A 大 652 万元时,B 比 A 可取。

4.8 电子表格的运用

4.8.1 净现值和年度等值

这类判据指标的计算并不太困难,在一般的 Excel 应用软件中有净现值函数 NPV,和第 3 章中介绍的现值函数 PV 很相似,但 NPV 函数可对数值不同的现金流系列进行计算。

$$PW(i)=NPV(\text{rate},\ \text{value1},\ \text{value2},\ \cdots)。$$

式中 rate——选定的基准贴现率,即 i;

value1,value2,…——按时间次序的净现金流量,也可以用单元格地址表示。

值得注意的是,一般设计的第一个现金流是第 1 年年末,而计算出的净现值的位置是在第 0 年(第 1 年年初)。这对第 0 年有现金流的投资项目的计算要特别小心。

例 4-21 投资项目的净现金流同例 4-6,从第 0 年开始的净现金流分别是 −1000,−800,

500,500,500,1200,基准折现率12%。用Excel的正确做法是

$$PW(12\%)=NPV(12\%,-800,500,500,500,1200)-1000=38.87\approx 39。$$

用单元格地址表示的电子表格示意图如图4-18所示。

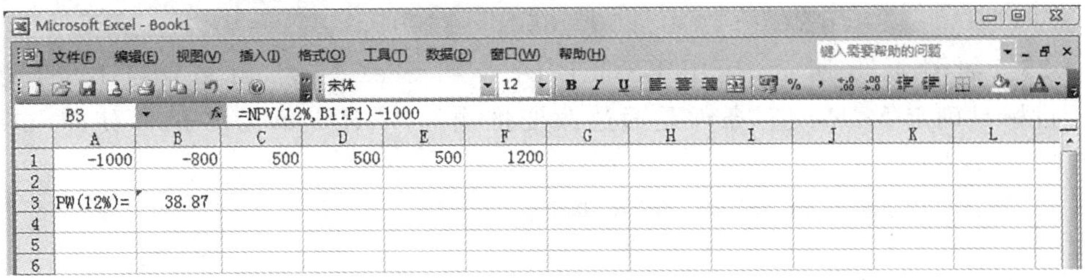

图4-18 用Excel计算净现值

年度等值 AW 则可以把计算所得的净现值,用第3章的等额支付系列公式 PMT 算得。同样的例子(例4-20),可用Excel算得

$$AW(12\%)=PMT(12\%,5,NPV(12\%,\mathrm{B1:F1})-1000)=10.78。$$

在等额支付系列的公式中,再套用净现值公式(图4-18)。

例4-22 某汽车租赁公司经营轿车的长期租赁业务,董事会决定扩大业务,投资购置一批中高档轿车出租,要求年投资回报率不低于15%。该公司总经理据此进行了研究:这类车的购置费(含购置税和上牌费等)每辆35万元,按以往经验,两年后作为二手车出售最为经济,每辆可净收回10万元。为达到董事会的目标,这类车出租的月租费应不低于多少?假定公司的营业税金和管理费用等占租金收入的15%,车辆其他运行费(燃油、保险和保养等)由承租人承担。

解 (1) 如果15%是年名义回报率,按月收租,则 $A=PMT(15\%/12,24,-35,10)=1.34$(万元),即每月租费不低于1.34/(1−15%)=1.58(万元)。

(2) 如果要求的是年有效回报率15%,则$((1+i_{月})^{12}=1+0.15$,求出要求的月回报率 $i_{月}=1.1715\%$;代入 $A=PMT(1.1715\%,24,-35,10)=1.32$(万元)。则每月租费不低于1.32/(1−15%)=1.55(万元)。

4.8.2 内部收益率

用手工计算内部收益率是相当困难和费时的。直接用分析方法求解几乎是不可能的,因为要求解 N 次方程,而且可能会有 N 个解。通常都是用迭代和逼近的方法求近似解。目前工商管理用的计算器和Excel下都有这种计算功能。点击常用函数或财务函数,其中 IRR 就是用来求内部收益率的。

$$i'=IRR(\text{values, guess})。$$

式中 values——按时间次序的净现金流量数组(用{ }表示),也可以用单元格地址表示;

guess——给定的内部收益率的估计值,一般可以不给,此时Excel自动给定为10%。

该函数从给定的估计值开始迭代,至精度到0.00001%结束。如果经过20次迭代没有找到结果,将输出#NUM,表示无正实数解或需要重新给定初始估计值。

例4-23 净现金流量同例4-20,参考图4-18,内部收益率

$$i'=IRR(\mathrm{A1:F1})=12.78\%。$$

例4-24 净现金流量如图4-10,分别是−1000,1500,860,−1400。这个投资净现金流量

有可能有两个解[①]，尽管都不是严格意义上的内部收益率。我们可分别用 4%和 35%来作为初始估计值，可得

$$i_1' = IRR(\{-1000,1500,860,-1400\},4\%) = 5.12\%,$$

$$i_2' = IRR(\{-1000,1500,860,-1400\},35\%) = 40\%。$$

例 4-25 如图 4-15 所示，运用 EXCEL 的 Goal Seek 函数，计算例 4-10 的混合投资 *MIRR*。目标是确定 *MIRR* 值，条件是通过改变推测的 *MIRR*（单元格 B5），使期末项目余额（单元格 C12）为 0。

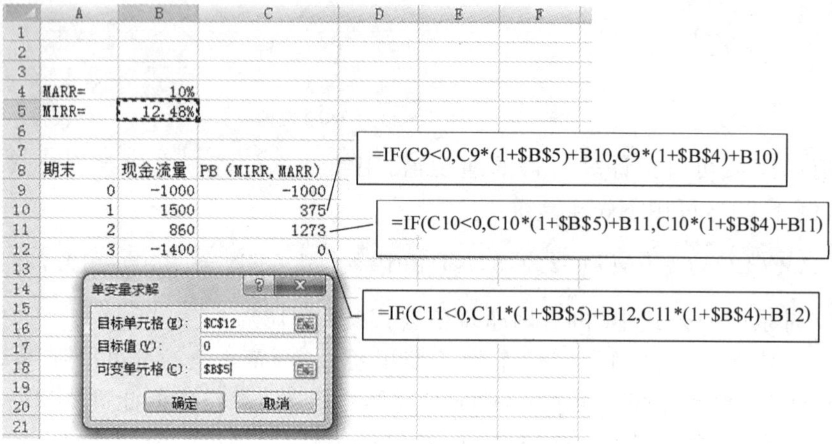

图 4-19 运用 Excel 计算 *MIRR*

4.8.3 规划求解

规划函数的求解一般采用计算机程序。Excel 也提供了规划问题的求解功能。求解过程包括指定一个包含优化关系的单元格、优化公式中的自变量的单元格和自变量约束条件。通过"工具|规划"求解来得到优化函数结果。

例 4-26 利用 Excel 规划函数求解例 4-16 中的规划问题。

将例 4-16 中的数据输入到 Excel 工作表中，首先将变量都设置为 1，此时目标单元格 C6 的值为 189，如图 4-20 所示。

	B	C	D	E	F	G	H	I	J
1		方案	1	2	3	4	5	6	7
2		净现值	120	15	30	4	8	5	7
3		变量	1	1	1	1	1	1	1
4	约束条件	结果							
5	50	105	30	30	10	20	9	5	1
6		189							
7									
8									

图 4-20 例 4-16 的数据表

点击如图 4-21 所示工具栏中的规划求解，出现一对话框，要求在指定位置输入规划求解参数，如图 4-22 所示。目标单元格包含一个公式，这个公式依靠可变单元格中指定区域内的单元格变化。约束条件在对话框最底部大的框里一个个输入。输入后点击求解框，即可获得如图 4-23 所示的结果。

① 根据 *N* 次多项式的狄斯卡尔符号规则，其正实数根的数目不会超过净现金流量系列符号变更次数。

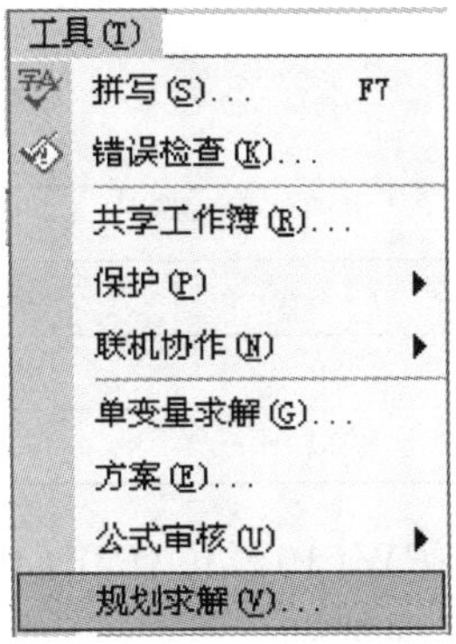

图 4-21 Excel 中的工具栏

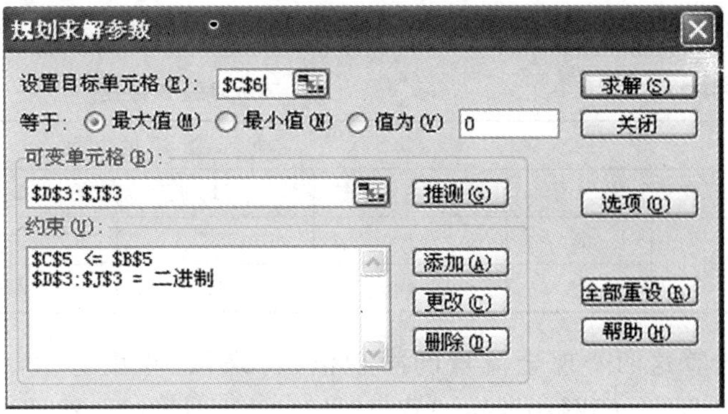

图 4-22 规划求解对话框

	A	B	C	D	E	F	G	H	I	J
1			方案	1	2	3	4	5	6	7
2			净现值	120	15	30	4	8	5	7
3			变量	1	0	1	0	1	0	1
4		约束条件	结果							
5		50	50	30	30	10	20	9	5	1
6			165							

图 4-23 规划求解结果

注意 如果规划求解不在工具菜单中,到"工具|加载宏…"并选择相应的框。如果加载规划求解不存在,那就要从原始的 Excel 盘中安装。

习 题 4

1. 某部门正在考虑有下列收入和支出的投资方案,见表 4-21。计算这项投资的净现金流量,然后求它的净现值,基准贴现率为 12%。

表 4-21 习题 1 数据

年 末	支出/万元	收入/万元
0	−100	0
1	−15	5
2	−20	20
3	−5	45
4	0	60
5	0	30

2. 已知下列净现金流量,见表 4-22 和表 4-23,作出将 $PW(i)$ 作为 i 的函数的图形。

表 4-22 净现金流量

年 末	0	1	2	3	4
净现金流量/万元	−8000	2000	2000	2000	2000

表 4-23 净现金流量

年 末	0	1	2	3	4
净现金流量/万元	1000	1500	2000	−2500	−3000

3. 已知表 4-24 所列净现金流量，假定基准贴现率为 10%。

表 4-24　　习题 3 数据

净现金流量/万元						
年　末		0	1	2	3	4
方案	A	−100	50	50	50	50
	B	−100	40	40	60	60

计算这两个现金流量的净现值、将来值、年度等值，并计算 $PW(10\%)_A/PW(10\%)_B$，$FW(10\%)_A/FW(10\%)_B$，$AW(10\%)_A/AW(10\%)_B$，然后比较计算的结果。

4. 分别求出表 4-25 所列方案现金流量的内部收益率。

表 4-25　　习题 4 的数据

净现金流量/万元						
年末		0	1	2	3	4
方案	a	−10000	5000	5000	5000	5000
	b	−200	100	200	300	400
	c	−5000	−5000	1600	1600	1600
	d	−100	25	25	25	25

5. 画出下列现金流量的净现值为利率函数的图，见表 4-26、表 4-27，并判别现金流量的内部收益率的个数。

表 4-26　　习题 5 的数据 1

年　末	净现金流量/万元
0	−1000
1	2230
2	−1242

表 4-27　　习题 5 的数据 2

年　末	净现金流量/万元
0	−70000
1	170000
2	−102300

6. 用 15000 元能够建造一个任何时候均无余值的临时仓库，估计年收益为 2500 元，假如基准贴现率为 12%，仓库能够使用 8 年，那么，这投资是否满意？临时仓库使用多少年则投资是满意的？

7. 对于现金流量如图 4-24 所示的工程方案，求投资回收期 n 与内部收益率 i'、建设期 M 和计算期 N 的关系。

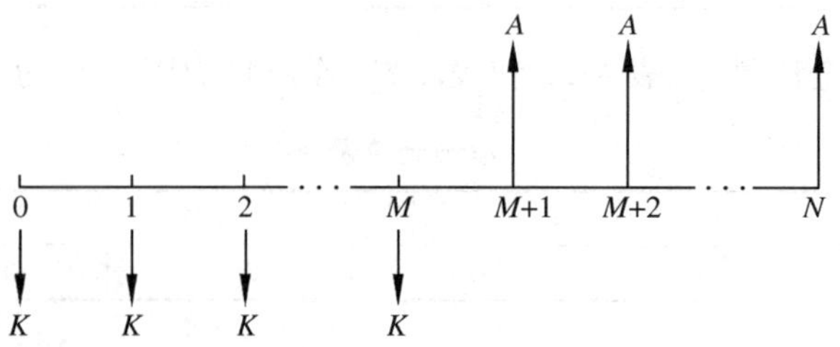

图 4-24　习题 7 的现金流量图

若基准贴现率为 12%，求平均建设期为 3 年，计算期 N 为 20 年的工程项目相应的基准回收期。

8. 在正常情况下，年产 100 万 t 水泥的水泥厂的建设期为 2 年，工程项目总寿命期为 18 年（现金流量图形式参考图 4-24），全部投资在 8 年内可以回收，试估计这类工厂所能达到的内部收益率水平。如果新建年产 200 万 t 水泥的水泥厂，建设期为 3 年，寿命期为 20 年，为达到同样的投资效果，回收期应不大于几年？

9. 某油井开采方案，0 年投资 500 万元，以后每年产油净收入 200 万元，估计可开采 12 年。油井在第 12 年末报废时需开支 500 万元，试计算内部收益率，并解释其经济含义。

10. 请编一个程序框图，计算类似图 4-10 混合投资的具有真正内部盈利能力的内部收益率，给定对外投资的收益水平为 i_0。

11. 某公司考虑表 4-28 三个可行而相互排斥的投资方案，三个方案的寿命期为 5 年，基准贴现率为 7%。

表 4-28　　习题 11 的数据

方案	A_1	A_2	A_3
初始投资/万元	7000	5000	8500
年收益/万元	1940	1320	2300

用下列方法选择方案：(a)投资增额净现值；(b)投资增额收益率。

12. 互斥方案 A，B 的净现金流量如图 4-25 所示。

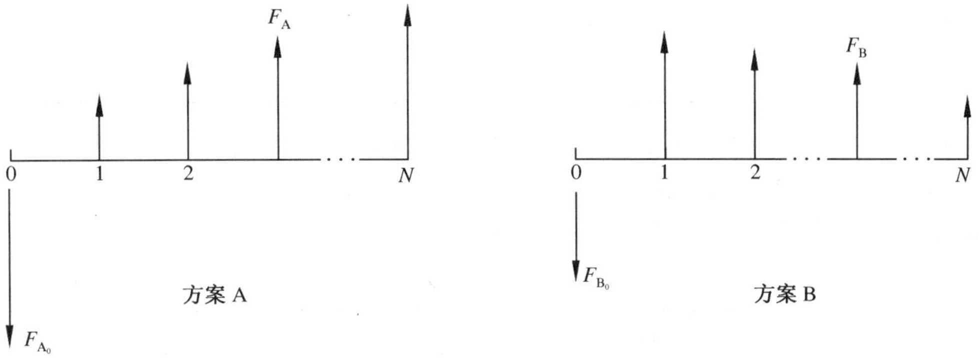

图 4-25　习题 12 的现金流量图

已知：
$$\sum_{t=0}^{N} F_{A_t} > \sum_{t=0}^{N} F_{B_t}, \quad 并 |F_{A_0}| > |F_{B_0}|。$$

问：当基准贴现率提高时，有利于哪个方案？为什么？

13. 两个互斥的投资方案 A，B，净现金流量见表 4-29。

表 4-29　　习题 13 数据

方　案	年末净现金流量/万元					i'
	0	1	2	3	4	
A	−1000	100	350	800	850	27.6%
B	−1000	1000	200	200	200	34.3%

已知：$i'_{B-A}=21\%$，问：基准贴现率在什么范围内应挑选方案 A？在什么范围内应挑选方案 B？

14. 有 A,B,C,D 四个方案,有关资料如表 4-30 所示。

表 4-30 **习题 14 数据**

方案(j)	初始投资/元	i'_j/%	$i'_{(j-i)}$/%		
			i=A	i=B	i=C
A	100000	19	—	—	—
B	175000	15	9	—	—
C	200000	18	17	23	—
D	250000	16	12	17	13

求

(1) 如果这四个项目是互斥的,基准贴现率为 15%,应选哪个项目?

(2) 如果这四个项目是独立的(都可选或不可选),资金没有限制,基准贴现率为 14.5%,应选哪些方案?

15. 造船公司为了使船坞上的装卸能力尽可能地扩大,打算购买材料装卸系统。公司归纳为 3 种不同的系统(每个系统的装卸能力相同)可以选择。每种系统的初始投资和运行费用如表 4-31 所示。

表 4-31 **习题 15 数据**

系　统	初始投资/元	年运行费用/元
A_1	650000	91810
A_2	600000	105000
A_3	720000	74945

公司最多只能筹措资金 140 万元,三系统的寿命为 10 年,基准贴现率为 15%。各种系统可组合投入运行,但每种系统只能供应一套。求最优的方案组合。

16. 公司打算购买表 4-32 所列两种新机器中的一种,具体数据如表中所示。

表 4-32 **习题 16 数据**

项　　目	机器 A	机器 B
初始投资	34 万元	64 万元
服务寿命	3 年	6 年
残　　值	1 万元	5 万元
运行费用	2 万元/年	18 万元/年

假如公司的基准贴现率为 12%,应购买哪种机器?

17. 有 A, B, C, D 四个投资项目,现金流量如表 4-33 所示。

表 4-33 **习题 17 数据** (单位:万元)

项目/年末	0	1	2
A	−1000	1400	0
B	−2000	1940	720
C	−1000	490	1050
D	−2000	300	2600

(1) 当基准贴现率为10%时，请分别用内部收益率、净现值、净现值率的大小对项目进行排序。

(2) 如果A,B,C,D为互斥方案，选择哪个项目？

(3) 如果A,B,C,D为独立方案，选择哪些项目？

a. 当无资金限制时；

b. 资金限制2000单位时；

c. 资金限制3000单位时；

d. 资金限制4000单位时；

e. 资金限制5000单位时。

18. 公司正考虑下一个资本预算期内的5个工程项目。项目间的相互关系以及每个项目的预计净现金流量见表4-34。

表 4-34　　　　习题 18 数据

项　目	第 t 年末的现金流/万元					*MARR* 为每年10%时计算的净现值
	0	1	2	3	4	
B_1	−50	20	20	20	20	13.4
B_2	−30	12	12	12	12	8.0
C_1	−14	4	4	4	4	−1.3
C_2	−15	5	5	5	5	0.9
D	−10	6	6	6	6	9.0

项目 B_1 和项目 B_2 互斥，项目 C_1 和项目 C_2 互斥且依存于项目 B_2，项目D依存于项目 C_1。假设 *MARR* 每年为10%，如果公司资本限额为60万元，使用线性规划法确定最优项目组合。

19. 在居民住房屋顶购置一套太阳能光伏发电装置的一次性投资约35000元人民币，可以替代居民每年2400度(kWh)的用电。居民目前用电价格每度是1.05元，问这套装置要持续使用几年才能具有商业价值？设居民自有资金投资的年期望收益率为6%。如果目前这种技术只能持续用20年，为推广使用，应给予一次性的补贴多少？

20. 资料同上题，如果政府从温室气体 CO_2 减排的经济角度考虑，上题算出的对太阳能光伏发电装置的一次性补贴是否值得？设每度电价1.05元已包括全部用电的社会费用，但不包括 CO_2 的排放费用。目前用一度网电的平均 CO_2 排放比光伏发电约多7.4kg(约合0.2kg的碳)，碳排放的社会成本设为90元/t碳(参照碳排放的交易价格)，社会折现率为8%。

21. 目前在我国风能资源较丰富的西北某地建一座达到经济规模为9000kW风能电站的一次性投资约1亿元人民币，年上网供电可达4500万度(kWh)，设备的经济寿命为15年，余值回收不计。年运营费用估计为500万元，试测算上网电价达到多少(元/kWh)时，才有可能吸引收益率为9%的投资者？暂可不考虑税收支出。

5 折旧、利润与所得税

在经济学中，利润最大化通常被列为公司的目标。但是，经济学中的利润不同于会计利润，它是泛指公司在一定时期内为权益所有者创造的盈余，既包括分得的红利，也包括公司所有者权益的增加。

自人类文明之始，就有税务征收了。在美国直到 1913 年 3 月 13 日国会制定第十六次宪法修正案时，联邦所得税才首次亮相。我国的企业所得税制度，是随着改革开放和经济体制改革的不断推进而逐步建立、完善起来的。从 1984 年开始，国家在第一步“利改税”的基础上，对国有企业所得税和税后上缴利润的办法进一步改革，并考虑到集体企业的税收负担和私营企业不断发展的情况，按企业所有制性质，分别设置了国有企业所得税、集体企业所得税和私营企业所得税三个税种。自 1994 年起，通过渐进的改革，形成了现在的基本上统一、公平、简化、规范的企业所得税。

由于所得税对企业来说是一项显著的、并在决策过程中不容忽视的现金流出，因此大多数的组织都会考虑所得税对工程项目的财务结果造成的影响。在本章中，我们会将税后现金流运用于资本投资分析之中。由于所得税的税基是企业的应纳税利润，是以会计核算出的利润为基础的，因此，在这一章中，我们关注的重点是利润的计算和所得税对工程项目财务成果的一般影响，以及所得税对投资决策的影响。由于利润大小受折旧方法的影响，因此，讨论利润和所得税问题必然会涉及折旧问题。折旧并不是现金流量，其对现金流量投资决策产生影响，实际是所得税存在引起的。

5.1 折旧(含摊销)与折旧方法

5.1.1 折旧的概念

折旧(depreciation)指的是实物资产随着时间流逝和使用消耗在价值上的减少。更具体点，折旧指的是一个会计上的概念，他确立了一项对税前收益的年(季、月)度抵减值，如此，时间流逝和使用消耗对一项资产在价值上的影响就可以反映在公司的财务报告中了。在资产实际经济寿命年限内，年度的抵减折旧额应尽量与该年用于创造收入而使用资产消耗价值部分相配比。直到一项资产不再使用，实际的折旧数目才能确定。而又因为折旧是一项非现金流出，它可以影响所得税额，所以在进行税后工程经济研究时，必须要对其加以合理的考虑。

我国《企业会计制度》规定：固定资产是指企业使用期限超过一年的房屋、建筑物、机器、机械、运输工具以及其他与生产经营有关的设备、器具、工具等。不属于生产经营主要设备的物品，单位价值在 2000 元以上，并且使用年限超过 2 年的，也应当作为固定资产。固定资产折旧是指在固定资产使用寿命内，按照确定的方法对应计折旧额进行的系统分摊。从本质上讲，折旧也是一种费用，只不过这一费用没在计提期间付出实实在在的货币资金，但这种费用是前期已经发生的支出，而这种支出的收益在资产投入使用后的有效使用期内实现，即它是当期的费用，但却不是当期的现金流出。

现行财务制度规定，应计提折旧的固定资产有：房屋及建筑物；在用的机器设备、仪器仪表、运输车辆及工具器具等；季节性停用及修理停用的设备；融资租入和以经营租赁方式租出的固定资产。不计提折旧的固定资产有：未使用或不需用的机器设备、以经营租赁方式租入的固定资产；在建工程项目交付使用以前的固定资产；已提足折旧仍继续使用的固定资产；按规定单独作价作为固定资产入账的土地等。

企业一般应当按月提取折旧，当月增加的固定资产，当月不提折旧，从下月起计提折旧；当月减少的固定资产，当月照提折旧，从下月起不提折旧。固定资产提足折旧后，不管能否继续使用，均不再提取折旧；提前报废的固定资产，也不再补提折旧。

无形资产是诸如版权、专利权、特许使用权及商标权等这样的资产，其价值在一定会计期间的分摊类似于折旧，一般没有余值，习惯上称为摊销(amotization)。

5.1.2 折旧的计算方法

企业应当根据固定资产的性质和使用方式，合理确定固定资产的使用寿命和预计净残值，并根据科技发展、环境及其他因素，选择合理的固定资产折旧方法，作为计算折旧的依据。

在投资项目计算期的现金流量表中，折旧费并不构成现金流出，但是在估算利润总额和所得税时，它们是总成本费用的组成那分。从企业角度看，折旧的多少与快慢并不代表企业的这项费用的实际支出的多少与快慢。因为它们本身就不是实际的支出，而只是一种会计手段，把以前发生的一次性支出在年度(或季度、月份)中进行分摊，以核算与年(季、月)应缴付的所得税和可以分配的利润。因此，一般说来，企业总希望多提和快提折旧费以期少交和慢交所得税；另一方面，从政府角度看，也要防止企业的这种倾向，保证正常的税收来源。因此，对折旧的计算，国家做了明确的规定。

企业固定资产折旧方法，按我国财税制度规定，一般应采用平均年限法，即直线法和工作量法。企业专业车队的客、货运汽车，大型设备，可以采用工作量法。在国民经济中具有重要地位、技术进步快的电子生产企业、船舶工业企业、生产“母机”的机械企业、飞机制造企业、汽车制造企业、化工生产企业和医药生产企业以及其他经财政部批准的特殊行业的企业，其机器设备可以采用双倍余额递减法或者年数总和法等快速折旧法，以促进设备更新和技术进步。企业可以根据固定资产的属性和使用情况，在相关部门固定资产折旧最低年限规定的基础上制定具体的固定资产目录和折旧年限。固定资产计算折旧的最低年限如下：

(1) 房屋、建筑物，为 20 年；

(2) 飞机、火车、轮船、机器、机械和其他生产设备，为 10 年；

(3) 与生产经营活动有关的器具、工具、家具等，为 5 年；

(4) 飞机、火车、轮船以外的运输工具，为 4 年；

(5) 电子设备，为 3 年。

无论采用哪种折旧方法，都要考虑固定资产原值、折旧年限、净残值三个因素。

(1) 固定资产原值　固定资产原值为取得固定资产的原始成本，即固定资产的账面原值。西方一些国家，也有主张以固定资产的重置完全成本(或重估价)为依据计提折旧的。

(2) 固定资产净残值　固定资产净残值是指预计的固定资产报废时可以收回的残余价值扣除预计清理费用后的数额。所得税暂行条例及其实施细则规定，固定资产的净残值比例在其原值的 5%以内，由企业自行确定；由于特殊情况，需要调整净残值比例的，应报主管财税机关备案。

(3) 固定资产折旧年限　固定资产折旧年限的长短直接影响各期应提的折旧额。企业应根据国家的有关规定，结合本企业的具体情况，合理确定固定资产的折旧年限。

下面介绍几种主要的折旧方法。

1. 平均年限法

平均年限法又称直线法，是将固定资产的折旧均衡地分摊到各期的一种方法。采用这种方法计算的每期折旧额均是等额的。计算公式如下：

$$年折旧率=\frac{1-预计净残值率}{预计折旧年限}\times 100\%, \tag{5-1}$$

$$年折旧额=固定资产原值\times 折旧率。 \tag{5-2}$$

例 5-1 某企业一台专项设备账面原值为 160 000 元，预计折旧年限为 5 年，预计净残值 5 000元。按平均年限法计算折旧。

解 $$该项设备年折旧率=\frac{1-5\,000/160\,000}{5}\times 100\%=19.375\%。$$

其各年折旧额如表 5-1 所示。

表 5-1 固定资产折旧计算表

年　次	期初账面净值/元	年折旧率/%	年折旧额/元	累计折旧额/元	期末账面净值/元
1	160 000	19.375	31 000	31 000	129 000
2	129 000	19.375	31 000	62 000	98 000
3	98 000	19.375	31 000	93 000	67 000
4	67 000	19.375	31 000	124 000	36 000
5	36 000	19.375	31 000	155 000	5 000

上述计算的折旧率是按个别固定资产单独计算的，称为个别折旧率，即某项固定资产在一定期间的折旧额与该项固定资产原值的比率。此外，还有分类折旧率和综合折旧率。

分类折旧率是指固定资产分类折旧额与该类固定资产原值的比率，采用这种方法，应先把性质、结构和使用年限接近的固定资产归为一类，再按类计算平均折旧率，用该类折旧率对该类固定资产计提折旧。如将房屋建筑物划分为一类，将机械设备划分为一类等。分类折旧率的计算公式如下：

$$某类固定资产年分类折旧率=\frac{该类固定资产年折旧额之和}{该类固定价产原值之和}\times 100\%。 \tag{5-3}$$

采用分类折旧率计算固定资产折旧，其优点是计算方法简单，但准确性不如个别折旧率。

综合折旧率是指某一期间企业全部固定资产折旧额与全部固定资产原值的比率。计算公式如下：

$$固定资产年综合折旧率=\frac{各项固定资产年折旧额之和}{各项固定资产原值之和}\times 100\%。 \tag{5-4}$$

与采用个别折旧率和分类折旧率计算固定资产折旧相比，采用综合折旧率计算固定资产折旧，其计算结果的准确性较差。

采用平均年限法计算固定资产折旧虽然比较简便，但它也存在着一些明显的局限性。首先，固定资产在不同使用年限提供的经济效益是不同的。一般来讲，固定资产在其使用前期工作效率相对较高，所带来的经济利益也就多；而在其使用后期，工作效率一般呈下降趋势，因而，所带来的经济利益也就逐渐减少。平均年限法不考虑这一事实，明显是不合理的。其次，固定资产在不同的使用年限发生的维修费用也不一样。固定资产的维修费用将随其使用时间的延长而不断增大，而平均年限法也没有考虑这一因素。

当固定资产各期的负荷程度相同，各期应分摊相同的折旧费，这时采用平均年限法计算折旧是合理的。但是，若固定资产各期负荷程度不同，采用平均年限法计算折旧时，则不能反映固定资产的实际使用情况，提取的折旧数与固定资产的损耗程度也不相符。

2. 工作量法

工作量法是根据实际工作量计提折旧额的一种方法。这种方法弥补平均年限法只重使用时间，不考虑使用强度的缺点，其计算公式为

$$\text{每一工作量折旧额}=\frac{\text{固定资产原值}\times(1-\text{残值率})}{\text{预计总工作量}}, \tag{5-5}$$

$$\text{某项固定资产月折旧额}=\text{该项固定资产当月工作量}\times\text{每一工作量折旧额}。 \tag{5-6}$$

例 5-2 某企业的一辆运货卡车的原值为 60000 元，预计总行驶里程为 50 万 km，其报废时的残值率为 5%，本月行驶 4000km。该辆汽车的月折旧额计算如下：

$$\text{单位里程折旧额}=\frac{60000\times(1-5\%)}{500000}=0.114(\text{元/km}),$$

$$\text{本月折旧额}=4000\times0.114=456(\text{元})。$$

3. 加速折旧法

加速折旧法也称为快速折旧法或递减折旧法，其特点是在固定资产有效使用年限的前期多提折旧，后期则少提折旧，从而相对加快折旧的速度，以使固定资产成本在有效使用年限中加快得到补偿。

加速折旧的计提方法有多种，常用的有以下两种：

（1）双倍余额递减法

双倍余额递减法是在不考虑固定资产残值的情况下，根据每期期初固定资产账面余额和双倍的直线法折旧率计算固定资产折旧的一种方法。计算公式为

$$\text{年折旧率}=\frac{2}{\text{预计的折旧年限}}\times100\%, \tag{5-7}$$

$$\text{年折旧额}=\text{固定资产账面净值}\times\text{年折旧率}。 \tag{5-8}$$

由于双倍余额递减法不考虑固定资产的残值收入，因此，应用这种方法时必须注意不能使固定资产的账面折余价值降低到它的预计残值收入以下，即实行双倍余额递减法计提折旧的固定资产，应当在其固定资产折旧年限到期以前两年内，将固定资产净值扣除预计净残值后的余额平均摊销。

例 5-3 仍沿用例 5-1，按双倍余额递减法计算折旧。

$$\text{该项设备年折旧率}=2/5\times100\%=40\%。$$

其各年折旧额如表 5-2。

表 5-2　　固定资产折旧计算表

年　次	期初账面净值/元	年折旧率/%	年折旧额/元	累计折旧额/元	期末账面净值/元
1	160000	40	64000	64000	96000
2	96000	40	38400	102400	57600
3	57600	40	23040	125440	34560
4	34560	—	14780	140220	19780
5	19780	—	14780	155000	5000

(2) 年数总和法

年数总和法又称合计年限法，是将固定资产的原值减去净残值后的净额乘以一个逐年递减的分数计算每年的折旧额，这个分数的分子代表固定资产尚可使用的年数，分母代表使用年数的逐年数字总和。计算公式如下：

$$年折旧率=\frac{尚可使用年数}{预计折旧年限的年数总和}, \tag{5-9}$$

或者

$$年折旧率=\frac{预计折旧年限-已使用年限}{预计折旧年限\times(预计折旧年限+1)\div 2}, \tag{5-10}$$

$$年折旧额=(固定资产原值-预计净残值)\times年折旧率。 \tag{5-11}$$

例 5-4　仍沿用例 5-1，采用年数总和法计算的各年折旧额如表 5-3 所示。

表 5-3　　固定资产折旧计算表

年　次	尚可使用年数	(原值－净残值)/元	变动折旧率	年折旧额/元	累计折旧额/元
1	5	155000	5/15	51667	51667
2	4	155000	4/15	41333	93000
3	3	155000	3/15	31000	124000
4	2	155000	2/15	20667	144667
5	1	155000	1/15	10333	155000

采用加速折旧法后，在固定资产使用的早期多提折旧，后期少提折旧，其递减的速度逐年加快。加快折旧速度，目的是使固定资产成本在估计耐用年限内加快得到补偿。

从以上计算表格可以看出，加速折旧法提取的折旧总额和直线折旧法一样，即从总量来看，其折旧总额没有因加速折旧而改变，改变的只是折旧额计入成本费用的时间。加速折旧法前期折旧费大，使企业税前收益相应减少，早期所得税减少，而后期折旧费小又使所得税增加，改变了所得税计入现金流出的时间，其效果是推迟了所得税的缴纳，等于企业向政府取得了一笔无需支付利息的贷款。允许采用加速折旧法，实际上是国家给予的一种特殊的缓税或延期纳税优惠。由此可见，加速折旧法对企业是十分有利的。该种方法在发达国家普遍使用。

5.1.3　摊销费的估算

摊销费是指无形资产和其他资产等投入费用的分摊。它们的性质和固定资产折旧费相同，不构成项目的现金流出。无形资产的使用寿命为有限的，应当估计该使用寿命的年限或者构成使用寿命的产量等类似计量单位数量；无法预见无形资产为企业带来经济利益期限的，应当视为使用寿命不确定的无形资产。使用寿命不确定的无形资产不摊销。使用寿命有限的无形资产，摊销金额应当在使用寿命内系统合理摊销。企业选择无形资产摊销方法应当反映企业预期消耗该项无形资产所产生的未来经济利益的方式。如果无形资产为企业带来的经济利益是前期多、后期少，该项无形资产的摊销则应采用加速摊销法；如果无形资产为企业带来的经济利益前期少，后期多，则该项无形资产的摊销应采用减速摊销法；如果不能确定或很难确定某项无形资产在不同会计期间给企业带来经济利益的多少，才采用平均年限摊销法。其他资产摊销一般采用直线法，残值为零。应当在税法允许的范围内，合理确定其他资产的摊销年限。

5.1.4　折耗

当自然资源在生产产品或提供劳务的过程中被消耗时，我们将使用折耗(depletion)这个专业词语来说明资源基于这一过程而在价格上的抵减。该名词通常与矿产资源、油井、天然气、木材等相联系。任一给定的矿物资产，都可以提供一定数量的诸如矿石、石油、天然气之类的资源。随着部分资源的提取和出售，资产的储藏量就减少了，而该项资产的价值在通常情况下也随之降低。

折耗概念在我国会计理论中早已存在，但至今尚未在有关的财务会计法规中做出明确规定。针对工程项目投资的评价，对矿山等自然资源计提折耗在国外实践中被证明是具有科学性和行之有效的方法，在项目评价中可以采用，给项目的投资决策提供一种有益的参考依据。到目前为止，我国实务中一般对油气开采活动的矿区权益(是指企业取得的在矿区内勘探、开发和生产油气的权利)计提折耗，煤炭、化工、冶金及林业等企业，采取按产量提取类似于折旧的维简费(维持简单再生产的资金)和征收资源税等做法，其性质和计提折耗基本一致，但不如国外实务中采用的折耗理论规范和完整。

1. 折耗的性质

折耗指像矿山、油田、森林等这一类自然蕴藏的资源经过开采、砍伐、提取，而逐渐减少的价值。这种逐渐减少的价值随开采、砍伐等生产过程的进行而逐渐转移到所产产品的成本中去。

折耗不同于折旧。折耗反映资产实存蕴藏量的减少，而折旧反映固定资产因使用而发生磨损，导致的消失，两者虽然同是成本的分配，但有着本质的区别。

① 折耗资产如不开采、砍伐，自然资源的蕴藏量不会减少，因而不发生折耗。许多固定资产即使闲置不用，也会遭到自然力的侵蚀、腐蚀、损坏，也会发生折旧。

② 折耗资产因生产而蕴藏量日渐减少，终至耗竭。固定资产的价值虽因使用等而减少，实物形态不变。

③ 从折耗资产生产出来的产品基本上直接成为企业可供销售的商品，而固定资产则是为生产活动创造必要的条件，在形成可供销售的商品过程中起间接的作用。

④ 折耗资产一般不能重置，而固定资产大多可以重置。

处理通过折旧和折耗而回收投入资本数额的方式是不同的。在折旧的情况下，所处理的资产通常是可以在其折旧提满后用相似的资产进行替代的。而在对矿物或其他自然资源计提折耗的情况下，这种替代通常是不可能的。黄金从金矿中采出，石油从油井中抽掉，在这之后他们是不能被替代的。如此，在生产经营企业发生折旧时，要贯彻资本的可持续性原则，提取的折旧费用应用于新设备的再投资，以使企业可以长久经营下去。另一方面，在采矿或其他矿产行业，提取的折耗数额却不能置换那些业已售出的自然资源，而该企业实际上也将随着他正常的生产经营活动一点一点地把自己的产业卖掉。如果自然资源最终耗尽，该企业就要退出经营了，股东持有的股票在理论上将一文不值。

在很多自然资源企业的经营过程中，折耗资金有可能用于购置新的财产，例如新矿产资源，这样企业的持续性就得到了保障。

2. 折耗的方法

国外计算折耗额的方法有两种：成本折耗法和百分比折耗法。

1）成本折耗法

成本折耗法适用于所有应计算折耗的资产，这是一种被广泛使用的方法。在我国会计理论中，折耗的计算通常是将递耗资产的原始成本减去估计净残值后，根据各期自然资源的开采量占估计总蕴藏量的比例，用产量法摊提成本。

近年来，国外用调整的成本计价基础除以仍可开采或可收获的资产的单位数求得一个折耗单位（该单位可以是木材的英尺数、矿石的吨数，等等）。对于给定的税收年度，折耗额（抵减值）通过年内售出产品单位数和折耗单位数计算求得。

例 5-5 WGS 锌公司最近用 2000000 美元买下一块出产矿石的土地，该矿藏可回收的资源预计达到 500000t。

（1）如果在第一年有 75000t 矿石被开采了，并且其中的 50000t 被卖掉了。第一年的折耗额是多少？

（2）假设在年底该储备重新估价后只有 400000t 的储量。如果第二年又有 50000t 售出，那么第二年的折耗额又是多少？

解 （1）折耗单位为 2000000/500000＝4.00（美元/t）。基于第一年的售出单位数50000t，

$$折耗额=4.00\ 美元/t\times 50000t=200000\ 美元。$$

（2）第二年年初调整的成本计价基础将为 2000000－200000＝1800000（美元）。折耗单位为 1800000/400000＝4.50（美元/t），所以这 50000t 的折耗额

$$4.50\ 美元/t\times 50000t=225000\ 美元$$

将可以在第二年计提。

2）百分比折耗法

有的国家，出于所得税的目的，允许不以折耗资产的原始成本作为计提折耗的基础，而是根据开采企业当期总收入的一定百分比计提折耗成本。

在美国实务中，折耗可以按国内收入署的规范以年收入的一定百分比为计提基础。矿山和其他自然资源，在计提之前如果它不超过应税利润的 50%（对于石油和天然气资产为 100%），就可以按总收入的一定百分比计算求得。百分比法可以用于金属矿山、地热资源和煤矿，但是不适用于木材。通常，对于石油和天然气的折耗，百分比法也是不允许使用的，除了特定国内的石油天然气生产企业之外，一些允许使用百分比折耗法的例子如表 5-4 所示。

表 5-4　　允许使用百分比折耗法的例子

自然资源名称	折耗百分比/%
硫黄，铀；国内开采的铅，锌，镍，石棉	22
金，银，铜，铁矿石；美国的储油层，美国的地热井	15
煤矿，褐煤，氯化钠	10
黏土，砾石，沙和石头	5

在资产寿命内使用该方法计提的折耗总额很有可能超过其原始成本。因此，在使用百分比法时，资产的折耗额必须由成本法和百分比法一起使用而计算求得。如果需要的话，出于重新确定折耗单位的目的，可以采用两种方法中结果较大的数额，来抵减资产的计价基础。

我国会计准则规定采用产量法或年限平均法对探明矿区权益计提折耗。采用产量法计提折耗的，计算公式如下：

探明矿区权益折耗额＝探明矿区权益账面价值×探明矿区权益折耗率，

探明矿区权益折耗率＝探明矿区当期产量/(探明矿区期末探明经济可采储量＋探明矿区当期产量)。

3. 折耗对所得税的影响

折耗的税后作用原理和折旧是类似的。对某些自然资源的投资收入会在计算所得税前有折耗补偿。很显然，在某些情况下，当纳税人的所得税税率相对较高，税法上的折耗条款就会给企业带来相当的经济利益。

5.2 利润与利润分配

5.2.1 权责发生制和收付实现制

企业的收入、利润和所得税核算是按权责发生制进行的，而后面所涉及的有关现金流量的核算则遵循的是收付实现制。

权责发生制也称为应计制。权责发生制要求对会计主体在一定期间内发生的各项业务收入，不论其款项是否收到，均应作为本期收入处理；凡符合费用确认标准的本期费用，不论其款项是否付出，均应作为本期费用处理；反之，凡不符合收入确认标准的款项，即使在本期收到，也不能作为本期收入处理；凡不符合费用确认标准的款项，即使在本期付出，也不能作为本期费用处理。显然，权责发生制所反映的经营成果与现金的收付是不一致的，因而它主要用于需要计算盈亏的会计主体中。

收付实现制是与权责发生制相对应的一种确认基础，它是以收到或支付现金作为确认收入和费用的依据。目前，我国的行政单位采用收付实现制；事业单位除经营业务采用权责发生制外，其他业务也采用收付实现制。

在工程经济分析中，我们通常是按整个项目的寿命周期的现金流量通过折现来计算有关评价指标的。不同于按一定会计期间的利润和所得税的核算方法。但是，在计算税后净现金流量时，所得税显然又是现金流出。这就迫使我们先通过权责发生制计算利润和所得税，再把所得税纳入到整个项目的现金流量中去。

5.2.2 利润的核算

企业在一定时期内生产经营活动的最终财务成果，是用货币形式反映的企业生产经营活动的效率和效益的最终体现，是以企业生产经营所创造的收入与所发生的成本对比的结果。企业最终的财务成果一般有两种可能：一种是取得正的财务成果，即利润；另一种则是负的财务成果，即亏损。

企业的利润，就其构成来看，既可通过生产经营活动而获得，也可通过投资活动而获得，还包括那些与生产经营活动无直接关系的事项所引起的盈亏。企业的利润主要是指利润总额和

净利润。公司利润总额一般包括营业利润、营业外收支净额等部分，其计算公式为

$$利润总额=营业利润+营业外收入-营业外支出，\tag{5-12}$$

$$营业利润=营业收入-营业成本-营业税金及附加-营业费用-管理费用-财务费用-资产减值损失+公允价值变动净收益+投资净收益，\tag{5-13}$$

$$营业收入=主营业务收入+其他业务收入。\tag{5-14}$$

营业利润 指企业从事生产经营活动所产生的利润，即企业在某一会计期间的营业收入和为实现这些营业收入所发生的费用、成本比较计算的结果以及资本运营收益。它反映了企业的经营成果。

我国《企业会计准则——收入》中将收入定义为：企业在日常活动中形成的、会导致所有者权益增加的、与所有者投入资本无关的经济利益的总流入。

主营业务收入 指企业在按照营业执照上规定的主营业务内容经营时发生的收入。主营业务收入是企业利润形成的主要来源。不同企业其主营业务的表现形式有所不同。工业企业的主营业务收入是指销售产成品、自制半成品以及提供代制、代修品等工业性劳务取得的收入。商品流通企业的基本业务收入是销售商品取得的收入。服务业的主营业务收入是指其在提供劳务费时所获取的收入。

其他业务收入 指企业在主营业务收入之外的其他销售或其他业务中取得的收入。它包括材料销售、技术转让、代购代销和包装物出租等业务的收入。

投资净收益 指投资收益扣除投资损失后的数额。投资收益包括对外投资分得的利润、股利和债券利息，投资到期收回或者中途转让、出售取得款项高于账面价值的差额等。投资损失包括投资到期收回或中途转让、出售取得的款项低于账面价值的差额等。

营业外收入 指与公司生产工具经营活动无直接关系的各项收入。营业外收入是企业的一种纯收入，不需要也不可能与有关费用进行配比，事实上，企业为此并没有付出代价，因此在会计核算中应严格区分营业外收入与营业收入的界限。

营业外支出 指与企业生产工具经营活动无直接关系的各项支出，包括固定资产盘亏、处理固定资产损失、非常损失、罚款支出、资产评估减值、债务重组损失等。营业外支出与营业外收入应当分别核算，不能以营业外支出直接冲减营业外收入，同样，也不能以营业外收入直接冲减营业外支出。

现行的财务会计制度是按成本项目进行成本和费用核算的。由若干个相对独立的成本中心或费用中心分别核算营业成本、营业费用、管理费用和财务费用。

营业成本 包括企业在生产经营过程中实际消耗的直接材料、直接工资、其他直接支出和制造费用。制造费用是指企业内部生产经营部门为组织和管理生产经营活动而发生的共同费用，包括生产管理人员的工资、各种产品共同消耗的各种材料，以及组织生产经营活动的各项耗费。

营业费用 指在销售产品、自制半成品和提供劳务等过程中所发生的各项费用及专设销售机构的各项经费，包括应由企业负担的运输费、装卸费、包装费、保险费、委托代销手续费、广告费、展览费、租赁费和销售服务费，销售部门人员工资、职工福利费、差旅费、办公费、折旧费、修理费、低值易耗品摊销及其他经费。

管理费用 指企业为组织和管理生产经营所发生的费用，包括公司行政管理部门在经营管理中发生的，或应由企业统一负担的公司经费、咨询费、诉讼费、房产税、土地使用税、无形资产和长期待摊费用摊销、开办费摊销、职工教育经费、研究开发费、提取的坏账准备等。

财务费用 指为了筹集资金而发生的各项费用，包括企业生产工具经营期间发生的利息

收支净额、汇兑损益净额、金融机构手续费及因筹资而发生的其他财务费用。

以上构成利润组成项目的指标中真正反映企业盈利能力的是营业利润，它是一个企业依靠自己的经营活动取得的正常的收益。而其他各个指标一般只能反映企业在某一个会计期间所取得的偶然收益，并不能代表企业的正常经营水平。

净利润 又称税后利润，是指企业缴纳所得税后形成的利润，是企业所有者权益的组成部分，也是企业进行利润分配的依据。其计算公式为

净利润＝利润总额－所得税。

作为项目的工程经济分析，我们研究的是项目。而利润和所得税的核算是针对企业的。我们可以将项目利润和所得税看成是所属企业的利润和所得税的“增量”。

5.2.3 利润分配

利润分配是企业根据国家有关规定和投资者的决议，对企业净利润所进行的分配。利润分配顺序和结果不仅关系到所有者的合法权益是否得到保护，还关系到企业能否长期、稳定地发展。

1. 利润分配的项目

按照我国《公司法》的规定，公司利润分配的项目包括以下部分：

(1) 盈余公积金

盈余公积金从净利润中提取形成，用于弥补公司亏损、扩大公司生产经营或者转为增加公司资本。盈余公积金分为法定盈余公积金和任意盈余公积金。公司分配当年税后利润时应当按照10%比例提取法定盈余公积金；当盈余公积金累计额达到公司注册资本的50%时，可不再继续提取。任意盈余公积金的提取由股东会根据需要决定。

(2) 股利(或投资者分配的利润)

公司向股东支付股利，要在提取盈余公积金、公益金之后。股利的分配应以各股东持有股份的数额为依据，每一股东取得的股利与其持有的股份数成正比。股份有限公司原则上应从累计盈利中分派股利，无盈利不得支付股利，即所谓“无利不分”的原则。但若公司用盈余公积金抵补亏损以后，为维护其股票信誉，经股东大会特别决议，也可用盈余公积金支付股利，不过这样支付股利后留存的法定盈余公积金不得低于注册资本的25%。非股份制企业则以利润分配的方法向投资者分配收益。

2. 利润分配的顺序

企业向股东(投资者)分派股利(分配利润)，应按一定的顺序进行。按照我国《公司法》的有关规定，利润分配应按下列顺序进行：

(1) 计算可供分配的利润

将本年净利润(或亏损)与年初未分配利润(或亏损)合并，计算出可供分配的利润。如果可供分配的利润为负数(即亏损)则不能进行后续分配；如果可供分配利润为正数(即本年累计盈利)，则进行后续分配。

(2) 计提法定盈余公积金

提取盈余公积金的基数，不是可供分配的利润，也不一定是本年的税后利润。只有不存在年初累计亏损时，才能按本年税后利润计算提取数。若年初有累计未弥补的亏损，则以抵减年初累计亏损后的本年净利润(可供分配的利润)为基数计算提取数。这种“补亏”是按账面数字进行的，与所得税法的亏损后转无关，关键在于不能用资本发放股利，也不能在没有累计盈余

的情况下提取盈余公积金。一般按税后利润的10%提取。

(3) 计提任意盈余公积金

向股东分配利润之前提取任意盈余公积金作为公司的留存收益,主要是出于经营管理上的需要,为了控制向投资者分配利润的水平以及调整各年利润波动而采取的限制措施。

(4) 向股东(投资者)支付股利(分配利润)

公司股东会或董事会违反上述利润分配顺序,在抵补亏损和提取法定盈余公积金之前向股东分配利润的,必须将违反规定发放的利润退还公司。

可供投资者分配的利润,经过上面的分配后,为未分配利润(或为未弥补亏损)。未分配利润可以留待以后年度进行分配。企业发生亏损,可以按规定由以后年度利润进行弥补。

在借款本金还清以前,必要时要用税后利润偿还借款本金,再分配利润。

完整地讲,投资者的利益分配有两种形式:第一种就是经上述计算出的利润分配,这是已经变现了的现金。还有一部分是作为投资者在企业中的盈余资金,它包括盈余公积金、公益金、折旧费和摊销费以及扣除借款本金偿还以后的未分配利润等余留部分。这些盈余资金虽没有向投资者分配,但可按照规定用于弥补亏损、转增资本金、再投资或留待以后分配,至少可以存入银行赚取利息。

5.3 所得税的估算

5.3.1 不同税种的区分

在探讨企业所得税对工程经济研究的影响之前,我们应首先将企业所得税和其他税种加以区分。

流转税一般指对商品的流转额和非商品的营业额征收的一类税。它是我国目前最大的一类税收,包括增值税、消费税、营业税和关税等。其中增值税是价外税,不计入在企业的收入中,和企业的损益无关;消费税、营业税和关税等是价内税,在所得税前从企业总收入中已作扣除的税金。

财产税则是以所有财产,如土地、建筑物、设备等的价值和相应的税率为计算基础确定的。我国现行的房产税 、契税、车船使用税等属于这一类;资源税一般指以各种自然资源及其级差收入为征税对象的税收,包括资源税、耕地占用税、土地使用税等;行为税一般指以某些特定行为为对象征收的一类税,包括现行的印花税、城市维护建设税、屠宰税等。财产税、资源税和行为税也都是在所得税前从企业总收入中已作扣除的税金。

关于除企业所得税以外的其他税种,这些税并非与新项目的创收能力直接相关,相比较于企业所得税,这些税种经常是忽略不计的。在将其他税种纳入工程经济学研究时,他们通常作为收入的抵减项,用以确定我们所探讨的税前的现金流。在我们以下讨论中常常将它们忽略不计,或将财产税一类归入经营成本,将行为税一类归入营业税金及附加。

企业所得税是以企业收入总额减去准予扣除项目金额为基础计算求得的。一般是指对企业的各种所得征收的一类税。所得税是由企业经营盈利而产生的,评估工程项目时通常要把所得税考虑进来。理由很简单:与提交工程相关的所得税费用一定程度上代表了一项主要的现金流出,该流出势必要与用于评估该工程经济利润的其他各项现金流入与流出一并考虑。现金流量以此而分为税前现金流量和税后现金流量。

5.3.2 企业所得税的核算

企业所得税是企业依照税法的规定，针对其生产经营所得和其他所得，按规定的税率计算、缴纳的税款。由于所得税是企业的一项重要的现金流出，所以所得税的核算对工程项目的投资决策来说是很重要的。

1. 企业所得税的计算

企业所得税是以应纳税所得额乘以企业适用的所得税税率而求得的。其计算公式为

$$应纳所得税额=应纳税所得额\times 适用的所得税税率。\tag{5-15}$$

其中，应纳税所得额是指每一纳税年度的收入总额，减去按照税法和财务制度规定的内容和标准准予扣除的项目后的余额。在实际计算时，可通过对企业的会计利润进行调整而取得。所得税税率是指对纳税人应纳税所得额征税的比率。按照企业所得税税法的规定，企业所得税一般实行 25%的比例税率。但对于符合条件的小型微利企业按 20%的税率征收，国家需要扶持的高新技术企业税率为 15%。

另外，国家根据经济和社会发展的需要，在一定的期限内会对特定的地区、行业或企业的纳税人给予一定的税收优惠，即对其应缴纳的所得税给予减征或免征。

2. 纳税调整

应纳所得税和会计利润是两个不同的概念，二者既有联系又有区别。应纳所得税是一个税收概念，是根据企业所得税法，按照一定的标准确定的纳税人在一个时期内的计税所得。而会计利润则是一个会计核算概念，是根据会计准则和会计制度核算出来的企业在一定时期内的经营成果。它们虽然都反映企业在一定时期的所得，但由于用途不同，其计算依据、内容和标准又存在着不一致的地方。在具体确定应纳税所得时，应以会计利润为基础，根据税法的规定对其进行调整，这就是通常所说的纳税调整。

纳税调整增加的项目。这是在调整会计利润计算应纳所得税额时需要调增的项目，主要包括：①超过税法规定扣除标准的项目；②税法规定不允许扣除的项目；③应纳税收益项目。

纳税调整减少的项目。这是在调整会计利润计算应纳所得税额时需要调减的项目，主要包括：①弥补亏损项目；②准予免税和免于补税的投资收益；③其他纳税调整减少的项目。

3. 投资项目所得税的估算

归纳以上所述，我们可以根据项目与企业的不同，略去企业在运行过程中的其他投资收益和营业外收支净额。

$$投资项目生产经营年份的总成本费用=经营成本+折旧费+摊销费+利息支出。$$

$$年利润总额=年营业收入-总成本费用-营业税金及附加。$$

利润总额经纳税调整后，按适用的税率计算所得税。企业发生的年度亏损，可以用下一年度的税前利润弥补。下一年度利润不足弥补的，可以在 5 年内连续弥补。按弥补以后的应纳所得税额，再计算所得税。

5.4 工程项目投资的获取利润能力分析

5.4.1 总成本费用与经营成本

总成本费用(total cost)的会计核算公式为

$$总成本费用=营业成本+管理费用+营业费用+财务费用。\tag{5-16}$$

该核算方法同一投入要素分别在不同的项目中加以记录和核算，其优点是简化了核算过程，便于成本核算的管理；缺点是看不清各种投入要素的比例。特别要指出的是，有些成本和费用要素在性质上与一般的投入要素不同，在投资经济分析中要作特殊的处理。为此，有必要按成本要素列出总成本费用。

图 5-1 是按成本要素列的总成本费用与经营成本关系。注意，这里的折旧费包括生产成本制造费用中的折旧费和矿山维护费，也包括管理费用和营业费用中的折旧费。工资及福利费和外购原材料、燃料动力费也是如此。

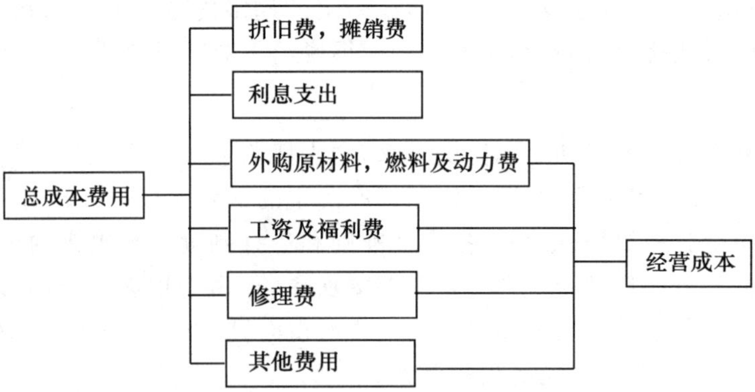

图 5-1 总成本费用与经营成本

折旧费和摊销费不是一种经常性的实际支出，它们是以前一次性投资支出的分摊。在按年计算成本费用、利润和所得税时，显然应把它们看做是成本费用的组成部分。但是，从项目整个投资周期看，固定资产、无形资产和其他资产的投资都已作为一次性的支出，所以就不能再把折旧和摊销看做是支出，否则会发生重复计算。利息支出也是一种实际支出，在新财务会计制度下，实行的是税后还贷，借款的本金(包括融资租赁的租赁费)要用税后利润和折旧来归还，而生产经营期的利息可计入财务费用。在考察全部投资(包括自有资金及债务资金)时，利息无疑也是投资收益的组成部分，因此，也不能把它再看做支出。根据上述理由，在总成本费用中剔除折旧费、摊销费和利息支出后留存的经营性实际支出定义为经营成本。即

$$经营成本=总成本费用-折旧费-摊销费-利息支出。\tag{5-17}$$

当采用成本要素核算时，有

$$投资项目生产经营年份的总成本费用=经营成本+折旧费+摊销费+利息支出。\tag{5-18}$$

总成本费用估算如表 5-5 所示。

表 5-5 总成本费用估算表 (单位:万元)

序号	项目	合计	计算期					
			1	2	3	4	…	n
1	外购原材料费							
2	外购燃料及动力费							
3	工资及福利费							
4	修理费							
5	其他费用							
6	经营成本(1+2+3+4+5)							
7	折旧费							
8	摊销费							
9	利息支出							
10	总成本费用合计(6+7+8+9)							
	其中:可变成本							
	固定成本							

5.4.2 利润与利润分配表

衡量企业获取利润能力时应编制利润表,然后根据该表计算投资利润率、投资利税率、投资收益率等指标。工程项目经济分析中的利润表与会计制度中规定的利润表有所不同。工程项目分析主要是预测建设项目投资的经济效益,对某些收支不必考虑或不可能预测,如营业利润中的投资收益不属于本项目投资的效益,不必考虑;资产减值损失、公允价值变动收益、营业外收入和营业外支出也无法预测,所以在财务分析中取消了这几项内容。在财务分析中假定当期产品当期就销售出去,因此产品营业成本就等于产品制造成本,并将营业费用、管理费用、财务费用与产品制造成本合称为总成本费用,并用成本要素法来核算,这样项目分析中利润总额计算可简化为

利润总额=营业收入-总成本费用-营业税金及附加。

为计算所得税,加入弥补以前年度亏损,以调整利润总额。企业缴纳所得税后的利润基本上都可以看做是投资者的所得,但投资者真正能拿到的现金形式的分配利润还要从税后利润中扣减相应部分。

图 5-2 是简化了的按成本要素列的总成本费用与营业收入和利润分配关系。这里忽略了营业外的收入和支出,也不考虑企业的其他投资收益,因此,利润总额就等于营业利润。注意,这里的折旧费包括生产成本制造费用中的折旧费和矿山维护费,也包括管理费用和营业费用中的折旧费。工资及福利费和外购原材料、燃料动力费也是如此。

工程项目经济分析的利润与利润分配表应反映项目计算期内各年营业收入、总成本费用、利润总额等情况,如表 5-6 所示。在借款本金还清以前,必要时要用税后利润偿还借款本金,再分配利润。因此项目分析中利润分配中的未分配利润主要是弥补折旧还本之不足,以后可以用折旧分配垫付的部分。

从以上分析可知,在投资收益的整个周期的计算中,可用于回收投资的收益不仅仅是税后利润,但是税后利润是反映企业各年财务业绩的重要指标。如果年年亏损或者没有利润,那么

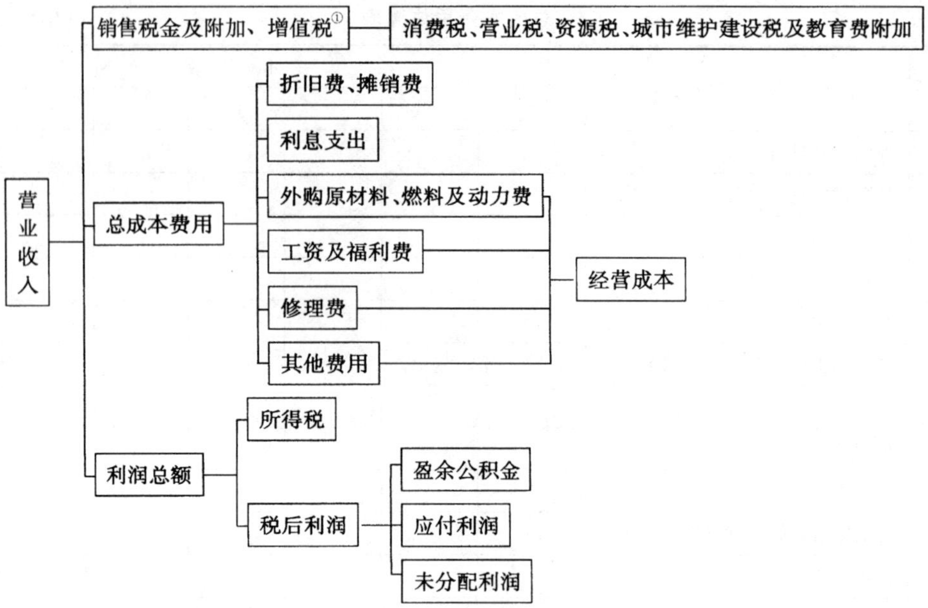

图 5-2 总成本费用与营业收入和利润关系

投资项目肯定连投入的本金都收不回来。此外，利润的计算对所得税支出和利润的分配的估算都是不可少的。因此，在投资经济分析中利润与利润分配估算表是不可少的，如表 5-6 所示。

表 5-6 **利润与利润分配表** （单位：万元）

序号	项目	合计	计算期					
			1	2	3	4	…	n
1	营业收入							
2	营业税金及附加							
3	总成本费用							
	其中：经营成本							
	折旧与摊销费							
	利息支出							
4	补贴收入							
5	利润总额(1－2－3＋4)							
6	弥补以前年度亏损							
7	应纳税所得额(5－6)							
8	所得税							
9	净利润(5－8)							
10	期初未分配利润							

① 关于增值税在利润和现金流量预测中有两种处理办法：一是销售收入和投入成本中都不含增值税；二是收入和投入都含增值税，则在成本费用中列增值税(销项税金减进项税金)。可以证明，两种处理方法对利润和净现金流的预测结果是一样的。

续表

序号	项目	合计	计算期					
			1	2	3	4	…	n
11	可供分配利润(9+10)							
12	提取法定盈余公积金							
13	可供投资者分配的利润(11−12)							
14	应付优先股股利							
15	提取任意盈余公积金							
16	应付利润(13−14−15−17)							
17	未分配利润							
19	累计未分配利润							
20	息税前利润(5+利息支出)							
21	息税折旧摊销前利润(息税前利润+折旧+摊销)							

为计算相应指标,利润计算公式如下所示:

(1) 利润总额是企业本期取得的全部利润之和,是对项目全部经营绩效的核算。即

$$\text{利润总额}=\text{营业收入}-\text{总成本费用}-\text{营业税金及附加}。\tag{5-19}$$

(2) 净利润是指扣除所得税后的利润,是对项目实际财务成果的核算。即

$$\text{净利润}=\text{利润总额}-\text{所得税}。\tag{5-20}$$

(3) 息税前利润(Earning Before Interest & Tax,EBIT)是不考虑债务与税收的情况下,项目本期取得的利润。即

$$\text{息税前利润}=\text{净利润}+\text{利息支出}+\text{所得税}。\tag{5-21}$$

(4) 税后净营业利润等于税后净利润加上利息支出部分,即公司的营业收入减去除利息支出以外的全部经营成本和费用(包括所得税)后的净值。因此,税后净营业利润实际上是在不涉及资本结构的情况下公司经营所获得的税后利润,也即全部资本的税后投资收益,反映了公司资产的盈利能力。即

$$\text{税后净营业利润}=\text{净利润}+\text{利息支出}。\tag{5-22}$$

(5) 息税折旧摊销前利润(Earning Before Interest,Tax,Depreciation & Amortization,EBITDA)是企业本期取得的经营利润。用于反映项目当期的现金流量和可供还款的利润。即

$$\text{息税折旧摊销前利润}=\text{息税前利润}+\text{折旧}+\text{摊销}。\tag{5-23}$$

5.4.3 计算指标

根据利润表计算的指标有

1. 投资利润率

投资利润率是度量投资盈利水平的一种静态指标,公式是

$$\text{投资利润率}=\frac{\text{正常年份净利润}}{\text{投资}}。\tag{5-24}$$

这里的投资指权益投资，相应的投资利润率也可称为权益投资利润率(return on equity)。这个指标的缺点是：首先，当投资项目各年利润相差较大时，正常年的利润值将不好选择；其次，该指标不能反映项目计算期获益时间的长短；最后，随着项目收益的增加，项目实际占用的资金是逐步减少的，用初始投资做分母显然低估了投资项目的盈利水平。

2. 全部投资收益率(Return On Investment, ROI)

全部投资收益率表示全部投资的盈利水平，是指项目达到设计能力后正常年份的年息税前利润或运营期内年平均息税前利润与项目全部总投资的比率，计算公式为

$$全部投资收益率=\frac{正常年份息税前利润}{全部投资}\times 100\%。\tag{5-25}$$

全部投资收益率高于或等于设定的基准全部投资收益率，表明项目盈利能力能够满足要求。

5.5　折旧、利润与税后现金流量

年折旧对应税所得和净利润都有影响。然而，虽然折旧对净利润有直接影响，它却不是现金流出，因此区分考虑折旧的年利润与年现金流量很重要。

5.5.1　考虑所得税影响后的现金流量计算

税后经济分析与税前经济分析一般采用相同的方法计算获利能力。唯一的不同是把由所得税产生的费用(或节减)加进去，把税前现金流量(BTCFs)换算成税后现金流量(ATCFs)。

在项目运行的正常年份，现金流入主要是营业收入，现金流出是经营成本 。非现金流的折旧和摊销不作为现金流出。在考察全部投资者获利能力时，投资借款的利息也不作为现金流出，因为利息可以看做债权投资者的获利。考虑所得税对现金流量的影响，营业净现金流的计算公式为

$$营业净现金流量=营业收入-营业税金及附加-经营成本-所得税。\tag{5-26}$$

即：

$$\begin{aligned}
&营业净现金流量\\
&=营业收入-营业税金及附加-经营成本-所得税\\
&=营业收入-营业税金及附加-(总成本费用-折旧-利息支出)-所得税\\
&=利润总额+折旧+利息支出-所得税\\
&=税后利润+折旧+利息支出。
\end{aligned}\tag{5-27}$$

考虑有效所得税率以后，根据式(5-27)可以推导出

$$\begin{aligned}
&营业净现金流量\\
&=税后利润+折旧+利息支出\\
&=(营业收入-总成本费用)\times(1-所得税率)+折旧+利息支出\\
&=(营业收入-经营成本-折旧-利息支出)\times(1-所得税率)+折旧+利息支出\\
&=(营业收入-经营成本)\times(1-所得税率)-折旧\times(1-所得税率)+\\
&\quad 折旧-利息支出\times(1-所得税率)+利息支出\\
&=(营业收入-经营成本)\times(1-所得税率)-折旧+折旧\times所得税率+\\
&\quad 折旧-利息支出+利息支出\times所得税率+利息支出\\
&=(营业收入-经营成本)\times(1-所得税率)+折旧\times所得税率+\\
&\quad 利息支出\times所得税率。
\end{aligned}\tag{5-28}$$

从公式(5-28)可以看出，和税前全部投资的现金流有本质的区别，折旧和利息对净现金流有影响。尽管它们本身不作为全部投资的现金流出，但是它们可以抵扣所得税。折旧越多(快)、利息支出越多(资本结构中负债比例越高)，税后的净现金流越多。

例 5-6 设某项目初始投资 20 万元，当年投入运营，年营业收入 20 万元，经营成本 10 万元，计算期为 5 年，营业税金及附加忽略不计。分别按直线折旧每年提取折旧额 31 000 元(例 5-1)和双倍余额折旧，年折旧额分别是 64 000，38 400，23 040，14 780，14 780(参见例 5-3)，所得税税率为 25%，试计算税前和税后的净现金流量及相应的投资内部收益率。

解 计算结果如表 5-7 和表 5-8 所示。

表 5-7 **直线折旧法下的投资现金流量表** (单位：元)

序号	年 末	0	1	2	3	4	5	合 计
0	期初投资	−200 000						
1	营业收入		200 000	200 000	200 000	200 000	200 000	
2	经营成本		100 000	100 000	100 000	100 000	100 000	
3	营业税金及附加(忽略不计)							
4	折旧		31 000	31 000	31 000	31 000	31 000	155 000
5	所得税(1−2−3−4)×25%		17 250	17 250	17 250	17 250	17 250	
6	税前净现金流(1−2−3)	−200 000	100 000	100 000	100 000	100 000	100 000	
7	税后净现金流(1−2−3−5)	−200 000	82 750	82 750	82 750	82 750	82 750	
8	*IRR*(税前)	41.04%						
9	*IRR*(税后)	30.40%						
10	行 7 的另一种算法(1−2)×(1−25%)+(4)×25%		82 750	82 750	82 750	82 750	82 750	

表 5-8 **双倍余额递减法折旧下的现金流量表** (单位：元)

序号	年 末	0	1	2	3	4	5	合 计
0	期初投资	−200 000						
1	营业收入		200 000	200 000	200 000	200 000	200 000	
2	经营成本		100 000	100 000	100 000	100 000	100 000	
3	营业税金及附加(忽略不计)							
4	折旧		64 000	38 400	23 040	14 780	14 780	155 000
5	所得税(1−2−3−4)×25%		9 000	15 400	19 240	21 305	21 305	
6	税前净现金流(1−2−3)	−200 000	100 000	100 000	100 000	100 000	100 000	
7	税后净现金流(1−2−3−5)	−200 000	91 000	84 600	80 760	78 695	78 695	
8	*IRR*(税前)	41.04%						
9	*IRR*(税后)	31.49%						
10	行 7 的另一种算法(1−2)×(1−25%)+(4)×25%		91 000	84 600	80 760	78 695	78 695	

上述计算结果，说明所得税对税后的现金流是有影响的。总的折旧额不变，加快折旧使所

得税晚交，提高了投资收益率，从30.40%提高到31.49%。

5.5.2 利润与投资收益(现金流量)

利润是按照权责发生制确定的，而投资收益是根据收付实现制确定的，二者既有区别，又有联系。

在投资决策时，主要是依据项目的现金流量，而不是项目的利润，这是因为：

第一，投资项目具有长期性，需要考虑货币的时间价值，要将不同时点上的现金收入或支出调整到同一时点进行汇总和比较；而利润的计量在严格的权责发生制下，收入与费用的确认不考虑现金的实际收到和支出的时间。例如，在会计上，购置设备的支出如果一次性发生，在购入当期不确认为当期费用，而是在资本化为资产项目后，在以后的受益期按一定方法摊销为费用。在收到销货款期间，属于现销的确认为收入，属于预收下期的货款确认为负债，属于收到上期赊销款的冲减已拥有的资产即应收账款。

第二，一些影响投资项目的现金流量在利润中得不到确认，例如，流动资金的投资支出额或回收额等。

第三，整个投资有效年限内，利润总计与现金流量总计是相等的。所以，现金净流量可以取代利润作为评价净收益的指标。

第四，利润的计量有时带有主观随意性。会计上对同一种业务的处理可能存在多种方法，比如存货计价方法、固定资产折旧方法等，不同方法的使用导致同一收入或费用项目具有不同的发生额，从而形成不同的会计收益，但是一种业务对现金流量的影响只能有一种结果，以实际收到或付出的款额为准。

第五，在投资分析中，现金流动状况比盈亏状况更重要。一个项目能否维持下去，不取决于一定期间是否盈利，而取决于有没有现金用于各项支付。

折旧摊销从每年的营业收入中减去，减少了会计利润。但折旧摊销本身不是现金流，如果假定营业收入全部是现金的收入，则计算的税后利润是投资收益的一部分，折旧摊销也是投资收益的一部分，在考察全部投资(包括所有投资者的出资及债务资金)的回报时，利息无疑也是投资收益的组成部分，因此也不能把它再看做支出。

因此全部投资收益又可表示为

$$\text{全部投资收益}=\text{税后利润}+\text{折旧}+\text{摊销}+\text{利息支出}。\tag{5-29}$$

权益投资收益是指投资者权益资金的投资回报，即所有投资者出资中形成权益部分的投资回报。当考察权益资金的投资回报时，利息归债权人所有。并要从以上全部收益中扣除借款本金的偿还，这时，对权益资金投资回报的来源为

$$\text{权益投资收益}=\text{营业收入}-\text{经营成本}-\text{营业税金及附加}-\text{所得税}-\text{借款利息支出和本金偿还}，\tag{5-30}$$

或

$$\text{权益资金投资收益}=\text{税后利润}+\text{折旧}+\text{摊销}-\text{借款本金偿还}。\tag{5-31}$$

投资各方投资收益是指各个投资者出资部分的投资回报。各个投资者获得的是股利分配、资产处置收益分配等收入。

注意 弥补上年度亏损只是在计算当年所得税和计算当年法定公积金时起作用，在计算投资者的现金流入时，各年已考虑了盈余和亏损的因素，不应再用以后年份的税后利润弥补上年度的亏损，否则会造成现金流出的重复计算。

例 5-7 某投资项目投产后的前两年的收入和成本费用情况如表 5-9 所示，求投资者在这两年中的权益投资收益。

表 5-9 **投资收益与利润的关系** （单位：万元）

项目 \ 年份	投产期			备注(第 3 年数字)
	2	3		
1. 销售收入	2500	3500		
2. 销售税金及附加	120	170		
3. 总成本费用	2500	2550		
其中：折旧与摊销	950	950		
利息支付	450	400		
经营成本	1100	1200		
4. 利润总额	－120	780		
5. 弥补亏损后应纳税所得额	0	660		780－120＝660
6. 所得税(税率 25%)	0	165		660×25%＝165
7. 税后利润	－120	615		780－165＝615
8. 弥补以前年度亏损	0	120		
9. 提取盈余公积金		50		(615－120)×10%＝50
10. 偿还借款本金	500	500		
其中：用折旧费与摊销费	500	500		
用税后利润	0	0		
11. 利润分配	0	445		615－120－50＝445

解 虽然投资者在该项目投产后的前两年中只得到现金分配的利润 445 万元(第 3 年)，其实际可用于回收投资的收益(即权益资金的投资净现金流量)是：

项目	第 2 年	第 3 年
销售收入	2500	3500
－经营成本	1100	1200
－销售税金及附加	120	170
－所得税	0	165
－借款利息支付	450	400
－借款本金偿还	500	500
净现金流量	330	1065

或者

项目	第 2 年	第 3 年
税后利润	－120	615
＋折旧费与摊销费	950	950
－借款本金偿还	500	500
投资者的全部收益	330	1065

第 2 年可用于回收投资的收益是 330 万元，第 3 年为 1012 万元，其中第 3 年投资者到手的现金是 445 万元，其余部分是留在企业的盈余资金。

习　题　5

1. 试回答下列有关固定资产折旧与投资项目税后评价的关系问题：

(1)折旧年限与速度对投资者税后财务盈利能力的影响？

(2)规定残值率的高低对投资者财务盈利能力的影响？

2. 瑞华公司有一项固定资产原值50000元估计，使用年限5年，预计清理费用2000元，预计残值收入2800元。请分别用平均年限法、双倍余额递减法和年数总和法计算年折旧额。

3. 某企业某项固定资产的原值为1000000元，预计使用年限为10年。采用双倍余额递减法计算净残值率分别为30%，11%，9%，7%和5%时各年的折旧额。

4. 试证明年数总和法的各年折旧率之和等于1。

5. 某企业一台精密机床，原值为350000元，预计净残值率为6%，预计完成的总工作量为13160h。5月份该机床实际工作220h。请采用工作量法计算该机床5月份应提折旧额。

6. 某企业于2000年10月成立，采用平均年限法以分类折旧方式计提折旧。当月购入机器设备3台，归为一类计提折旧。各项固定资产原值、预计净残值率和折旧年限资料如表5-10所示。

表 5-10　　折旧数据资料表

设备名称	原　值/元	预计净残值率/%	折旧年限/年
甲	360000	5	9
乙	500000	4.4	10
丙	140000	4	8

根据以上资料，计算该类固定资产的年分类折旧率和月分类折旧率，并计算该类固定资产的平均折旧年限。

7. 某个项目投资总额1000万元，分5年在年初支付工程款，两年后开始投产，经营期限为5年。投产开始时垫付流动资金200万元，结束时收回。每年营业收入1000万元，经营成本700万元。假设现金流出在年初支付，现金流入在年末取得。请计算投产后各年产生的利润和现金流量，并比较整个投资年限内利润合计与现金流量合计是否相等。假设折旧年限5年，按平均年限法折旧，无残值。

8. 华丰公司于2008年以5500000元购买一处铁矿。据估计铁矿蕴藏量约为2500000t，但在目前的技术水平下，大约只有80%可开采出来。华丰公司在矿场安装机器、设备等发生支出5500000元，此等资产于铁矿开采完毕后，对公司无任何价值，综合折旧年限为10年，但它们实际可使用的年限为15年。机器设备2008年底安装完毕，于2009年1月1日正式生产，当年度共开采了200000t，该公司估计此铁矿可于10年内开采完毕。要求(1)应用产量法计算2009年的折耗费用；(2)计算下列各方法下2009年度的折旧费用：平均年限法、双倍余额递减法、年数总和法。在此情况下，你认为采用何种折旧方法最合适。

9. 某项目购入固定资产一台，价格为150000元，残值按原值的5%计算，预计可用5年。项目年营业收入为100000元，按直线法计算的年经营成本为60000元。请用直线法和年数总和法分别计算各年的折旧额，并说明由于折旧方法不同，对企业成本、利润和应交所得税的影响。

10. 某工程项目的寿命期为8年，期初投资160万元，年销售收入为110万元，年折旧费用为20万元，销售税金为5万元，年经营成本为60万元，所得税税率为25%，不考虑固定资产的残值。试计算该工程项目的年营业净现金流量。

11. 某项目第1年和第2年各有固定资产投资400万元，第2年投入流动资金200万元并当年达产，每年有销售收入600万元，经营成本350万元，项目寿命期共10年，期末有固定资产残值50万元，并回收全部流动资金，项目固定资产综合折旧年限10年，税率25%。请计算各年税后净现金流量，并作现金流量图。

6 工程项目投资的盈利性和清偿能力分析

盈利性分析和清偿能力分析是为工程项目的投资决策和融资决策提供依据。项目的盈利性和清偿能力主要取决于项目的收益和费用的大小及其在时间上的分布，同时也取决于项目的融资方案。这就要通过编制报表以及计算相应的评价指标来进行判断和方案的选择。本章将结合案例对项目的盈利性、清偿能力做重点分析和论述。

6.1 融资方案和资金成本

工程项目的融资方案的决策是至关重要的，它直接关系到项目的生存与财务的可持续发展。融资方案分析是在全部投资盈利性分析的基础上，设定初步融资方案，通过对初步融资方案的资金结构、融资成本和融资风险的分析，结合盈利性分析和清偿能力分析，比较和确定融资方案。选择确定项目的融资方案的基本要求是寻找一个融资成本较低、投资资金利用率高、并承担较低风险的方案，其目的是在融资风险可接受的前提下，选择合理融资结构，以降低融资成本、获取最有利的债务杠杆作用。

6.1.1 融资主体和资金筹措

1. 既有法人融资项目和新设法人融资项目

项目的融资主体是指进行融资活动并承担融资责任和风险的项目法人单位。按照融资主体不同，项目分为既有法人融资项目和新设法人融资项目。

(1) 既有法人融资项目

项目由现有企业单独发起，不再组建新的企业法人，现有企业组织融资活动并承担融资责任和投资风险，具有上述特点的投资项目称为既有法人融资项目。既有法人融资项目属于企业整体的一部分，投资项目的资金来源于现有企业的内部自有资金、新增资本金和新增债务资金，由项目产生的新增债务资金偿还依赖投资项目的企业整体盈利能力，以既有法人整体的资产和信用承担债务担保，项目融资决策的偿债能力分析应从企业整体上考察。既有法人融资项目既可以是在既有基础上进行的，以增量资产带动存量资产，如技术改造项目、改建、扩建项目，也可以是非独立法人的新建项目。

(2) 新设法人融资项目

由项目发起人发起组建新的具有独立法人资格的项目公司，按《公司法》履行法律程序，新组建的项目公司承担融资责任和风险，具有上述特点的投资项目称为新设法人融资项目(项目融资项目)。新设法人项目所需资金来源于股东投入的资金和项目公司筹措的债务资金。项目债务资金的偿还依赖于项目本身的盈利能力，以项目投资形式的资产、未来收益或权益作为融资担保的基础。项目融资决策的偿债能力分析应从项目范围内考察。新设法人融资项目一般是新建项目，但也有剥离现有企业的部分资产组建新的独立法人的改扩建项目。

2. 权益资金和债务资金的筹措

权益资金的来源渠道和筹措方式，应根据融资主体的特点选择。采用新设法人融资方式，权益资金可通过股东直接投资、发行股票、政府财政性资金等渠道和方式筹措。既有法人融资除上述渠道和方式外还有既有法人的内部自有资金(企业经营产生的现金、企业资产变现等)。债务资金可通过商业银行贷款、政策性银行贷款、外国政府贷款、国际金融机构贷款、出口信贷、企业债券、国际债券、融资租赁等渠道和方式筹措。工程经济分析中,优先股股票视为权益资金;可转换债券,在未兑换为股票前应视为债务资金,公司的股东对公司提供的贷款,即股东贷款,应视为债务资金。

3. 对项目经济分析中当前用法不一的几个名称的说明

(1) 注册资金(registered capital)

注册资金是公司登记机关依法登记的全体股东或者发起人实缴或者认缴的出资额。注册资金是企业实有资产的总和,反映投资人对公司出资金额的责任限度,反映的是企业经营管理权。注册资金随实有资金的增减而增减,即当企业实有资金比注册资金增加或减少 20%以上时,要进行变更登记。

根据《公司法》有关规定,注册公司最低注册资本为有限责任公司注册资本的最低限额,为人民币 3 万元,一人有限责任公司注册资本最低限额为 10 万元,且股东应当一次缴足出资额,股份有限公司注册资本的最低限额为 500 万元。

外商投资企业的注册资金要求与生产经营规模相适应,我国相关法规明确规定了注册资金占投资总额的最低比例。投资总额 300 万美元以下的,注册资金占总投资的比例不低于 70%;投资总额在 300 万～1000 万美元之间的,注册资金占比不低于 50%,其中投资总额在 400 万美元以下的,注册资金不低于 210 万美元;投资总额在 1000 万～3000 万美元之间的,不低于 40%,其中投资总额在 1250 万美元以下的,注册资金不低于 500 万美元;投资总额在 3000万美元以上的,注册资金占比不低于 1/3,其中投资总额在 3600 万美元以下的,注册资金不低于 1200 万美元。

(2) 权益资金(equity)

权益资金是全体股东认缴的出资额,通过投入权益资金股东取得对企业的所有权、控制权、收益权。股东投入的权益资金,形成公司注册资本和资本公积金,一般股东按照所投入的注册资本比例分享投资收益。

为了建立投资风险约束机制,有效地控制投资规模、提高投资效益,国家对于固定资产投资项目实行资本金制度。根据国务院发布的规定,从 1996 年开始,国有单位和集体投资项目必须首先落实资本金才能进行建设。个体和私营企业的经营性投资项目参照执行。公益性投资项目不实行资本金制度。

资本金比例的计算基数是项目的建设投资与铺底流动资金之和。铺底流动资金按照全部流动资金的 30%计算。国家规定不同行业项目的资本金最低比例是:交通运输、煤炭项目,资本金比例为 35%及以上;钢铁、邮电、化肥项目的资本金比例为 25%及以上;电力、机电、建材、化工、石油加工、有色、轻工、纺织、商贸及其他行业的项目,资本金比例为 20%及以上。根据国民经济的实际发展情况,政府有关部门可能调整建设项目的资本金比例要求。2004 年 4 月,国务院决定,钢铁项目资本金由 25%及以上提高到 40%及以上,房地产开发项目(不包括保障性住房项目)由 20%及以上提高到 35%及以上。2009 年 5 月,又决定保障性住房和普通商品住房项目的最低资本金比例为 20%,其他房地产开发项目的最低资本金比例为 30%。

(3) 自有资金(own capital)

自有资金有两种含义:一是指企业自己拥有的权益资金;二是指投资者自筹的资金。

(4) 资本公积金(capital reserves)

资本公积金包括资本溢价和其他资本公积。在建设项目资金中,权益投资者出资超出注册资本或股本的部分,作为资本公积金。

根据以上定义可以看出,对于新设法人融资项目,遵从国家项目资本金制度,投资项目的权益资金、注册资金、自有资金一般是等同的;对于既有法人融资项目,投资项目的上述概念就不相同了,注册资金是企业法人的而不是项目的,自有资金是既有法人的内部融资,项目初始投资中由投资者认缴的出资额即权益资金,包括资本金和资本公积金;对于外商投资项目注册资金与权益资金是等同的,且注册资金一般用于涉及法律责任的场合。考虑到我国目前投资体制,在初始投资阶段,为控制投资规模,称为资本金投资。因此,如果不分项目形式,投资中除债务资金投资外,一般统称权益资金投资。

6.1.2 资金成本(capital cost)的概念及计算

1. 资金成本的一般含义

在工程项目投资决策中正确确定资金成本是一项非常重要的工作。因为资金成本就是评价投资方案所用的贴现率,此外资金成本也是选择资金来源的依据,投资项目合适的资金结构应是在融资风险可接受的前提下,使企业的资金成本最低。资金成本就是筹集资金和使用资金的代价。这一代价由两部分组成:资金筹集成本和资金使用成本,也可称为资金筹集费(F)和资金占用费(D)两部分。

资金成本可用绝对数表示,也可用相对数表示。为便于分析比较,资金成本一般用相对数表示,称之为资金成本率。其简化计算公式为

$$i_c=\frac{D}{P-F}, \tag{6-1}$$

或

$$i_c=\frac{D}{P(1-\rho)}。 \tag{6-2}$$

式中 i_c——资金成本率(一般通称为资金成本);

P——筹集资金总额;

D——使用费;

F——筹资费;

ρ——筹资费费率(即筹资费占筹集资金总额的比率)。

资金成本是选择资金来源、拟定筹资方案的主要依据,也是评价工程项目可行性的主要经济标准。一般而言,投资项目只有在内部收益率高于资金成本时才是有利可图的,在项目经济分析时,通常将加权平均资金成本作为基准贴现率,计算各投资方案净现值,比较和选择方案。

2. 各种资金来源的资金成本

(1) 债务资金成本

债务资金成本(debt cost)根据利率水平、利率计算方式(固定利率或浮动利率)、计息方式(单利或复利)、还本和付息方式、宽限期和偿还期等不同而计算结果有所不同,由于债务利息计入税前成本费用,可以起到抵税的作用,含筹资费用的税后债务资金成本是使下式成立的 i_d,即

$$P_0(1-\rho_d)=\sum_{t=1}^{n}\frac{F_t+I_t(1-\tau)}{(1+i_d)^t}。 \tag{6-3}$$

式中 P_0——债券发行价格或借款额，即债务当前的市值；

F_t——本金偿还额；

I_t——债务年利息，其中，债券年利息＝面值×票面利率；

ρ_d——债务资金筹资费率；

n——债务期限，通常以年表示；

τ——所得税税率。

例 6-1 某公司发行面值为500万元的10年期长期债券，票面利率12%，每年支付一次利息，发行费用占发行价格的5%。若公司所得税税率为25%，试计算该债券之资金成本。

解 根据公式(6-3)，有

$$500(1-5\%)=\sum_{t=1}^{10}\frac{500\times12\%\times(1-25\%)}{(1+i_d)^t}+\frac{500}{(1+i_d)^{10}}。$$

应用Excel计算内部收益率的公式得到

$$i_d=9.81\%。$$

在不考虑债务筹资费用的情况下，每期支付利息，最后一期还本的债务资金成本是

$$i_d=(1-\tau)\cdot r_d。\tag{6-4}$$

式中 r_d——债务利率；

τ——所得税税率。

在考虑筹资费用的情况下，每期支付利息，最后一期还本的债务资金成本可按照下式大致计算：

$$i_d\approx\frac{r_d(1-\tau)}{1-\rho_d}。\tag{6-5}$$

(2) 权益资金成本

权益资金成本(equity cost)是对股东而言的最低吸引力收益率($MARR$)，由于很难对项目未来的收益和风险做出准确的测定，权益资金成本相对于债务资金成本而言，比较难以估算。一般估算方法有内部收益率方法和资本资产定价模型法。

① 内部收益率计算法：最低吸引力收益率计算根据权益资金等于项目所能带来的最低要求收益的现值。计算公式如下：

$$V_0(1-\rho_e)=\sum_{t=1}^{n}\frac{D_t}{(1+i_e)^t}+\frac{V_n}{(1+i_e)^n}。\tag{6-6}$$

式中 i_e——权益资金成本；

V_0——权益资金；

V_n——第n年末项目价值；

D_t——第t年要求股利；

ρ_e——权益资金筹资费用率。

若每年要求股利不变，且项目永续进行，则

$$i_e=\frac{D}{V_0(1-\rho_e)}。\tag{6-7}$$

若股利第一年为D_1，以后股利每年增长g，则权益资金成本为

$$i_e=\frac{D_1}{V_0(1-\rho_e)}+g。\tag{6-8}$$

例 6-2 某上市公司拟上一项目，准备筹资1000万元，有两种选择：

(1) 增发 1000 万普通股，发行费率为 5%；

(2) 1000 万从企业内部筹资，来源于公司未分配利润和盈余公积金。

预计当年股利率为 10%，同时估计未来股利每年递增 4%，计算权益资金成本。

解

(1) 发行普通股成本为

$$i_e=\frac{D_1}{V_0(1-\rho_e)}+g=\frac{1000\times10\%\times(1+4\%)}{1000(1-5\%)}+4\%=14.94\%。$$

(2) 内部筹资成本为

$$i_e=\frac{D_1}{V_0}+g=\frac{1000\times10\%\times(1+4\%)}{1000}+4\%=14.4\%。$$

② 资本资产定价模型法：在有效的资本市场条件下，可以参照项目所属行业的资本市场的股票平均收益率。所谓资本资产定价模型(Capital Assets Pricing Model, CAPM) 就是一种常用的估计权益融资成本的办法，即

$$i_e=r_0+\beta(r_m-r_0)。\tag{6-9}$$

式中，r_0 和 r_m 分别代表无风险投资收益率和股票市场的平均收益率，β 是该行业股票投资收益率相对于整个市场收益率的偏离系数。事实上，等式右边第二项可以看做是股权投资的风险溢价。

例 6-3 社会无风险投资收益率 3%，股票平均收益率 12%，公司投资风险系数 1.2，计算权益资金成本。

解 $$i_e=3\%+1.2\times(12\%-3\%)=13.8\%。$$

3. 加权平均资金成本

项目的资金筹措一般采用多种融资方式。从不同来源取得的资金，其成本各不相同。由于条件制约，项目不可能只从某种低成本的来源筹集资金，而是各种筹措方案的有机组合。因此，为了对整个项目的融资方案进行筹资决策，在计算各种融资方式个别资金成本的基础上，还要计算整个融资方案的综合资金成本，以反映建设项目的整个融资方案的融资成本状况。综合资金成本一般是以各种资金占全部资金的比重为权数，对个别资金成本进行加权平均确定的，故而又称加权平均资金成本(Weighted Average Cost of Capital, *WACC*)。其计算公式为

$$WACC=\sum_{j=1}^{n}i_{cj}W_j。\tag{6-10}$$

式中 $WACC$——加权平均资金成本；

i_{cj}——第 j 种个别资金成本；

W_j——第 j 种个别资金占全部资金的比重(权数)。

在实际计算加权平均资金成本时，可分为三个步骤进行：第一步，先计算个别资金成本；第二步，计算各资金来源在全部资产的比重；第三步，利用上述公式计算出加权平均资金成本。

例 6-4 某公司上一新项目，企业拟从内部筹资 600 万元，成本 14%，另向银行借款筹资 400 万元，成本 6%(考虑了借款利息时所得税的抵扣)。试计算项目筹资的加权平均资金成本。

解 计算加权平均资金成本为

$$WACC=14\%\times0.6+6\%\times0.4=10.8\%。$$

6.2 投资项目盈利性分析

盈利性分析(profitability analysis)是从企业(投资者)和项目主持者角度出发,计算项目直接发生的效益和费用,编制有关报表,计算评价指标,考察项目的盈利能力,明确项目对项目各利益主体的价值贡献。盈利性分析的主要目的有四个:

(1) 分析投资项目对投资者的吸引力;

(2) 分析比较投资和融资方案;

(3) 分析投资回报在各利益主体的分配;

(4) 分析影响盈利水平的因素。

盈利性分析只适用于盈利性的经营项目,通过市场机制来配置投资资源。非盈利性的公共项目或公益项目可以通过补贴后的财务条件来吸引民间参与,但整个项目的盈利性指标不作为项目评价与比选的依据。

根据盈利性分析与资金筹措的关系,盈利性分析可分为融资前分析(ex-financing analysis)和融资后分析(post-financing analysis)。融资前分析在未知资金来源的情况下,暂不考虑借款,以融资前的利润和所得税,编制全部投资现金流量表,计算所得税后的评价指标。融资后分析以初步融资方案为基础,以融资后的利润扣所得税,编制权益投资现金流量表,判断项目在融资条件下的合理性。盈利性分析的程序如图 6-1 所示。

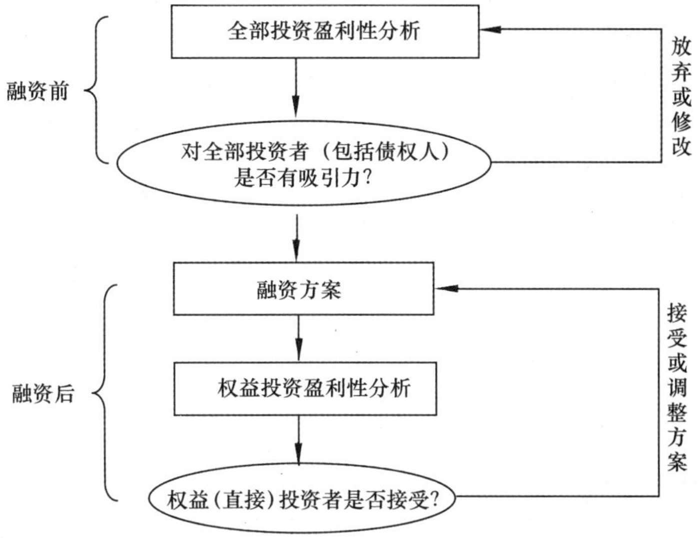

图 6-1 盈利性分析的程序

6.2.1 投资项目投融资活动的现金流量

工程建设项目计算期内有不同的经济活动,它们的现金流量的形成过程是不同的,它们的组合形成整个项目的现金流量。

1. 营运活动(operating activities)的现金流量

项目营运期间有营业收入、经营成本和税金支付等现金流量的发生。我们在第 5 章中已详细说明了折旧(含摊销,下同)、利润的核算与净现金流量的关系,因此营运活动的税(指企业

所得税，下同)后现金流量可以基于利润表的数据之上，即

净利润
＋　折旧

营运活动的现金流量

利润的核算是按企业的会计周期进行的，折旧按税法可以抵扣应纳税所得额，是税前的成本，但折旧不是现金流出，所以在税后的净利润(税后利润，下同)中加回，作为营运期间税后的净现金流量。从严格意义上讲，利润核算采用的是权益发生制，其营业收入和经营成本发生的时间和其实际现金流量发生的时间不完全一致，但作为项目前期的项目评价和分析，这种误差可以忽略不计。如有必要考虑二者的差异，可以通过投资活动中流动资金(如应收款或预付款项目)的增减中来加以调整。

2. 投资活动(investing activities)的现金流量

投资活动指的是资产性资产的投入费用或变卖的收入，包括固定资产、无形资产和流动资金的投入的现金流出和变卖回收的收入。项目初始资产的投入(建设投资)通常发生在建设期，但也不排除在营运期的更新或替换；流动资金的投入随着运营规模的扩大而增加。资产的回收一般发生在项目计算期末，但也不排除发生在营运期间。按照我国财务会计法规的规定，对固定资产的处置的净收益或净损失通过营业外收入或营业外支出核算，影响企业利润的增加或减少，从而影响所得税的多交或少交，进而影响现金流量的增减。

例 6-5　M 公司是一家高新技术企业，成功研制了一种商用的草坪节水喷灌控制系统。如果将它投产，需要生产场地、厂房和设备。M 公司拍得一块价值 1 000 万元使用权 40 年的地皮，在此之上建造厂房，造价约 700 万元，工期为 2 年，第一年需投资 500 万元，余下资金为第二年的投资额。两年后，厂房竣工交付使用(经济使用年限为 20 年)，公司需要购置 900 万元的设备(经济使用年限为 5 年)进行生产，另需运输及安装费 40 万元。为满足生产所需的材料等流动资产，还需投入流动资金 200 万元。那么 M 公司在正式生产新产品之前的投资支出如表 6-1 所示。

表 6-1　　**初始投资活动现金流量**　　(单位：元)

年　份	0	1	2
受让土地使用权	10 000 000		
建造厂房		5 000 000	2 000 000
购置设备			9 400 000
流动资金			2 000 000
合　　计	10 000 000	5 000 000	13 400 000

例 6-6　M 公司投资项目(例 6-5 结束时，土地使用权转让价预计为 1 200 万元，厂房和设备的净残值分别为 400 万元和 100 万元。在投资项目结束时，土地、厂房和设备的未计提折旧(摊销)额，即账面价值为

土地使用权，未计提摊销额为 $1000-1000\times(1/40)\times5=875$(万元)。

厂房累计折旧总额为 $700\times(1/20)\times5=175$(万元)，未计提折旧额为 $700-175=525$(万元)。

设备由于经济使用年限为 5 年，依税法全额计提折旧，在项目结束时，未计提折旧额为零。

那么，转让土地使用权和回收厂房和设备形成的现金流量见表 6-2。

表 6-2　　处理长期资产的现金流量　　(单位:万元)

	土地	厂房	设备
a. 变卖收入	1200	400	100
b. 减:未计提折旧额(账面价值)	875	525	
c. 资产变卖净收入	325	−125	100
d. 所得税支出(税率 25%)	81.25	−31.25	25
出售业务现金净流量(a−d)	1118.75	431.25	75

3. 债务融资活动(debt financing activities)的现金流量

市场项目的权益投资者或发起人都利用债务融资的杠杆来提高权益投资的收益率,反之,债权人也要考虑贷款的回报风险。因此,在市场经济中,债权人有决定是否贷款多少以及还本付息的条款。这就有必要在融资方案中先形成可能而又合适的债务融资方案,然后决定必要的权益资金的投入。当然,债务和权益融资匹配的比率形成是一个反复调整的过程,但最终可能取决于债务资金的可获得性。对项目直接投资者或发起人来说,从债权人处获得的贷款是现金流入,而还本付息是现金流出,即

负债资金(贷款)收入
−　利息支付
−　本金偿还
债务融资活动现金流量

这里,要特别指出的是:如果利息支付发生在项目的营运期,并已记入营运活动的财务费用,营运活动现金流中的净利润中已减除了利息,就不能再作为流出。

对一般工程建设投资项目,归纳以上三种活动的现金流量在项目计算期的分布可表示为图 6-2。

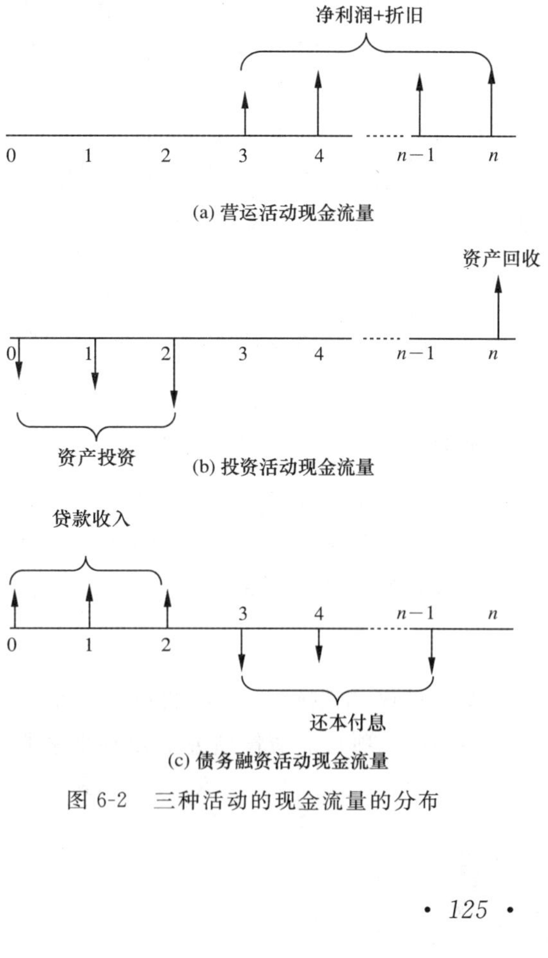

图 6-2　三种活动的现金流量的分布

6.2.2　全部投资盈利性分析

全部投资盈利性分析不考虑资金来源,从全部投资角度,通过编制全部投资现金流量表,考察项目方案自身的获利能力,让全部投资者(包括债权投资者)判断项目是否有吸引力。

1. 全部投资现金流量表

全部投资现金流量表(cash flow table for total investment)如表 6-3 所示。因为暂不考虑融资活动,所以,只有营运活动和投资活动两种现金流量。各年(或月,下同)的现金流量的代数和就得到全部投资的净现金流量

（表 6-3 的最后一行）。一般情况下，计算期初的净流量是负的，其数值就是要通过融资方案来筹措资金，以后各年出现的正值，表示项目对全部投资者的回报。由于没有债务融资，现金流量中的净利润等的计算也没有利息等支出的科目。该表中的建设投资包括固定资产、无形资产和其他资产投资，建设期间也没有借款利息发生。

表 6-3　　　　全部投资现金流量表

序号	项　目	计　算　期						
		0	1	2	3	4	…	n
1	营运活动现金流量							
	净利润							
	折旧							
2	投资活动现金流量							
	建设投资							
	资产回收							
	流动资金投入							
	流动资金回收							
3	全部投资净现金流量							

2．全部投资盈利性判据

按表 6-3 的最后一行的净现金流量，就可以算得项目融资前的全部投资的内部收益率（IRR）和净现值（PW）等指标。那用什么作为判定的基准呢？我们从简化了的项目作如下的推导。

在项目运行的正常年份，现金流入主要是销售（营业）收入 R，现金流出是经营成本 C。非现金流的折旧和摊销 D 不作为现金流出。这样，初始投资为 P，永续净现金流为（$R-C-T$），则项目的全部投资的内部收益率为

$$i'=\frac{R-C-T}{P}。$$

式中 T 为由项目引起的所得税。如果由项目引起的有效所得税率为 τ，那么，

$$T=\tau(R-C-D-I),$$

代入后有
$$i'=\frac{(R-C)-\tau(R-C-D-I)}{P}。$$

式中 I 为借款的利息，按税法，利息是可以抵扣所得税的。现在来看融资的两种极端情况，第一种是全部由投资者股权（权益）融资（equity financing），股东要求的投资回报为 i_e，则项目达到盈利性目标的评价判据是

$$i'=\frac{(R-C)-\tau(R-C-D)}{P}\geqslant i_e; \tag{6-11}$$

第二种极端情况是，项目的投资全部由债务融资（debt financing），债权人要求的利率为 r_d，代入前式，项目能清偿债务的盈利水平判据为

$$\frac{R-C-\tau(R-C-D')+\tau(r_d\cdot P)}{P}\geqslant r_d, \tag{6-12}$$

移项后有

$$i'=\frac{R-C-\tau(R-C-D')}{P}\geqslant(1-\tau)r_d。\tag{6-13}$$

对照式(6-11)和式(6-13),不等式左边 i' 的计算公式相同,都按融资前现金流量计算;不等式右边则不同,债务资金成本可以因抵扣所得税而降$(1-\tau)$的比率。例如,股权融资和债务融资要求的回报都是10%,所得税率25%,那么前者要求项目的内部收益率不低于10%;而后者可只要求不低于(1-25%)×10%= 7.5%。可以看出这里的内部收益率的计算都是按债务融资前的现金流量,即不考虑资金的来源结构,同时假定融资方案对折旧没有影响,即 $D\approx D'$。

一般的项目资金来源都由权益融资和债务融资两部分组成,因此,平均的资金来源的加权成本为

$$WACC=\lambda(1-\tau)r_d+(1-\lambda)i_e。\tag{6-14}$$

式中 λ 债务融资占全部资金来源的比例;

r_d——债务融资要求的利率;

i_e——权益融资成本(股东要求的回报率)。

这样我们就得到了融资前全部投资盈利性判据

$$IRR\geqslant WACC。\tag{6-15}$$

内部收益率的计算不考虑资金筹措的影响,而在判别的基准选择 $WACC$ 时考虑了债务融资成本的税收抵扣,这样就大大简化了项目早期方案筛选工作。

项目对投资者的吸引能力主要取决于税后的现金流,即把所得税视为流出。这对新设法人项目来说较为简单,项目法人就是企业法人,所得税就可按项目生成的利润为基础计算;对于既有法人项目,项目与既有法人的企业并不重合,而所得税的纳税主体是企业并非项目,这就可能要计算项目对整个企业要交纳所得税的影响。在通常情况下,我们均可把项目看成一个虚拟的企业,按项目计算利润和所得税,也就是说,把项目的利润和应纳所得税看成是企业的增量。按这个假设,项目盈利性分析也就可不必区分新设法人和既有法人的差别了①。

例 6-7 某项目全部投资资金的30%由银行贷款,年利率为5.31%,其余由企业盈余的权益资金和募股筹集。根据该行业的净资产收益率,股东要求的回报率不低于6.5%。目前该企业属盈利状态,所得税率为25%。求该项目全部投资的盈利性要求。

解 将有关数据代入公式有

$$WACC=0.3\times(1-0.25)\times5.31\%+0.7\times6.5\%=5.74\%。$$

如果投资者没有其他更好的投资机会,项目融资前全部投资净现金流的内部收益率应不低于5.74%。

6.2.3 权益投资盈利性分析

权益投资盈利性分析是融资后(after financing or with the debt financing)分析,目的是考察项目权益资金投资者的获利能力,分析判断项目方案在融资条件下的合理性。进行权益投资盈利性分析应从权益投资者整体的角度,分析其现金流量,通过编制项目权益投资现金流量表计算内部收益率、净现值等指标,分析投资者可获得收益水平。在市场经济条件下,对项目

① 严格地讲,项目的利润要按既有法人企业增量利润所应纳税的增量税率(incremental tax rate)来缴纳,这在实行累进所得税率的国家较为敏感。如在美国,税率从15%到39%八级累进,项目增量利润纳税税率就要在企业的原有适用税率之上跨级缴纳。我国实行的统一的比例税率25%,这个问题不是太敏感。

整体获利能力有所判断的基础上，权益投资盈利能力指标是比较和取舍融资方案的重要依据。权益投资盈利性分析根据需要可再细分各投资方的盈利水平的分析。

1. 权益投资现金流量表

权益投资现金流量表(cash flow table for equity investment)如表6-4所示，和全部投资现金流量表(表6-3)不同的是，增加了债务融资的现金流量，这是项目发起人与债权人就项目获利能力、清偿能力和风险分担的各种因素考虑后达成的债务活动的收入和支出。这里要着重说明的是，其中的利息支付是指营运活动以外的支付，如建设期支付的利息等。营运期的现金流量中的净利润的核算已包括了利息等财务费用，因此，在债务活动现金流量中不能再重复计算。

表6-4 **权益投资现金流量表**

序号	项目	计算期						
		0	1	2	3	4	…	n
1	营运活动现金流量							
	净利润							
	折旧							
2	投资活动现金流量							
	建设投资							
	资产回收							
	流动资金投入							
	流动资金回收							
3	债务融资活动现金流量							
	贷款收入							
	利息支付							
	本金偿还							
4	权益投资净现金流量							

表6-4各年现金流量的代数和就得到权益投资的净现金流量(该表的最后一行)。显然，计算期初是负值，尽管有债务贷款的收入。因为债权人考虑风险以及资本金管理制度，初始投资不可能全由负债资金来支付，这个负值也是权益资本需要投入项目的数值。同理，该行数据的正值是权益投资的回报。权益投资的净现金流量也可能在营运期出现负值，很可能是在投产阶段，当净利润加折旧不足以归还借款本金时就要由权益投资来补足。

2. 权益投资盈利性判据

计算权益投资盈利性时的基准收益率应体现项目发起人(代表项目所有权益投资者)对投资获利的最低期望值(最低可接受收益率)。这样权益投资盈利性判据为

$$IRR \geqslant MARR。\tag{6-16}$$

当项目权益投资内部收益率大于或等于该最低吸引力收益率($MARR$)时，说明在该融资方案下，项目资金获利水平超过或达到了权益资金的机会成本，该融资方案是可以接受的。

3. 债务融资杠杆

一般来说，只要全部投资的内部收益率(融资前)高于借款的利率，增加借款比例，可以提

高权益资金投资的内部收益率。权益资金投资的盈利能力的一部分来自项目，另一部分来自贷款者。在这种情况下，投资者会尽可能地减少权益资金的出资额，把余下的权益资金投向类似的项目，使整个权益资金投资的盈利能力提高。人们把投资者的这种做法叫做债务融资杠杆(debt financing leverage)原理。即使在全部投资的内部收益率与借款利率相同的情况下，增加借款比例对直接投资者还是有利的。这是因为建设期借款利息可以形成资产的原值，提高了折旧额；在生产经营期，借款利息可以计入当期损益(财务费用)，这都可以减少所得税的支出，使权益资金的盈利水平提高。此外，投资者利用债务资金，分散权益资金在不同项目上，还可以减少投资的风险。所谓“不要把全部鸡蛋都装在一个篮子里”就是这种考虑的体现。

例 6-8 某食品生产企业面临市场旺季，预计在未来三个月增加生产可每月多获利(净利润)2 万元，但急需增加流动资金 100 万元，旺季结束，这笔流动资金可全部回收。试求这个增产方案投资的收益率。如果存在期限为三个月、月利率 2%的借款 50 万元的机会，试问债务融资后的收益率。企业目前处盈利状态，所得税率为 25%。

解 如果 100 万元流动资金全部由企业自有资金投入，月内部收益率为 2%，转化为年有效收益率为

$$IRR=(1+2\%)^{12}-1=26.8\%。$$

债务融资后的权益投资的现金流量如表 6-5，其中营运活动现金流量因为税前支付利息 1.0 万元，使净利润减为

$$2.0-(1-25\%)\times1.0=1.25(万元)。$$

表 6-5 **例 6-8 债务融资后的权益投资现金流量表** (单位：万元)

项目 \ 月	0	1	2	3
营运活动现金流量		1.25	1.25	1.25
投资活动现金流量	−100.00			100.00
债务融资活动现金流量	50.00			50.00
权益投资净现金流量	−50.00	1.25	1.25	51.25

这样算得月投资内部收益率为 2.5%，转化为年有效收益率为 34.5%，债务融资杠杆提高了收益率近 30%。

当然，投资者利用融资杠杆也不是绝对的。首先，政策和法规规定，对负债的比例是有所限制的。例如，我国中外合资企业法规定注册资本一般应不少于投资总额的 1/3。我国财务通则还规定，企业筹集的投资本金在生产经营期内不得以任何方式抽走。其次，当多余的权益资金找不到较好的其他投资机会时，减少权益资金的出资也未必有利。

6.2.4 一个演示性的例子

1. 全部投资盈利性分析

数据资料 某工业项目计算期为 15 年，建设期为 3 年，第四年投产，第五年开始达到生产能力。

(1) 建设投资(主要是固定资产投资)8 000 万元分年投资情况如表 6-6 所示。

表 6-6　　　　(单位:万元)

项目＼年份	1	2	3	合计
建设投资	2 500	3 500	2 000	8 000

该项目的固定资产综合折旧年限为 15 年,残值率为 5%。期末余值等于账面余值。

(2) 流动资金投资约需 2 490 万元。

(3) 营业收入、营业税金及附加和经营成本的预测值见表 6-7,其他支出忽略不计。

表 6-7　　　　(单位:万元)

内容＼年份	4	5	6	…	15
营业收入	5 600	8 000	8 000	…	8 000
营业税金及附加	320	480	480	…	480
经营成本	3 500	5 000	5 000	…	5 000

解　在计算折旧、利润和所得税时,均不考虑资金来源,即不考虑借款和利息。

(1) 固定资产折旧计算

平均折旧年限为 15 年,残值率为 5%,则

$$年折旧额=\frac{8\,000(1-5\%)}{15}\approx 507(万元)。$$

第 15 年末回收固定资产余值(假定回收余值与账面折余值相等)为

$$8\,000-507\times 12=1\,916(万元)。$$

(2)利润与所得税计算

融资前的利息支出为零,利润与所得税的计算如表 6-8 所示。据以编制全部投资现金流量表,见表 6-9。

表 6-8　　利润与所得税计算(融资前)　　(单位:万元)

序号	项　目	计算期											
		4	5	6	7	8	9	10	11	12	13	14	15
1	营业收入	5 600	8 000	8 000	8 000	8 000	8 000	8 000	8 000	8 000	8 000	8 000	8 000
2	营业税金及附加	320	480	480	480	480	480	480	480	480	480	480	480
3	总成本费用	4 007	5 507	5 507	5 507	5 507	5 507	5 507	5 507	5 507	5 507	5 507	5 507
3.1	经营成本	3 500	5 000	5 000	5 000	5 000	5 000	5 000	5 000	5 000	5 000	5 000	5 000
3.2	折旧费	507	507	507	507	507	507	507	507	507	507	507	507
3.3	利息支出	0	0	0	0	0	0	0	0	0	0	0	0
4	利润总额(1−2−3)	1 273	2 013	2 013	2 013	2 013	2 013	2 013	2 013	2 013	2 013	2 013	2 013
5	所得税(4×25%)	318	503	503	503	503	503	503	503	503	503	503	503
6	税后利润	955	1 510	1 510	1 510	1 510	1 510	1 510	1 510	1 510	1 510	1 510	1 510

(3) 全部投资现金流量表(表 6-9)及盈利性判据

表 6-9　　　　　　　　　　　　**全部投资现金流量表**　　　　　　　　　　　（单位：万元）

序号	项　目	计　算　期															
		0	1	2	3	4	5	6	7	8	9	10	11	12	13	14	15
1	营运活动现金流量																
	净利润					955	1510	1510	1510	1510	1510	1510	1510	1510	1510	1510	1510
	折　旧					507	507	507	507	507	507	507	507	507	507	507	507
2	投资活动现金流量																
	建设投资及回收		−2500	−2500	−2000												1916
	流动资金投入及回收				−2490												2490
3	全部投资净现金流量	0	−2500	−3500	−4490	1461	2017	2017	2017	2017	2017	2017	2017	2017	2017	2017	6423

根据表 6-9 的最后一行数字，计算得到全部投资的税后内部收益率 $IRR=14.17\%$，投资回收期 $P_t=8.48$ 年。

该项目的投资内部收益率超过 14%，我们可以以这个数值与可能的资金来源成本进行比较，以确定是否有必要进一步研究。即使长期借款的利率为 16%，全部通过借贷筹资，还是具有偿付能力的，因为 $IRR=14.17\%>(1-25\%)\times16\%=12\%$。如果股权融资要求的投资回报率高达 15%，而又能设法从银行借到一半的初始投资，长期贷款利率为 10%，那么加权平均的资金成本是

$$WACC=0.5\times15\%+0.5\times(1-25\%)\times10\%=7.5\%+3.75\%=11.25\%。$$

项目的内部收益率还是大于资金成本，说明这个项目从盈利能力上还是可以考虑的。

2. 融资后的盈利能力分析

对项目进行融资前的初步分析后，如果给定的融资方案如下：

(1) 建设投资 8 000 万中，经与银行达成额度为 4 000 万元的合约，分 1 000 万，2 000 万和 1 000万三年到款。银行贷款条件是年利率 10%，建设期只计息不付息还款，将利息按复利计算到第四年初，作为全部借款本金。投产后（第四年末）开始还贷，每年付清利息，并分 10 年等额还本；

(2) 流动资金投资 2 490 万元，全部向银行借款（始终维持借款状态），年利率也是 10%。

解　融资后的盈利能力分析可按以下步骤进行。

(1) 固定资产投资借款建设期利息计算（表 6-10）

假定每年借款发生在年中，当年借款额只计一半利息。第四年初累计的欠款即为利息资本化后的总本金。

表 6-10　　　　　　　　　　　　**建设期利息计算表**　　　　　　　　　　　（单位：万元）

项目＼年末	1	2	3	4	附注
年初欠款	0	1 050	3 255	4 631	建设期利息为 631
当年借款	1 000	2 000	1 000		
当年利息	50	205	376		
年末欠款累计	1 050	3 255	4 631		

(2) 固定资产折旧计算

融资后的年折旧费计算，建设期利息计入固定资产原值内，年折旧费为

$$年折旧额=\frac{(8\,000+631)(1-5\%)}{15}\approx 547(万元)。$$

第 15 年末回收固定资产余值为

$$(8\,000+631)-547\times 12\approx 2\,067(万元)。$$

(3) 建设投资还款计划与利息计算

根据与银行商定的条件，第四年开始支付每年的利息再还本金的 1/10，10 年内还清，利息可计入当期损益（详见表 6-11）。

表 6-11　固定资产投资还贷计划与利息计算　（单位：万元）

项目＼年末	4	5	6	7	8	9	10	11	12	13
期初本息余额	4 631	4 167	3 704	3 241	2 778	2 315	1 852	1 389	926	463
本期付息	463	417	370	324	278	232	185	139	93	46
本期还本	463	463	463	463	463	463	463	463	463	463
期末本息余额	4 167	3 704	3 241	2 778	2 315	1 852	1 389	926	463	0

(4) 利润与所得税计算

融资后的利润与所得税的计算如表 6-12 所示，据以编制权益资金投资现金流量表。

表 6-12　利润与所得税计算（融资后）　（单位：万元）

序号	项　目	计　算　期											
		4	5	6	7	8	9	10	11	12	13	14	15
1	营业收入	5 600	8 000	8 000	8 000	8 000	8 000	8 000	8 000	8 000	8 000	8 000	8 000
2	营业税金及附加	320	480	480	480	480	480	480	480	480	480	480	480
3	总成本费用	4 759	6 212	6 166	6 120	6 073	6 027	5 981	5 935	5 888	5 842	5 796	5 796
3.1	经营成本	3 500	5 000	5 000	5 000	5 000	5 000	5 000	5 000	5 000	5 000	5 000	5 000
3.2	折旧费	547	547	547	547	547	547	547	547	547	547	547	547
3.3	利息支出	712	666	619	573	527	481	434	388	342	295	249	249
4	利润总额(1－2－3)	521	1 308	1 354	1 400	1 447	1 493	1 539	1 585	1 632	1 678	1 724	1 724
5	所得税(4×25%)	130	327	338	350	362	373	385	396	408	420	431	431
6	税后利润(净利润)	391	981	1 015	1 050	1 085	1 120	1 154	1 189	1 224	1 259	1 293	1 293

(5) 权益投资现金流量（表 6-13）及盈利性指标

按权益投资净现金流量（表 6-13 的最后一行），可以算得权益投资的内部收益率 $IRR=20.10\%$。

如某企业（投资者）现有投资机会的税后投资收益率 $MARR$ 不高于 20%，该投资项目对投资者还是有吸引力的。

表 6-13　　　　　　　　　　　　**权益投资现金流量表**　　　　　　　　　　（单位:万元）

序号	项目	计算期															
		0	1	2	3	4	5	6	7	8	9	10	11	12	13	14	15
1	营运活动现金流量																
	净利润					391	981	1015	1050	1085	1120	1154	1189	1224	1259	1293	1293
	折　旧					547	547	547	547	547	547	547	547	547	547	547	547
2	投资活动现金流量																
	建设投资及回收		−2500	−3500	−2000												2067
	流动资金投入及回收				−2490												2490
3	债务融资活动现金流量																
	建设投资借款		1000	2000	1000												
	流动资金借款				2490												
	建设投资借款本金偿还					−463	−463	−463	−463	−463	−463	−463	−463	−463	−463		
	流动资金借款偿还																−2490
4	权益投资净现金流量		−1500	−1500	−1000	475	1065	1099	1134	1169	1204	1238	1273	1308	1343	1840	3907

6.3 投资项目清偿能力分析

6.3.1 资金在时间上的平衡

有些项目的投资盈利水平虽然很高,但由于资金筹措不足、资金到位迟缓、应收账款收不上来以及汇率和利率的变化都会对项目的财务生存能力(financial viability)产生影响,招致资金链断裂,使项目无法持续。因此,工程项目投资财务分析的一项重要工作就是要在投资决策的前期认真分析项目在进行过程中的各个阶段的资金是否充裕,是否有足够的能力清偿债务,项目在财务安排上负债比例是否合适等。这类分析叫清偿能力分析(liquidity analysis)。一般说来,项目在筹建的后期到生产经营达到正常的这段时间资金平衡最为困难,此时项目占用的资金量大,利息支付也多,借款也开始要求偿还;而投产试生产阶段成本费用高,产量低,资金流入偏少。因此,有必要逐年甚至逐季逐月地予以平衡,做到事先心中有数,未雨绸缪。

项目主持人或发起人不仅要关注权益投资者的盈利水平,还可以在权益投资现金流量表的基础上编制财务平衡表或财务计划现金流量表(cash flow table for financial planning)来考察项目的资金平衡状态。这张表可以在权益投资现金流量表的基础上增加一项权益投资活动(equity financing activities)现金流量,即把

　　　　权益投资收入
−　应付股利
―――――――――――
　　　　权益投资活动现金流量

加入到权益投资现金流量表中去,如表 6-14 所示。这个现金流量表与用于盈利性分析的投资(包括全部投资和权益资金投资)现金流量表(参见表 6-3 和表 6-4)有本质的不同。前者从项目的资金平衡出发,后者是从投资者角度出发的。在财务计划现金流量表中把用于项目的全部资金来源都看做是现金流入,包括借款和权益资金投资,而把利润分配作为流出;在权

益投资现金流量表中把权益资金投入看做现金流出，而把包括利润分配和资金盈余都看做投资者的所得(流入)。所以，也可以这样说：财务计划现金流的主体是项目主持人(不一定是投资者)；而投资现金流的主体是投资者。

表 6-14　　　　　　　　　　项目财务计划现金流量表

序号	项　目	计　算　期						
		0	1	2	3	4	…	n
1	营运活动现金流量							
	净利润							
	折旧							
2	投资活动现金流量							
	建设投资							
	资产回收							
	流动资金投入							
	流动资金回收							
3	债务融资活动现金流量							
	贷款收入							
	利息支付							
	本金偿还							
4	权益融资活动现金流量							
	权益资金投入							
	应付股利							
5	项目资金盈余							
6	项目累计盈余资金							

财务计划现金流量表可以在权益投资现金流量表的权益投资净现金流量的基础上简化为表 6-15。

表 6-15　　　　　　　　　　项目财务计划现金流量表

序号	项　目	计　算　期						
		0	1	2	3	4	…	n
1	权益投资净现金流量							
	＋权益资金投入							
	－应付股利							
2	项目盈余资金							
3	项目累计盈余资金							

表 6-15 的第一行就是权益投资表(表 6-4)的最后一行——权益投资净现金流量，计算期初多数是负值，表示在债务融资后还要由权益资金(资本金)补初始资产投资之不足，其值可能就是要投入的权益资金，这样，项目资金盈余就为零了。但是，在市场经济下，项目债务融资和权益资金筹集都是反复发现机会、谈判和决策的过程，二者完全互补，盈余为零是不太可能的。另外，即使项目投入营运，也可能还要权益资金的投入。盈余资金表示当年资金来源(现金流

入)多于资金运用(现金流出)的数额。当盈余资金为负值时,表示该年资金的短缺数。在建设期,盈余资金(短缺)表示当年投资者的出资额加上借款或其他债务来源多于(少于)投资的数额。在有利润的营运期,盈余资金表示经过利润分配或股利派发后,留在项目多余的资金。应付股利的多少,要符合法规的要求和项目法人企业的股利分配政策,还要有累计盈余资金可供分配。作为资金的平衡,并不需要每年的盈余资金不出现负值,而要求从投资开始至各年累计的盈余资金大于零。这就是要求投资项目在进行过程中的任何时刻都有够用的"钱",否则,项目将无法进行下去。当在某一时刻累计盈余资金小于零时,要在此之前增加借款或增加权益资金投入或延缓(减少)利润分配或设法与债权人协商延缓还款时间。当所有这些措施都无效时,即便是投资盈利能力很好,也还要重新考虑投资项目的可行性,缩小投资项目的规模甚至放弃项目的投资。

以上分析主要是针对经营性项目。事实上,公共或公益性项目也要进行类似的资金平衡分析,这些项目可能没有经营收入或不以盈利为目标,不做盈利性分析或不以盈利性分析作为项目评价和比选的判据,但只要是"花钱"的,这种资金的平衡分析就是必要的。这时,项目的流入可能包括政府补贴、贴息、社会捐赠或其他可能的收入。总之,要有足够的"钱"让项目能持续下去。

对于经营性项目,必要时,清偿能力的分析还可包括资产负债表的预测和偿债能力分析。这些分析显然是针对企业法人的,应该以项目形成或归属的企业为对象进行分析。这些分析对项目债权人更为关注。

6.3.2 资产负债表的预测

清偿能力分析除了考察投资项目各时刻的资金平衡情况外,还有必要考察企业(项目)的资产负债变化情况,保证项目(企业)有较好的清偿能力和资金流动性。这些分析可以通过资产负债表的预测来实现(表 6-16)。

表 6-16　　资产负债表　　(单位:万元)

序号	项目	计算期					
		1	2	3	4	…	n
1	资产						
1.1	流动资产总额						
1.1.1	货币资金						
1.1.2	应收账款						
1.1.3	预付账款						
1.1.4	存货						
1.1.5	其他						
1.2	在建工程						
1.3	固定资产净值						
1.4	无形及其他资产净值						
2	负债及所有者权益(2.4+2.5)						
2.1	流动负债总额						

续表

序号	项　目	计　算　期					
		1	2	3	4	…	n
2.1.1	短期借款						
2.1.2	应付账款						
2.1.3	预收账款						
2.1.4	其他						
2.2	建设投资借款						
2.3	流动资金借款						
2.4	负债小计(2.1＋2.2＋2.3)						
2.5	所有者权益						
2.5.1	权益资金投资						
2.5.2	资本公积						
2.5.3	累计盈余公积和公益金						
2.5.4	累计未分配利润						

注：货币资金包括现金和累计盈余资金。

资产负债表(balance sheet)和前面的现金流量表的一个根本的区别在于前者记录的是存量而后者是流量。所谓存量是指某一时刻的累计值;流量反映的是某一时段发生的资金流量值。资产负债表中的基本恒等关系是

$$资产＝负债＋所有者权益。$$

流动资产总额包括了生产经营中所必需的最低要求的流动资产,即应收账款、存货和现金,也包括累计盈余资金。后者在形式上也是一种现金,但它是多于周转的必要部分。在建工程记录的是包括施工前期准备、正在施工中和虽已完工但尚未交付使用的建筑工程和安装工程所花的投资费用。它与建设期累计的固定投资和利息支出是一致的。固定资产、无形资产及其他资产的净值是资产原值减去累计的折旧和摊销费所得。流动负债总额除各种应付账款外,还包括短期借款的债务值。权益资金投资和资本公积等于权益资金的出资累计值;累计盈余公积金和累计未分配利润可以从利润分配表的有关数字累计中得到。

6.3.3　清偿能力分析指标

1. 根据资产负债表计算的指标

资产负债率(debt-to-asset ratio)　资产负债率是负债与资产之比,它是反映企业各个时刻所面临的财务风险程度及偿债能力的指标。

$$资产负债率=\frac{负债合计}{资产合计}。$$

资产负债率到底多少合适,没有绝对的标准,一般认为0.5～0.8是合适的。国外类似的指标有债务-资本比(debt-equity ratio),它表示投资者的杠杆比率(investor leverage)。投资者的资本金越少,一般说来每一份资本的收益越高。从盈利性角度出发,权益的所有者希望保持较高的债务-资本比,以此赋予权益资金有较高的杠杆力——用较少的权益资金来控制整个项目。但是,另一方面,资产负债比越高,项目的风险也越大,因为权益资金投资的大部分形成

土地使用权、房屋和机械设备，变现较为困难，除非企业宣告破产。因此，银行和债权人一般不愿意贷款给权益资金出资额低于总投资50%的项目。

当资产负债率或债务-资本比太高时，可以通过增加权益资金出资和减少利润分配等途径来调节。

流动比率(current ratio)　流动比率是企业各个时刻偿付流动负债能力的指标。

$$流动比率=\frac{流动资产总额}{流动负债总额}。$$

由于流动资产总额中包括存货，这些存货在通常情况下也不易立即变现，所以该指标不能确切反映瞬时的偿债能力。

速动比率(quick ratio)　速动比率是企业各个时刻用可以立即变现的货币资金偿付流动负债能力的指标。

$$速动比率=\frac{流动资产总额-存货}{流动负债总额}。$$

一般认为，流动比率应不小于1.2～2.0，速动比率应不小于1.0～1.2。

当流动比率和速动比率过小时，应设法减少流动负债，通过减少利润分配，减少库存等办法增加盈余资金。例如增加长期借款(负债)等方法来加以调整。

2. 根据利润表结合借款偿还计划表计算的指标

利息备付率(Interest Coverage Ratio, ICR)　利息备付率是指项目营运期内各年可用于支付利息的税息前利润(Earning Before Interest & Tax，EBIT)与当期应付利息(PI)的比值。其计算公式为

$$ICR=\frac{EBIT}{PI}。$$

利息备付率表示项目利润偿付利息的保证倍率。对于正常运营的企业，利息备付率应当大于2，否则，表示付息能力保障程度不足。利息备付率可以按年计算，也可以按整个借款期计算。

偿债备付率(Debt Service Coverage Ratio，DSCR)　偿债备付率是指项目在营运期内各年可用于还本付息资金(Earning Before Interest & Tax and Depreciation-Tax，EBITDA-Tax)与当期应还本付息金额(PD)的比值。其计算公式为

$$DSCR=\frac{EBITDA-Tax}{PD}。$$

偿债备付率表示可用于还本付息的资金偿还借款本身的保证倍率。偿债备付率在一般情况下应大于1。当偿债备付率小于1时，表示当年资金来源不足以偿付当期债务，需要通过短期借款偿付已到期债务。偿债备付率可以按年计算，也可以按整个借款期计算。

6.3.4　一个演示性的例子(续)

接着前面的演示性例子，进行清偿能力的分析。假定利润的分配按以下原则进行：按当年的税后利润的10%提取盈余公积金(如企业以前年度有亏损，则按弥补亏损后的数字提取)；余下部分全部作为应付利润(股利)分配，如果当年折旧费不足以归还借款的本金，则先归还借款本金后再分配利润(表6-17)。

表 6-17 利润分配表 (单位:万元)

项　目	4	5	6	7	8	9	10	11	12	13	14	15
净利润	391	981	1015	1050	1086	1120	1154	1189	1224	1259	1293	1293
盈余公积 10%	39	98	102	105	109	112	115	119	122	126	129	129
累计盈余公积	39	137	239	344	452	564	680	799	921	1047	1176	1305
股利分配	352	883	914	945	977	1008	1039	1070	1102	1133	1164	1164
未分配利润	0	0	0	0	0	0	0	0	0	0	0	0
累计未分配利润	0	0	0	0	0	0	0	0	0	0	0	0

财务计划现金流量表(表 6-18)可在权益投资现金流量表(表 6-13)最后一行的基础上做。假定前二年权益资金各能募集到 2000 万元。虽然第三年盈余资金是负的,但累计盈余资金没出现负值。作为项目的流入,股利分配作为应付股利流出。以后各年均有正的盈余资金,其累计值就形成资产负债表(表 6-19)的货币资金。

表 6-19 中,建设期的累计建设投资加上建设期的利息可看做是在建工程;固定资产净值为固定资产原值减去累计折旧;累计盈余公积金来自利润分配表中有关数字的累加。从计算所得的指标看,负债比率的高峰是在建设期末和生产期初,资产负债率最高为 0.64,流动比率最低为 1.0。在这一阶段中,流动资产总额中大部分是存货,因此速动比率可能很低,短期偿债能力较差,可以建议增加部分长期借款作为流动资金投资。项目后期的流动比率偏高,可以考虑用盈余资金转增资本、扩大生产规模或归还部分短期借款。由于项目投产后,作为企业有很多针对市场环境变化的资金运作空间,没有必要预测太长远的资产负债表,因此,表 6-19 只给出了前 10 年的数据。

表 6-20 给出了利息备付率(ICR)和偿债备付率(DSCR),其最低值分别是 1.73 和 1.40,均发生在第四年。

表 6-18 财务计划现金流量表 (单位:万元)

序号	项　目	计　算　期															
		0	1	2	3	4	5	6	7	8	9	10	11	12	13	14	15
1	权益投资净现金流量		−1500	−1500	−1000	475	1065	1099	1134	1169	1204	1238	1273	1308	1343	1840	3907
	+权益资金投入		2000	2000	0												
	−股利分配					352	883	914	945	977	1008	1039	1070	1102	1133	1164	1164
2	盈余资金		500	500	−1000	123	182	186	189	193	196	199	203	206	210	676	2743
	累计盈余资金		500	1000	0	123	305	491	680	872	1068	1268	1471	1677	1887	2563	5306

表 6-19 资产负债表 (单位:万元)

序号	项　目	0	1	2	3	4	5	6	7	8	9	10	…
1	资　产		3050	7255	11121	10697	10332	9971	9613	9258	8907	8560	…
1.1	流动资产		500	1000	2490	2613	2795	2981	3170	3362	3558	3758	…
1.1.1	货币资金		500	1000	0	123	305	491	680	872	1068	1268	…
1.1.2	其他流动资产				2490	2490	2490	2490	2490	2490	2490	2490	…
1.2	在建工程		2550	6255	8631								…

续表

序号	项　目	0	1	2	3	4	5	6	7	8	9	10	…
1.3	固定资产净值					8074	7537	6990	6443	5896	5349	4802	…
													…
2	负债与所有者权益		3050	7255	11121	10697	10332	9971	9613	9258	8907	8560	…
2.1	负债		1050	3255	7121	6658	6195	5732	5269	4806	4342	3879	…
2.1.1	短期负责(流动资金)				2490	2490	2490	2490	2490	2490	2490	2490	…
2.1.2	长期负债(资产投资)		1050	3255	4631	4168	3705	3242	2779	2316	1852	1389	…
2.2	所有者权益		2000	4000	4000	4039	4137	4239	4344	4452	4564	4680	…
2.2.1	权益资产投入		2000	4000	4000	4000	4000	4000	4000	4000	4000	4000	…
2.2.2	累计盈余公积					39	137	239	344	452	564	680	…
2.2.3	累计未分配利润		0	0	0	0	0	0	0	0	0	0	…
	资产负债率		0.34	0.45	0.64	0.62	0.60	0.57	0.55	0.52	0.49	0.45	…

表 6-20　　　　偿债能力指标计算表　　　　(单位:万元)

序号	项　目	4	5	6	7	8	9	10	11	12	13	14	15
1	税前利润(利润总额)	521	1308	1354	1400	1447	1493	1539	1585	1632	1678	1724	1734
2	应付利息	712	666	619	573	527	481	434	388	342	295	249	249
3	折　旧	547	547	547	547	547	547	547	547	547	547	547	547
4	所得税	130	327	339	350	362	373	385	396	408	420	431	431
5	应还借款本金	463	463	463	463	463	463	463	463	463	463	463	463
6	息税前利润(EBIT)(1+2)	1233	1974	1973	1973	1974	1974	1973	1973	1974	1973	1973	1973
7	还本付息资金(EBITDA-Tax)(1+2+3−4)	1650	2194	2182	2170	2159	2148	2135	2124	2113	2101	2089	2089
8	利息备付率(ICR)(6/2)	1.73	2.96	3.19	3.44	3.75	4.10	4.55	5.09	5.77	6.69	7.92	7.92
9	偿债备付率(DSCR)(7/5)	1.40	1.94	2.02	2.09	2.18	2.28	2.38	2.50	2.62	2.77	2.93	2.93

6.4　通货膨胀、所得税与税后现金流

现实经济生活中,价格水平一般随时间而上升,也就是说存在通货膨胀。通货膨胀指的是价格总水平的上涨,或者说是货币的贬值,而不是指物价相对水平的变化。项目工程经济分析要涉及对将来现金流量的预测,这就有一个采用什么样的价格的问题。一种是当时价或称时价(current price),指的是当时实际发生的价格,既包含物价相对变动,又含有通货膨胀的因素。按这样计算的现金流量及内部收益率指标都含有物价总水平上涨(通货膨胀)的水分,但优点是现金流的数值与实际发生的相吻合。第二种叫常价(constant price),指的是采用分析当时的价格总水平,不考虑价格总水平的上涨(假定没有通货膨胀),只考虑相对价格的变动,这是通常做盈利能力分析的假设,能够得到盈利水平的实际值,免去了对通货膨胀率的预测。第三种是实价(real price or price in real term),指的是在时价的基础上剔除通货膨胀的因素(水分),保留价格相对变动的影响 。作为盈利性分析,我们希望用的是第三种,因为只有按这样的价格得出的盈利水平才是投资者所能得到的,既考虑了物价相对变动,又不含通货膨胀

的水分。譬如，一个十年期的投资项目，按时价现金流计算的内部收益率是 8%，看上去还不错。但是，如果在这十年中，每年的通货膨胀率平均是 9%，那么，这个项目的盈利水平是负的。当然，我们也可以用一个按时价的基准收益率，譬如 18%，要求项目按时价计算内部收益率不低于 18%。这二者在数值上可能相差很大。为区别计，我们把按实价计算的收益率称为实价收益率 i_r，按时价计算的称为时价收益率 i_f。如果项目计算期内的通货膨胀率为 f，两种收益率的等价关系应保持为

$$\sum_{t=0}^{N} F_t(1+i_r)^{-t} = \sum_{t=0}^{N} F_t(1+f)^t \cdot (1+i_f)^{-t}。$$

其中，F_t 是按实价计算的第 t 年的净现金流，$F_t(1+f)^t$ 是按时价计算的相应净现金流，由此可得

$$\frac{1}{(1+i_r)} = \frac{(1+f)}{(1+i_f)},$$

即

$$i_f = (1+i_r) \cdot (1+f) - 1 = i_r + f + i_r \cdot f。$$

例 6-9 某一类投资项目，投资者的最低有吸引力的基准收益率是 8%，估计今后国内通货膨胀率为 3%①。如果项目是按时价计算净现金流量，满足投资者要求的项目内部收益率应不低于多少？

解 按上述等价公式，时价的基准收益率应是

$$i_f = 8\% + 3\% + 8\% \cdot 3\% = 11.24\%。$$

可见，当通货膨胀率不是很大时，按时价（含通货膨胀）的收益率近似地等于实价收益率与通货膨胀率二者之和。

例 6-10 如果知道按时价计算的第 t 年的净现金流量为 $F_t^f = F_t \cdot (1+f)^t$，求按实价计算的内部收益率 i'_r。

解 对这个问题有两种解法。一种是把按时价的净现金流量用物价指数剔除通货膨胀因素，然后求内部收益率，即通过

$$\sum_{t=0}^{N} \frac{F_t^f}{(1+f)^t} \cdot (1+i'_r)^{-t} = \sum_{t=0}^{N} F_t \cdot (1+i'_r)^{-t} = 0$$

求出 i'_r。

另外一种做法是，直接按时价净现金流，求出含通货膨胀的内部收益率 i'_f，

$$\sum_{t=0}^{N} F_t^f \cdot (1+i'_f)^{-t} = 0;$$

再通过 $(1+i'_r) = \dfrac{(1+i'_f)}{(1+f)}$ 求出按实价计算的内部收益率 i'_r。

例 6-11 按时价的投资项目的净现金流量分别是（ −1 000，309，318，328，338），通货膨胀率平均是 3%，求按实价计算的内部收益率。

解 按第一种方法，用 $(1+0.03)^t$（$t=0\sim4$），除以各年净现金流量，得（−1 000，300，300，300，300）；再求内部收益率 $i'_r = 7.71\%$。

按第二种方法直接按（−1 000，309，318，328，338 ）求内部收益率得 $i'_f = 10.95\%$，再用 $i'_r = \dfrac{1+i'_f}{1+f} - 1 = \dfrac{1+0.1095}{1+0.03} - 1 = 7.71\%$。二者的结果是一样的。

---

① 我国统计指标代表通货膨胀率的有：居民消费价格指数、商品零售价格指数和固定资产投资价格指数等。可根据项目实际情况选定。

这里要提出的问题是，似乎按实价的收益率和不考虑通货膨胀的按常价的收益率是相同的。是的，如果各种现金流入和现金流出都具有相同的物价上涨率 f，这个结论是成立的。按照通货膨胀的定义，由于货币贬值引起的投入物和产出物的上涨的比率可以认为是相同的，但是，现金流出中的所得税不完全按同一比率上升。按照 6.2 节，我们推导的某一正常年的税后净现金流公式，如果没有通货膨胀，按常价的现金流有

$$F_c=(1-\tau)\cdot(R-C)+\tau D。$$

注意符号所代表的量与 6.2 节相同，我们考虑一年的通货膨胀率 f，注意，收入 R 和经营成本 C 都随通货膨胀率 f 而上升，而折旧 D 一般不会随物价水平上涨而上升，这样，按时价的税后净现金流是

$$F_f=[(1-\tau)\cdot(R-C)]\cdot(1+f)+\tau D,$$

剔除通货膨胀后的实价现金流为

$$F_r=(1-\tau)\cdot(R-C)+\frac{\tau D}{1+f},$$

与 F_c 比较，差别发生在折旧上。从中可以看出实价净现金流 F_r 要小于常价（不考虑或没有通货膨胀）的净现金流 F_c。这是因为折旧没有随通货膨胀而升高，造成利润虚增，所得税多交，而使投资者吃亏了。用实价的净现金流可以显示由通货膨胀而引起的投资者的损失。

例 6-12 某项目的初始投资为 1200 万元（假定发生在第一年初），计算期为 4 年，余值忽略不计。根据投入和产出的相对价格变动，对其常价现金流量进行了预测，其有关数据见表 6-21。预计今后若干年的通货膨胀率为 3%，所得税率为 25%，折旧费每年 200 万元，试分别求全部投资的税后常价、时价和实价内部收益率。

表 6-21　　常价现金流量表　　（单位：万元）

	年末	0	1	2	3	4
1	营业收入 R		600	800	800	800
2	经营成本 C		250	300	300	300
3	折旧费 D		200	200	200	200
4	税前利润 (1−2−3)		150	300	300	300
5	所得税 T (4)×25%		37.5	75	75	75
6	税后现金流量 F (1−2−5)	−1200	312.5	425	425	425

解　(1) 常价的现金流不考虑通货膨胀（假定没有通货膨胀），直接按表 6-21 的第 6 行净现金流量，求内部收益率，$i_c'=11.64\%$。

(2) 假定有通货膨胀 3%，现金流量调整为时价，注意折旧维持原数值（表 6-22）。

表 6-22　　时价现金流量表　　（单位：万元）

序号	年末	0	1	2	3	4
1	营业收入 R		618.00	848.72	874.18	900.41
2	经营成本 C		257.50	318.27	327.82	337.65

续表

序号	年末	0	1	2	3	4
3	折旧费 D		200.00	200.00	200.00	200.00
4	税前利润（1−2−3）		160.50	330.45	346.36	362.75
5	所得税 T（4）×25％		40.13	82.61	86.59	90.69
6	税后现金流量 F（1−2−5）	−1200	320.38	447.84	459.97	472.07

按时价的内部收益率 $i'_f=14.59\%$。

（3）实价的净现金流可以对表 6-22 的各现金流剔除通货膨胀的影响，即用物价指数$(1+0.03)^t$除以各年的现金流量，得到用实价表示的现金流量，如表 6-23 所示。

表 6-23　　实价现金流量表　　（单位：万元）

序号	年末	0	1	2	3	4
1	营业收入 R		600.00	800.00	800.00	800.00
2	经营成本 C		250.00	300.00	300.00	300.00
3	折旧费 D		194.17	188.52	183.03	177.70
4	税前利润（1−2−3）		155.83	311.48	316.97	322.30
5	所得税 T（4）×25％		38.96	77.87	79.24	80.58
6	税后现金流量 F（1−2−5）	−1200	311.04	422.13	420.76	419.432

得到实价的内部收益率 i'_r 为 11.25％。明显地小于不考虑通货膨胀的内部收益率 11.64％。从表中也可看出，这是由于折旧少提，造成所得税流出增加所致。还可以对这个结果验算

$$i_r{}'=\frac{(1+i'_f)}{(1+f)}-1=\frac{(1+0.1459)}{(1+0.03)}-1=11.25\%。$$

结果是一致的。

在通货膨胀不严重时，可以用常价计算投资盈利水平，即忽略通货膨胀的影响，不会产生太大的误差。当通货膨胀显著时，实价的收益率要小于常价的收益率。必要时可提出加快折旧或调整资产原值，以避免投资者的损失。在存在通货膨胀的情况下，只有实价内部收益率反映投资者实际的盈利水平。

6.5　小　结

至此，我们已把投资的盈利性分析和清偿能力分析的全过程介绍完毕。可以把这个过程归纳起来画成如图 6-3 的框图。

本章主要介绍投资者的盈利能力和项目的清偿能力。但是在项目实际的分析工作中，这两部分内容往往是交叉进行的。一般的顺序是：

（1）从工程技术和市场需求角度形成尽可能多的、可行的备选方案；

（2）对各个备选方案列出他们融资前的现金流量，计算相关评价指标，对这些方案进行初步的比较或排序（见第 4 章）。必要时，修改工程技术方案，形成更具盈利能力的方案。作为投

资的必备条件判据，项目融资前全部投资的税后盈利能力不能低于可能资金来源的加权平均成本。

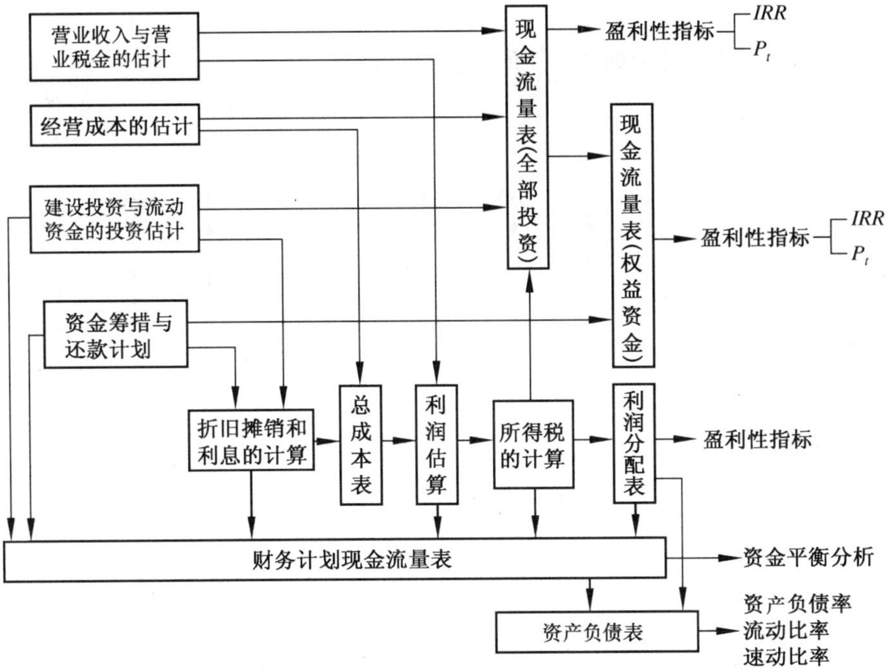

图 6-3　投资分析框图

(3) 根据可能的资金筹措渠道，对初选的项目方案进行融资后的分析。通过全部投资(者)的盈利能力指标和权益投资者的盈利能力指标的比较，确定合适的融资杠杆和资产负债比率。当项目盈利能力较强、债务融资成本较低、企业(投资者)又有较多好的其他投资机会时，可适当增加债务融资的比率，通过融资杠杆提高权益投资资金的盈利能力。相反，当直接投资者资金有富余，又没有其他同样好的项目时，可以减少债务融资的比例，以充分用足权益资金的获利能力。也就是不小于最低吸引力的投资回报(*MARR*)。在形成融资方案的过程中，同时要进行清偿能力测算，通过财务计划现金流量表，计算各期盈余资金和累计盈余资金，保证项目有足够的资金维持投资和运营的需要。必要时，调整融资方案，或通过短期融资以满足运营的需要。

按以上顺序，反复交叉进行，最后形成满意的方案。如图 6-4 所示。

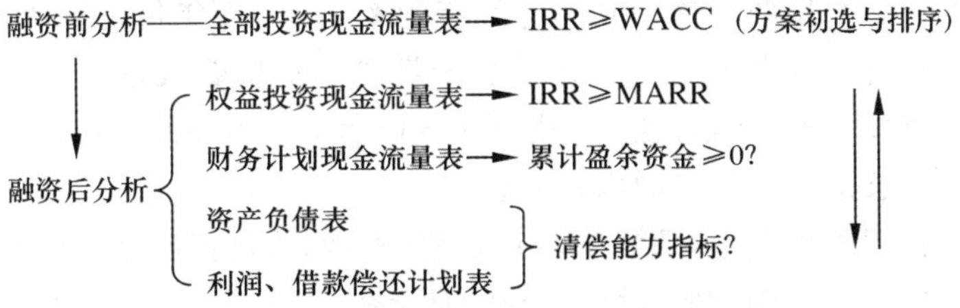

图 6-4　工程投资项目分析程序图

习　题　6

1. 全部投资的净现金流量如图 6-5 所示。

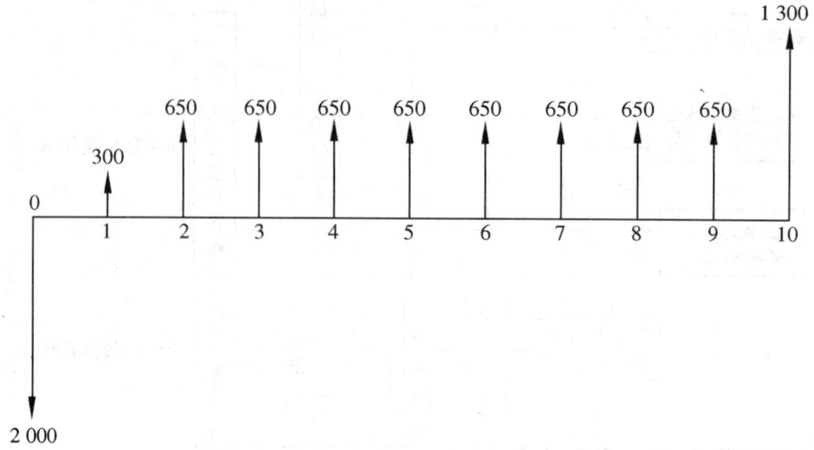

图 6-5　全部投资净现金流量(单位:万元)

如果初始投资的 50%是向银行借的,借款一年后开始归还,分 8 年等额还本付息,借款利率为 10%。求权益资金的内部收益率。有效所得税税率为 25%,资产原值不受融资方案影响。

2. 某项目全部投资资金的 40% 由银行贷款,年利率为 6.65%,其余由企业盈余的权益资金和募股筹集。根据该行业的净资产收益率,股东要求的回报率不低于 7.25%。目前该企业属盈利状态,所得税率为 25%。求该项目全部投资的资金加权平均成本。

3. 某企业账面反映的长期资金共 5 000 万元,其中长期借款 1 000 万元,应付长期债券 500 万元,普通股 2 500 万元,保留盈余 1 000 万元;其成本分别为 6.7%,9.17%,11.26%,11%。求该企业的加权平均资金成本率。

4. 某公司普通股目前市价为 28 元,估计年增长率为 8%,本年发放股利 0.8 元,求其留存收益成本。如果市场无风险报酬率为 10%,平均风险股票必要报酬率为 14%,该行业普通股 β 值为 1.2。其留存收益的成本又为多少?若公司新发行普通股,筹资费用率为股票市价的 10%,求其新发行普通股的成本。

5. 某企业取得 5 年期长期借款 2000 万元,年利率 10%,每年付息一次,到期一次还本,筹资费用率 0.5%,企业所得税率为 25%。求该项长期借款的资金成本。

6. 按时价的投资项目的净现金流量分别是(−1 500, 250, 500, 500, 500,500,950),通货膨胀率平均是 4%,求按实价计算的内部收益率。

7. 在其他条件相同的情况下,通货膨胀对政府(财政)、银行和企业(投资者)三者的利益格局会产生怎样的变化?对谁有利?对谁不利?为什么?

8. 一个大学毕业生计划把第 1 年工资的 25%,即 10000 元用来投资基金。同时她打算随着工资的增长不断增加对基金的投资,因此她计划每年增加 8%的基金投资。假设未来 10 年里的年均通货膨胀率为 5%,并且她预计基金的年真实收益率为 2%,那么她投资的基金在 10 年末的将来值是多少?

9. 一个工程项目小组正在分析扩建现有的生产设施计划。有多个不同的方案需要考虑。其中一个方案按时价估计的税后现金流量(ATCF)为(−2 000,300,400,500,600,700)如果预测未来5年研究期里通货膨胀率 f 平均每年是5%。按实价估计的税后现金流量是多少?基期为第0年。

10. 某企业目前考虑2个5年期的方案A和方案B。方案A的初始投资为17 000元,5年内每年的收益是4 000元。方案B的初始投资是19 000元,每年的收益是5 000元。以上预测都是按时价。预计5年内年通货膨胀率为2%,企业 $MARR=10\%$(不考虑膨胀的影响),那么应该选择哪个方案?

11. 把本章"一个演示性的例子"中固定资产借款的年利率改为8%,固定资产的残值率改为3%,其他数据资料相同。请编制建设投资还贷计划和利息计算表、利润与所得税计算表、权益资金投资金现金流量表,并计算权益资金的内部收益率和全部投资投资回收期。

12. 某拟新建化工项目,计算期15年。建设投资3.0亿元,分3年建成,每年投资1/3。流动资金投入于第3年末,计2 000万元。建设投资60%由银行贷款,年利率为8%,并允诺建设投资贷款有3年的宽限期,即建设期暂不还本付息,资本化至第4年开始等额分8年还清建设投资的贷款(等额还款)。流动资金的60%为短期滚动借款,每年支付利息,计算期末全额回收。全部建设投资及建设期利息形成固定资产原值,综合折旧率为10%,残(余)值率10%。产品在第4年即达产,年销售收入20 250万元(不含增值税),销售税金及附加1 070万元,年经营成本8 450万元,企业所得税率为25%。

(1) 试完成盈利能力分析,计算按此融资方案的权益投资的内部收益率;

(2) 试完成清偿能力分析,即编制财务计划现金流量表;假设税后利润留10%的盈余公积,余下的分配给股东(当累计折旧不足归还建设投资借款本金时,先还本金再分配利润)。

7 资产更新、租赁与改扩建方案比较

7.1 经济寿命和更新方案比较

企业在设备使用方面需要考虑现在使用的设备是报废、更换成新的还是继续使用、进行改装等。激烈的竞争，不断对企业提出更高的要求——生产和提供更优的质量或服务，企业因此不得不经常考虑设备更新问题。为了正确地进行设备更新分析，首先要了解设备更新的原因。

7.1.1 设备更新的原因

1. 机器设备发生有形磨损

机器设备的有形磨损是指机器设备实体的物质磨损。有形磨损的产生一方面是由于设备在使用过程中存在着摩擦、振动、疲劳的经常作用以及由操作不当造成的损坏；另一方面是由于设备与自然环境存在着相互作用。有形磨损表现为设备实体尺寸、形状的改变，锈蚀，老化变质，精度下降，效率降低，功能衰退，故障增多，等等。与有形磨损伴随而来的是一系列费用的增加，如燃料、动力、工时消耗增加，维修保养费用上升，废品损失、产品修复费用增加，设备停工损失和无效工时增加，等等。设备使用时间越长，工作强度越大，维修保养越差，发生有形磨损的速度就越快。

2. 机器设备发生无形磨损

机器设备的无形磨损是指由技术进步引起的原有设备技术上的陈旧与贬值。无形磨损有两种形式：一是技术进步引起生产同样设备的市场价格下降，从而使原有设备发生贬值；二是由于技术进步，新型设备不断涌现，原有设备与之相比，技术经济指标相对落后，经济效益日益降低，甚至继续使用不再合算。这种新旧设备在技术上的差异所导致的经济效益的差异，通常反映在生产过程中材料、工时、能源消耗及废品损失、维修费用等成本开支的不同上，因此，可以借助于设备使用成本的差异来反映设备的无形磨损。当然新旧设备的经济效益差异也反映在由于它们提供的产品品种、产量、质量不同而形成的销售收入或盈利的差异上。

3. 原有设备的生产能力不足

当企业产品销路好，需要增加生产能力时，就可能出现设备生产能力不足的问题。解决问题的途径除挖掘生产潜力、改变现有产品品种结构、调整生产能力分配等措施外，主要依靠新增机器设备和对原有设备进行更新改造，其中在新的技术基础上更新改造原有设备，是走“内涵式”扩大再生产的道路，解决生产能力不足问题的主要途径。

4. 出于财务的考虑

为了减少所得税的支出，企业可能更新设备或租赁设备，以增加折旧额。

以上四个方面的因素不论单独出现，或者同时出现，都会使企业面临设备更新问题。

7.1.2 设备更新的考虑因素

设备更新方案比较的基本原理和互斥方案的比较相同（见第 4 章），但在实际比较时，因更新分析涉及新旧设备的比较，所以在对方案现金流量进行分析时会遇到某些特殊问题。应注意以下因素：

1. 旧设备的价值

对旧设备（待更新设备）作更新分析，首先需要确定它的价值。与旧设备相关的有三个价值概念，即过去的购买价值、账面价值和现在的实际价值（市场价值）。旧设备的原有购买价值是过去的决策决定的，是与本次决策无关的成本。账面价值同样是过去的决策决定的，即购买者过去所采用的折旧政策，账面价值与其实际市场价值的不一致，体现的是过去的估计错误，旧设备的账面价值通常大于其市场价值，不论设备更新与否，这部分损失已成事实。涉及旧设备是否继续使用的决策时，旧设备的价值由其市场价值，也就是其机会成本来决定。如无特别说明，以下讨论中的残（余）值均是市场价值。

2. 旧设备的沉没成本

账面价值与市场价值间的差额称为设备的沉没成本，假设 5 年前购过了一台设备，购置费 10 000 元，寿命 10 年，年折旧费 1 000 元，现有账面净值 5 000 元（10 000 元－1 000 元×5＝5 000 元）。这台设备现在若在市场上出售，价值 3 000 元。在这里，账面价值与市场价值之差等于 2 000 元。这 2 000 元就称为待更新设备的沉没成本，即未收回的旧设备的投资损失。沉没成本同更新分析无关，不应计入设备的现有价值之中。

3. 客观的立场

不要按方案的直接现金流量进行比较，而应从一个客观公正的立场上对待新旧设备，下面举例加以说明。

例 7-1 假定某工厂在 4 年前以原始费用 2 200 万元买了机器 A，估计还可使用 6 年。第 6 年末估计残值为 200 万元，年度使用费为 700 万元。现在市场上出现了机器 B，原始费用为 2 400万元，估计可以使用 10 年，第 10 年末残值为 300 万元，年度使用费为 400 万元。现采用两个方案：方案甲继续使用机器 A；方案乙把机器 A 以 800 万元出售，然后购买机器 B，基准收益率 i 为 15%，比较方案甲、乙。

解 (1) 按照方案的直接现金流量，如图 7-1 所示，计算如下：

$$AC_{甲}=700-200\overset{A/F,15\%,6}{(\ 0.1142\ )}=677(万元),$$

$$AC_{乙}=(2400-800)\overset{A/P,15\%,10}{(\ 0.1993\ )}+400-300\overset{A/F,15\%,10}{(\ 0.0493\ )}=704(万元)。$$

按照这种算法，方案甲的年度费用低于方案乙，应继续使用机器 A。

(2) 站在客观对待新旧设备的立场上，如图 7-2 所示，计算如下：

$$AC_{甲}=800\overset{A/P,15\%,6}{(\ 0.2642\ )}+700-200\overset{A/F,15\%,6}{(\ 0.1142\ )}=889(万元),$$

$$AC_{乙}=2400\overset{A/P,15\%,10}{(\ 0.1993\ )}+400-300\overset{A/F,15\%,10}{(\ 0.0493\ )}=864(万元)。$$

按照这种算法，方案乙较优，现有设备应该更新。

由上可见，设备 A 与 B 前后两次年成本比较的结果是不同的，其原因在于前后两次比较中旧设备重置价值 800 万元的处理不同。从客观公正的角度分析，这 800 万元是继续使用旧设备方案的机会成本，不能看做更换新设备的收入。很明显，第一种算法是错误的，把旧设备 A 的现有价值 800 万元按新设备寿命分摊到 10 年的处理是不恰当的，而实际上它只应该分摊

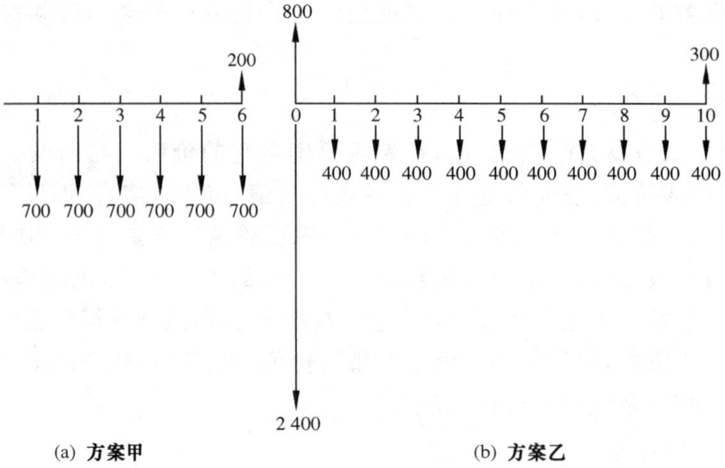

图 7-1　方案的直接现金流量图

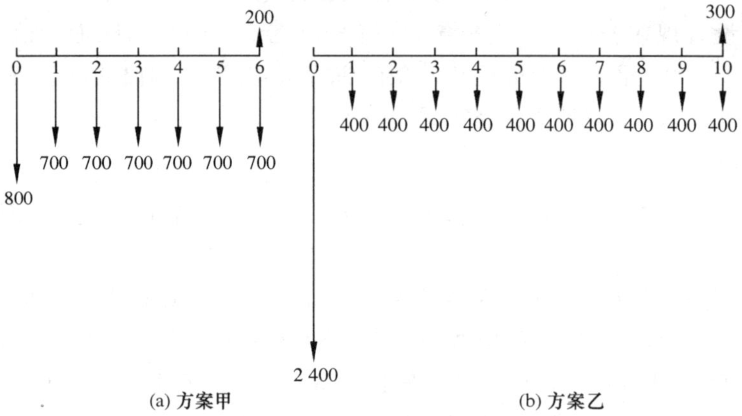

图 7-2　方案客观比较的现金流量图

到 6 年的期间。更新与不更新，实质上是互斥方案的比较问题，要以客观公正的立场形成继续使用老设备和更新使用新设备这两种方案的现金流，用第 4 章中互斥方案的方法比较，才能得出正确的结论。

例 7-2　某企业现有固定资产账面净值 3 亿元。由于设备陈旧，三废排放不能达标，环保当局勒令治理，否则被要求关停。经测算，多数生产设备已无市场价值，与关停比较，继续维持生产还是有较多的现金流，是有利可图的。为此，技术部门提出两个方案。

方案 A：继续利用现有设备生产，但需新投资 0.5 亿元的环保设备，以达到环保当局要求的排放最低标准，同时，每年还要支出排污费和环保设备运行费等约 0.175 亿元，估计可以运行 6 年。

方案 B：对工艺和生产设备进行较大的更新换代，以实现三废的零排放，估计投资 2 亿元（包括新设备购置安装及旧设备的拆除费用等），需拆除旧设备 15 台，其账面净值 0.3 亿元，变卖后收回资金约 0.08 亿元，估计可以运行 10 年。

试从企业成本最小化的角度选择方案。假定两方案的产出相同，期末设备余值为零，两方案利用原有的 2.7 亿资产各期的余值相同。企业资金的期望收益率为 8%。

解　由于寿命期不同，按年度费用法进行比较。在这两个方案中，都利用 15 台设备以外的、账面值为 2.7 亿元的固定资产，并没有提供其重估市场价值，按增量比较原则，在互斥方案比较时，这笔资产对两方案是相同的，可不予以考虑。方案 A 继续利用 15 台设备的机会成本应是其重估值 0.08 亿元。

方案 A 的年度费用为

$$
\begin{aligned}
AC_A &= 0.175 + (0.5 + 0.08) \times (A/P, 8\%, 6) \\
&= 0.175 + 0.58 \times 0.2163 = 0.175 + 0.1255 = 0.3005(\text{亿元/年})。
\end{aligned}
$$

方案 B 的年度费用为

$$
\begin{aligned}
AC_B &= 0 + 2.0 \times (A/P, 8\%, 10) \\
&= 0 + 2.0 \times 0.1490 = 0 + 0.2980 = 0.2980(\text{亿元/年})。
\end{aligned}
$$

结论：按费用比较，显然，方案 B 较优。注意，15 台旧设备的重估值(市场价值)0.08 亿元应作为方案 A 的机会成本，不能不计，也不能作为方案 B 的收益，否则，结论会相反。例如，不计这 0.08 亿元的 15 台设备的费用，则方案 A 的年度费用为 $AC_A = 0.175 + 0.5 \times 0.2163 = 0.2832$，方案选择逆转为 A；也有很多人认为，0.08 亿不是 A 的费用，而是方案 B 的贡献，应作为 B 的收入，则 $AC_B = 0 + (2.0 - 0.08) \times 0.1490 = 0.2861$，因此也应该选择方案 A。以上这两种假设是错的。正确的概念是：应该站在客观公正的立场，15 台设备的重估值应作为方案 A 的机会成本，正确的选择应是 B 而不是 A!

7.1.3 设备的经济寿命

关于设备的寿命需搞清以下几个概念：

物理寿命(physical life)　又称自然寿命，指设备以全新状态投入使用开始到报废为止所延续的时间。它是由设备的有形磨损决定的。

所有寿命(ownership life)　指资产由一所有者购置之日到处置之日所经历的时间长度。

使用寿命(useful life)　资产保持生产性服务状态(无论作为主要的使用或是备用)的时间长度(年数)。它是资产在生产经营中预计可以产生收入的总年限。

折旧寿命(depreciable life)　指生产设备按有关部门的规定，逐渐提取折旧额以至设备的账面净值减为估计残值的全部期限。

技术寿命(technological life)　指生产设备可能在市场上维持其价值的时期，亦即从设备投入使用到由于技术进步而导致设备报废所经历的时间。

经济寿命(economic life)　指设备以全新状态投入使用开始到因继续使用不经济而提前更新所经历的时间，也就是一台设备从投入使用开始，到其年度费用最低的使用期限。经济寿命是从经济角度看设备最合理的使用期限，它是由有形磨损和无形磨损共同决定的。具体来说是指能使一台设备的年度总费用最低的年数。设备更新的时机，一般取决于设备的经济寿命，并受技术寿命的制约。

设备的年度费用，一般包括两部分：资金恢复费用(capital recovery cost)和年度使用费。资金恢复费用是指设备的原始费用扣除设备弃置不用时的估计残值(净残值)后分摊到设备使用各年上的费用；年度使用费是指设备的年度运行费(人工、燃料、动力、刀具、机油等消耗)和年度维修费。

设 AC 代表年度费用，P 代表设备的原始费用，E 代表年度使用费，MV 代表估计残值，N 代表服务年限，分考虑时间价值和不考虑时间价值两种情况，计算公式分别如下：

$$
AC_N = \frac{P - MV_N}{N} + \frac{\sum_{t=1}^{N} E_t}{N}, \tag{7-1}
$$

$$AC_N = \left[P + \sum_{t=1}^{N} E_t(P/F,i,t) - MV_N(P/F,i,N)\right](A/P,i,N)。 \tag{7-2}$$

在上两式中，如果使用年限为变量，通过计算年度费用，当年度费用为最小时的使用年限，即为经济寿命。

设备的资金恢复费用，随使用年限的增长而逐渐变小，而年度使用费一般随使用年限的增长而变大，设备的年度费用曲线见图 7-3。

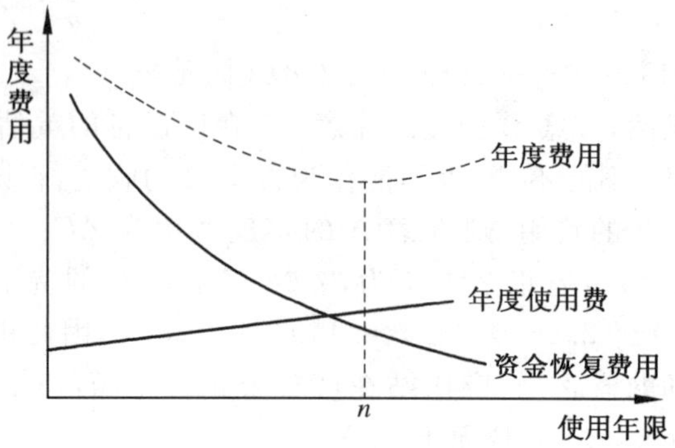

图 7-3　年度费用曲线

从图上可以看出在 n 年上的年度费用最小（图中 n 点），这 n 年就是设备的经济寿命。使用年限超过设备的经济寿命，设备的年度费用又将上升，所以设备使用到其经济寿命的年限更新最为经济。

如果不考虑时间价值，年度使用费每年递增一个 e，各年的净残值 MV 保持不变，则可用下列微分求极值的办法推出设备的经济寿命 N^*。

$$AC(N) = \frac{P-MV}{N} + E_1 + \frac{e+2e+3e+\cdots+(N-1)e}{N}$$

$$= \frac{P-MV}{N} + E_1 + \frac{(N-1)}{2}e;$$

$$\frac{\partial AC(N)}{\partial N} = -\frac{P-MV}{N^2} + \frac{e}{2} = 0 \Rightarrow N^* = \sqrt{\frac{2(P-MV)}{e}}。$$

例如，一台设备买价为 1 000 万元，残值忽略不计，年度使用费第一年为 150 万元，以后每年增加 75 万元，则不考虑时间价值的经济寿命为

$$N^* = \sqrt{\frac{2\times 1\,000}{75}} \approx 5(\text{年})。$$

例 7-3　某小卡车的购置费为 6 万元，年使用费用和年末残值如表 7-1 所示。试确定其经济寿命（基准收益率为 10%）。

表 7-1　　（单位：万元）

年末	1	2	3	4	5	6	7
年度使用费	10 000	12 000	14 000	18 000	23 000	28 000	34 000
年末估计残值	30 000	15 000	7 500	3 750	2 000	2 000	2 000

解　(1) 静态计算（不考虑时间价值）

按照公式(7-1)计算，结果列于表 7-2。

表 7-2 （单位：元）

年　末	年末使用费	年末使用费之和 $\sum B$	年末平均使用费 $C \div A$	年末的估计余值	年末退出使用的资金恢复费用 $(60\,000-E) \div A$	该时间内的年度费用 $D+F$
A	B	C	D	E	F	G
1	10 000	10 000	10 000	30 000	30 000	40 000
2	12 000	22 000	11 000	15 000	22 500	33 500
3	14 000	36 000	12 000	7 500	17 500	29 500
4	18 000	54 000	13 500	3 750	14 063	27 563
5	23 000	77 000	15 400	2 000	11 600	27 000
6	28 000	105 000	17 500	2 000	9 667	27 167
7	34 000	139 000	19 857	2 000	8 286	28 143

(2) 动态计算

根据公式(7-2)，计算如下：

$$PC_1 = 60\,000 - 30\,000(P/F, 10\%, 1) + 10\,000(P/F, 10\%, 1) = 41\,818(元),$$

$$AC_1 = PC_1(A/P, 10\%, 1) = 41\,818(A/P, 10\%, 1) = 46\,000(元)。$$

同理可求得

$$AC_2 = 38\,382(元),$$
$$AC_3 = 33\,733(元),$$
$$AC_4 = 31\,317(元),$$
$$AC_5 = 30\,300(元),$$
$$AC_6 = 30\,027(元),$$
$$AC_7 = 30\,467(元)。$$

显然，$AC_6 < AC_5$，$AC_6 < AC_7$，所以该卡车的经济寿命为 6 年。

通常情况下，年度使用费是不断增加的，在设备的使用年限内可以找到一个年度费用最小的年份，即为设备的经济寿命。

当年度使用费是不规则变化时，最小年度费用的出现也是无规则的。

如果一部设备在整个使用寿命期间，其年度使用费固定不变，其估计残值也保持不变。这时，其使用的年限越长，年度费用越低。也就是说，它的经济寿命等于它的技术寿命。

如果一部设备的目前的估计残值和未来的估计残值相等，而年度使用费逐年增加，最短的寿命(一般为 1 年)就是它的经济寿命。这是因为

$$年度费用 = 资金恢复费用 + 年度使用费,$$

$$资金恢复费用 = P(A/P, i, N) - MV_N(A/F, i, N), \tag{7-3}$$

而

$$(A/F, i, N) = \frac{i}{(1+i)^N - 1} = \frac{i(1+i)^N}{(1+i)^N - 1} - i = (A/P, i, N) - i,$$

代入式(7-3)可得

$$资金恢复费用 = (P - MV_N)(A/P, i, N) + (MV_N)i。 \tag{7-4}$$

上式中，MV_N 为期末余值。

由于 $P = MV$，所以年度费用等于年度使用费加上一个常数 $(MV)i$，既然年度使用费逐年增加，那么设备的经济寿命应是最短的时期，即一年。

7.1.4 更新方案的比较

1. 寿命不等的更新方案的分析

为了精确地比较两个方案，从理论上来说，应该把考察的时间从现在起一直延长到两个方案效果完全相同的未来（如最小公倍数寿命）。但实际上这是很难做到的。因此，我们不得不选定一个研究期作为比较方案的依据，这种选定多多少少带有主观随意性。以下用例子说明这种方法。

例 7-4 假定我们正在使用的设备是机器 A，其目前的残值估计为 2 000 万元。据估计，这部机器还可使用 5 年，每年的使用费为 1 200 万元。第 5 年年末的残值为零。为这机器的使用提出两种方案。方案甲：5 年之后，用机器 B 来代替机器 A。机器 B 的原始费用估计为 10000万元，寿命估计为 15 年，残值为 0，每年使用费 600 万元；方案乙：现在就用机器 C 来代替机器 A。机器 C 的原始费用估计为 8 000 万元，寿命为 15 年，残值为 0，每年使用费 900 万元。详细数据列在表 7-3 内，基准收益率为 10%。比较方案甲和方案乙，哪个经济效果好？

表 7-3　　两个方案比较　　（单位：万元）

研究期	年末	方案甲 初始费用	方案甲 年使用费	方案乙 初始费用	方案乙 年使用费
研究期15年；研究期5年	0	机器 A 2 000		机器 C 8 000	
	1		1 200		900
	2		1 200		900
	3		1 200		900
	4		1 200		900
	5	机器 B 10 000	1 200		900
	6		600		900
	7		600		900
	8		600		900
	9		600		900
	10		600		900
	11		600		900
	12		600		900
	13		600		900
	14		600		900
	15		600		900
	16		600		
	17		600		
	18		600		
	19		600		
	20		600		

解 将选定研究期和未使用价值两个因素，考虑以下三种情况进行比较。

（1）选定研究期为 15 年，考虑未使用的价值由于对更远时期的估计比较困难，选定 15 年作为研究期，这相当于机器 C 的寿命。

方案甲：15 年研究期包括机器 A 使用 5 年，机器 B 使用 10 年。机器 B 的年度费用是

$$AC(10\%)_{B}=10\,000\left(\overset{A/P,10\%,15}{0.1315}\right)+600=1\,915(\text{万元})。$$

研究期 15 年中的费用现值是

$$PC(10\%)_{甲}=2\,000+1\,200\left(\overset{P/A,10\%,5}{3.791}\right)+1\,915\left(\overset{P/A,10\%,10}{6.1446}\right)\left(\overset{P/F,10\%,5}{0.6209}\right)=13\,856(\text{万元})。$$

按照上列的计算，机器 B 还可使用 5 年，这到研究期末未使用的价值为

$$10\,000\left(\overset{A/P,10\%,15}{0.1315}\right)\left(\overset{P/A,10\%,5}{3.7908}\right)=4\,985(\text{万元})。$$

按照方案乙，机器 C 在 15 年中的费用现值是

$$PC(10\%)_{乙}=8\,000+900\left(\overset{P/A,10\%,15}{7.6061}\right)=14\,845(\text{万元})。$$

以现值 13 856 万元同现值 14 845 万元比较，可知方案甲比较优越。

(2) 选定研究期为 15 年，忽略未使用的价值

按照上述假定，计算结果如下。机器 B 的年度费用为

$$AC(10\%)_{B}=10\,000\left(\overset{A/P,10\%,10}{0.6128}\right)+600=2\,228(\text{万元}),$$

$$PC(10\%)_{甲}=2\,000+1\,200\left(\overset{P/A,10\%,5}{3.791}\right)+2\,228\left(\overset{P/A,10\%,10}{6.1446}\right)\left(\overset{P/F,10\%,5}{0.6209}\right)=15\,050(\text{万元})。$$

不同于原来计算出的 13 856 万元。这是当然的，因为现在是把机器 B 的原始费用分摊在前 10 年，尽管它可以使用 15 年。这种计算方法显然不利于机器 B。计算的误差刚好等于设备未使用价值的现值，即

$$4\,985\left(\overset{P/F,10\%,15}{0.2394}\right)=1\,194(=15\,050-13\,856)(\text{万元})。$$

虽然习惯上在计算时大多把设备的未使用价值加以忽略，但还是以考虑进去为好。因为计算的工作量相差不大。

(3) 选定研究期为 5 年

如果情报不足，往往不得不采用较短的研究期。例如在表 7-3 中如果采用什么机器来继续机器 A 的工作并不清楚，就只能选定机器 A 还可使用的时期 5 年作为研究期，这时

$$AC(10\%)_{A}=2\,000\left(\overset{A/P,10\%,5}{0.2638}\right)+1\,200=1\,728(\text{万元}),$$

而机器 C 按照其寿命为 15 年计算的年度费用是

$$AC(10\%)_{C}=8\,000\left(\overset{A/P,10\%,15}{0.1315}\right)+900=1\,952(\text{万元})。$$

这就是说，在前 5 年中采用机器 A 比采用机器 C 每年可以节约 1 952－1 728＝224(万元)，至于 5 年以后的情况则未加考虑。

一般说来，研究期越长，所得到的结果越重要，但是所做的估计也越可能是错误的。因此，研究期的选定必须根据估计和判断。

2. 以经济寿命为根据的更新分析

以经济寿命为依据的更新方案比较，使设备都使用到最有利的年限来进行分析。在比较时应注意下列几点：

第一，不考虑沉没成本。

第二，求出各种设备的经济寿命；如果年度使用费固定不变，估计残值也固定不变，应选定尽可能长的寿命。如果年度使用费逐年增加而目前残值和未来残值相等，应选定尽可能短的寿命。

第三，取经济寿命时，年度费用小者为优。

例 7-5 假定某工厂在 3 年前花 20 000 元安装了一套消除废水污染的设备。这套设备的年度使用费估计下一年度为 14 500 元，以后逐年增加 500 元。现在设计了一套新设备，其原始费用为 10 000 元，年度使用费估计第一年为 9 000 元，以后逐年增加 1 000 元。新设备的使用寿命估计为 12 年。由于这两套设备都是为这个工厂所专门设计制造的，其任何时候的残值都等于零。如果 $i=12\%$，该工厂对现有设备是否应进行更新？

解 (1) 计算旧设备的经济寿命

旧设备由于目前的残值和未来的残值相等都等于零，如果原设备再保留使用 N 年，那么旧设备

$$AC_N=[(P-MV_N)(A/P,12\%,N)+MV_N(0.12)]+[14\,500+500(A/G,12\%,N)]。$$

从式中可以看出旧设备的年度费用就等于年度使用费，由于旧设备的年度使用费逐年增加，因而年度费用也逐年增加。由此可见，为了使年度费用最小，经济寿命必须尽可能取短的时间，即 1 年。旧设备保留使用 1 年，年度费用为 14 500 元。

(2) 计算新设备的经济寿命

新设备的经济寿命求解列表 7-4，从表中可以看出新设备的经济寿命为 5 年。

表 7-4 **设备的经济寿命** (单位:元)

n	资金恢复费用	年度使用费	年度费用
1	11 200	9 000	20 200
2	5 917	9 470	15 387
3	4 164	9 920	14 084
4	3 292	10 360	13 652
5	2 774	10 770	13 549
6	2 432	11 170	13 602

(3) 年度费用比较

旧设备经济寿命 1 年，新设备经济寿命为 5 年时的年度费用为

$$旧设备\quad AC_1=14\,500(元/年)，$$

$$新设备\quad AC_5=13\,549(元/年)。$$

因此，现有设备应该更新。

例 7-6 假如某工厂已有某台设备，目前的残值为 7 000 元，估计还能使用 3 年。如保留使用旧机器 1,2,3 年，其年末残值和年使用费如表 7-5 所示。

表 7-5 **余值与使用费** (单位:元)

保留使用年数	年末残值	年使用费
1	5 000	3 000
2	3 000	4 000
3	2 000	6 000

现有一种较好的设备，原始费用为 30 000 元，经济寿命为 12 年，12 年末的残值为 2 000 元，年度使用费固定为 1 000 元。如果基准贴现率为 15%，问设备是否要更换？如果旧设备不需要马上更换，何时更换最好？

解 根据新旧设备经济寿命时的等值年度费用确定旧设备是否马上更换。

$$AC(15\%)_{新}=(30\,000-2\,000)\left(\overset{A/P,15\%,12}{0.184\,5}\right)+2\,000\times0.15+1\,000=6\,465(元/年)。$$

旧设备的经济寿命：

旧设备再保留使用 1 年

$$AC(15\%)=(7\,000-5\,000)\left(\overset{A/P,15\%,1}{1.150}\right)+5\,000\times0.15+3\,000=6\,050(元/年)；$$

旧设备再保留使用 2 年

$$AC(15\%)=(7\,000-3\,000)\left(\overset{A/P,15\%,2}{0.615\,1}\right)+3\,000\times0.15+\left[3\,000\left(\overset{P/F,15\%,1}{0.869\,6}\right)+4\,000\left(\overset{P/F,15\%,2}{0.756\,2}\right)\right]\left(\overset{A/P,15\%,2}{0.615\,1}\right)=6\,376(元/年)；$$

旧设备再保留使用 3 年

$$AC(15\%)=6\,685(元/年)。$$

旧设备的经济寿命为 1 年，经济寿命时的等值年度费用 $AC(15\%)_{旧}=6\,050$ 元/年，由于新设备经济寿命时等值年度费用 $AC(15\%)_{新}=6\,465$ 元/年，可见旧设备不需要马上更换。

下面讨论何时更换最好。假如采用下列做法：

马上更新旧设备 $AC(15\%)=6\,465(元/年)$；

旧设备再保留使用 1 年

$$AC(15\%)_{旧}=6\,050(元/年)<AC(15\%)_{新}=6\,465(元/年)；$$

旧设备再保留使用 2 年

$$AC(15\%)_{旧}=6\,376(元/年)<AC(15\%)_{新}=6\,465(元/年)；$$

旧设备再保留使用 3 年

$$AC(15\%)_{旧}=6\,685(元/年)>AC(15\%)_{新}=6\,465(元/年)。$$

经过计算，结论是旧设备保留使用 2 年后更换。

以上方法给出的这个结论是错误的，因为这个结论只说明使用旧设备 2 年比马上更新来得经济，但是还不能排除这样的可能性，即使用旧设备 1 年后用新设备更换比使用旧设备 2 年后用新设备更换更经济。正确的做法应该是逐年进行比较，即计算各年旧设备的年度费用与新设备的年度费用进行比较。

马上更换旧设备，现金流量见图 7-4(a)，有

$$AC(15\%)=6\,465(元)；$$

旧设备使用 1 年的情况，现金流量见图 7-4(b)，有

$$AC(15\%)=6\,050(元)<6\,465(元)；$$

旧设备使用 2 年的情况，第 2 年的现金流量见图 7-4(c)。第 2 年的年度费用为

$$AC(15\%)=(5\,000-3\,000)\left(\overset{A/P,15\%,1}{1.150}\right)+3\,000\times0.15+4\,000=6\,750(元)>6\,465(元)。$$

因此，旧设备使用 1 年后就应该更换。

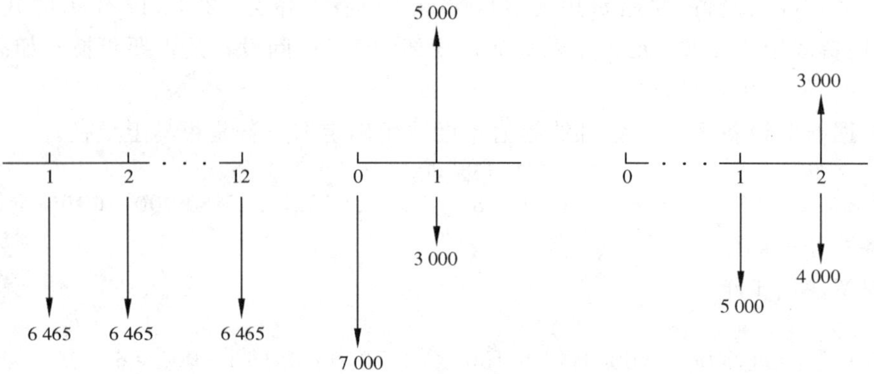

(a) 马上更换　　(b) 旧设备使用一年更换　　(c) 旧设备使用两年更换

图 7-4　不同更新方案的现金流量(单位:元)

3. 在给定研究期下,同种设备更新方案的选择

同一种设备在研究期内也可能要不断更新以使设备的总费用最省。按多长的时间周期来更换设备也可以形成多方案的比较。在研究期相对较长的情况下,按设备的经济寿命作为更新的周期显然是理想的方案。但是在给定有限的研究期的情况下,按经济寿命更换设备不一定是最经济方案。例如,投资生产某种产品的生命周期只有 5 年,因此设定投资项目的研究期为 5 年。假定主要生产设备的经济寿命为 2 年,但使用寿命可以达 5 年,那么,5 年内按经济寿命要更换三次,其总费用现值有可能比更换二次或甚至不更换(使用 5 年)更贵。这样就有必要形成各种可能的互斥方案来比较 5 年内的总费用现值。可能的方案至少有:(2,2,1);(2,3);(3,2);(4,1);(1,4);(5);等等,括号内数字代表使用更换的时间(年)。例如,(2,3)表示 2 年后更换,再用 3 年;(5)表示用 5 年后更换,也就是研究期内不更换。显然,当研究期和设备可能的更新周期方案较多时,可供比较的方案就会很多。为减少计算工作量,引进一种采用动态规划的递归(recursion)算法可减少计算工作量。

设 P_k 为设备使用 $k(k=1,2,\cdots,N)$ 阶段的费用现值;N 为设备可能的更新周期;f_n 为至研究期终了还有 n 阶段的总费用现值;折现率为 i,则有

$$f_0=0,$$

$$f_1=P_1+f_0,$$

$$f_2=\min[P_1+f_1/(1+i);P_2+f_0],$$

$$f_3=\min[P_1+f_2/(1+i);P_2+f_1/(1+i)^2;P_3+f_0],$$

$$\vdots$$

$$f_n=\min_{k=1,\cdots,N}[P_k+f_{n-k}/(1+i)^k],\quad n\geqslant N。$$

上式中,当研究期 $n<N$ 时,$k=1,\cdots,n$。

这种方法从研究期结束时段开始,往远期逐阶段计算最小的总费用现值,直至离终点 n 期,远期的计算依赖于前期的计算结果,每个 f_n 计算的同时,也给出了各阶段的更新决策 k。这样可保证给出研究期内设备使用的总费用最小。

例 7-7　某项目研究期 $n=5$ 年,其主要设备也可使用 5 年(即 $N=5$),但每年都可以更新,根据购置费、期末余值和年度使用费计算,使用 k $(k=1,2,\cdots,5)$年的费用现值 P_k(万元)分别为

$$P_1=82;\quad P_2=139;\quad P_3=190;\quad P_4=246;\quad P_5=304。$$

从现在开始至第 5 年结束,怎样的更新方案使总费用最省?年折现率为 10%。

解 按动态规划算得

$f_0=0$，

$f_1=\min[P_1+f_0]=82$，

$f_2=\min[82+82/(1.1);139]=\min[156;\underline{139}]=139 \quad (k=2)$，

$f_3=\min[82+139/(1.1);139+82/(1.1)^2;190]$

$=\min[269;207;\underline{190}]=190 \quad (k=3)$，

$f_4=\min[82+190/(1.1);139+139/(1.1)^2;190+82/(1.1)^3;246]$

$=\min[255;255;333;\underline{246}]=246 \quad (k=4)$，

$f_5=\min[82+246/(1.1);139+190/(1.1)^2;190+139/(1.1)^3;246+82/(1.1)^4;304]$

$=\min[305;297;\underline{295};300;304]=295 \quad (k=(3,2))$。

图 7-5 的横数轴表示研究期 n，从右至左增加。弧线代表更新方案，实线代表费用最小的方案，虚线代表其他可能的更新方案(只列出 $n=5$)。

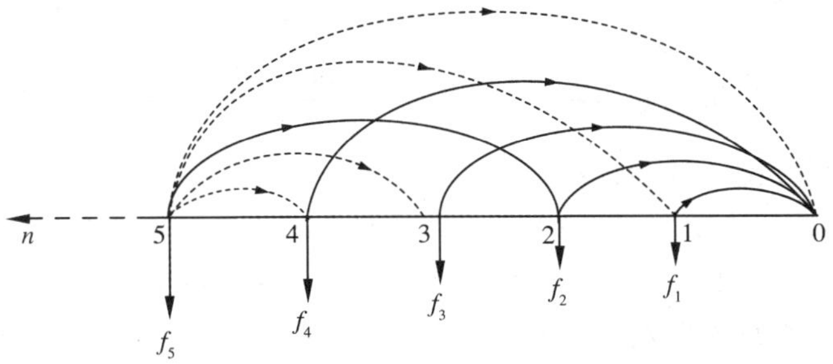

图 7-5 动态规划计算示意图

计算结果表明，使用 3 年后更新，再使用 2 年，总费用的现值为 295 万元，这是所有可能的更新方案中最省的。

7.1.5 税后更新分析

前面讨论的设备经济寿命的计算和更新分析没有考虑税收(指的是企业所得税，下同)对方案经济效益的影响，故均属税前分析。但是对设备更新仅仅做税前经济分析有时是不够的，对企业而言所得税是一项重要的现金流出，因此必须研究所得税对更新决策的影响，计算新旧设备的税后现金流量。影响税后现金流量的因素通常有三个：一是日常使用费；二是设备折旧费(折旧费虽不属于现金流量，但折旧费是计算应纳税所得额的扣减项目，能带来税金的节约)；三是旧设备市场价值与账面价值的差额。当市场价值大于账面价值时，其差额属于营业外收入，应计入应纳税所得额；当市场价值小于账面价值时，其差额属于营业外支出，应扣减应纳税所得额，因而能带来税金的节约。

在进行税后更新分析时应注意以下几点：

(1)更新与不更新是两个互斥方案，要客观地比较。如不更新的所得税减少是一种可能的机会损失，应作为不更新(继续使用旧设备)方案的一种机会费用；

(2)假定更新的纳税主体(企业)是处于盈利状态，税率是比例税率；

(3)所讨论的税前现金流、应纳税所得额、所得税和税后现金流都是增量的概念。

例 7-8 某公司有一台设备，购于 3 年前，直线法折旧，为保持生产能力，2 年后须大修，大修成本为 290 000 元，现在考虑是否要更新，新设备按年数总和法折旧，该公司所得税率为 25%，税后基准收益率为 6%，其他有关资料如表 7-6 所示。

表 7-6　　用于税后分析的数据　　(单位:元)

项　目	旧设备	新设备
原　价	1 600 000	820 000
税法规定残值(10%)	160 000	82 000
折旧年限	6	4
已用年限	3	
年使用费用	84 000	30 000
目前变现价值	350 000	
报废残值	70 000	100 000

分别进行税前和税后更新比较。

解　都以计算期为 4 年比较净现值以决定方案的取舍。

(1) 旧设备净现金流量计算

① 折旧的计算

$$年折旧额=\frac{1\,600\,000-160\,000}{6}=240\,000(元)。$$

② 0 年末应付所得税增减的计算

旧设备处置收入(损失)＝目前变现价值－账面价值，

账面价值＝1 600 000－240 000×3＝880 000(元)，

所以　　旧设备处置收入＝350 000－880 000＝－530 000(元)(损失)。

但是由于保留旧设备,因此放弃扣减所得税的机会,所以应纳税所得额增加 530 000 元,放弃了抵扣所得税 132 500(530 000×25%)元的机会。

③ 第 4 年末旧设备处置的所得税计算

第 4 年末旧设备处置收入＝70 000－160 000＝－90 000(元),

第 4 年末所得税＝－90 000×25%＝－22 500(元)(少缴)。

税后净现金流量等于税前净现金流量减去所得税。旧设备的税前和税后净现金流量计算结果见表 7-7。

表 7-7　　旧设备税前、税后净现金流量表　　(单位:元)

年末	税前净现金流量	折旧	应纳税所得额	所得税	税后净现金流量
0	－350 000		530 000	132 500	－482 500
1	－84 000	240 000	－324 000	－81 000	－3 000
2	－374 000	240 000	－614 000	－153 500	－220 500
3	－84 000	240 000	－324 000	－81 000	－3 000
4	－84 000	0	－84 000	－21 000	－63 000
4	70 000		－90 000	－22 500	92 500

(2) 新设备净现金流量计算

① 折旧的计算

$$第 1 年折旧额=(820\,000-82\,000)\times\frac{4}{1+2+3+4}=295\,200(元),$$

$$第 2 年折旧额=(820\,000-82\,000)\times\frac{3}{1+2+3+4}=221\,400(元),$$

第 3 年折旧额＝(820 000－82 000)×$\frac{2}{1+2+3+4}$＝147 600(元)，

第 4 年折旧额＝(820 000－82 000)×$\frac{1}{1+2+3+4}$＝73 800(元)。

② 第 4 年末旧设备处置的所得税计算

第 4 年末旧设备处置收入＝100 000－82 000＝18 000(元)，

第 4 年末所得税＝18 000×25％＝4 500(元)，

税后净现金流量等于税前净现金流量减去所得税。新设备税前和税后净现金流量计算见表 7-8。

表 7-8　　新设备税前、税后净现金流量　　(单位:元)

年　末	税前净现金流量	折旧	应纳税所得额	所得税	税后净现金流量
0	－820 000		0	0	－820 000
1	－30 000	295 200	－325 200	－81 300	51 300
2	－30 000	221 400	－251 400	－62 850	32 850
3	－30 000	147 600	－177 600	－44 400	14 400
4	－30 000	73 800	－103 800	－25 950	－4 050
4	100 000		18 000	4 500	95 500

(3)费用现值比较

根据税前净现金流量计算的新旧设备的净现值如下：

$$PW(6\%)_{旧}=-350\,000-84\,000(P/A,6\%,4)-290\,000(P/F,6\%,2)+70\,000(P/F,6\%,4)=-843\,721(元),$$

$$PW(6\%)_{新}=-820\,000-30\,000(P/A,6\%,4)+100\,000(P/F,6\%,4)=-844\,744(元)。$$

根据税后净现金流量计算的新旧设备的净现值如下：

$$PW(6\%)_{旧}=-482\,500-3\,000(P/F,6\%,1)-220\,500(P/F,6\%,2)-3\,000(P/F,6\%,3)+(-63\,000+92\,500)(P/F,6\%,4)=-660\,726.50(元),$$

$$PW(6\%)_{新}=-820\,000+51\,300(P/F,6\%,1)+32\,850(P/F,6\%,2)+14\,400(P/F,6\%,3)+(-4\,050+95\,500)(P/F,6\%,4)=-657\,839.91(元)。$$

税前计算得到继续使用旧设备的费用现值为 843 721 元，更新为新设备的费用现值为 844 744元，所以应选择继续使用旧设备。但若考虑所得税的影响，结果就不同，根据税后计算，继续使用旧设备的费用现值为 660 726.50 元，更新为新设备的费用现值为 657 839.91 元，应选择更新，结论恰好相反。

7.2　设备租赁的经济分析

设备租赁是指设备的使用者(租赁者)向出租者按合同的规定，按周期付一定的费用而取得设备的使用权的一种方式。从全局范围看，这种方式在一定条件下有利于设备的管理和保养，提高设备的利用率和节省投资等。从使用者角度来看可能有如下好处：

① 在缺乏资金购买设备的情况下，也能使用设备；

② 减少购买设备不能连续使用而闲置所造成的精神磨损；

③ 一定条件下可以减少税的支出。

设备租赁主要有以下几种：

(1) 经营性租赁(operating lease)

即任何一方可以随时以一定方式在通知对方后的规定时间内取消或中止租约。临时使用的设备(如车辆、计算机和仪器等)通常采用这种方式。

(2) 融资性租赁(financial lease)

即双方承担确定时期的租让和付费义务，而不得任意中止和取消租约。贵重的设备(如车皮、重型施工设备等)宜采用此种方法。

对使用者来说，是采用购置设备或是采用租赁设备应取决于经济上的比较，其比较的原则和方法与一般的互斥投资方案并无实质上的差别[①]。

企业获取设备使用权通常有三种途径：

① 用企业自有资金(权益资金)购置；

② 用债务资金(贷款)购置；

③ 租用设备。

略去运行费中相同的费用，就使用设备不同的费用来比较选择，三种方案的现金流量如图 7-6 所示。

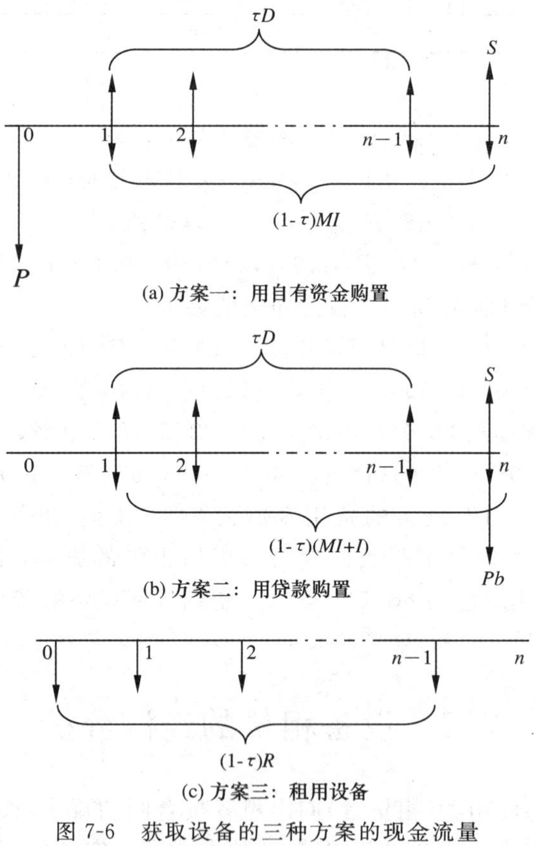

图 7-6　获取设备的三种方案的现金流量

① 租赁费全部抵扣所得税只限于经营性租赁。融资性租赁的费用由两部分组成，即初始直接费(律师费、公证费和手续费等)和资产本身价值。前者只作为成本，一次性抵扣所得税；后者作为固定资产主要通过折旧分期抵扣所得税。其中承租方固定资产入账价值取出租方的账面价值和双方协议价两者较低者，以此作为承租方提取折旧的原值。当协议价高于账面价时，其差额作为未确认融资费用一次计入成本或分期摊销抵扣所得税。本文下面的例子属于经营性租赁。

图 7-6 中的符号示意：(a)中的 P 为设备购置费用，D 为设备的折旧费，τ 为企业所得税税率，τD 为折旧费产生的税盾(tax shield)，S 为设备回收的净余值，MI 为设备的维护保险等费用，n 为设备使用年限；(b)中的 I 为支付的贷款利息，Pb 为归还贷款的本金，方案假设设备购置费用全部由贷款支付，每年支付利息，期末一次归还本金，$Pb=P$；(c)中的 R 表示设备租用的年租金，假定先付后用，出租方承担维护保险等费用。如以上方案都是可行的，则可以通过计算费用的现值或年度费用，选取费用最小的方案，基准折现率为企业的 $MARR$。

例 7-9 某电子电器制造公司 A 正在考虑购置一辆铲车，以更换旧的。该铲车的功能是将制成品总成车间运往成品仓库，每天运作两班。新铲车拟从工程机械 B 公司购买，购置的初始费用为 160000 元，五年直线折旧，残值率 5%，每年的维护保险等费用约 12000 元，但估计在使用两年后要大修一次，另加费用 10000 元，因此，公司考虑以四年为其经济寿命，四年后可以以账面折余值卖给 B 公司，再考虑如何更新。A 公司也可从外部融得全额铲车购买的贷款，年利率为 12%，每年只付息，四年后一次还本。B 公司同时还有该种铲车的出租业务，月租金为 5000 元，按月先付后用，租期不少于三年，退租要提前 30 天通知。B 公司承担出租铲车的维护修理和保险费用，必要时，可更换，以保证铲车的正常运行。A 公司属盈利企业，所得税率 25%，税后盈余资金的投资收益率可达 10%。试从 A 企业利益角度，决定用自有资金购置、用贷款购置还是采用按月租赁方案。

解 (a)企业 A 用自有资金购置，每年可提折旧为

$$D=\frac{160000\times(1-5\%)}{5}=30400(\text{元}),$$

四年后回收的余额为

$$S=160000-30400\times4=38400(\text{元})。$$

(b) 企业 A 用贷款购置，每年要支付的利息为

$$I=160000\times12\%=19200(\text{元})。$$

(c) 企业 A 用自有资金租赁，每月月初支付 5000 元，相当于等值的年底支付租金

$$R=5000(F/A,i,12)\times(1+i)=63200(\text{元}),$$

上式中月自有资金成本 i 按下式推得

$$i=\sqrt[12]{1+10\%}-1=0.8\%。$$

表 7-9 给出了以上三个方案的费用现值，分别是 14.4 万元、13.9 万元和 15.0 万元，用贷款购置的费用最小，但三者相差不太大，可进一步考虑其他因素决策。

表 7-9 设备购置与租赁方案比较

序号	方案与项目	0	1	2	3	4
	方案(a)——自有资金购置					
(a)1	＋折旧税盾 25%×30400		7600	7600	7600	7600
(a)2	－维护与保险(1－25%)×12000		－9000	－9000	－9000	－9000
(a)3	－大修费(1－25%)×10000			－7500		
(a)4	－购置投资	－160000				
(a)5	＋期末资产回收					38400
(a)6	净现金流量	－160000	－1400	－8900	－1400	37000

续表

序号	方案与项目	0	1	2	3	4
(a)7	净现值 $PW(10\%)$	−144 408				
	方案(b)——贷款购置	0	1	2	3	4
(b)1	+折旧税盾 25%×30 100		7 600	7 600	7 600	7 600
(b)2	−维护与保险(1−25%)×12 000		−9 000	−9 000	−9 000	−9 000
(b)3	−大修费(1−25%)×10 000				−7 500	
(b)4	−购置投资	0				
(b)5	+期末资产回收					38 400
	−利息支付(1−25%)×19 200		−14 400	−14 400	−14 400	−14 400
(b)6	−归还本金					−160 000
(b)7	净现金流量	0	−15 800	−23 300	−15 800	−137 400
	净现值 $PW(10\%)$	−139 337				
	方案(c)——自有资金租赁	0	1	2	3	4
(c)1	−租赁费(1−25%)×63 200		−47 400	−47 400	−47 400	−47 400
(c)2	净现金流量	0	−47 400	−47 400	−47 400	−47 400
(c)3	净现值 $PW(10\%)$	−150 252				

7.3 改扩建项目方案的经济比选

改扩建项目是指利用既有企业的原有资产与资源，投资形成新的生产(服务)能力，包括改建、扩建、迁建和停产后复建等，其或有目标效果为：增加产出、提高产出的质量、降低资源消耗、改善劳动条件和生产环境，等等。改扩建和更新改造的方案决策实质上是方案比选的问题，至少有 3 个方案：

(1) 保持现状，即不立项或不改扩建，采用除拟议项目以外的其他措施来延续，这种措施应是可行的、合理的或者说是次优的(next best)；

(2) 关停并转；

(3) 立项，实施拟议的改扩建项目方案。

通常假设方案(2)不可行或不存在，那就是方案(1)(无项目)与方案(3)(有项目)的比较。由于这两个方案对原有部分或全部资产都加以利用，相同利用的资产不论其价值如何确定，都不影响比较的结论，一般不对此重估，不存在沉没成本和机会成本概念的差别。如果出现两个方案对原有资产有不同的利用，则对这部分资产要按机会成本原则进行重估，按重估值作为利用该资产方案的投资费用。按有无对比，形成增量现金流决定改与不改，产出和投入相同的可不参与比较，只比较差异部分。

例 7-10 某企业因外购的原材料、燃料和动力的价格不断上涨，致使主营业务利润出现下滑。目前企业的账面资产净值为 1 500 万元。工程部门提出了一个新的生产工艺和设备的改造方案，增加投资估算 1 000 万元，可节省材料等的投入，节省经营成本，每年由此增加税后净现金流约 160 万元，因改造的停产损失约 50 万元。投资资金来源的平均成本为 8%，计算期为 10 年。试讨论是否采纳该改造方案？

解　假定不存在关停的可能，可只进行改与不改的增量分析，利用原有账面1 500万的资产可不必重估。增量投资是1 000万，增量效益每年160万(第1年扣除停产损失50万元后为110万元)。可以算得增量内部收益率为8.58%，即按净现金流量(−1 000，110，160，160，…，160)算得的$\Delta IRR=8.58\%>8\%$。因此，从经济上说，改造更新是可行的。

当存在对原有企业关停并转可能性时，上述的增量的比较并不能保证改造项目值得进行。这时出现了保持现状、关停并转和进行更新改造等三个互斥方案的比较。

例7-11　假定例7-10的原企业可以停产清算，资产变卖(主要是厂房、土地使用权和通用设备等)扣除债务和必要的职工安置和补偿费用后的净收入可达600万元，并假定利用原资产继续生产的税后净现金流每年为65万元。目前提出的改造方案同例7-10，求证这样的改造是否值得进行。

解　现在是下列三个方案的比较问题：

方案1　维持原状生产；

方案2　停产清算；

方案3　改造更新。

按互斥方案比选原则，方案1减方案2得差额净现金流为(−600，65，65，…，65)，算得$IRR_{1\text{-}2}=1.48\%<8\%$，说明方案2停产方案胜出，不值得继续生产。然后，方案3，即改造更新方案与停产清算的方案2比较，此时改造更新方案的投资总量要包括利用原有资产的机会成本，因此总量投资为1 000+600=1 600(万元)，相应的改建后生产运营期间的净现金流为160+65=225(万元)，投资的净现金流为(−1 600，175，225，225，…，225)，按此算得的$IRR_{3-2}=6.1\%<8\%$，说明不值得改造，不如停产清算，即方案2最优，尽管按方案3减方案1算得的$IRR_{3-1}=8.58\%>8\%$。

通常说的局部改扩建项目是假定不存在关停并转的考虑，因此只需收集增量资料，避免原有资产的重估，也不必收集原状态的现金流，但是这种比较只能得出“改比不改好”的结论。

习　题　7

1. 某工厂为处理污水在3年前花18 000元买了一台抽水机，年度使用费为10 000元。估计还能使用5年，不计残值。现在，该厂又有一个机会，花27 000元可以购买一台新的抽水机，估计寿命为5年，也不计残值，年度使用费为4 000元。假如现在购买新抽水机，旧抽水机可以以2 000元出售，基准贴现率为6%，考虑方案对结果的影响。

(1) 画出继续使用旧抽水机和现在出售旧抽水机买进新抽水机两个方案的直接现金流量图。如按直接现金流量来计算等值年度费用，结论是什么？

(2) 正确的做法是什么？

2. 某种机器，原始费用为20 000元，第一年年度使用费为10 000元，以后每年增加2 000元，任何时候都不计残值，不考虑资金的时间价值，求机器的经济寿命，并用表格的形式表明年度费用。

3. 某医院正在考虑其人工肾机器的更新。这种机器是在4年前花35 000元购置的。假如将现有机器保留使用1年、2年、3年，其年度使用费分别为25 000元、27 000元、29 000元。机器的目前残值为9 000元，每保留使用1年贬值2 000元。当前新的人工肾机器的购置费为42 000元，年度使用费固定为19 000元，经济寿命为5年，5年末的残值估计为10 000元。基准

收益率 $i_0=12\%$，旧机器是否应该更换？如果应更换，何时更换最经济？

4. 两年前花 80 000 元购买了一台软饮料处理机，处理机在以后 5 年服务寿命中，其年度使用费分别为 2 000 元，10 000 元，18 000 元，26 000 元和 34 000 元，目前的残值为 40 000 元，以后各年的残值均为零。

市场上有一种新的处理机原始费用为 70 000 元，在 5 年服务寿命中年度使用费固定为 8 000元，任何时候的残值均为零。基准收益率 $i_0=8\%$，列表计算两种处理机 5 年中等值年度费用。并求出新旧处理机的经济寿命。考虑 5 年研究期，应采用哪种处理机？

5. 有一台特殊效用的机器原始费用为 20 000 元。表 7-10 列出了机器各年度使用费和各服务年年末的残值。假如基准收益率为 10%，求这台机器的经济寿命。

6. 某厂 3 年前购买造型机一台，因经常使用费用较高，故拟作更新分析。该机购买费 600 000元，年使用成本为 70 000 元，预计在市场上出售价值为 400 000 元，剩余寿命为 5 年，第 5 年末残值为零。今可购到功能相同的新造型机，每台购置费为 1 200 000 元，年使用成本 15 000元，寿命 5 年，第 5 年末残值为 200 000 元。假设均按直线法折旧，税率为 25%，基准贴现率为 10%，试分别进行税前和税后更新分析。

表 7-10　　习题 5 的数据

服务年数	年度使用费/元	年末残值/元
1	2 200	10 000
2	3 300	9 000
3	4 400	8 000
4	5 500	7 000
5	6 600	6 000
7	8 800	4 000
8	9 900	3 000
9	11 000	2 000
10	12 100	1 000

7. 某公司有一台设备，购于 3 年前，直线法折旧，现在考虑是否要更新，新设备按年数总和法折旧，该公司所得税率为 25%，税后基准收益率为 6%，其他有关资料如表 7-11 所示。分别进行税前和税后更新比较。

表 7-11　　习题 7 的数据　　(单位:元)

项　目	旧设备	新设备
原　价	90 000	130 000
税法规定残值(10%)	9 000	13 000
折旧年限	9	5
已用年限	4	
年使用费用	开始使用第一年为 3 000 元，以后每年增加 10%	开始使用第一年为 1 000 元，以后每年增加 10%
目前变现价值	100 000	
报废残值	0	30 000

8. 某公司业务上需要使用客车车一辆，购置(含购置税、牌照等)费为 60 万元，折旧和使用年限均为 5 年，残值率 5%，直线折旧。除司机和汽油等运行费用外，每年保养维修和保险费用约 1.2 万元。公司还可以就近租用类似的客车，年租金 15 万元，按年支付，先付后用，保证完好。试比较自有资金购置和租赁方案。所得税率为 25%，公司基准收益率为 12%。

8 公共项目的经济分析

8.1 公共项目及其经济分析的特点

公共项目(public projects) 指由各级政府或其他公共部门筹划、出资或运行的项目。在市场经济社会中有相当数量的这类项目提供公共服务和实现各种社会目标,而这些目标又不能或不适合完全通过市场机制来实现。但是,这类项目同样耗费社会资源,也就存在通过工程经济分析进行项目方案选择的必要性。这类项目大致上可划分为纯公共项目、准公共项目、战略性或政策性项目。

纯公共项目 指提供公用物品(public goods)的项目,项目产出具有非排他性和非竞争性,这类项目一般来说需要资源的投入,但是没有直接的现金流入,却具有为公众提供服务的效益,如防洪治沙、国防建设、水利、义务教育、公共卫生、环境生态保护和治理以及国家的立法、执法和行政所必需的各类建设项目,如公检法司、工商、税务、海关和城镇化建设等。这些项目提供的服务是由社会成员共同享用的,既无法排除不付费的人享用(非排他性),一个人的享用也不会影响其他任何人的享用(非竞争性)。民间部门通常都会避开生产公用物品。

准公共项目 指提供准公用物品的项目,项目产出具有一定的竞争性和排他性,但这些产出或提供的服务涉及人们的基本需要,或者是因为存在外部效果①,收费往往不足以反映项目的效益。因此,需要政府对投入的补充,如农业、水利、通讯、教育、基本医疗服务和交通运输等基础设施项目。有一类称为公用事业(public utilities)项目,如供电、给排水、供气和城市公共交通等,虽然具有收费和通过市场运作的可能,但因为这些产品和服务有较强的公益性,且具有自然垄断(natural monopoly)属性,有必要由政府或公共部门专营或授权经营。

战略性或政策性项目 指对国家有战略意义的特大型的、或有较大风险但有重大前景的、或者是资源性的项目;或者出于领土完整和安全以及减少地区间经济发展差异或公平分配考虑的项目。显然,政府必须承担这些项目的发起和建设,而不论这些项目提供的产品是私用物品还是公用物品,也不论这些项目是否是经营性或营利性的。

由以上所述可知,公共项目涉及的范围是相当宽泛的,特别在我国当前还处于进一步深化改革时期,市场配置资源的能力还有待加强,政府在项目投资决策中还起重要作用。可以这样理解:凡是不完全由市场配置资源,而由政府或其他公共部门筹划、投资或参与的工程项目,都可称为公共项目。

由以上分析比较可知,公共项目的决策往往涉及很多非经济因素,其决策过程往往是政治过程。这些项目的工程经济分析只能是提供决策考虑的一个方面。但是,正是由于公共项目

---

① 市场是通过价格的变化来影响企业和消费者的经济利益和决策的,但是现实中存在一种情况,不通过价格的变动直接作用于他人的利益,这种情况在经济学里称为外部性或外部效果(externalities)。例如,森林可以降低空气中二氧化碳的含量,但对于森林的所有者来说,虽然他们承担了植树和护林的全部费用,却不能因森林给社会带来的这一效益而收费。在其他的一些情况下,项目可能会使用一些资源,但却并不付费。结果,它可能产生出超过社会需要的结果。例如,一个石油化工项目的生产有可能导致邻近区域的旅游价值的减少。这种从局部角度出发的费用与社会费用之间的差异,又会导致所评价项目的规模大于社会的需要。

不完全受制于市场竞争的制约，其资金又来源于广大的公众和纳税人，因此更有必要作公正透明的经济分析。只要资源是有限的，实现目标的方案不止一个，经济评价和分析就是必要的。正如英国绿皮书指出的[①]，在采纳任何涉及公共开支的政策、计划和项目时，都要（通过经济评价）回答如下问题：

（1）为取得同样的目标是否还有更好的方案？

（2）所耗用的资源是否还有更好的用途？

从社会角度出发的项目方案资源配置效率的经济分析一般称费用-效益分析（Cost-Benefit Analysis）。

8.2 从盈利性分析到费用-效益分析

对于竞争性和营利性项目，从经济学原理分析可以得出结论：如果满足下列条件，从社会角度出发的费用-效益分析就会和民间投资者出发的投资盈利性分析的结论趋于一致。

（1）投入和产出使用的是完全竞争的市场均衡价格；

（2）项目具有边际性（marginality）；

（3）不存在（或涉及）外部效果和公用物品；

（4）不存在税收和补贴等市场外部的干预；

（5）具有同样的折现率。

具备了这些条件，按市场价格计算的净现值（NPV）大于零既表示投资者能获取预期的回报，同时也符合从社会角度出发的资源配置的效率改进准则。完全具备上述五个条件的情况是不多的，但是，前面我们曾说过，工程经济分析的一个原则就是着眼于方案间的差异。只要上述条件的偏离不影响方案的选择，我们还是可以认为一致性条件是成立的。譬如说，税收和折现率的差异一般不会使费用-效益分析颠倒盈利性分析对项目方案评价或比选的结论。因此，对多数民间非公有的投资项目，前面各章所用的盈利性分析也代表了从资源配效率角度的费用-效益分析。对于大型的、其投入或产出市场竞争不充分或市场无法依据价格有效配置资源，其盈利性分析结论有可能偏离资源配置效率目标的项目，则可以在盈利性分析的基础上，对偏离的情况做必要的调整，形成费用-效益分析的结论，作为公共部门投资决策的依据。有必要调整的有以下几种情况。

8.2.1 用影子价格代替失真的实际交易价格

判断资源配置状态改进要用完全竞争的市场均衡价格，而发展中国家经济和转轨经济因多种原因，某些商品的国内市场价格偏离这样的均衡价格较远。不少学者[②]发展了以口岸价格（border price）为基础的影子价格体系。他们认为，只要存在对外贸易的机会，国际市场价格（口岸价格）是一种潜在有效率的度量效益和费用的尺度。从经济学上也不难证明，在国家利益最大化下，国内价格应该与国际市场相一致。因此，在费用-效益分析时可能有必要直接

---

① HM Treasury(U.K). Appraisal and Evaluation in Central Government (The Green Book). LONDON: THE STATIONERY OFFICE, 1997; 2003。

② 这方面最有代表性文献有：I. M. D. Little and J. Mirrlees，《Project Appraisal and Planning for Developing Countries》, Heinemann, London, 1974; P. Dasgupta, A. Sen and S. Marglin,《Guideline for Project Evaluation》, UNIDO, New York, 1972。

用“进口平价”(import parity price)、“出口平价”(export parity price)来代替失真的国内市场价格。这里“平价”的意思是:考虑了国内运输、仓贮、装卸等实际资源耗费(不考虑关税等进出口环节的各种转移支付)后,与进出口口岸价格持平的价格(一般为出(到)厂(场)价格)。

例 8-1 某有色金属联合项目生产主要供出口的有色金属原料,每吨的离岸价(f. o. b.)稳定在 850 美元。这种原料在国内市场价格较低,波动也大,出口潜力大,为了考察该项目对国民经济的贡献,有必要以出口平价确定该项目产出的效益。设项目至口岸的运输费每吨为 200 元人民币,离岸前的其他物流费用按 6%估算。汇率:1 美元=6.20 人民币。

解 产出品出口平价(出厂价)= 口岸离岸价(f. o. b.)×汇率 ×(1−6%)−项目至口岸的运输费。得

产出品出口平价(出厂价)=850×6.20×0.94−200 =4 754(元)。

例 8-2 我国制纸用木浆大量依赖进口。正在考虑一个种植快速成长林项目,在增加森林覆盖率的同时,用这种林木制浆替代进口。同类木浆进口的到岸价(c. i. f.)稳定在 800 美元/t,口岸至国内造纸厂(用户)的运输费和项目至该用户的运输费相当,试求这个项目产出的出厂进口平价。

解 产出品进口平价(出厂价)= 口岸到岸价(c. i. f.)×汇率 +口岸至主要用户的运输、仓储和装卸费用−项目至主要用户的运输、仓储和装卸费用。

考虑后两项可以相互抵消,汇率同上例,因此有

产出品进口平价(出厂价)= 800×6.20=4 960(元/t)。

经过多年的市场培育,我国目前多数商品都处于供求均衡状态,市场均衡价格就可作为费用-效益分析时的价格,不必作调整。

8.2.2 非边际性和税收的修正

所谓边际性是指项目的规模相对于整个国民经济来说是很小的,其投入产出对供求价格的影响可以忽略不计。但是,当项目较大,其产出和投入足以影响原来的供求均衡价格时,效益(费用)的计算和盈利性分析现金流就会有区别。如图 8-1(a)所示,项目提供产出品的原有市场的供求均衡点在 E 点,供求量为 OQ_0。项目提供相对于市场较大的产出 Q_2Q_1,在增加市场供应的同时引起价格下降。因此,对原有产出品市场的均衡影响由两部分组成:一部分是增加了市场的供应 Q_0Q_1,这部分的效益既不是用均衡前的价格 P_0,也不是用均衡后的价格 P_1,而是应用消费者的支付意愿来度量(需求曲线 D 下面的面积,可近似地取$\frac{1}{2}(P_0+P_1)\cdot Q_0Q_1$);另一部分是项目的产出排挤了原有的供应 Q_0Q_2(由于价格下降),这部分的效益是对应于 Q_0Q_2 的费用的节省,应该用供应曲线 S 下面的面积来度量①。因此,项目产出的效益是以上两部分之和,也就是图中阴影面积所代表的。显然,它不同于项目产出的收益 $P_1\cdot Q_2Q_1$。同样道理,项目的投入如果排挤了原有用户,则在费用中要考虑消费者剩余的减少,如图 8-1(b) 所示。

税收在投资主体的盈利性分析中是一笔支出,但是这笔支出并不代表社会资源的耗用,只是项目法人实体向政府的一种**转移支付**(transfer payment)。打个比方,整个国民经济好比

---

① 由经济学的基本知识,在完全竞争的市场中,需求曲线也是消费者的边际支付意愿曲线,其下面的面积代表了**支付意愿**(willingness to pay)。支付意愿有可能高于实际支付,高出的部分就是**消费者剩余**(consumer's surplus)。因此,费用—效益分析中的效益要包括消费者剩余。市场的供应曲线代表的众多供应商的边际成本,该曲线下面的面积代表的是为供应该种产品的可变成本。供应商的收益(也是消费者的实际支付)减可变成本称为生产者剩余(producer's surplus)。

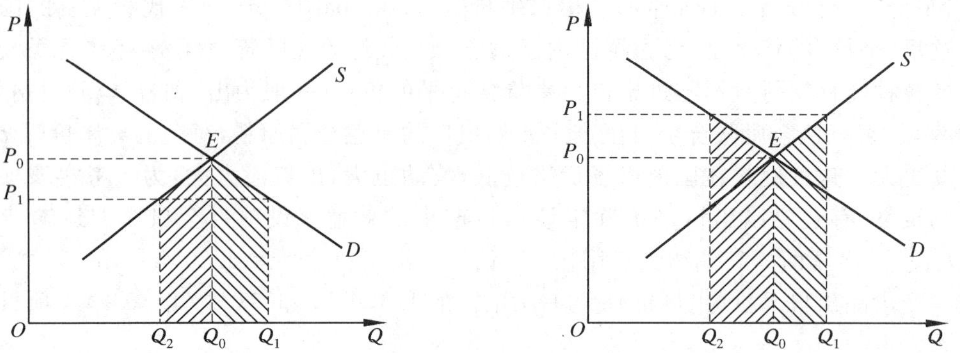

(a) 产出情况　　　　(b) 投入情况

图 8-1　非边际性项目费用和效益的修正

是一个人，税收只是一笔现金从一个口袋转移至另一个口袋，从整体看并不是费用。因此，在费用-效益分析中应将税收从盈利性分析的现金流出中剔除。但是，当用支付意愿来度量效益和费用时，由于消费者面对的价格是含税的，因此，在这种情况下价格内所含的流转税如消费税、增值税等不应在支付意愿中扣除。

例 8-3　某年产 500 万 t 的水泥项目，用以满足省内和周边地区的需求，并替代部分价高质次的中小水泥厂的产出。由于水泥的运输费占比较高，市场容量有限，供求均衡平均出厂价格(含 17%增值税)与无项目比较会从每吨 360 元下降至 330 元，估计项目产出的 60%增加需求的满足，40%是替代原由中小水泥厂的供应。求用以计算产出收益与效益的价格差异。

解　项目盈利性分析计算产出收益的价格为 330÷(1+17%)=282(元/t)；费用-效益分析时计算产出效益的平均价格为

$$60\%\times\left[\frac{1}{2}(360+330)\right]+40\%\times\left[\frac{1}{2}(360+330)\div(1+17\%)\right]=207+118=325(\text{元/t})。$$

式中，第一项为包括消费者剩余在内的支付意愿的增加；第二项是排除原有水泥供应而节省的费用。前者是含税，后者不含税。如图 8-2 所示，图中打阴影的是厂商收益，而产出的社会经济效益还包括打斜线的面积。

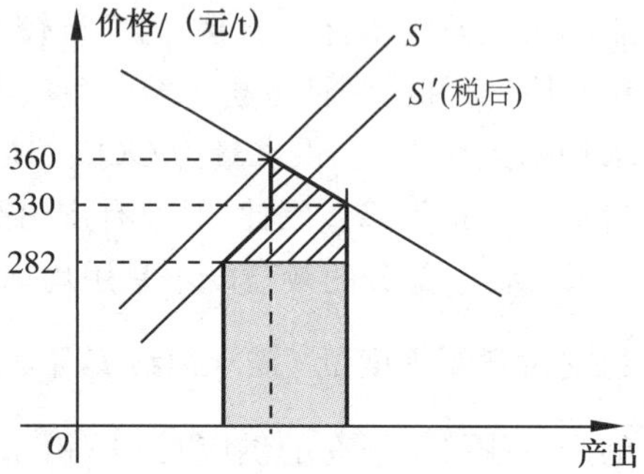

图 8-2　例 8-3 示意图

例 8-4　我国每年出口某种有色金属原料 72 万 t，预测的离岸价平均为 3 800 美元/t。考虑某新建这种原料项目的产出中每年有 12 万 t 的增加出口。由于这种原料国际市场的需求价格弹性有限，由此使价格下降至 3 650美元/t。试分析从企业和国家角度分析出口的价格。

解　由于出口，国外的消费者剩余增加不在效益考虑的范围内，但由此产生的出口价格下降对国内原有出口商造成的生产者剩余的损失应在项目的出口效益中扣除。在进行盈利性分析时，应按降价后的 3 650 美元/t 为基础计算项目这部分产出的收益，但是，在进行费用-效益分析时，从国家利益出发，项目产出的效益还要扣除国内原出口的 72 万 t 因价格下降的收益损失，即按 3 650-(3 800-3 650)×72/12=2 750(美元/t)为基础计算。

8.2.3 增加显著的外部效果(间接效果)

投资者盈利性分析中现金流量主要是由项目的投入和产出通过市场交换来实现的,而很多项目实施和运行时对生产和消费的影响并没有通过市场的交换,也就没有在现金流中得到体现。但是,从社会经济的整体看,这些影响又确实形成了一定的效益和费用。例如,新建工业项目的配套道路、供电和供水等设施为附近的居民带来方便,高科技工业项目的人力资源和知识的扩散等可以看做是正的外部效果;很多工业项目生产时产生的污水、废物和废气的排放可以看做是负的外部效果。这些外部效果往往是难以定量和货币化的,因此,无法或难以通过市场来收费和付费。当这些影响较大,而在盈利性分析中又没有反映的,应在费用-效益分析中给予补充。

把外部效果计入项目效益时要避免重复计算。例如,某一生产化纤原料的大型工程项目的投产,由于市场供应的增加,使这种化纤原料的价格下降。由此,采用这种化纤原料的纺织行业的利润会增加。同样推理,其下游的服装加工企业、服装商店直至服装消费者都会因此得到好处。这一系列的连锁的效益是否都要算做是生产化纤原料的那个大型工程项目的外部效果呢?回答是否定的。事实上,纯粹的价格变动,只能产生效益的转移:由于价格下降,下游行业的得益是来源于上游的损失。当我们按图 8-1 的原则计算了项目的效益后,那些由价格变动引起的上下游利益格局的变动而产生的效益重新分配不应作为外部效果来计算。同样道理,新建一个大型纺织厂,使投入的化纤原料价格上升,由此产生的上游化纤原料、石油化工行业的得益也不能计为纺织厂项目的外部效果①。

还有一类由供求变化而引起的相邻效果也要防止夸大和重复计算。譬如,某地区的电机生产的能力过剩,设备闲置。现在考虑要建一个空调厂项目,对电机的需求增加,使原来的电机工厂的生产能力得以充分利用,由此产生的效益似乎可以看做是空调厂项目的外部效益。反过来,如果空调厂原来就有,但因电机供应不足,使空调厂生产能力闲置,那么建一个新的电机厂项目就有一系列下游的相邻外部效果。实践经验表明,对这类效果不应估计过大,防止随意夸大。只有同时具备下列情况时才予以考虑。

(1) 这些相邻部门的生产能力或资源确实是处于闲置状态。

(2) 这些闲置的生产能力或资源被利用之后,不会影响该部门或其他相邻部门的产出。例如,当闲置的设备开动后,会挤占原来就紧张的电力供应,有可能使其他行业减产。这样,利用闲置设备的外部效果实际上并不存在,至少要打折扣。

(3) 除了拟议的工程项目方案外,并无其他途径来利用上述闲置的生产能力和资源。否则,在评价和比选项目方案时会由此而产生厚此薄彼。

同时具备以上条件的情况是不很多的,因此,对这类相邻效果不应过分强调。

8.2.4 用社会折(贴)现率代替基准收益率

民间投资项目对货币的时间价值的考虑主要体现在基准收益率的设定上,其主要的决定因素是个别投资者的资金来源的加权成本和可能的投资机会成本。从国家和社会角度出发的费用-效益分析,同样有效益和费用的时间价值问题。类似于投资盈利性分析,费用-效益分析

---

① 在经济学中,把这类由价格变动而引起的效果称为钱币性(pecuniary)效果,以区别有用资源增加或减少的真实(real)效果。这里的钱币性是一个专用词,不是通常意义上用货币表示的效益或费用,而是指发生在外部效果和派生效果上。有些文献译为"金融性效益"。

也用折现率，一般称为**社会折现率**(social discount rate)。这个参数应由国家统一设定，主要取决于两方面的因素。一是公共部门资金使用的机会成本。公共部门投资的资金是有限的，公共部门用了，民间部门就失去了投资机会。这种牺牲的投资机会获利水平是决定社会折现率的一个基础；二是社会成员对于现在能获得的效益比之于将来能享受的效益的偏好程度。尽管在决定社会折现率上有很多理论上的争论，但多数国家都设定在6%～8%之间。

在经过以上必要的调整后，经营性项目的盈利性分析就转化为从国家和社会资源配置角度的费用-效益分析。这种分析的指标和判据在形式上与投资者盈利性分析类似。但其内涵有根本性的区别：用效益 (B) 代替投资者的现金流入；以费用 (C) 代替投资者的现金流出；以 i_0 代表社会折现率，N 为项目计算期，计算净现值指标 NPV (相当于前述的 PW)。

其计算公式为

$$NPV = \sum_{t=0}^{N} (B-C)_t (1+i_0)^{-t}。$$

项目净现值等于或大于零，表示国家为拟建项目付出的代价可以得到符合社会折现率要求的社会盈余，或者除得到符合社会折现率要求的社会盈余外，还可以得到以现值计算的超额社会盈余。净现值越大，表示项目所带来的经济效益的绝对值越大。与净现值等价的年度等值 AW 也可作为等价的指标。另外，也可以计算内部收益率 IRR，即使

$$NPV = \sum_{t=0}^{N} (B-C)_t (1+IRR)^{-t} = 0$$

的折现率。对于常规投资项目，作为评价的判据，项目的内部收益率大于或等于社会折现率等价于净现值大于、等于零。

由于历史的惯例，公共项目的评价多用效益费用比 (Benefit-Cost-Ratio)指标。

计算这个指标时，对各年效益 B_t(正的)和费用 C_t(负的)两部分，分别折现。效益现值 $B_0 = \sum_t B_t(1+i_0)^{-t}$，费用现值 $C_0 = \sum_t C_t(1+i_0)^{-t}$。

效益费用比 $$(B/C) = \frac{B_0}{C_0},$$

或 净效益费用比 $$(NB/C) = \frac{B_0 - C_0}{C_0}。$$

显然，二者在数值上差一个1。作为方案的评判规则，若 $B/C \geqslant 1$ 或 $NB/C \geqslant 0$ 则接受，反之则拒绝。不难看出，效益-费用比作为评价的判据和净现值 NPV 判据是一致的。

在公共项目评价的早期阶段，很多人认为效益费用比较之净现值的好处是能提供项目排序的依据。实践和理论都证明，在互斥项目的比选中，效益费用比可能会给出错误的判断；在无约束的项目优选情况下，B/C 指标并不能提供比净现值指标更多的信息；在投资有限的情况下，可以按 B/C 的大小来确定项目的优劣，但按这种排序也不能保证一定能取得最优方案。这个指标类似于净现值率，参见前述有关章节的详细讨论。

8.3 公共项目的费用-效益分析

对于纯公共项目或准公共项目，项目没有或只有很少的现金流入，其效益主要体现在消费者的费用节省或非货币化的得益上。在这种情况下，我们不是通过盈利性分析基础上的调整，而是直接对效益进行尽可能的量化和货币化，用类似的方法框架，将效益与费用对比，判断和

选择方案。所以这种方法的关键是效益的界定和量化。

8.3.1 效益和费用的界定

按照经济学的补偿准则，我们定义项目产出的效益就是得益者支付意愿；项目投入的费用，就是受损者牺牲的支付意愿(或接受补偿意愿)。如果这些意愿都是人们在保持原有福利(效用)状态下表达的，那么，按这样定义的效益如果大于费用，就表明补偿准则得以实现，项目的实施是提高了资源配置的效率。通过有无对比，追溯出项目方案在建设和运营过程中对社会经济的最终影响。计为效益的情况有：增加消费者消费、享用或各种愿意支付之满足，降低人们费用或支出，替代其他项目产出而节省的社会费用或减少资源耗费而节约的成本。计为费用的情况有：增加社会资源的耗用或占用，挤占消费者消费、享用，或减少各种愿意支付之满足，等等。这就要求对不同类别的公共项目进行界定和计量。

例 8-5 某职业教育园区费用-效益分析。

表 8-1 是根据我国某职业教育园区的数据得出的费用-效益分析结果。教育项目的效益是很难用货币度量的，特别是初等教育。但是，职业教育的主要目标是改善毕业生的就业前景，是一种人力资源的投资。在劳动力市场充分的前提下，这种投资的效益可以通过工资收入的差异来体现。本例是以高中毕业不进高等职业学校和初中毕业不进技校直接工作作为参照组，即“无项目”，项目的直接效益(序号 1.1)是该园区高职和技校每年毕业生相对于高中和初中毕业生 40 年终生收入现值的差额；社会费用方面，除园区的投资和经营费用外，还有学生在学 3 年中如果打工的机会收入(序号 2.5)。该表给出了社会折现率分别是 8%的净现值、效益费用比和内部收益率。尽管没有对间接效益计量，这些指标说明这个项目有较高的资源配置效率。

表 8-1 　　　**某职业教育园区费用-效益分析** 　　　(单位:万元)

序号	项　目	0	1	2	3	4	5	6-19	20
1	效益流量	—	—	—	95 693	108 800	130 560	130 560	151 440
1.1	项目直接效益				95 693	108 800	130 560	130 560	130 560
1.2	资产余值回收								20 880
1.3	间接效益								
1.4	效益现值	1 009 842							
2	费用流量	81 600	65 100	64 100	53 310	60 738	71 056	71 056	71 056
2.1	建设投资	81 600	65 100	62 100					
2.2	维持运营投资								
2.3	流动资金			2 000					
2.4	经营费用				23 132	26 139	29 537	29 537	29 537
2.5	放弃的收入				30 179	34 599	41 519	41 519	41 519
2.6	间接费用								
	费用现值	746 086							
3	净效益流量	−81 600	−65 100	−64 100	42 382	48 062	59 504	59 504	80 384

计算指标：

净现值　$NPV=PV(B)-PV(C)=263\,752$ (万元)，

效益费用比　$B/C=PV(B)/PV(C)=1.35$，

内部收益率　$IRR=20.35\%$。

如果不收学费，学生私人投资的效益费用比 $B/C=130\,560/41\,519=3.14$，说明项目的大部分效益为学生及其家庭所有。

这个分析没有考虑学费。学费对学生来说是笔费用，对办学者（学校）来说是笔收入，从社会角度，两者抵消了。为了吸引社会投资办学，用学费收入抵消部分的费用也是必要的。

如果，学生 3 年共交学杂费 3.6 亿元，民间办学者投资 6.21 亿用于教学用房和 0.2 亿用于流动资金并承担全部经营费用，其他园区的建设投资由政府承担，则可以算出学生、民间办学投资者和政府三方的效益和费用流，如表 8-2 所示。

表 8-2　某职业教育园区三方的效益与费用流　（单位：万元）

	项　目	0	1	2	3	4	5	6-19	20
学生的效益与费用	终生收入增加				95 693	108 800	130 560	130 560	130 560
	一放弃收入				30 179	34 599	41 519	41 519	41 519
	一学杂费				26 386	30 014	36 000	36 000	36 000
	净效益流				39 128	44 187	53 041	53 041	53 041
	净现值(8%)	408 625							
办学者的现金流	学杂费收入				26 386	30 014	36 000	36 000	36 000
	一建设投资			62 100					
	一流动资金			2 000					−2 000
	一经营费用				23 132	26 139	29 537	29 537	29 537
	净现金流			−64 100	3 254	3 875	6 463	6 463	8 463
	净现值(8%)	−7 046							
	内部收益率	6.24%							
政府（财政）	资产余值回收								18 880
	一建设投资	81 600	65 100						
	＋净间接效益								
	净效益流	−81 600	−65 100						18 880
	净现值(8%)	−137 827							
社会（合计）	净现金流	−81 600	−65 100	−64 100	42 382	48 062	59 504	59 504	80 384
	净现值(8%)	263 752							

从表 8-2 可以看出，就该项目而言，学生的效益是主要的；办学者的内部收益率为 6.24%，只能吸引不以盈利为目的的投资者；政府（财政）给出了较大的补贴给学生。学生、办学者和政府三者净现值之和与社会费用-效益分析的净现值相同。

8.3.2　效益的量化——消费者费用的节省

对于不能收费或收费的成本太高的交通运输项目，包括一般的国道、不收费的道路和桥梁以及一些城市道路的改扩建项目其效益主要体现在消费者剩余的增加，或者说使用者费用的节省上。因此，可以按“有、无”对比原则计算由于路程缩短、道路标准或质量的提高而产生的各种费用节省，包括：

(1) 车辆运行费用的节省。包括路程缩短、车速加快和路况改善而得到的单位行驶里程的费用节省等。节省的是车辆的可变成本。

(2) 车辆的时间和旅客时间的节省。前者是车辆利用节省出时间的机会效益，等于车辆的毛收益减去可变成本。后者是旅客对交通时间节省的支付意愿。

(3) 货物在途时间的节省。

在公路不收费的情况下，效益主要由消费者剩余的增加来体现。项目的效益为面积 C_0C_1ed，如图 8-3 所示。这些效益包括有无对比的转移交通量 Q_0 和诱发交通量 Q_1-Q_0。

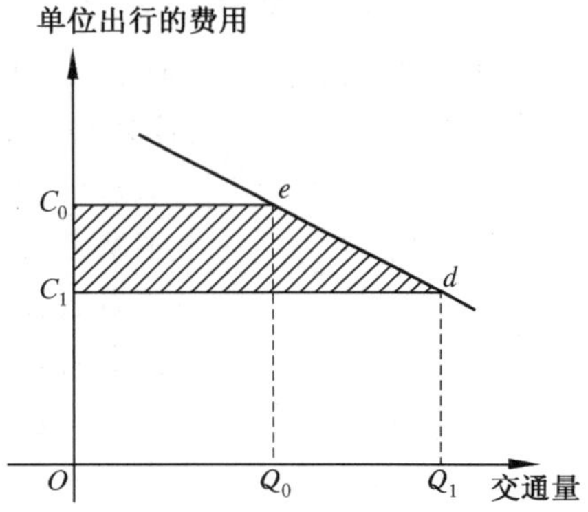

图 8-3　非经营性项目的消费者剩余

除了上述的费用节省外，还应包括直接的无形效益：

(1) 减少拥挤的效益；

(2) 交通事故的减少；

(3) 旅客出行的舒适和正点等。

例 8-6　道路部门考虑一条原长为 26km 的普通公路的改建计划，有两个方案：

方案 A：保持原有线路不变，只是对路基局部加固并重铺路面，一次投资为 2 200 万元，以保持现有的路况状态。

方案 B：按直线取直，线路缩短为 20km，并提高等级，安装隔离栅，需一次投资 17 500 万元。

方案 B 的平均车速可从 40km/h 提高到 50km/h，交通事故可从 100 次/年，降低到 45 次/年。据统计资料，每次交通事故的平均费用为 8 400 元。

这段公路每天平均双向交通量为 5 500 辆，其中小客车为 1 500 辆，大客车为 500 辆，货车 3 500 辆。这些车辆的每公里行驶的费用分别为 0.4 元，0.6 元和 0.3 元，车辆(包括车辆本身和车上的乘客、司机以及货物)时间节省每小时的价值分别为 20 元、75 元和 10 元。

以 30 年为计算期，计算期内的路面翻修、日常保养费、期末余值以及交通量增长等在方案比较时可略去，社会折现率为 8%，试比较方案。

解　该道路改建方案效益主要体现在道路使用者(乘客、车主和货主)的费用(包括时间等)的节省上，也就是消费者剩余的增加；费用是道路部门改建费用的支出。可以把方案 A 视作“无”方案，方案 B 为“有”方案，计算增量的效益与费用。假定行驶费用只与路程长度有关，单位距离行驶费用节省忽略不计。

利用者效益增量：

行驶费节省　$(1\,500\times0.4+500\times0.6+3\,500\times0.3)\times(26-20)\times365=427$(万元)；

时间节省价值　$(1\,500\times20+500\times75+3\,500\times10)\times(26/40-20/50)\times365=935$(万元)；

减少交通事故价值　$8\,400\times(100-45)=46$(万元)，

利用者年效益总计　$427+935+46=1\,409$(万元)。

供应者(道路投资建设部门)效益增量：

期初投资增量 $17\,500-2\,200=15\,300$(万元)(负的)，

增量净现值 $NPV_{B\text{-}A}=-15\,300+1\,409\times(P/A,8\%,30)$

$=-15\,300+1\,409\times11.257\,8=562$(万元)$>0$，

增量内部收益率 $IRR_{B\text{-}A}=8.38\%>8\%$。

以上计算说明，从资源配置效率角度，改建方案 B 的是要好于方案 A 的。

8.3.3 效益的量化——消费者剩余与生产者剩余

对收费的公共项目，通常收费低于消费者的支付意愿，项目的收益不足以衡量项目产出的效益。因此，项目产出的净效益（NB）可定义为

$$\begin{aligned}NB &= \text{效益}-\text{费用}\\ &= \text{消费者支付意愿}-\text{生产者费用}\\ &= \text{消费者支付意愿}-\text{实际支付}+\text{实际支付}-\text{生产者费用}\\ &= \text{消费者剩余}+\text{生产者剩余}。\end{aligned}$$

上式“生产者剩余”定义为“生产者收入－生产者费用”，在没有流转税的情况下，消费者的“实际支付”也就是“生产者收入”。生产者剩余的计算口径相当于盈利性分析时运营期的全部投资净现金流量。

例 8-7 拟建收费桥梁，经类似已建桥梁收费-交通量预测，如果每辆收 30 元，日交通量 10 000辆，如收费降至 20 元，交通量为 15 000 辆。假定日交通量（Q）与过桥费（p）成线性关系，试对该桥分别进行盈利性（最大化）分析和费用-效益分析，确定收费标准和建桥投产的预算限额。假设该桥技术上限制日交通量不能超过 20 000 辆，日经常性运行费用为过桥费收入的 5%，基准折现率 8%，不考虑税收等支出。

解 由给出的收费-交通量的两组数据，不难求出收费-交通量直线方程

$$p=50-\frac{1}{500}Q。$$

（1）盈利最大化分析

日过桥费收入 $p\cdot Q$ 最大时，$\dfrac{\mathrm{d}(pQ)}{\mathrm{d}Q}=0$，可求得 $p^*=25$ 元，$Q^*=12\,500$ 辆/日，如图 8-4 所示。

年净现金流入为 $25\times12\,500\times(1-5\%)\times365=10\,836$（万元）。

建桥的投资按 8%求得，年金估算，应不超过

$$\frac{10\,836}{6.08}=13.54（亿元）。$$

（2）费用-效益分析

按净效益最大化，桥的通过能力应充分利用，收费标准可降至 10 元/辆，日交通量为 20 000辆。

消费者剩余为 $\dfrac{1}{2}\times(50-10)\times20\,000\times365=14\,600$（万元），

生产者剩余为 $10\times20\,000\times(1-5\%)=6\,935$（万元），

年净效益为 $14\,600+6\,935=21\,535$（万元）。

建桥的投资按 8%折现率求得，年金计算可不超过

$$\frac{21\,535}{0.08}=27（亿元）。$$

两种出发点的比较，投资可相差一倍。从社会角度应按费用-效益的结论，二者比较可参考图 8-4。

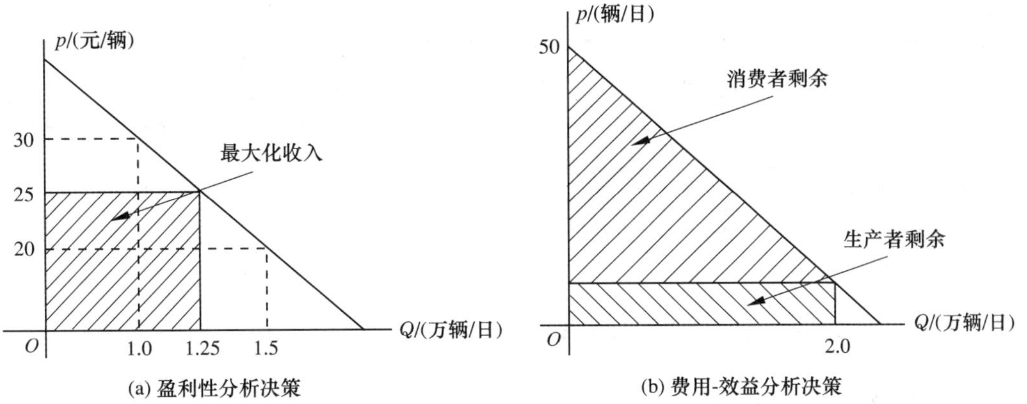

图 8-4　收费-交通量收费决策

8.3.4　供水、供气和供电等项目的反推价格法

这类项目通常具有自然垄断性，其产出或提供的服务是现代生活所必需的。其收费受价格规制，产品（或服务）相对单一，是重要的一类公共项目，也称为公用设施（public utilities）项目。这类产出的实际定价必须考虑用户的承受能力，又不能完全依靠补贴来生产供应，难以事前确定计量效益尺度。由于产出单一，有可能按投资和费用反推出产出的临界价格为

$$P=\frac{\sum_{t=0}^{n}C_t(1+i_0)^{-t}}{\sum_{t=0}^{n}Q_t(1+i_0)^{-t}}。$$

式中，C_t 为项目包括投资在内的各期费用，一般在盈利性分析的投资和经营成本估算的基础上调整（如剔除税收、国内保险和应付费用等），Q_t 为第 t 期的产出并供应消费的量，i_0 为社会折现率。项目方案计算出的反推价格 P 小于或等于某种从社会角度被认为是合理的价格，那么这个评价结论与用这种合理价格计算的净现值 $NPV\geqslant 0$ 的结论是一致的。计算出的反推价格也可用来对方案进行比选，在同样条件下，选反推价格小的方案。

例 8-8　某城市拟建水厂，设计供水 1 亿 m^3，初始投资 50 450 万元，其他费用及时间进度如表 8-3 所示。按折现率 8%，试计算水的出厂反推价格。

解　利用反推价格的计算公式，列表计算，反推出厂水价为 0.86 元/m^3。

表 8-3　　**某供水项目反推价格计算**

序号	项　目	单位	计　算　期						
			0	1	2	3	4—19	20	合计
1	供水量 Q	万 m^3		2 600	8 000	9 500	10 500	10 500	198 600
	现值 $PV(Q)(i_{OB}=8\%)$	万 m^3	92 838						
2	费用流量	万元	1 500	51 110	3 220	4 500	3 400	1 900	19 485
2.1	其中建设投资	万元	1 500	48 950					50 450
2.2	维持运营投资	万元				1 200			1 200
2.3	流动资金	万元		210	120				330
2.4	运行费用	万元		950	1 600	1 700	1 800	1 800	34 850

续表

序号	项　目	单位	计　算　期						
			0	1	2	3	4—19	20	合计
2.5	原水费用	万元		1000	1500	1600	1600	1600	31300
2.6	资产余值回收	万元						−1500	−1500
	现值 $PV(C)(i_{OC}=8\%)$	万元	79455						

计算指标

反推价格　$P=PV(C)/PV(Q)=79455/92838=0.86$(元/$m^3$)

8.3.5　无形效果价值的估计

无形效果(intangibles)是指不具市场价格、不能或难以直接货币化的效果,很多公共项目的产出都具有这种特性。这种效果的价值货币化的估计是费用-效益分析的重要内容。目前主要用**显示偏好方法**(revealed preference method)和**陈述偏好方法**(stated preference approach)等两类方法。

1. 显示性偏好方法

这类方法基于这样的认识:有些非市场物品或服务,尽管不存在市场的交换,但这些无形效果根植或被包含(embedded)于某些在市场交换的、可以观察到的价格之中,显示偏好方法就是一类把这些无形效果的价值“剥离”(tease out) 出来的技术。例如,区位、面积、质量、容积率和交通配套等其他条件相同,安静的小区房价高,噪音指标高的房价低。如果能收集到这类房价差别的样本,用统计学的方法建立噪音(负的“安静”)指标与价格差的函数关系,那么就可以求出人们对降低一个噪音单位的边际支付意愿,也就是隐含在住房物业内的噪音的隐含价格。这种隐含价格法(the hedonic method)曾被广泛地应用于旅行时间、噪音、空气污染、水质、水景和绿化等无形效果的货币化度量上。又如,道路旁的住户,用双层玻璃的门窗来防止噪音,购买瓶装水来代替自来水的饮用,这些额外的支出,可以看做是避免噪音和水污染的支付意愿。如果在研究投资道路隔音屏蔽和进一步净化供水项目时,就可以用这种揭示出来的支付意愿来表征项目的效益。随着环境和生态等无形效果日益被人们所重视,人们也开始考虑用污染造成的损失或防治的费用来间接地估计这类无形效果的价值。近年来出现的污染物排放权交易也让这些效果进入了市场,为这类无形效果的价值提供了信号。表 8-4 给出了一些参考性的量。

表 8-4　　环境损害值参考量值

排放物	损害值单位	损害值				备　注
		人口密集区	小城镇	农村	空旷地区	
NO_x, SO_2等	万元/t	10.0～15.0	2.0～3.0	0.5～1.0	0.05	对人体健康和产出等的地区性损失
噪　　音	万元/(dB·延长公里·年)	8.0～12.0	2.0～3.0	0.3～0.8	0.03	按 20dB 以上计算
污水 COD 排放	元/kg	2.0～10.0				考虑行业的治理费用和地区影响系数
CO_2排放	元/t·C	80.0～100.0				参照 CDM 交易价格

2. 陈述偏好方法

这种方法通过调查询问，对样本消费者的陈述进行分析加工，获取人们对某种需求的支付意愿。例如，人们对珍稀物种、历史文物和自然状态等，即使不获有，也不观赏，但还是希望他们“存在”下去，这就是所谓存在价值(existence value)。这种价值只能靠人们自己的陈述来表露。20 世纪 90 年代发展起来的所谓意愿调查评估法(contingent valuation, CV)就是属于这一类的方法。长期以来，经济学家认为，由于搭便车等原因，没有市场实际支付为基础的简单的问卷调查所得的信息是不可靠的，难免有各种人为的倾向性。但是，在 1989 年，美国国家海洋空气署(NOAA)指定以 Kenneth Arrow 和 Robert Solow 为首的著名经济学家组成的专门小组对阿拉斯加的 Exxon Valdez 石油泄漏污染为背景的意愿调查评估 NOAA 报告①得出的结论认为“在遵循一系列的建议条件下，意愿调查评估法可以提供为诉讼程序所需要的、足够可靠的自然资源损害的价值估计”，自此之后，这种方法的地位得以肯定。早至 1995 年，已至少有 40 个国家，超过 4 000 个案例，使用了 CV 方法。

例 8-9 Exxon Valdez 事故的 CV 实例。1989 年 3 月 24 日晚，油轮 Exxon Valdez 号在美国阿拉斯加的威廉王子海湾处，因避让冰山，偏离航道，操作失当，触礁后导致 1 100 万加仑(1 加仑约为 3.785 4L)的原油泄漏。这是美国历史上最严重的一次原油泄漏造成的环境污染事故。其使用价值如商业捕鱼、旅游以及以休闲为目的钓鱼、驾船、游泳和徒步旅行等活动造成的损失，可以基于市场信息加以估计。但是污染造成的非使用价值(存在价值)损失涉及全体美国公民。基于诉讼赔偿的需要，应阿拉斯加州政府的请求，对此次事故造成的被动价值损失用意愿调查评估法进行评估。该调查的要点如下②：

(1) 严格的抽样统计，防止样本偏差。被抽样的母体是 50 个州和哥伦比亚特区的全美国住户。抽样分三个层次。第一层是从全国 1712 个县，按人口大小比例随机抽取 61 个样本县；第二层是从这些样本县按人口比例抽取 334 个普查块；第三层是从前一层最后抽得共 1600 个样本户。

(2) 向被调查者传达清楚、完全和准确的信息，防止信息偏差。每次个别面谈访问的 40min 中，用大约一半的时间向被调查者介绍损害情况，包括事故发生的地理位置、周边环境、泄漏事故的范围、野生动物死亡情况以及拟采用的清污办法和自然恢复的过程和时间等，用照片显示并伴以讲解。为避免夸张，不用照片显示鸟类死亡特写，而是列举各种鸟类死亡的数量和占总数的比例，并说明事故造成的伤害可在 3 年内恢复。最后，展示为避免此类事故拟采取的措施计划，如包括配备护航船只和对油轮装备双层甲板等以及有关的费用。

(3) 构造真实的支付场景，防止策略性偏差。经专题研究，在可供选择的提高税收、提高油价和再增加货物(消费)税等三种方案中选择了第一种。在支付时间的场景设计方面，采用的是一次性支付而非分期支付。在让被调查者表态前，向他们陈述如下内容：“因为每一家庭都要承担部分的费用，本调查的目的是让你表达是否赞成这样的项目(计划)。我们认为，有人赞成，也有人反对，二者都是可以理解的。赞成者认为花这笔钱避免类似的事故是值得的。反对者可能认为花这笔钱可能影响了我的更重要的其他方面开支或超过了我的支付能力”。为

---

① K. Arrow, R. Slow, P. Portney, E. Leamer, R. Radner and H. Schuman (1993—2001), Report of the NOAA Panel on Contingent Valuation, Federal Register, 58(10): 4016-4064.

② 根据 R. T. Carson, R. C. Mitchell, M. Hanemann R. J Copp, S. Presser, P. A. Rund. Contigent Valuation and Lost Passive Use Damage from Exxon Valdez Oil Spill. Environmental and Resource Economics, 2003(25): 257-286 整理.

稳妥计，要求回答为避免此类事故的支付意愿(*WTP*)，而非可接受的补偿意愿(*WTA*)。

(4) 公决选择式的问题设计(回答“是”或“否”)，防止起点偏差。采用双区间两分法意愿吸取方法，也可称之为区间普查数据残存法。设计四套支付意愿，A,B,C,D，供被调查者随机抽取其中之一，如表 8-5 所示。该表 A15 列是首先发问的支付意愿，如回答“是”，再追加问 A16 列；如回答“否”则追问 A17 列。以抽中方案 A 为例，先问“你是否愿意为这个计划支付 \$10?”，如回答“是”，则再追问一个“那么你是否愿意支付 \$30?”；如果第一个问题回答“否”，则再追问一个“那么你是否愿意支付 \$5?”；等等。

表 8-5　　支付意愿测试初始表

方　案	A15	A16	A17
A	\$10	\$30	\$5
B	\$30	\$60	\$10
C	\$60	\$120	\$30
D	\$120	\$250	\$60

(5) 科学地统计分析，给出统计误差。经整理，回答结果如表 8-6 所示。

表 8-6　　组合回答比例

方　案	是-是	是-否	否-是	否-否
A(\$10-\$30-\$5)	45.08%	22.35%	3.03%	29.55%
B(\$30-\$60-\$10)	26.04%	26.04%	11.32%	36.30%
C(\$60-\$120-\$30)	21.26%	29.13%	9.84%	39.76%
D(\$120-\$250-\$60)	13.62%	20.62%	11.67%	54.09%

依表 8-6 的结果，方案 A：(\$0-\$5[否-否])；(\$5-\$10[否-是])；(\$10-\$30[是-否])；(\$30-\$∞[是-是])。类似的，方案 B 的区间是：(\$0-\$10，\$10-\$30，\$30-\$60，\$60-\$∞)；方案 C 的区间是：(\$0-\$30，\$30-\$60，\$60-\$120，\$120-\$∞)；方案 D 的区间是：(\$0-\$60，\$60-\$120，\$120-\$250，\$250-\$∞)。根据以上区间和回答的比例，按最大或然率，用 Weibull 分布或 Turnbull 非参数估计，得到样本的期望值(支付意愿)是 53.6 美元(下限)和 79.2 美元(置信区间为 95%)。以样本期望值乘以美国的家庭总数(9 084 万户)，这次事故的非使用价值损失是 48.7 亿美元和 71.9 亿美元。

8.4　费用-效果分析

8.4.1　方法框架及其适用性

费用-效果分析(Cost-Effectiveness Analysis)是一种避开不能或难以货币量化的效益，直接通过费用的比选或用适当的实物效果指标反映项目目标的实现程度，通过效果和费用的比较来比选不同项目方案的方法框架，是一类实物量与货币量相结合的经济分析方法。很多公共项目，诸如国防、环境、卫生、安全、教育等，其效果主要体现在增强国防实力、提高健康水平、挽救生命、改善环境以及提高文化知识水平等方面。可以用费用-效果分析代替费用-效益分析，按资源配置的效率准则，选择最佳的项目方案。这种方法也可以用于盈利性项目前期或项目局部的方案比较。

使用费用-效果分析有可能在各种可行的方案中选择资源配置最有效率的方案。但是，由于效果和费用用的是不同的量纲，我们无法通过对方案本身的效果与费用的比较来得出被选出的方案是否值得进行的结论。因此，运用这种方法的前提是要有尽可能多的、能实现项目目标的、在其他方面可行的备选方案，同时，要辅以其他评价准则，以判定项目是否一定要实行。

8.4.2 费用和最小费用法

多数公共项目的费用是可以用货币度量的，在进行费用-效果分析时，备选方案之间相同的费用构成部分，在比选时会相互抵消，因此可只对方案不同的费用部分进行计量和比较。

如果项目目标效果已经明确无误地被确定，备选方案的效果相同，而费用可以货币化，那么，在其他条件相同的条件下，选择费用最小的方案，这种方法称为最小费用法(least cost method)。这可以看做是费用-效果分析的一种特例——目标效果相同，只比较费用。在费用比较时，对于不同时间上支出的费用，要用折现率折现成费用现值，选择现值最小的方案；计算期不同的方案，选择年值或可比的单位时间费用最小的方案。事实上，本教材前面很多章节，如改扩建和设备更新等方案的比选，用的就是这种方法。

8.4.3 效果指标的选择

效果指标的选择既要便于计量，能切实度量项目目标的实现程度，并能容纳目标类同的众多备选方案。例如，对于卫生保健、环境和安全一类项目，可供选择的最终效果指标有：增加的寿命年限(Years of Life Gained，YLG)、失能调整生命年(Disability-Adjusted Life Years，DALY)和质量调整生命年(Quality-Adjusted Life Year，QALY)[①]；教育项目的效果指标有劳动力受教育年限；治安项目有减少犯罪率，等等。对于已确定有具体中间目标的项目，可以选择更具体的物理、化学和生物效果指标，如度量空气质量的二氧化硫、二氧化氮、可吸入颗粒物浓度指标；度量水环境质量的酸度、硬度、含盐量、硫化物、碳源生化需氧量(BODs)、悬浮固体(SS)、氮磷营氧物质、重金属和大肠杆菌含量；医疗卫生方面有病床床位数、某种疾病的发病率或治愈率；教育方面有毛入学率、在读学生数，等等。此外，如果项目的效果主要体现在一个方面，就选取与项目效果紧密联系的单一指标作为效果指标；否则就采用加权的方法将不同指标变成一种单一的度量指标。

8.4.4 费用-效果分析的指标

费用效果比(或其倒数——效果费用比，下同)是费用-效果分析的主要指标。以 E 表示效果(实物指标)，C 表示与效果相对应的费用(货币指标)，则(C/E)为费用效果比。在互斥方案比选时，有下列几种情况：

(1) 固定效果比较，即互斥方案的效果(E)相同，则选择费用(C)小(C/E 小)的方案。这和前面提及的最小费用法是一致的。

---

① 目前世界卫生组织(WHO)在费用-效果分析时用 DALY，其含义是，因疾病或事故造成的早逝和残疾所导致的健康生命年的损失，综合考虑了死亡、疾病、伤残的严重程度、年龄相对重要性和折现率等因素，包括疾病死亡损失生命年(Years of Life Lost，YLLs)和疾病伤残损失健康生命年(Years Lived with Disability，YLDs)两部分；定义 DALY 的减少为疾病防治项目的效果指标。经济合作与发展组织(OECD)国家一般采用 QALY，其含义是相当于完全健康质量生命的存活年数，用增加 QALY 作为疾病防控项目的防控指标。

(2) 固定费用比较，即互斥方案的费用(C)相同，则选择效果(E)大(E/C 大)的方案。

(3) 费用效果比分析。当互斥方案的效果和费用都不相同时，计算费用效果比，选择 C/E 较小(或 E/C 较大)的方案。

例 8-10 某航空公司在选用商用飞机发动机的某一阶段时采用费用-效果分析。根据任务的目标，公司确定发动机的可靠性作为效果指标：在一种复杂恶劣条件下，发动机不出故障的概率。公司给定的用于发动机寿命周期费用的现值不超过 240 万美元，只有以下四个方案可供选择(表 8-7)。

表 8-7

方　案	费用/万美元	可靠性
1	240	0.99
2	240	0.98
3	200	0.98
4	200	0.97

解 由固定费用比较，可以淘汰方案 2 和方案 4(由固定效果比较，方案 2 也可被方案 3 所淘汰)。留下方案 1 和方案 3 可通过计算费用效果比(或效果费用比)来作出权衡和判断。最后，航空公司决策层认为方案 1 比方案 3 多花 40 万美元提高可靠性 1%还是值得的，最后选定了方案 1。

例 8-11 某种预防措施的现值是 200 万元，受益人口 100 万，可使某种疾病的发病率从 0.1‰降至 0.05‰。这种病治愈的概率为 80%，死亡为 20%，不论死亡和治愈的治疗费用和病人的机会成本平均为 2 万元/人。该地区人口的平均寿命为 70 岁，平均患病的年龄为 15 岁。求增加寿命年限的费用(费用效果比)。

解 该项措施增加寿命年限

$$YLGs=(70-15)\times 20\%\times(0.1‰-0.05‰)\times 10^{6}=550(\text{人}\cdot\text{年});$$

预防措施的总费用 $cost=2\times 10^{6}-20\,000\times(0.1‰-0.05‰)\times 10^{6}=100$(万元)；

该项预防措施的费用效果比是：

$$C/E=cost/YLG=1\,000\,000/550=1\,818(\text{元/人年})。$$

如果承认延长寿命的指标可靠，那么就可以在广泛的范围内选择项目或措施花最小的费用来挽救生命，或者在给定费用下挽救更多的生命①。尽管对 $cost/\ YLGs$ 等的度量都存在精确性和全面性方面的种种质疑，但是这些方法至少给出了公共开支在量纲上的差异，是几万元还是几千万元的差异？这些无疑对决策的科学化产生影响。

按效果费用比(或费用效果比)指标的高低，不一定能选择出最理想的方案。举个例子说，

---

① 哈佛风险分析中心(Harvard Risk Analysis Center)同样用类似的方法，对安全和环境保护措施作了费用-效果分析得出以下数据：

(1) 如果通过法案强制要求厂商给汽车安装安全带，那么等于每花 69 美元就可以挽救一个人一年的生命。

(2) 黑人新生儿作镰状红细胞贫血检查(sickle-cell anaemia screening)，等于 240 美元就可"买"一个人一年的生命。

(3) 给妇女作乳房 X 光检查，等于 810 美元"买"一年人命。

(4) 给 65 岁以上的人接种肺炎疫苗，等于 2000 美元"买"一个人一年的生命。

(5) 劝告那些一天吸一盒以上烟的人戒烟，等于 9800 美元"买"一个人一年的生命。

(6) 促使 30 岁以上的人吃低胆固醇的食物，等于 19000 美元"买"一年的生命。

(7) 要限定核电场的放射线的标准，等于要花一亿八千万美元能"买"一年人命。

(8) 为橡胶轮胎工场安装苯的排放控制装置，一年生命的价格就会高达 200 亿。

治疗某种疾病有 A 和 B 两个方案，效果指标 E 用治愈率表示，C 表示治疗的费用现值（万元为单位）。两个方案的效果费用比分别是：

$$\left(\frac{E}{C}\right)_A=\frac{85\%}{0.10}=8.50,$$

$$\left(\frac{E}{C}\right)_B=\frac{98\%}{0.15}=6.53。$$

从指标看，我们不能单从效果费用比的大小得出结论方案 A 一定比方案 B 好，还得看方案 B 比方案 A 多花 500 元，提高 13 个百分点的治愈率是否值得，也就是所谓通过增量效果和增量费用的比来判断，如果认为增量比是值得的，那么在 A，B 两方案的取舍中，可能取效果费用比较低的项目。由于费用-效果分析的效果指标是各不相同的实物量，因此无法设定类似于效益费用比那样增量效益现值大于增量费用现值那样的通用判别基准，只能根据行业和项目类型制订具体的基准。

用费用-效果分析来比较和选择方案时，需要综合考虑以下因素：①是否可以单纯通过增加一种方案的强度来提高其效果？②能否把几种方案结合起来提高其效果？把各种可行的方案和各种可能的组合形成互斥的方案，再通过费用效果比进行两两比选，找出相对最好的方案组合。

例 8-12 世界卫生组织（WHO）采用并推荐各国采用费用-效果分析来选择资源利用最有效的健康干预措施。健康干预是包括疾病防控、定期体检和专项检查、母婴保健、接种免疫、计划生育、基本卫生设施建设和卫生保健知识教育和宣传等等措施的总称。下面结合例子，说明这种费用-效果分析的过程大致程序：

（1）确定健康干预（项目或措施）方案。根据规划目标和标的人口，形成尽可能多的切实可行的干预方案，WHO 建议把不采取任何干预也作为一个方案，称为“零”方案。这样做的好处是，可以对资源配置的现状做出评价和调整的建议。这些方案有些是相互独立的，既可以选择其中的一个，也可以同时选择或不选择；有些是互斥的，可能是同一类措施，只是干预的强度不同。表 8-18 中，措施 A 与措施 B 之间是独立的，措施 A 和措施 B 带下标的方案之间是互斥的。

（2）对应干预方案收集数据，并计算费用和效果。WHO 建议，费用和效果都按 3% 的折现率计算现值，并推荐失能调整生命年（$DALY$）为效果指标。

（3）计算费用效果比指标，其基本公式是

$$\Delta C/\Delta E=\frac{C_2-C_1}{DALY_1-DALY_2}。$$

上式符号中的下标表示干预方案，包括“零”方案。该指标的意义是：每减少一失能调整生命年损失，干预方案要增加费用的现值。

（4）列出各干预方案的增量费用、增量效果和增量费用效果比。互斥方案按增量费用从小到大排列，如表 8-8 所示。

一般的做法是：在该类干预总的费用（预算）约束下，按互斥方案的费用效果比从低到高选择组合，直至预算用尽。假定表 8-8 的总预算是 170，那么选 B1＋A2 可以达到最大的效果：$\Delta E=42$。如果现行的干预措施不是这样安排，采用的是 B4，则可建议作出调整，在相同的预算下，可以多得 10 个生命年（42－32）。进一步，如果考虑增加预算 20 个单位，在现行的（B1＋A2）方案的基础上如何调整？直觉上似乎应该用 B2 代替 B1，增加费用 20，B2 又是除 B1 以外费用效果比最小的方案。这个结论是不正确的。正确的做法是计算和比较增量。在现行的

(B1＋A2)基础上，增加预算 20 的方案还有用 A3 代替 A2。尽管从费用效果比指标看 B2 优于 A3，但从增量的费用效果比看(A3－A2)优于(B2－B1)(参见表 8-9)。因此，正确的结论是用 A3 代替 A2，保留 B1，新的组合调整为(B1＋A3)。

表 8-8　　健康干预方案的比选表

干预方案	费用 ΔC	效果 ΔE	费用效果比 $\Delta C/\Delta E$	在总预算 170 下的选择
A1	100	12.0	8.33	
A2	120	20.0	6.00	√
A3	140	23.0	6.09	
B1	50	22.0	2.27	√
B2	70	24.5	2.86	
B3	120	29.0	4.14	
B4	170	32.0	5.48	

注：以上都是与“零”方案比的增量。

表 8-9　　增加预算 20 单位下的方案选择

干预方案	费用 ΔC	效果 ΔE	增量费用效果比 $\Delta C/\Delta E$	(B1＋A2)增加预算 20 的选择
A3－A2	20	3.0	6.67	√
B2－B1	20	2.5	8.00	

注：以上都是与(B1＋A2)方案相比的增量。

这种程序上的比较做法是复杂的，作为公共卫生主管部门都积累有数据和类似表格，新的干预建议或新增的预算可以插入已有表格，从而提出调整的方案[①]。

8.5　公共项目的民间参与——特许权经营

8.5.1　起因、背景和特征

民间投资者(包括外资等非公有部门的投资者)参与公共项目的起因可能是出于政府或公共部门资金的短缺。让民间资本直接投资公共项目，既解决了政府财政资金的暂时短缺，又可避免政府的负债。在现实社会中，提供公用物品的纯公共项目并不很多，大部分是带有不同程度公用性的准公共项目，具有一定程度收费的可能性。同时由于技术的进步，使得一些公用物品的排他性成为可能，并使自然垄断属性行业也不断出现市场竞争的可能性。日益增多的(虽然还不是结论性的)大量证据表明：通过市场导向的资源配置，公共部门的效率低于民营部门。因此，民营部门不仅生产公用物品，还有可能参与公共项目的投资、运行和管理。这种趋势已成为带有世界性的潮流。人们把民间参与公共基础设施建设和公共事务管理的模式统称为公私(民)合作 (Public-Private Partnership，PPP 或 Private-Financing Initiative，PFI)。就公共部门投资的建设项目而言，民间主要通过特许权转让经营[②]方式(Concession Transfer)参与投资建设或运行，是 PPP 的主要形式。

---

① 类似的表格叫“league table”，可以在 WHO 或其他网站查阅，如 http://www.tufts-nemc.org/cearegistry/。

② 也称特许经营。为了与商业上的特许经营(franchise)相区别，公共项目的经营权转让可称为特许权经营转让，后者有公权转让的含义。

特许权经营模式是指政府为了提供公共基础设施、社会福利及相关服务与民营企业实体之间所做的一种安排。这种模式不同于一般意义上的民营化。后者除了私人拥有外，其运作主要受制于市场机制和政府一般性的规制；特许权经营则不同，合作各方的责任、风险和回报主要受制于特许权出(受)让合约(Concession Agreement)。政府在这种模式下还承担不同程度的责任：如提供土地和其他资源的供应，同时对项目实施必要的监控。其实质是让公共部门和非公共部门各自承担所擅长的事务和风险，充分利用市场配置资源的效率，同时又保证公共利益不受损失。

8.5.2 特许权经营的适用性及主要形式

公共项目能否采用特许权经营模式很大程度上取决于项目设施的数量、技术复杂性、收费的难易程度以及项目的边界清晰的程度等因素。公共项目需要的资本投资越多、技术的专业化程度越高、收费越容易、地方性越强，那么民间资本介入的程度就可越高。近年来，我国各级政府都出台了很多法规，鼓励非公有主体投资或运行非禁入的公共领域。目前，公共特许权经营主要用于电力、供水、污水处理、收费公路以及供气等公共项目。尤其值得注意的是，特许权经营的模式已开始向学校、医院、地铁甚至监狱等设施推广，由民营项目公司融资建设，提供硬件服务，由公共部门运行或购买。

目前公共项目普遍采用的特许权经营的具体模式有以下几种：

(1) 建设-运营-转让 (Build-Operate-Transfer，BOT)

由项目所在国政府或所属机构为项目的建设和经营提供一种特许权协议(Concession Agreement)。本国公司或者外国公司作为项目的投资者和经营者负责安排融资并负责开发、建设项目并在特许权期内经营项目获取商业利润；在项目特许权期末根据协议由项目所在国政府或所属机构支付一定量资金(或无偿)从项目的投资者和经营者手中取得项目。

(2) 建设-转让-运营 (Build-Transfer-Operate，BTO)

政府与企业签订协议，由企业负责项目的融资和建设，完工后将项目转让给政府。然后，政府把该项目租赁给该企业，由其负责运营，获取商业利润。在此模式中，不存在项目产权的归属问题。

(3) 建设-拥有-运营 (Build-Owned-Operate，BOO)

在该模式下，根据协议，由企业负责公共项目的融资、建设，并拥有该项目，并对其进行永久性经营。

(4) 租赁-建设-运营 (Lease-Build-Operate，LBO)

政府与企业签订长期的租赁协议，由企业租赁业已存在的基础设施项目，向政府交纳一定的租赁费用；并在已有设施的基础上凭借自己的资金融资能力对基础设施进行扩建，并负责其运营和维护，获取商业利润。在该模式中，整体基础设施的所有权属于政府，因而不存在公共产权的转让问题。

(5) 转移-运营-转让(Transfer-Operate-Transfer，TOT)

公共部门根据协议，将已建好的基础设施项目移交给特许经营者运营，经营期满后再交还给政府公共部门。

(6) 建设-回购 (Build-Transfer，BT)

公共项目由民营项目公司投资建设，完工后政府或公共部门分期赎回项目的所有权。

无论采取何种具体模式，公共部门和民间投资者(项目公司) 双方的目标和利害关系是有冲突的。而这类项目都不具有来自消费者和竞争者的市场充分制约，特许权协议就成为这种制约的重要补充。由于特许权经营期限较长(一般多在20年以上)，不确定性也就在所难免。通过公开、公平和公正的竞争，选定最好的特许权受让企业，形成公私双方双赢的特许权经营协议是实现这类模式的关键。以某供水项目的BOT为例，双方面对的敏感问题罗列如表8-10。这些问题都得在协议中提出明确的界定，一旦日后出现纠纷要列明违约处分和仲裁办法。

表 8-10　　供水项目 BOT 协议的敏感问题

问　题	公共部门(水务当局)	民间投资者(受让企业)
1. 最终目标	提供生产和生活用水	取得投资回报
2. 水价	符合价格法	不低于“合理报酬”价格
3. 供水量	按需供应	满负荷运行
4. 特许期限	不能太长	尽可能长，以收回投资
5. 水质	达到或超过标准	成本不能太高
6. 投入要素涨价	希望企业消化	通过水价弥补
7. 结束时转移	完好的设施	继续控制项目
8. 汇率风险	企业承担	政府承担
9. 项目融资	企业自行解决	要求政府担保或贴息
10. 通货膨胀	希望企业消化	提高水价

作为工程经济分析，可能要对实施这种模式的项目做如下三方面的分析：第一，对公共项目本身做经济分析(费用-效益分析或费用-效果分析)，选定最好的方案。一般说来，特许权经营模式本身不能保证把坏的项目变成好的项目。第二，从公共部门角度分析实施特许权经营的必要性。要回答“实施这种模式是否比政府自行投资或发行债券建设运营更有利?”这样的问题。所谓“有利”，不单单解决政府资金短缺的问题，更主要是两个方面，一是通过这种模式使政府的资金的利用效率得到提高，即在这种模式下的政府净现金流的净现值是最大的；二是通过这种模式使政府的风险被民间投资者所分担。第三，所设计特许权出让的安排是否对投资者有足够的吸引力？这就要从民间投资者角度，做完整的盈利性和清偿能力分析。在BOT模式下，这些分析应建立在特许权协议规定的基础之上。项目清偿能力和全部投资盈利能力分析的主体就是特许权的受让企业(项目公司)；项目的计算期要与特许经营期保持一致。如果期末无偿转移，也就不存在期末资产的回收的现金流入。

例 8-13　某城市污水处理厂已建成，日处理污水能力40万m^3，排放达到国家标准。目前该项目正在考虑经营权向民间有资质的运营商招标转让(TOT)，以便政府从污水处理的日常事务中退出，并套出转让费用于其他项目建设。

基本假设

(1) 目前最低污水处理水量保持在20万m^3/d；估计正常污水处理水量随时间递增，具体如表8-11所示。

表 8-11

年　份	2015	2016	2017	2018	2019	2020 及以后
污水处理量/(万m^3/d)	20	25	30	35	40	40

(2) 根据目前国内相关污水处理厂的实际情况，支付给承让方的污水处理单价按 1.00 元/m^3 计算。并且承诺如果污水处理水量不足最低水量时，仍按 20 万 m^3/d 计算。

(3) 研究的范围界定在污水从干道流入污水处理厂入口处开始直至处理达标后排入长江为止。

(4) 营业税及附加按污水处理费的 5.45%征收，不征收所得税。

(5) 对经营成本的假设：如表 8-12 所示，其中是达到处理能力(40 万 m^3/d)的数字，药剂费、燃料动力和污泥运费随处理量变动，其他费用基本上是固定的；

(6) 经营期出让的期限为 20 年，届时运营商完好地转移给城市当局。

请用电子表格计算下列问题：

(1) 假设设定的招标运营商的要求的投资回报率(*MARR*)为贷款利率加上两个百分点，即 8%。在上述的条件下，试测算投标运营商为达到 8%的投资回报率愿意支付的最高的转让费(2009 年年初一次支付)。

(2) 如果某运营商愿出价转让费 8 亿元，按上述条件，他能获得的投资回报率(即内部收益率 *IRR*)为多少？

表 8-12　　经营成本数据(按日处理 40 万/m^3)

项　目		年费用/万元	是否按处理水量变动
1	药剂费	205.03	是
2	工资及福利	360.00	否
3	燃料及动力	1 950.09	是
4	大修理费	550.00	否
5	日常检修维护费	250.00	否
6	污泥运费	81.76	是
7	管理费用及其他	500.00	否
	经营成本合计	3 896.88	

解　这两个问题实际上是为准备投标的运营商(承让企业)测算报价，也可为政府主管部门提供招标的底价。作为示例性，经营期限为 20 年，污水处理收费价格假设为恒定，承让企业收益来源于污水处理费(处理量乘价格)，根据污水处理量按年结算。

(1) 用电子表格进行计算(表 8-13)，运营商的年净现金流入从 4 124 万元至 9 907 万元不等(表 8-13 之 M 行，不包括 2015 年年初的括号内的 80 000 数字)，主要是由于处理水量从每天 20 万 m^3 增至 40 万 m^3。以这行数字用 8%的基准贴现率计算现值(*NPV*)，得出 84 840 万元(行 N)。也就是说投标运营商取得这个项目经营权的效益现值是 8.48 亿元。所以他愿意以不高于这个数字来投标，以取得经营权。也可以这样来理解，如果让他期初出资(投资)8.48 亿元获得经营权，这笔投资的净现值指标为零，刚好达到收益率为 8%的目标。

(2) 如果要求投标运营商出价 8 亿元(行 M 括号中的数字，是负的)，那么可以用函数 *IRR* 计算行 M 的内部收益率，结果是 8.72%(行 O)。说明转让费对运营商的投资回报相当敏感。

从以上计算，可以看出，污水处理量、污水处理收费价格、经营成本、特许权经营期长短和运营商要求的投资回报率等要素，对获得经营权受让价格都有影响。可见，特许权经营的经济分析要反复测算这些因素的影响，以形成双方都能接受的安排。

表 8-13　　污水处理厂经营权转让价格计算表

序号	项　目	2015 年初	2015	2016	2017	2018	2019	2020—2034
A	污水处理量/(万 m^3/d)		20	25	30	35	40	40
B	年现金收入/万元		7 300	9 125	10 950	12 775	14 600	14 600
C	药剂费/万元		103	128	154	179	205	205
D	工资及福利/万元		360	360	360	360	360	360
E	燃料及动力/万元		975	1 219	1 463	1 706	1 950	1 950
F	大修理费/万元		550	550	550	550	550	550
G	日常检修维护费/万元		250	250	250	250	250	250
H	污泥费费/万元		41	51	61	72	82	82
I	管理费用及其他/万元		500	500	500	500	500	500
J	经营成本/万元) (J=C+D+E+G+H+I)		2 778	3 058	3 338	3 617	3 897	3 897
K	营业税金及附加/万元		398	497	597	696	796	796
L	年现金支出(万元)(J+K)		3 176	3 555	3 934	4 314	4 693	4 693
M	年净现金流 (B−L)	(80 000)	4 124	5 570	7 016	8 461	9 907	9 907
N	净现金流现值(万元)	84 840						
O	内部收益率	8.72%						

习　题　8

1. 试从直觉上解释竞争(营利)性项目在符合完全竞争等条件下，从民间投资者出发的投资盈利性评价判据与从社会角度资源配置效率角度的评价准则趋于一致。

2. 2004 年，国务院关于投资体制改革的决定规定，“对于企业不使用政府投资建设的项目，一律不再实行审批制……，政府仅对重大项目和限制类项目从维护社会公共利益角度进行核准，其他项目无论规模大小，均改为备案制……，政府投资主要用于关系国家安全和市场不能有效配置资源的经济和社会领域。”你是怎样理解这样的规定的？哪些项目属于限制类？哪些领域是不能通过市场来有效配置资源？(提示：请上网查询该决定的全文，如 http://finance.sina.com.cn)

3. 国家正在考虑对进口的电子、电器产品征收“垃圾税”，请查询并分析这种税的理由。

4. 有一大型水利工程项目，估计建成后会产生如下效果，试指出这些效果在项目费用-效益分析时是否都要考虑？是否会产生重复的计算？为什么？

效益方面	费用方面
减轻洪水泛滥损失	工程建设费用
增加农业产出	航运受阻损失
水力发电净收益	航运、航道职工失业减少收入
电价下降用户支出减少	电价下降，国家财政收入减少
粮食加工行业收益增加	
政府灌溉用水水费收入	

国家救灾费用节省

5. 假定煤在离新建煤矿最近的某口岸的离岸价格为每吨 100 美元，汇率 1 美元按 7.50 元计算。新建煤矿项目所在地到最近口岸的运距为 300km，铁路运输费用为每吨公里 9.05 分。其他物流费用按口岸价格的 6%计算，出口关税税率为 5%。试计算煤的坑口出口平价。

6. 进口液化天然气(LNG)的到岸气价为 255 美元/t(每吨合 1 350m^3 的天然气)，到用户的管输储存等费用为 0.15 元/m^3。那么，国内新建西气东输项目的到用户门站气价(出厂价＋管输价)按进口平价应不高于多少？汇率 1 美元按 6.20 元计算。

7. 如例 8-5 所示的高等职业教学园区项目(表 8-1 和表 8-2)，从人力资源投资角度，谁是最大的受益者？政府用财政资金补贴园区建设的理由何在？为什么不把教职工的收入作为效益？如果考虑学生留级、退(休)学和男女生比例，这种分析应作怎样的修正？

8. 汽车过江原用轮渡，年交通量 200 万辆，建桥后由于过江方便，估计可诱发新增交通量 100 万辆。过江总费用轮渡为 10 元/辆次，其中 2 元为轮渡公司的利税，8 元为轮渡分摊到每辆车及车辆自身的过江费用；建桥后每辆车的过江总费用为 6 元/辆次，其中 4 元为过桥费，2 元为过桥车辆的自身费用。

试从社会角度分析，建桥投资不大于多少时是值得用桥来替代轮渡的？社会折现率为 8%，桥的使用年限很长，维护费可忽略不计。

9. 某通讯系统的关键可有六种方案(表 8-14)，使用周期均为一年(一年后全部更换)，这些方案的效果差异主要在可靠性可表达为

$$R = e^{-\lambda}。$$

六种方案的年度费用在表中列出，试用费用-效果分析淘汰若干方案。

表 8-14　　**习题 10 的数据**　　(单位:元)

方　案	资金恢复费用	年度使用费	λ
A	9 000	1 700	0.001 144 688 8
B	9 800	1 400	0.001 098 901 1
C	10 200	1 800	0.001 175 824
D	11 000	1 300	0.001 070 000
E	11 000	1 500	0.001 081 250
F	13 100	900	0.000 998 000

10. 以例 8-8(表 8-3)为例，如果该供水项目采用特许权经营的 BOT 模式，民间投资者要求的合理水价计算应做哪些修改？除此之外 BOT 协议(合同)还会有哪些敏感的条款？

9 不确定性分析与风险分析

9.1 不确定性与风险

前面各章据以分析并作出判据结论的收益、费用和计算年限等数据都是估计和预测的。如果有足够的理由认为这些数据是可靠的，即假定为确定的，那么基于这样的分析是基于确定性的分析。但是，现实生活告诉我们，任何工程项目都不会完全实现预想的结果。工程经济分析的一个重要工作就是要研究各种不确定性和风险，找出各种估计和预测可能出现的偏差以及这些偏差的边界，而这些边界有可能导致我们选择不同于确定情况下的项目方案。

所谓**不确定性**(uncertainty)和**风险**(risk)是指由于对项目将来面临的运营条件、技术发展和各种环境缺乏准确的知识而产生的决策的没有把握性。习惯上，当这些不确定性的结果可以用发生的概率来加以表述和分析时，称为**风险分析**；反之，不能用概率表述的，称为**不确定性分析**。但是，这种区分只是形式上、称呼上的方便，并不意味着风险分析一定好于不确定性分析。因为从原则上，将来所有可能出现的结果都能用主观概率来加以描述的。我们的任务是选择适当的方法来使不确定性和风险**显性化**，从而选择更好的方案或采取措施化解和规避风险。

影响工程项目将来经济效果的不确定因素几乎是不可计数的，但是以下四个方面是所有工程经济分析都要面临不确定性或风险的来源：

第一种不确定性是源自于对分析用的现金流估计的不准确。我们很难判断现金流估计的精确度。不同类别的项目其估计的难度是不同的。由于市场需求量和价格较难把握，制造业项目产出现金流入就有较大的不确定性；而基础设施和公用事业需求和现金流入相对稳定，但在投资现金流出上可能有较大的不可预见的因素影响。

第二种不确定性来源于宏观经济状况的变化。几乎所有项目的效果都受宏观经济冷热的影响，而这种变化周期的规律越来越难以捉摸。特别是资源性、基础性项目对这种变化的敏感性较大。

第三种不确定性取决于项目设备等实物形态。通用的设备、厂房和设施具有较广泛的适用性，其市场变现的价值也较高；而专用设备和设施就不具有这种柔性，一旦产品销售不畅，就有较大风险。

第四种不确定性是来源于项目计算(研究)期设定的长短。从以前的分析知道，很多评价的判据和指标(如净现值和内部收益率)都取决于计算期的长短。而时间越久远，我们的估计离开实际的距离可能越大。因此，给定其他条件相同，投资项目设定的计算期越长，不确定性也越大。

本章以下分别介绍工程经济分析中实用的一些不确定性和风险分析方法。

9.2 临界分析

通常，一个工程项目的比选(包括不选)很大程度上取决于一个最敏感的不确定性因素上。

例如，产品的产销量要达到多大时，项目才能盈利？如果要达到项目生产能力的 90%以上才能盈利，说明这个项目方案的风险很大，或者说其抗风险能力很差。另一个项目方案只要达到生产能力的 30%就能盈亏平衡，显然这个方案的抗风险能力强。这里，把产销量——生产能力利用率作为研究的敏感因素(临界因素)，把盈亏平衡(不盈不亏或利润为零)作为项目取舍的判据，这样的分析叫**盈亏平衡分析**，而把达到盈亏平衡的分析因素的临界点(上述的生产能力利用率 90%或 30%)称为**盈亏平衡点**。类似地，当互斥方案的选择取决于某一个共同的敏感因素的大小时，这个使项目方案选择改变的点称为**临界点**(break-even point)，这样的分析统称为**临界分析**(break-even analysis)。临界分析有两个要素：一个是使项目方案取舍转折的临界因素(变量)；另一个是受这个因素影响的决策判据变量。事实上，上面说的盈亏平衡分析可以看做是临界分析的一种，此时的临界因素是生产能力利用率，决策判据变量就是利润。当利润等于零时的生产能力利用率就是盈亏平衡点。盈亏平衡分析多用于企业的生产经营分析。在工程经济分析中临界分析常用于方案的选择，这时被选的临界因素有年销售收入(或销量和价格)、年经营成本、设备的寿命周期和年的生产负荷等，作为决策判据多是年度等值、净现值或年度费用等。临界分析要问的是：当临界因素(如销售收入)等于多大时，方案 A 和 B 的年度等值一样？或者让两个方案的年度等值相等，解出临界因素的临界值，这个临界值就给决策者一个信号，有多大把握认定临界因素在什么范围内，从而正确选择项目方案？

例 9-1 设某泵站考虑选择两种型号功率为 75 kW 的马达 A 和 B，购置价格分别是 12.5 万元和 16 万元。A 的效率是 74%，年维护保养费为5 000元；B 的效率可达 92%，年维护保养费为2 500元。运行寿命期同为 10 年，余值可忽略不计。每年保险费按购置价格的 1.5%支付。业主设定的基准贴现率(*MARR*)是 15%。当地工业用电价格每度(kW · h)为 0.5 元。求每年运行时数的临界值，即运行时数在什么范围内选择 A？在什么范围内选择 B？

解 由于两种马达的功效和寿命期相同，可选择年度总费用为决策判据。令 X 为临界变量(年运行时数)。年运行费主要是电费，它每小时电费等于电价乘马达的功率除以效率。

马达 A 的年度费用：

年资金恢复费用 $125\,000 \times \left(\overset{A/P,\,15\%,\,10}{0.1993}\right) = 24\,900$(元)；

年运行费用(电费) $(0.5 \times 75)X/0.74 = 50.68X$(元)；

年维护保养费 $5\,000$(元)；

年保险费 $125\,000 \times 0.015 = 1\,875$(元)；

合计年度总费用 $AC_{A} = 31\,775 + 50.68X$(元)。

马达 B 的年度费用：

年资金恢复费用 $160\,000 \times \left(\overset{A/P,\,15\%,\,10}{0.1993}\right) = 31\,900$(元)；

年运行费用(电费) $(0.5 \times 75)X/0.92 = 40.76X$(元)；

年维护保养费 $2\,500$(元)；

年保险费 $160\,000 \times 0.015 = 2\,400$(元)；

合计年度总费用 $AC_{B} = 36\,800 + 40.76X$(元)。

令

$$AC_A = AC_B,$$

有

$$31\,775 + 50.68X = 36\,800 + 40.76X,$$

解得

$$X = 507\ (\text{h/年})。$$

结论是：当每年运行超过 507h 以上时，考虑用马达 B，否则应选用马达 A。如图9-1所示。

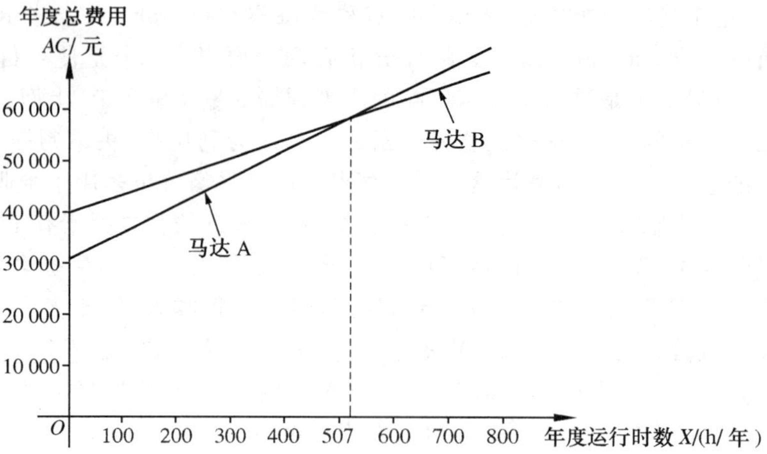

图 9-1　临界分析示意图

例 9-2　某业主委托设计师考虑一幢小的商用建筑，按近期的需要，盖两层就够了。但日后可能有再加两层的考虑。建筑设计师提供了两个方案供业主选择：方案 1 是预留以后加两层的基础和结构，总造价为 140 万元；方案 2 不预留加层，总造价只要 125 万元，日后加层可以加固，但日后的加固费用要多出 30 万元。如果业主的投资基准贴现率为 10%，求从何时加层考虑，替业主勾画一个选择方案。

解　显然，如果业主最近就要加层，方案 1 较省钱。如果加层是很遥远的事，考虑货币的时间价值，应采取需要时加固的方案 2。因此，以加层的时间(离现在的年份)n 作为临界变量，以总费用的现值作为决策判据。按两个方案费用现值相等，求加层年份的临界值 n'，有

$$140 = 125 + 30 \times (P/F,\ 10\%,\ n'),$$

即

$$(1 + 10\%)^{n'} = 2,$$

得

$$n' = \frac{\lg 2}{\lg 1.1} = 7.27(年)。$$

我们可以据此告诉业主，如果他在 7 年内就要加层，那么建议采用方案 1；不然，建议采用方案 2。

9.3　敏感性分析

当决策者面对的不确定性因素不止一个，上节的临界分析可能就不能满足要求，这就要借助于**敏感性分析**(sensitivity analysis)。所谓敏感性就是指一个或几个估计值的变化而引起结果的相对变化。方案的结果往往是由许多估计值决定的。例如，投资、销售收入、价格、生产能力、寿命等。敏感性分析可以帮助决策人了解方案的最后结果对于估计值变化的敏感程度。

例如某工程项目，根据预测或估算确定的基本数据计算而得到的内部收益率为 16.18%。如果基准贴现率为 15%，从内部收益率 16.18% 比基准贴现率 15% 大来判别，并且不存在不确定因素，可能认为该项目是可行的。但通过敏感性分析图(图 9-2)，可以看到：当产品售价降低 2%，或者销售量降低 4%，或者投资增加 7%，只要其中任何一个估计值发生如上变化，内部收益率将降低到 15% 以下。如能有效地控制这些估计值，不让其中任何一个估计值超过上述的变化，才能保证项目的内部收益率大于 15%。如果不能控制这种不确定性，项目便不可行。

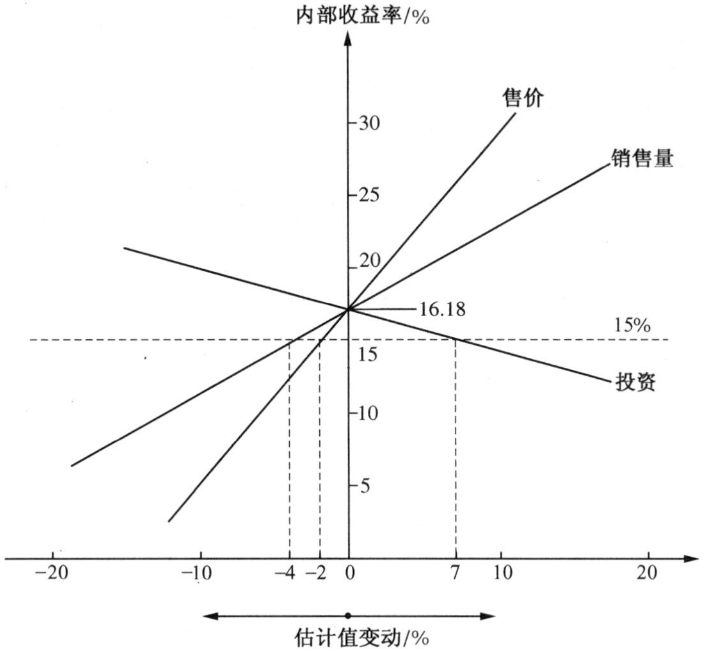

图 9-2　某项目的不确定因素对内部收益率的影响

敏感性分析的一般步骤：

(1) 确定敏感性分析结果指标。例如净现值年度等值、内部收益率或其他指标。

(2) 选取不确定因素。

(3) 固定其他因素，变动其中某一个不确定因素，逐个计算不确定因素对分析指标的影响程度(或范围)并找出它们一一对应的关系。

(4) 找出敏感因素。

(5) 综合分析，采取对策。

例 9-3　假定计划采购一部机器，投资需要 150 000 元，使用年数估计为 10 年，残值为 0，其年度收入估计为70 000元，年度经常支出为43 000元，基准贴现率规定为 8%。试对该项目的盈利性进行敏感性分析。

解　先计算年度等值

$$
\begin{aligned}
AW &= 70\,000 - [43\,000 + 150\,000(\overset{A/P,\,8\%,\,10}{0.1490})] \\
&= 70\,000 - 65\,350 \\
&= 4\,650(\text{元})。
\end{aligned}
$$

现在研究一下年度等值分别对收入、支出、使用年数、贴现率四种因素的敏感度。为此，可以使各个因素在一定的范围内变动，并计算相应的年度等值，以便观察它受到估计值变动的影响。

例如年度收入原为70000元，使之增加20%，40%，…，减少20%，40%，…，并计算相应的年度等值。计算结果如表9-1所示。

表 9-1　　年度等值敏感性分析　　(单位：元)

增减百分数	−40%	−20%	0	20%	40%
年度收入	42000	56000	70000	84000	98000
年度支出及资金恢复费用	65350	65350	65350	65350	65350
年度等值	−23350	−9350	4650	18650	32650

根据表上数字可以画出年度等值和收入之间的关系(图9-3)。其他三个因素，包括支出、使用年数、贴现率，都可以按上述方法处理，并画出相应的曲线(图9-3)。

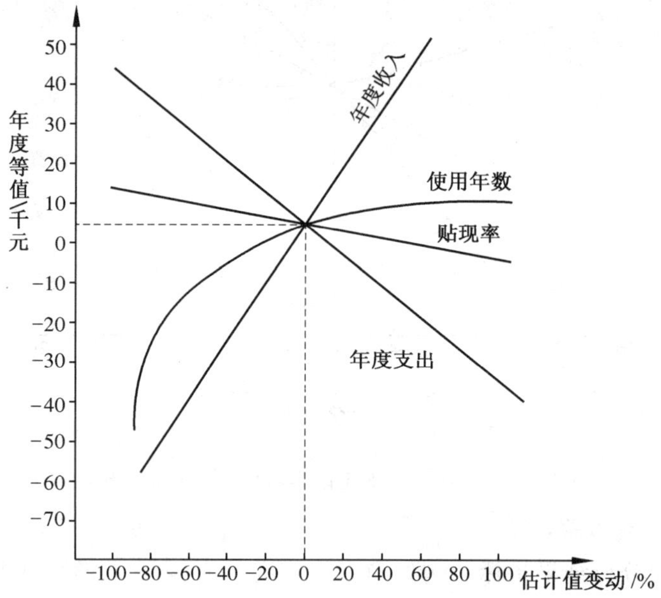

图 9-3　年度等值对于年收入、支出、使用年数、贴现率的敏感性分析

从图9-3中可以清楚地看出年度等值对于收入、支出、使用年数的缩短都很敏感，而对于使用年数的延长，对于贴现率则不敏感。

为了表征某种不确定因素的变化引起效果指标的变化的敏感程度，可以计算敏感度系数，即

$$S_{AF} = \frac{\Delta A/A}{\Delta F/F}。$$

上式分母表示不确定因素的变化比率，分子表示由此引起的效果指标的变化比率，以例9-3为例，年度收入增加20%，年度等值变化的敏感度系数为

$$S_{AF} = \frac{(18\,650 - 4\,650)/4\,650}{0.20} = 15.05。$$

说明年度收入增加1%，年度等值平均增加15%多，相当敏感。

同样可以计算，使用年数增加 20%（从 10 年增加到 12 年），年度等值为

$$AW = 70\,000 - [43\,000 + 150\,000 \times (\overset{A/P,\,8\%,\,12}{0.1327})]$$
$$= 70\,000 - 62\,905 = 7\,095(\text{元})。$$

相应的，敏感度系数只有

$$S_{AF} = \frac{(7\,095 - 4\,650)/4\,650}{0.20} = 2.63。$$

使用年数增加 1%，年度等值只平均增加 2.63%。

9.4 多因素组合敏感性分析与临界值

上述每次敏感性分析都先固定其他因素，再观察一个变动因素对项目结果的影响。决策者有时希望知道几个因素同时变化时对项目产生的后果。这在理论方法上，不存在任何困难，只要把各种因素变动后的值同时代入判据指标公式中去，结果就出来了。为了使这种影响较为形象，通常考虑各种可能因素的组合下，给出尽可能多的结果。例如，每种因素各有乐观的(O)、最有可能的(M)和最悲观的(P)的三种估计值，那么，如果有 3 种因素的各种可能组合就有 27 种。

例 9-4 某电器产品制造商正在考虑是否要投资一项新产品，按目前的市场研究，该产品的寿命周期、年销售净收入和年经营成本都具有较大的不确定性。按乐观、最有可能和最悲观的估计，其相关数据列于表 9-2，试判断各种因素的估计组合。

表 9-2 **可能的数据估计值** （单位：元）

	估计值		
	最乐观(O)	最有可能(M)	最悲观(P)
初始投资 I	150 000	150 000	150 000
寿命周期 N/年	18	10	8
期末余值 SV	0	0	0
年收入 R	110 000	70 000	50 000
年支出 C	20 000	43 000	57 000
年度等值 AW(8%)	+73 995	+4 650	−33 100

解 该例不确定因素有三个：寿命周期、年收入和年支出。表 9-2 的最后一行已给出了最乐观、最有可能和最悲观估计下的结果。前两种估计的组合下，项目的年度等值大于零，说明项目经济上可行。三种因素都按最悲观的估计，则项目不可行。事实上，如果三种因素都按乐观的估计（第一列）的年度等值是负的，这个项目就没有必要再做进一步分析——项目的效益不可行；如果三种因素都按悲观的估计（第三列）年度等值是正的，也没有必要再做分析，项目的投资在最不利的情况下也能获利。表 9-2 的情况有必要做进一步的组合分析。我们可以算出三个因素 27 种组合下的年度等值，见表 9-3。27 种组合中，18 种组合使年度等值为正；9 种组合使年度等值为负。

表 9-3 不同估计下的年度等值 (单位：元)

年度收入 R	年度支出 C								
	O			M			P		
	寿命周期 N			寿命周期 N			寿命周期 N		
	O	M	P	O	M	P	O	M	P
O	73 995	67 650	63 900	50 995	44 650	40 900	36 995	30 650	26 900
M	34 000	27 650	23 900	10 995	4 650	900	−3 005	−9 350	−13 100
P	14 000	7 650	3 900	−9 005	−15 350	−19 100	−23 005	−29 350	−33 100

注：O 代表最乐观估计；M 代表最有可能的估计；P 代表最悲观的估计。

例 9-4 只有三个不确定因素，每种因素只考虑三种估计，当因素和可能的估计值较多时，这样的组合分析就很繁琐。敏感性分析的任务就是要找出对评价判据结果最有影响的因素，进行进一步的深入研究，把不敏感的因素放在一边，只对少数的几个因素进行组合分析。另一种很有用的分析是计算变动因素的**临界值或阈值**(threshold value)：某种变动因素的绝对变动或相对变动多大时(相对于最有可能取值而言)，使评价判据指标逆转？或者说，要使评价判据指标接受，最大允许的因素的变动值是多少？

例 9-5 资料同例 9-4，再增加初始投资(I)和基准收益率 $MARR$ 作为不确定因素，求五种因素允许偏离最有可能估计值的大小。

解 表 9-4 给出了这种阈值的计算结果。其中第一列是五种因素最有可能的估计值，数值同表 9-2。第二列是变动一种因素，保持其他因素仍为最有可能的估计值，使净现值或年度等值等于零时允许的最大变动后的值。第三列是允许最大变动值与最有可能估计值的差额。第四列是允许偏离的比率。从这个比率可以看出，年收入最为敏感，只要下降 6.6%，年度等值就要从正值变为负值；基准收益率($MARR$)相对不敏感，允许从 8%提高到 12.5%，即提高 56%才使年度等值由正变负。其中第二列的计算举例如下，设要变动的因素是初始投资 I，令

$$AW(8\%) = (70\,000 - 43\,000) - I(A/P,\ 8\%,\ 10) = 0,$$

$$I = \frac{70\,000 - 43\,000}{(A/P,\ 8\%,\ 10)} = \frac{27\,000}{0.1490} = 181\,200(\text{元}),$$

其余的依次类推。这类阈值的计算可借用 Excel 中的变量求解如图 9-4 所示，点击“确定”后，单元格 B1 就变为 181 172≈181 200。

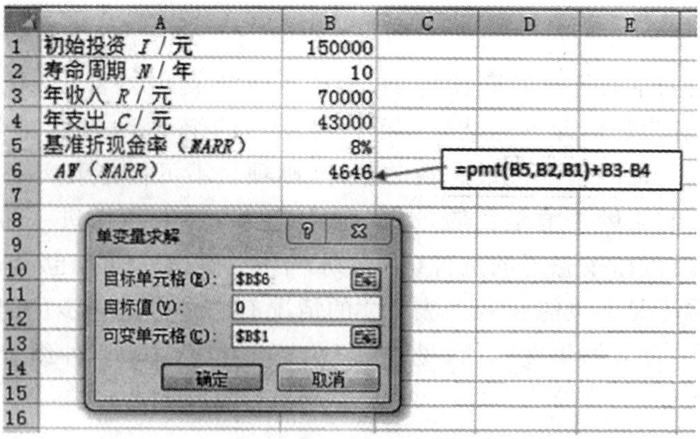

图 9-4 利用 Excel 求初始投资 I 的阈值

表 9-4　　阀值和允许变动比率计算表

	最有可能的估计值 (1)	允许最大变动后的值 (2)	允许的最大变动值 (3)=(2)-(1)	允许变动的比率 (4)=(3)/(1)	按(4)的绝对值从小到大排序
初始投资 I/元	150 000	181 200	31 200	+20.8%	4
寿命周期 N/年	10	7.6	-2.4	-24.0%	3
年收入 R/元	70 000	65 350	-4 650	-6.6%	1
年支出 C/元	43 000	47 650	4 650	+10.8%	2
基准贴现率 *MARR*	8%	12.5%	4.5%	+56.3%	5

9.5　概率分析

敏感性分析只能告诉某种变动因素对评价分析判据的影响及其敏感的程度，但并不能给出判据取值的可能性有多大。对不确定因素，在具有足够的信息时，进行概率描述并在此基础上对分析判据做统计分析，可能会给决策者增加决策的信心。工程项目经济分析中所涉及的不确定因素有些可参照历史积累的统计数据，以这些历史数据形成的概率分布为基础进行预测分析，称为**客观概率**分析。例如，工程项目分析中涉及的某一时期的洪水水位、降雨量、交通流量、交通事故发生的数量等，都可以以历史记录为基础得出未来发生的概率，从而得出效益或现金流的发生概率。有些经济参数主要依赖于专家的判断估计，基于这种概率的分析可称为**主观概率**分析。例如，新产品的销售收入、寿命周期和基准贴现率等。

在概率分析中，把不确定因素都看成是**随机变量**，当然，在此基础上得出的判据指标，如净现值、年度等值或内部收益率也是随机变量。如何从各个因素随机变量的分布或特征值(期望和方差等)找出判据指标的分布或特征值是概率统计分析的核心问题。

9.5.1　离散型概率分析

当变动因素的取值是离散的，并知道各取值的概率，就可以在给定的取值下计算相应的指标值并赋以发生的概率，这样就可以得出判据指标的概率分布。

例 9-6　某宾馆正在考虑更换新的空调系统，更新后可提高档次增加年净现金流 7.96 万元，估计更新的净投资支出为 52.10 万元。由于进行了细致的调查预测，这两笔数字是可以看做是确定的。但是这套设备可运用的年限不确定，专家估计是在 12 年至 18 年之间，给出的概率是：

可能的使用年限(N)	概　率 $p(N)$
12	0.1
13	0.2
14	0.3
15	0.2
16	0.1
17	0.05
18	0.05

$$\sum p(N) = 1$$

求该项目投资净现值的概率分布、期望值和方差。给定基准贴现率为12%。

解 给定使用年限为 N 的净现值计算公式为

$$PW_N = -52.10 + 7.96(P/A, 12\%, N)(万元)。$$

净现值期望和方差的公式为

$$E[PW] = \sum_{N=12}^{18} p(N) \cdot PW_N,$$

$$Var(PW) = E[(PW)^2] - (E[PW])^2,$$

可以用电子表格算出结果如表9-5所示。

表 9-5

N ①	PW ②	$p(N)$ ③	$E[PW]$ ④=②×③	$(PW)^2$ ⑤=②^2	$E[(PW)^2]$ ⑥=③×⑤
12	−2.7928	0.10	−0.2793	7.7996	0.7800
13	−0.9686	0.20	−0.1937	0.9381	0.1876
14	0.6602	0.30	0.1981	0.4359	0.1308
15	2.1145	0.20	0.4229	4.4710	0.8942
16	3.4129	0.10	0.3413	11.6481	1.1648
17	4.5723	0.05	0.2286	20.9055	1.0453
18	5.6074	0.05	0.2804	31.4426	1.5721
			$E[PW]$=0.9984		$E[(PW)^2]$=5.7748

由表9-5得出净现值的期望值为

$$E[PW] = 0.9984(万元)。$$

方差为

$$Var(PW) = (5.7748) - (0.9984)^2 = 4.7783(万元^2)。$$

标准差为

$$SD(PW) = \sqrt{Var(PW)} = \sqrt{4.7783} = 2.1859(万元)。$$

从表中还可以给出净现值大于零的概率为70%。

$$\Pr(PW \geqslant 0) = 1 - 0.1 - 0.2 = 0.7。$$

该项目有70%的可能性达到或超过投资基准收益水平的要求，但是风险不小。通常是用标准差与期望值之比来表示风险的程度，即

$$\frac{SD(PW)}{E[PW]} = \frac{2.1859}{0.9984} = 2.1894。$$

标准差是期望值的二倍多，说明不确定性比较大。

例9-7 某工厂在河岸边建了一个水处理设施。现在考虑建造一道防河水堤，以保护设施不受河水泛滥的影响。有关河流水文、泛滥损失和建防水堤的投资等数据列于表9-6。工厂设施的使用年限为15年，基准折现率设定为12%，不考虑堤的残值。求建多高的防水堤效果最好？

表 9-6

河水高出正常的值/m	50年中出现的年数	出现的概率	不设防的损失/万元	拟建防水堤的高度/m	建堤的投资/万元
0(正常)	24	0.48	0	0	0
0—5	12	0.24	10 000	5	10 000
5—10	8	0.16	15 000	10	21 000
10—15	3	0.06	20 000	15	33 000
15—20	2	0.04	30 000	20	45 000
20—25	1	0.02	40 000	25	55 000
合计	50	1.00			

解　以堤高 5—25m 为互斥方案，计算年度等值的总费用为评价判据。总费用包括河水漫堤的期望损失费用和建堤投资的资金恢复费用。表 9-7 列出不同堤高下的期望损失的计算。

表 9-7　　不同堤高下的期望损失

河水高出正常值/m	出现的概率/%	不同堤高方案的年损失/万元					
		不建堤	堤高 5m	堤高 10m	堤高 15m	堤高 20m	堤高 25m
0（正常）	0.48	0	0	0	0	0	0
0—5	0.24	10 000	0	0	0	0	0
5—10	0.16	15 000	10 000	0	0	0	0
10—15	0.06	20 000	15 000	10 000	0	0	0
15—20	0.04	30 000	20 000	15 000	10 000	0	0
20—25	0.02	40 000	30 000	20 000	15 000	10 000	0
年损失期望		8 000	3 900	1 600	700	200	0

资金恢复费用，可以按堤的投资费用乘以折现率为 12%、计算期为 15 年的资金恢复系数算得。以堤高 5m，投资 10 000 万元，算得年资金恢复费用为

$$\text{资金恢复费用}=10\,000(\overset{A/P,12\%,15}{0.1468})=1\,468(\text{万元})。$$

最后可列出不同堤高方案的年度总费用，如表 9-8 所示。

表 9-8　　不同堤高方案的年度总费用　　（单位：万元）

堤高方案/m	资金恢复费用	漫堤损失期望值	年度总费用期望值
不建	0	8 000	8 000
5	1 468	3 900	5 368
10	3 083	1 600	4 683
15	4 844	700	5 544
20	6 600	200	6 806
25	8 074	0	8 074

由表 9-8 可以看出，建堤高为 10m 的方案最经济。

9.5.2 概率树

当离散型随机变量出现的概率以条件概率的关系表示时，可以用树型图表示这种关系。例如，项目某年的净现金流量发生的概率往往以前一年的某净现金流量发生为条件，那么，这两个净现金流量同时发生的概率是二者概率的乘积。我们可以按这样的原则得出净现值各种可能的出现值和相应的概率。

例 9-8 某一简单的更新改造小项目，初始投资为 1 000 万元，第 1 和第 2 年末的净现金流量和发生的概率如图 9-5 所示，基准贴现率为 12%。求净现值的概率分布和特征值。

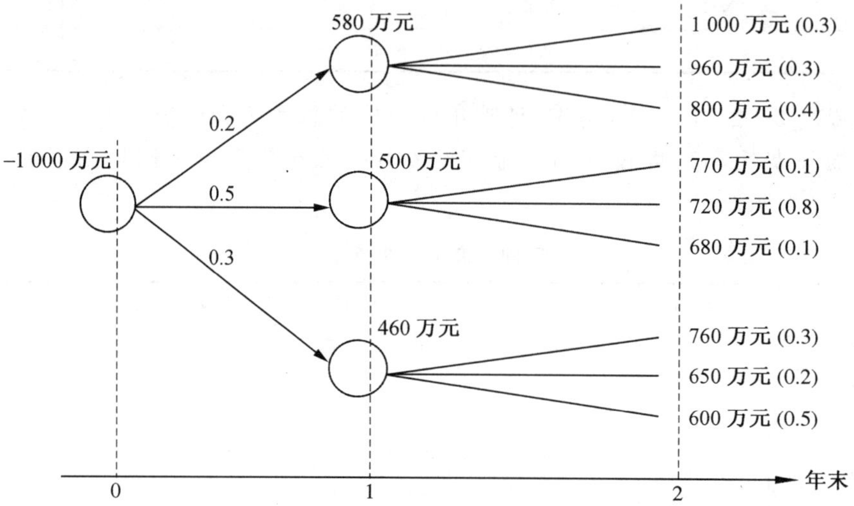

图 9-5　例 9-8 的概率树图

解　净现值 PW 共有 9 种组合的可能，列表计算给出各种可能的数值及发生的概率，如表 9-9 所示。

表 9-9　　（单位：万元）

组合序号	净现金流			净现值 PW	概　率	$E[PW]$	$(PW)^2$	$E[(PW)^2]$
	0	1	2					
1	−1 000	580	1 000	315	0.06	18.90	99 257	5 955
2	−1 000	580	960	283	0.06	16.99	80 181	4 811
3	−1 000	580	800	156	0.08	12.45	24 215	1 937
4	−1 000	500	770	60	0.05	3.01	3 632	182
5	−1 000	500	720	20	0.40	8.16	416	167
6	−1 000	500	680	−11	0.05	−0.57	132	7
7	−1 000	460	760	17	0.09	1.49	275	25
8	−1 000	460	650	−71	0.06	−4.27	5 057	303
9	−1 000	460	600	−111	0.15	−16.65	12 314	1 847

期望值＝39.52　　$E[(PW)^2]$＝15 234

该项目净现值的期望值为

$$E[PW] = 39.52(\text{万元});$$

方差为

$$Var(PW) = E[(PW)^2] - (E[PW])^2 = 15\,234 - 39.52^2 = 13\,671(\text{万元}^2);$$

标准差

$$SD(PW) = \sqrt{Var(PW)} = \sqrt{13\,671} = 116.92(\text{万元})。$$

从表 9-9 可以看出，净现值小于零有三个可能的值，分别位于组序号 6，8 和 9。概率为

$$\Pr\{PW < 0\} = 0.05 + 0.06 + 0.15 = 0.26。$$

尽管只有 26% 的可能性使项目的净现值出现负值，其平均值也接近 40 万元，但标准差 117 万元，几乎是平均值的三倍，离散程度较大。

9.5.3 并联和串联响应概率叠加模型

当一项活动有多个风险因素存在，这些风险因素在实际中不是一个接一个出现，而是带有随机性，各因素可能出现，也可能不出现，可能同时出现，也可能只出现一个。这种情况下活动受风险因素的影响类似于电路中的并联电路，每一支路对电路产生的影响是并行重叠的。我们把这类风险因素的概率分布组合模型称为**并联响应模型**。如果一项活动由一些子活动构成，而这些子活动都必然出现，且一项完成后才能进行另一项，在这种情况下，每一子活动风险因素对整个活动的影响类似于电路中的串联电路，我们把这类风险因素的概率分布组合模型称为**串联响应模型**。下面两个例子分别说明这两种情况下的概率叠加原理。

例 9-9 设某项目影响工期变化的风险因素有两个，它们是并联联接关系，其对工期延误百分比可能性大小见表 9-10，求工期延误发生的概率。

表 9-10 两种因素对工期延误影响的概率

发生概率	工期变化百分比/%		
	0	5	10
风险因素 $X^{(1)}$	0.5	0.3	0.2
风险因素 $X^{(2)}$	0.6	0.2	0.2

解 所谓并联关系是指，整个工期的延误只取决于延误大的一个因素。例如，风险因素 1 是主体工程的延误；风险因素 2 是附属工程的延误。二者都影响总工期，但相互是平行的，总工期的延误只取决于延误长的一个。令 X 为整个工期延误百分比随机变量，它可能的取值为 $x_a = (0\%;\ 5\%;\ 10\%)$，其相应发生的概率为

$$\Pr\{X = x_a\} = \Pr\{X^{(1)} = x_a,\ X^{(2)} \leqslant x_a\} + \Pr\{X^{(2)} = x_a,\ X^{(1)} < x_a\}。$$

将表 9-10 的具体数值代入后，就可以得出工期延误的组合概率。如表 9-11 所示。

表 9-11 并联因素的组合风险

工期延误百分比 x_a	风险因素 $X^{(1)} = x_a$ 的概率	风险因素 $X^{(2)} = x_a$ 的概率	组合风险 $X = x_a$ 概率
0%	0.5	0.6	$0.5 \times 0.6 = 0.3$
5%	0.3	0.2	$0.3 \times (0.2 + 0.6) + 0.2 \times 0.5 = 0.34$
10%	0.2	0.2	$0.2 \times (0.2 + 0.2 + 0.6) + 0.2 \times (0.3 + 0.5) = 0.36$

风险概率分布叠加后综合分析结果为：工期不变的可能性为 0.3，工期延误 5% 的可能性

为 0.34，工期延误 10%的可能性为 0.36。如果有两个以上风险因素，则用前两个概率分布叠加得到一个新的概率分布后与下一个概率分布叠加，此即“记忆”的含义①。

例 9-10 设某项目影响工期延误的风险因素有两个，其对工期影响大小及发生可能性同例 9-9，如表 9-10 所示。但它们是串联联接关系。有可能一个是墙体工程，另一个是楼面工程。墙体延误会影响楼面的工期；下一层的楼面延误会影响墙体的工期。整个工程工期的延误是二者延误的叠加。如果用同样的符号，有

$$\Pr\{X = x_a\} = \Pr\{X^{(1)} + X^{(2)} = x_a\}。$$

不过，在串联的情况下，x_a 的取值有 5 个：0%，5%，10%，15%和 20%。将表 9-10 的具体数字代入后得表 9-12。

表 9-12　　串联因素的组合风险

工期延误百分比 x_a	风险因素 $X^{(1)} = x_a$ 的概率	风险因素 $X^{(2)} = x_a$ 的概率	组合风险 $X = x_a$ 概率
0%	0.5	0.6	$0.5 \times 0.6 = 0.30$
5%	0.3	0.2	$0.3 \times 0.6 + 0.2 \times 0.5 = 0.28$
10%	0.2	0.2	$0.2 \times 0.6 + 0.2 \times 0.5 + 0.3 \times 0.2 = 0.28$
15%			$0.2 \times 0.2 + 0.2 \times 0.3 = 0.10$
20%			$0.2 \times 0.2 = 0.04$

风险概率分布叠加后综合分析结果为：工期不变的可能性为 0.3，工期延误 5%的可能性为 0.28，工期延误 10%的可能性为 0.28，工期延误 15%的可能性为 0.1，工期延误 20%的可能性为 0.04。

9.5.4 连续型概率分析

在不确定情况下，也可以把项目的净现金流量 F_t 看成是连续的随机变量，它可能又是其他随机变量，如价格、销售量和成本的函数，因此，很难用解析的方法确定净现金流量的分布。我们通常给出它们的特征值，再在一定的假设条件下求判据指标的特征值。

设净现金流量 F_t 是服从某种分布的连续型随机变量，那么净现值

$$PW = \sum_{t=0}^{N} F_t (1+i)^{-t}$$

也是随机变量。如果认定 i 和 N 都是确定的变量(不是随机变量)，那么用 c_t 表示确定量$(1+i)^{-t}$，随机变量 PW 可以看作是随机变量 F_t 的如下形式的函数：

$$PW = c_0 F_0 + c_1 F_1 + \cdots + c_t F_t + \cdots + c_N F_N，$$

那么，净现值的期望有

① 这类方法被称为**控制区间和记忆模型**(Controlled Interval and Memory Models，CIM)，除了用串联或并联响应模型进行概率叠加外，还用控制区间的直方图表示变量的概率分布，用简单求和代替概率密度函数积分。所谓“记忆”，是指当有两个以上的随机变量需要进行概率分布叠加时，可用“记忆”的方式考虑前后变量的相互影响。参见于九如主编《投资项目风险分析》，机械工业出版社，1999.8。

$$E[PW]=\sum_{t=0}^{N}c_tE[F_t]=\sum_{t=0}^{N}E[F_t]\cdot(1+i)^{-t},$$

当 F_t 相互独立时,净现值的方差有

$$Var(PW)=\sum_{t=0}^{N}c_t^2Var(F_t)=\sum_{t=0}^{N}Var(F_t)\cdot(1+i)^{-2t}。$$

式中,$E[F_t]$和 $Var(F_t)$分别表示第 t 年净现金流量的期望和方差。

例 9-11 如果已知某项目的年净现金流量相互独立,它们的期望和标准差如表 9-13 所示。基准贴现率(*MARR*)为 15%,求项目净现值的期望和标准差。

表 9-13

年 末	净现金流量的期望值/万元	净现金流量的标准差/万元
0	−7 000	0
1	3 500	600
2	3 000	500
3	2 800	400

解 代入以上公式得净现值的期望值

$$\begin{aligned}E[PW]&=\sum_{t=0}^{3}E[F_t]\cdot(P/F,15\%,t)\\&=-7\,000+3\,500\times0.869\,6+3\,000\times0.756\,1+2\,800\times0.657\,5\\&=153(\text{万元})。\end{aligned}$$

方差

$$\begin{aligned}Var(PW)&=\sum_{t=0}^{3}Var(F_t)\cdot(P/F,15\%,t)^2\\&=0+600^2\times0.869\,6^2+500^2\times0.756\,1^2+400^2\times0.657\,5^2\\&=484\,324(\text{万元}^2)。\end{aligned}$$

标准差

$$SD(PW)=\sqrt{484\,324}=696(\text{万元})。$$

例 9-12 资料同例 9-11。如果进一步假设净现值服从正态分布,求净现值小于零的概率。

解 净现值 PW 服从正态分布,那么

$$Z=\frac{PW-E[PW]}{SD(PW)}$$

服从标准正态分布。则

$$\Pr\{PW\leqslant0\}=\Pr\left\{Z\leqslant\frac{0-153}{696}=-0.22\right\},$$

查标准正态分布的表格,有

$$\Pr\{PW\leqslant0\}=\Pr\{Z\leqslant-0.22\}=0.412\,9,$$

也就是说该项目的净现值有 41%可能性小于零。

9.5.5 不确定性和风险下的决策

从上面的一些例子可以看出，在不确定性和风险情况下，工程经济分析的评价判据指标也具有不确定性。在可能的情况下，要对这些指标当作随机变量来描述。在很多情况下，指标的期望值不足以作为唯一的判据，还要看风险（方差或标准差）的大小。同样，在互斥项目方案的选择和独立项目的排序时，也要权衡期望值和风险。多数的投资者或决策者都有规避风险的倾向，在差别不大时，宁可选期望值较小的项目方案，而不一定选高风险高期望收益的项目。期望值和风险是投资决策的两个方面，二者的权衡依赖于决策者的主观判断。

例 9-13 假定某公司要从四个相互排斥的方案中选择一个。对于各个方案，不同净现值出现的概率如表 9-14 的前半部分所示。试分析如何选择项目。

表 9-14

方案	净现值/千元					净现值期望值/千元	方差/百万元^2
	(1)	(2)	(3)	(4)	(5)	(6)	(7)
	−40	10	60	110	160		
A	0.2	0.2	0.2	0.2	0.2	60	5000
B	0.1	0.2	0.4	0.2	0.1	60	3000
C	0.0	0.4	0.3	0.2	0.1	60	2500
D	0.1	0.2	0.3	0.3	0.1	65	3850

解 首先计算净现值期望值，见表 9-14 的列(6)。例如，对于方案 B

$$
\begin{aligned}
E[PW]_B &= 0.1\times(-40\,000)+0.2\times 10\,000 \\
&\quad +0.4\times 60\,000+0.2\times 110\,000 \\
&\quad +0.1\times 160\,000 = 60\,000(\text{元})。
\end{aligned}
$$

然后计算方差，见表 9-14 的列(7)。例如，对于方案 B

$$
\begin{aligned}
Var(PW_B) &= E[(PW_B)^2]-(E[PW_B])^2 \\
&= 0.1\times(-40\,000)^2+0.2\times 10\,000^2+0.4\times 60\,000^2 \\
&\quad +0.2\times 110\,000^2+0.1\times 160\,000^2-60\,000^2 \\
&= 3\,000\times 10^6(\text{元}^2)。
\end{aligned}
$$

如果只从净现值期望值来看，四个方案的差别不大。但是若从方案的净现值小于零的概率来看，方案 C 似乎更好。

$$
\begin{aligned}
P(PW_A \leqslant 0) &= 0.2, \\
P(PW_B \leqslant 0) &= 0.1, \\
P(PW_C \leqslant 0) &= 0.0, \\
P(PW_D \leqslant 0) &= 0.1。
\end{aligned}
$$

其次，再考察一下各个方案概率分布的方差。方案 C 的方差最小。

根据以上两点，方案 C 显然优于方案 A 和方案 B。至于方案 D 和方案 C 比较，哪个方案较好就不是那么明显。从期望值方面来看，方案 D 较好，从净现值不小于零和方差较小两方面来看，方案 C 较好。究竟选择哪个方案，要看决策者个人的判断和倾向。

9.6 蒙特卡罗模拟分析

评价判据指标有时取决于多个随机变量。例如,净现值(或内部收益率)取决于投资、计算期、销售收入、经营成本、基准贴现率和期末余值等等,当这些都是随机变量时,很难用解析的方法求得净现值的分布和特征值。即便每种变量取离散值,各种离散值和概率的赋值也很困难,最终的组合数量也很大。一种解决的办法是采用蒙特卡罗(Monte Carlo)模拟方法,按照每种变量的分布和特征值,用计算机产生随机数,用这些随机数计算净现值的一个模拟样本值,当模拟次数足够多时,这些净现值样本分布就可以看作是净现值的总体分布。①

9.6.1 随机数产生的方法论基础

蒙特卡罗模拟方法的关键是产生服从某种分布的随机数。带有普遍性意义的方法推导如下:

设随机变量 X,其累计频率函数为 $F_X(x)$,后者是在(0, 1)上定义的随机变量,记为 U,那么,U 的累计频率函数为

$$F_U(a) = \Pr\{U \leqslant a\} = \Pr\{X \leqslant F_X^{-1}(a)\} = F_X F_X^{-1}(a) = a。$$

式中,F_X^{-1} 为 F_X 的反函数。由

$$F_U(a) = a,$$

说明 U 是服从(0, 1)上均匀分布的。这就是,只要产生(0, 1)上均匀分布的随机数 a,就可以得到随机变量 X 的一个值

$$x = F_X^{-1}(a)。$$

只要知道随机变量累计频率函数的反函数,都可以在(0, 1)均匀分布的随机数的基础上把它们产生出来,如图 9-6 所示。

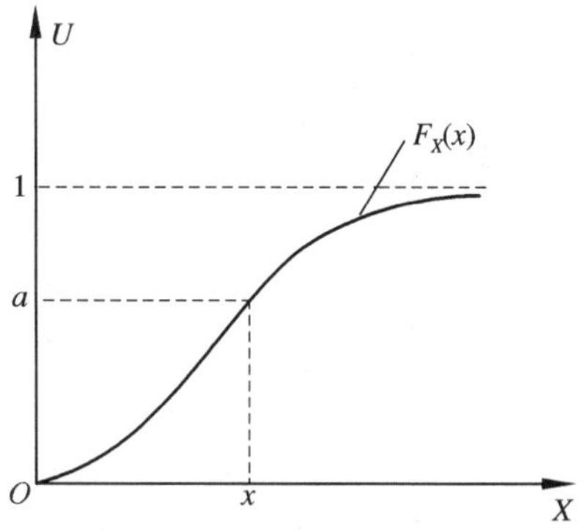

图 9-6 随机变数的产生

例如,X 服从负指数分布,有

$$U = F_X(x) = 1 - e^{-\lambda x},$$

那么服从负指数分布的一个随机数为

$$x = F_X^{-1}(a) = -(1/\lambda)\ln(a)。$$

式中,a 是(0, 1)均匀分布的随机数。

9.6.2 几种常用随机数产生方法

1. 均匀分布

这是假定某随机变量 X 在[A,B]间均匀分布,其可能的最小取值为 A,最大取值为 B。X 在[A,B]间取值的概率相同。按上节理论,如果我们产生在(0,1)区间的均匀分布的随机变量 a,那么

$$x = A + a \cdot (B - A)$$

---

① 基于电子表格 Excel 上的水晶球(Crystal Ball)等软件可以直接产生 16 种以上不同分布随机数和进行蒙特卡罗模拟,以下内容仅阐述相关的原理。

就是随机变量 X 的一个取值，如图 9-7 所示。

2. 离散分布

这是假定随机变量 X 取 n 个离散值，其相应的出现的概率为 $p_i>0$，则有

$$
\begin{aligned}
&\Pr\{X=x_1\}=p_1;\\
&\Pr\{X=x_2\}=p_2;\\
&\quad\vdots\\
&\Pr\{X=x_i\}=p_i;\\
&\quad\vdots\\
&\Pr\{X=x_n\}=p_n。
\end{aligned}
$$

其中 x_i 按升序排列，并 $\sum\limits_{i=1}^{n} p_i=1$。如果知道(0,1)区间的均匀分布的随机变量 a，那么有

$$
\begin{array}{lll}
0<a\leqslant p_1 & \Rightarrow & X=x_1,\\
p_1<a\leqslant p_1+p_2 & \Rightarrow & X=x_2,\\
\vdots & & \vdots\\
\sum\limits_{k=1}^{i-1} p_k<a\leqslant \sum\limits_{k=1}^{i} p_k & \Rightarrow & X=x_i,\\
\vdots & & \vdots\\
\sum\limits_{k=1}^{n-1} p_k<a\leqslant 1 & \Rightarrow & X=x_n。
\end{array}
$$

如图 9-8 所示。

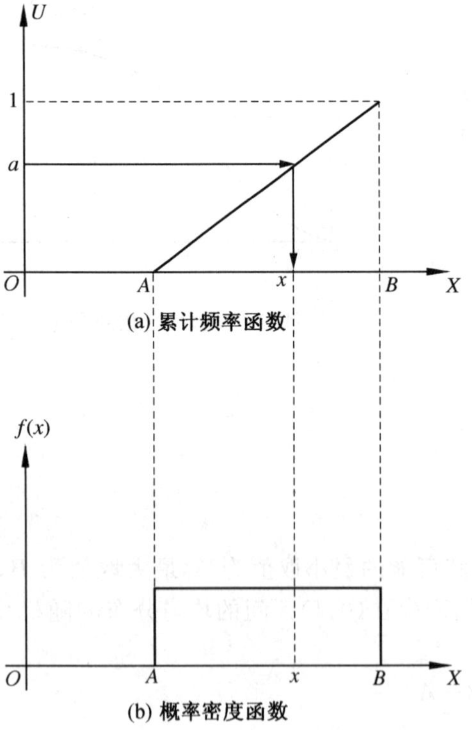

图 9-7　均匀分布的随机数

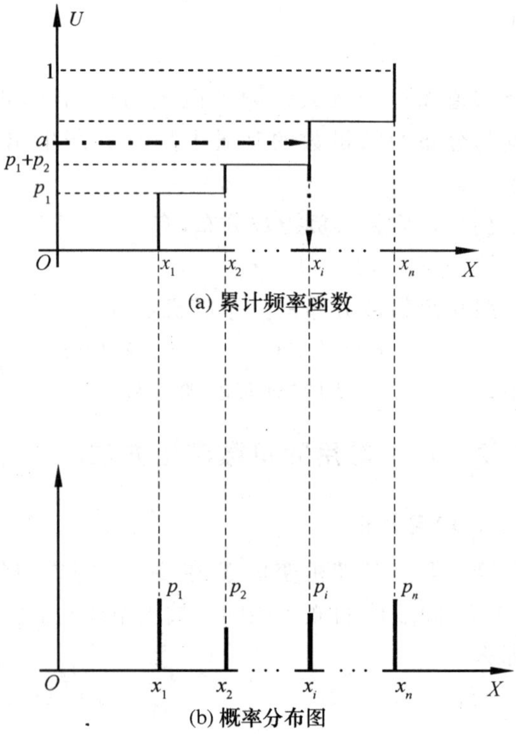

图 9-8　离散随机数产生示意图

3. 正态分布

这是在工程经济分析中经常假设的随机变量分布。同样道理，一般先产生一个(0,1)区间的均匀分布的随机变量 a，先通过标准正态分布 Z 的累计频率函数的反函数求得一个标准正态分布的随机数 $z=F_Z^{-1}(a)$。如果我们要求的正态分布随机变量 X 的期望和标准差分别是 μ 和 $\sigma=SD(X)$，那么就可以为 X 产生一个随机数

$$x=\mu+z\cdot\sigma。$$

如图 9-9 所示。

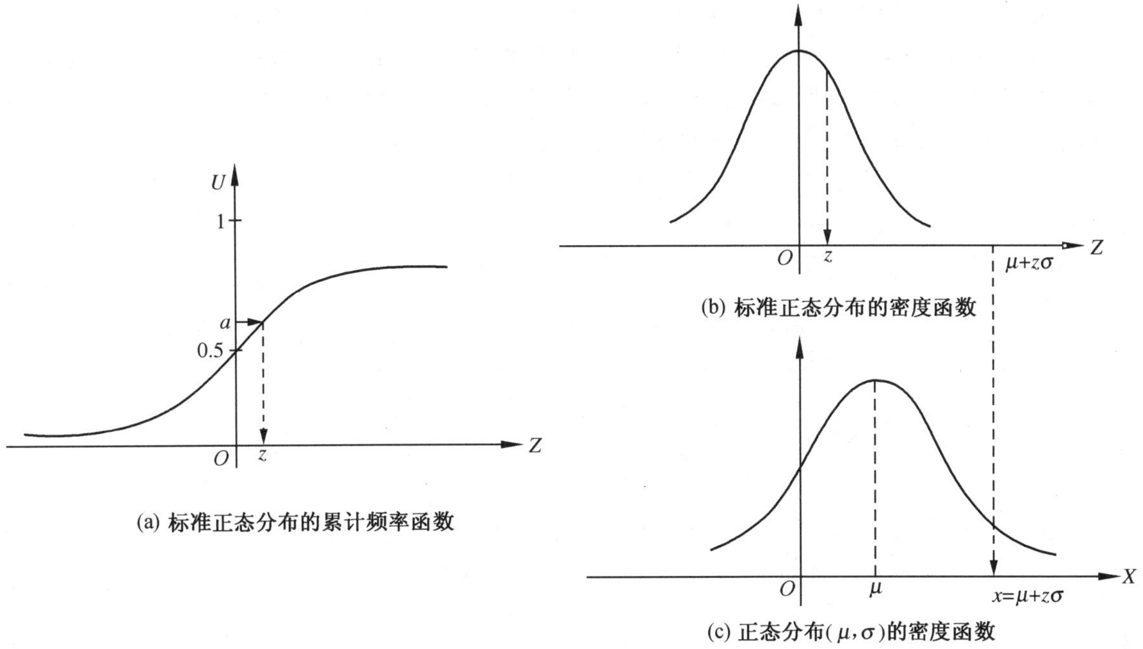

图 9-9 正态分布随机数产生的示意图

从以上所述，产生(0,1)区间的均匀分布随机数是第一步，这在一般数理统计书中的附录中都能找到。在电子表格(Excel)中都能提供(用函数 RAND( )，自动产生(0,1)区间的均匀分布的随机变量 a)。至于有些常用的累计频率函数的反函数，也能提供。例如，标准正态分布的随机数在 Excel 中可直接用函数 NORMSINV(RAND( ))来产生。

9.6.3 用计算机实现蒙特卡罗模拟

通过一个示意性的例子，说明模拟过程。

例 9-14 某工程投资项目的几个主要参数都具有不确定性，根据专家的意见和调查分析，这些参数的分布和特征值如下：

(1) 初始投资 正态分布，期望值和标准差分别为 50 000 万元和 1 000 万元；

(2) 研究期(项目的寿命周期) 均匀分布，最短 10 年，最长 14 年。

(3) 年收入 离散分布，有三种可能(表 9-15)。

(4) 年支出(包括税收等支出) 正态分布，期望值和标准差分别是30 000万元和2 000万元。

表 9-15

年收入/万元	概　率
35 000	0.4
40 000	0.5
35 000	0.1

(5) 基准贴现率　确定为 10%。

试用以上参数模拟该投资项目的融资前税前净现值(PW)的分布和特征值。

解　由于净现值与所给的参数有相当复杂的函数关系,无法用分析的方法求净现值的分布和特征值。图 9-10 给出了用电子表格进行模拟的前 10 轮的结果,净现值的平均值为6 792万元。这种模拟可以一直进行下去,经1 000次的模拟,其净现值的平均值为7 949万元,应该说很接近期望值了。可以根据模拟输出的样本,进行统计拟合,按净现值的分布、估计的期望值和标准差给出净现值 $PW < 0$ 的概率和置信区间。

图 9-10 第 11 行单元格(背景有阴影的行)的函数和赋值如表 9-16 所示。

	A	B	C	D	E	F	G	H	I	J
1	基准贴现率	10%								
2				期望值	标准差					
3			初始投资/万元	50 000	1 000		年收入/万元	概率	累计概率	
4			年支出/万元	30 000	2 000		35 000	0.4	0.4	
5							40 000	0.5	0.9	
6				最短	最长		45 000	0.1	1.0	
7			寿命周期/年	10	14					
8										
9										
10	模拟次序	标准正态 1	初始投资	(0,1)均匀	研究期	(0,1)均匀	年 收入	标准正态 2	年经营成本	净现值 PW
11	1	−0.9001	49 100	0.9640	14	0.5594	40 000	0.5146	31 029	16 985
12	2	1.3476	51 348	0.3898	12	0.5227	40 000	0.0431	30 086	16 202
13	3	1.4180	51 418	0.3571	11	0.7359	40 000	0.8535	31 707	2 445
14	4	0.6664	50 666	0.8340	13	0.1923	35 000	2.6616	35 323	−52 963
15	5	0.0037	50 004	0.7926	13	0.6789	40 000	0.2436	30 487	17 569
16	6	−0.9339	49 066	0.3670	11	0.9933	45 000	0.3271	30 654	44 111
17	7	1.4906	51 491	0.4632	12	0.4302	40 000	−0.7561	28 488	26 950
18	8	1.0685	51 069	0.2751	11	0.5241	40 000	−0.6986	28 603	22 957
19	9	−1.4971	48 503	0.1955	11	0.6042	40 000	0.3198	30 640	12 293
20	10	1.3487	51 349	0.1301	11	0.0854	35 000	1.0609	32 122	−32 655
21										
22									平均	7 389

图 9-10　用电子表格显示的模拟图

表 9-16

单 元 格	函 数 或 赋 值	说　　明
B11	=NORMSINV(RAND())	产生标准正态分布的随机数
C11	=($D$3+$E$3*B11)	产生初始投资的随机数(正态)
D11	=RAND()	产生(0, 1)均匀分布的随机数
E11	=ROUND($D$7+D11*($E$7−$D$7), 0)	产生寿命期,10-14 均匀分布,取整
F11	=RAND()	产生(0, 1)均匀分布的随机数
G11	=IF(F11<=I$4, G$4, IF(F11<=I$5, G$5, G$6))	产生离散分布的年收入随机数
H11	=NORMSINV(RAND())	产生标准正态分布的随机数
I11	=($D$4+$E$4*H11)	产生年支出的随机数(正态)
J11	=−C11−PV($B$1, E11, G11−I11)	计算并输出净现值

9.7 决策树方法

决策树(decision trees)或称**决策流程网络**(decision flow network)或**决策图**(decision diagrams)是一种通过形象的图形表述较为复杂决策问题的过程，特别适用于在时间和程序上带有序列性的决策问题。一个最简单的例子是决定一个基础工程项目是否要开工。这个项目净效益(如净现值)的大小取决于今后若干天的天气。可以把这个问题画成一个决策树。如图 9-11 所示。

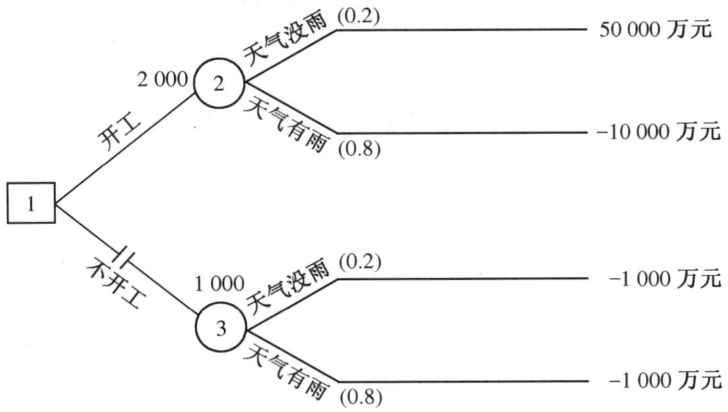

图 9-11　开工和不开工例子的决策树

□代表**决策点**(decision node)，从决策点画出的每条直线代表一个方案，叫作**方案枝**(alternative branch)。○代表**机会点**(chance node)，从机会点画出的每条直线代表一种自然状态，叫作**概率枝**(probability branch)。整个图形就叫作**决策树**(decision trees)。为了便于计算，对决策树中的□和○都进行编号，编号的次序从左向右，从上向下。

画出决策树以后，可以很容易地计算出各个方案净效益的期望值，并进行比较。例如按照图 9-11，开工方案的期望值等于

$$50\,000 \times 0.2 + (-10\,000) \times 0.8 = 2\,000(\text{万元})；$$

不开工方案的期望值等于

$$(-1\,000) \times 0.2 + (-1\,000) \times 0.8 = -1\,000(\text{万元})。$$

把计算所得的期望值写在决策树上，按期望值的大小进行决策，把不被采用的方案用“‖”除去。从决策树上就可看出所取的方案为开工方案。

例 9-15　假定某公司准备生产一种新产品，根据市场研究，这种产品今后 10 年的销路可能出现下列三种情况(表 9-17)。

表 9-17　　**销售前景的估计**

概　率	产　品	第一期(2 年)	第二期(8 年)	符　号
2/5	畅销货	销路好(H_1)	销路好(H_2)	(H_1，H_2)
1/5	时髦货	销路好(H_1)	销路差(L_2)	(H_1，L_2)
2/5	滞销货	销路差(L_1)	销路差(L_2)	(L_1，L_2)

现在研究两个建设方案，一个方案是建设大工厂；另一个方案是建设小工厂，如两年内销路好，然后考虑扩建。试比较两个方案。假定建设大工厂需要投资 400 万元，在前 2 年中如销

路好，每年可得盈利(包括折旧在内的年净现金流入，下同)86.1万元，如销路差，每年可得盈利59.8万元；如前2年销路好，后8年销路仍好，每年可得盈利165万元，如后8年销路变差，每年可得盈利85.4万元。建设小工厂需要投资260万元，前两年销路好可以考虑扩建，扩建投资为317.3万元。小工厂方案如前2年销路好，每年可得盈利73.8万元，如销路差，每年可得盈利69.7万元；小工厂扩建后如销路好，每年可得盈利183万元，销路差，每年可得盈利47.1万元；小工厂不扩建，如销路好，每年可得盈利82.5万元，销路差，每年可得盈利59.8万元。利用决策树方法选择建厂方案。

解 根据已知条件，可以画成如图9-12所示的决策树。

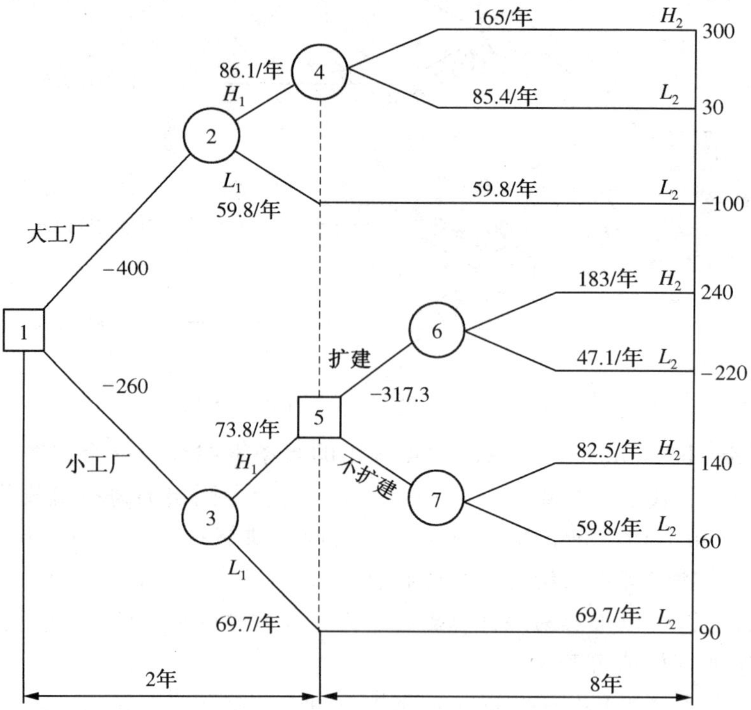

图9-12 建厂方案的决策树(单位：万元)

由于已知的投资和收益都是在不同时间发生的，因而首先需要折算为现值或年度等值，然后进行计算。假定基准贴现率规定为15%。第一条线的净现值 $PW(15\%)_1$ 为

$$PW(15\%)_1 = -400 + 86.1\overset{P/A,\,15\%,\,2}{(\quad 1.626 \quad)} + 165\overset{P/A,\,15\%,\,8}{(\quad 4.487 \quad)}\overset{P/F,\,15\%,\,2}{(\quad 0.7562 \quad)}$$

$$= -400 + 140 + 560 = 300(\text{万元})。$$

把这个数值记在第一条线的末端。第二条线的净现值 $PW(15\%)_2$ 为

$$PW(15\%)_2 = -400 + 86.1\overset{P/A,\,15\%,\,2}{(\quad 1.626 \quad)} + 85.4\overset{P/A,\,15\%,\,8}{(\quad 4.487 \quad)}\overset{P/F,\,15\%,\,2}{(\quad 0.7562 \quad)}$$

$$= -400 + 140 + 290 = 30(\text{万元})。$$

把它记在第二条线的末端。同理，计算各条线的净现值，并记在相应线的末端。

其次，计算各种自然状态出现的概率。为此，可以画出一个自然状态图(图 9-13)。如前所述，根据市场研究，产品为畅销货的可能性，即 H_1 和 H_2 都出现的概率(表 9-17)为

$$P(H_1, H_2) = 2/5;$$

产品为时髦货的可能性为

$$P(H_1, L_2) = 1/5;$$

产品为滞销货的可能性为

$$P(L_1, L_2) = 2/5;$$

这三个数值作为已知的。要从这三个数值求出 $P(H_1)$, $P(L_1)$, $P(H_2 \mid H_1)$, $P(L_2 \mid H_1)$，后两个符号表示条件概率。

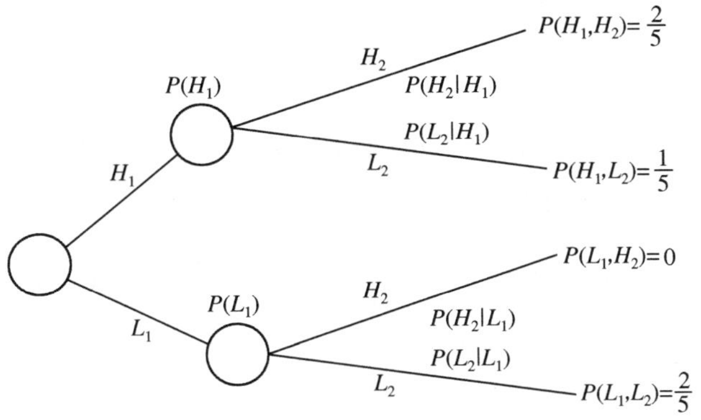

图 9-13　自然状态图

从图 9-13 可以看出：

$$P(H_1) = P(H_1, H_2) + P(H_1, L_2) = \frac{2}{5} + \frac{1}{5} = \frac{3}{5},$$

同理，

$$P(L_1) = P(L_1, H_2) + P(L_1, L_2) = 0 + \frac{2}{5} = \frac{2}{5}。$$

按照贝叶斯定理，有

$$P(H_2 \mid H_1) = \frac{P(H_1, H_2)}{P(H_1)} = \frac{2/5}{3/5} = \frac{2}{3},$$

$$P(L_2 \mid H_1) = \frac{P(H_1, L_2)}{P(H_1)} = \frac{1/5}{3/5} = \frac{1}{3}。$$

现在重新画出决策树，并记上相应的数值(图 9-14)。计算各点的期望值，期望值计算从右向左推移。

$$点④：\frac{2}{3} \times 300 + \frac{1}{3} \times 30 = 210(万元),$$

$$点②：\frac{3}{5} \times 210 + \frac{2}{5} \times (-100) = 86(万元)。$$

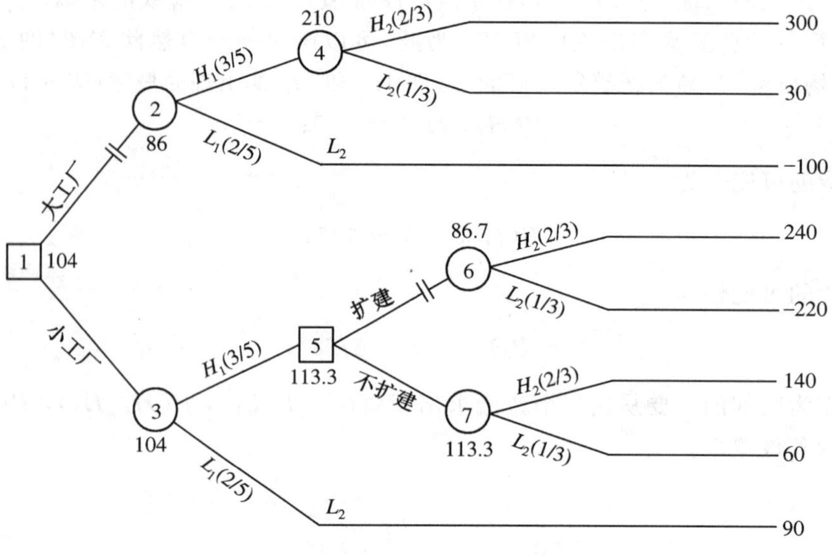

图 9-14　建厂方案的决策树(单位：万元)

86 万元代表大工厂方案的净现值期望值。

$$点⑥：\frac{2}{3}\times 240+\frac{1}{3}\times(-220)=86.7(万元),$$

这是扩建方案的期望值。

$$点⑦：\frac{2}{3}\times 140+\frac{1}{3}\times 60=113.3(万元),$$

这是不扩建方案的期望值。二者比较,以不扩建方案为好。划掉扩建方案,并将 113.3 转移到点 5。

$$点③：\frac{3}{5}\times 113.3+\frac{2}{5}\times 90=104(万元),$$

这代表小工厂方案的期望值,以 104 万元同 86 万元比较,可见小工厂方案比较优越。在决策树上用"‖"划掉大工厂方案。如按净现值的期望值大小进行决策,最后的决策采用小工厂不扩建方案。

在上例中,根据已知的情报可以得到结论,建设小工厂方案较好,其期望值为 104 万元。假如能得到更多的情报,特别是得到所谓完全的情报,即可以百分之百地肯定今后将出现哪一种自然状态,那么必然能够提高期望值。

今后出现的状态只有三种可能性：H_1H_2，H_1L_2，L_1L_2(图 9-15)。从图 9-15 可以看出,如今后肯定知道状态 H_1H_2,则大工厂是最优方案,净现值为 300 万元;如今后肯定知道 H_1L_2,则最优方案是小工厂(不扩建),净现值为 60 万元;如今后肯定知道状态 L_1L_2,则最优方案是小工厂,净现值为 90 万元。这样,净现值的期望值为：

$$300\times\frac{2}{5}+60\times\frac{1}{5}+90\times\frac{2}{5}=168(万元)。$$

以此同上节中计算的最大期望值 104 万元比较,期望值提高了 64 万元,这个提高是由于

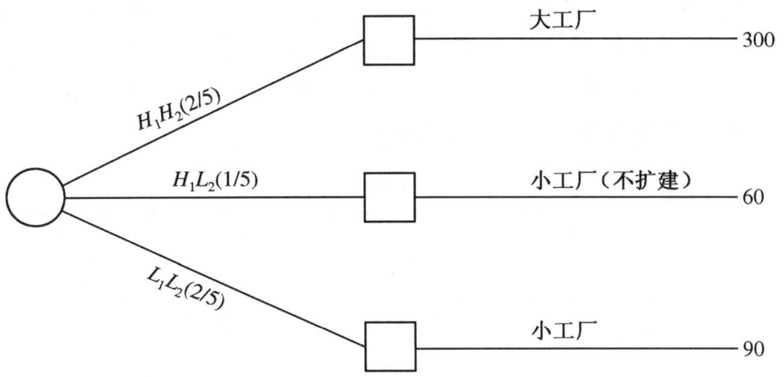

图 9-15　完全情报情况下建厂方案决策树(单位：万元)

有了完全情报而得到的，它叫做**完全情报的价值**(Expected Value of Perfect Information，EVPI)。它代表该公司为获得这项情报而愿付出的代价的最高额。

习　题　9

1. 某企业每年的固定成本为 2 000 万元，单位产品价格 200 元，单位产品可变成本 160 元，求盈亏平衡时的产量。

2. 某项目的年总成本 $C=\frac{1}{2}x^2-4x+8$，产出品的价格 $p=6-\frac{1}{8}x$，其中 x 是产销量，求盈亏平衡时的产量 x。

3. 某计算机系统的原始费用为 1 000 万元，根据技术发展的情况对计算机系统的使用寿命进行了预测，预测结果如表 9-18 所示。

表 9-18　　**习题 3 的数据**

使用年数(n)	1	2	3	4	5
使用 n 年的概率	0.1	0.2	0.4	0.2	0.1

假如在使用寿命期内每年获得 450 万元的净收益，基准贴现率为 10%，期望的净现值为多少？

4. 打算在一条流量不定的河流上修筑一个水坝。有 5 种方案可供选择，其投资、年度使用费、流量超过容量的可能性及超容量所带来的损失如表 9-19 所示。

水坝的寿命为 40 年，无残值。如基准贴现率为 10%，计算各种水坝的年度费用(包含损失)，并选择水坝方案。

表 9-19　　**习题 4 的数据**

方　案	投资/万元	超容量的损失/万元	超容量的可能性	年度使用费/万元
1	142	122	0.10	4.6
2	154	133	0.05	4.9
3	170	145	0.025	5.4
4	196	170	0.0125	6.5
5	220	190	0.006 25	7.2

5. 某新建汽车总装厂，由主体工程（总装生产线车间）和配套设施（供水、供电、仓库和道路等等）两大部分组成，二者可并行施工建设。主体工程由基础、上部土建和设备安装三项串联的分部工程组成，即上一项完成后才能开始下一项工程。这些工程可能延误的周数和概率如表 9-20 所示，求整个工程按期完工和延误的概率。

表 9-20　　习题 5 的数据

可能的延误	概率			
	主体工程			配套设施
	基础	上部土建	设备安装	
按期或提前	0.80	0.85	0.80	0.85
延误 1 周	0.13	0.10	0.15	0.10
延误 2 周	0.07	0.05	0.05	0.05

6. 加工厂花 200000 元购买了一台数字控制机床，可以考虑把这台数字控制机床用在 A，B，C，D，E 5 种不同的加工工序中，各种加工工序使用了数字控制机床后能获得的年净收益分别为 120000 元，130000 元，150000 元，160000 元，200000 元。数字控制机床的使用寿命随使用的工序不同而变化。数字控制机床为各种工序使用 1，2，3，4 年的概率如表 9-21 所示。

表 9-21　　习题 6 的数据

工序	数字控制机床的使用寿命/年			
	1	2	3	4
A	0.25	0.25	0.25	0.25
B	0.30	0.30	0.30	0.10
C	0.30	0.40	0.25	0.05
D	0.20	0.60	0.20	0.00
E	0.50	0.50	0.00	0.00

如基准贴现率为 10%，求数字控制机床使用于 5 种工序中的各种工序的净现值期望和方差。你认为应该把数字控制机床使用在哪一种工序中？为什么？

7. 假定某工厂准备承包一项生产任务，承包的期限不定，可能是 3 年、4 年或 5 年。承包 3 年的概率为 0.3，4 年的概率为 0.4，5 年的概率为 0.3。为完成这项生产任务，工厂需要购买一种机器。现有 A，B，C 三种机器，它们的原始费用分别为 50000 元，40000 元，70000 元。估计机器的年度使用费如表 9-22 所示。

表 9-22　　习题 7 的数据　　（单位：元）

机器 A		机器 B		机器 C	
年度使用费	概率	年度使用费	概率	年度使用费	概率
1000	2/5	2000	1/5	800	1/6
2000	3/5	3000	3/5	1500	1/3
		4000	1/5	2500	1/3
				3000	1/6

假定机器的残值均为零，基准贴现率为12%，用蒙特卡罗方法做10次试验，比较三个方案的优劣。

8. 考虑两台设备的投资方案。方案A需要15 000元的原始投资，年度使用费为2 000元，使用寿命与残值如表9-23所示。

表9-23　　习题8的数据1

使用寿命/年	残值/元
3	4 000
4	2 500

每种使用寿命发生的可能性相等。方案B需要30 000元投资，年度使用费为1 000元，残值为使用寿命n的函数为：8 000元－500元×n，使用寿命出现的可能性如表9-24所示。

表9-24　　习题8的数据2

使用寿命/年	可能性
7	0.4
8	0.3
9	0.3

假如基准贴现率为10%，用蒙特卡罗方法做10次试验，求两种方案的平均年度费用、方差，并比较两种方案的优劣。

9. 某河段堤岸高5.0m，可以保证洪水漫堤的概率是20年一遇。现考虑两岸人口和经济发展，推荐的"有项目"方案是增加堤高至7.0m，使洪水漫堤的概率降至40年一遇，并增加蓄洪区面积，使同样漫堤高度的损失下降。估计实施这个方案的投资现值为29亿元，其中移民安置补偿费为11亿元。由该河流段水文观察站的长期数据统计可确定水位h的概率密度函数为

$$f(h)=0.625e^{0.625h}。$$

或者说，水位h落在区间(a,b)的概率为

$$P(a<h\leqslant b)=e^{-0.625a}-e^{-0.625b}。$$

洪水损失与漫堤高度有关：

无项目(堤高5.0m)的淹没损失为

$$d=45\times(h-5.0)^{0.5}(亿元)；$$

有项目(堤高7.0m，同时增加了蓄洪区面积)的淹没损失为

$$d'=25\times(h-7.0)^{0.5}(亿元)。$$

试求该防洪水利项目的年期望防洪效益并判断访项目是否值得进行(设项目可长期延续，折现率为8%)？

10. 某工程分两期进行施工，第一期工程完工后，由于某种原因，第二期工程要半年后才能上马，这样工地上的机械设备面临着是否要搬迁的问题。如果搬迁，半年后再搬回来，共需搬迁费用8 000元。如果不搬迁，对工地上的设备必须采取保养措施：当遇到天气好(概率为0.6)，可采取一般性保养措施费用需3 000元；当遇到天气经常下雨(概率为0.4)，仍采用一般性的保养措施，则肯定会造成100 000元损失，若采取特殊保养措施(费用10 000元)，则有0.8的可能性造成小损失1 000元，0.2可能性造成大损失4 000元。用决策树方法按期望费用最

小确定采用哪种方案。

11. 某电力公司打算制造一种新的通信仪器，生产这种仪器的决策需要500万元的投资，这种仪器的需求量并不知道，但能作出三种估计：假如估计需求量很大，今后5年中每年有200万元的收益；需求量一般，今后5年中每年有160万元的收益；需求量很小，今后4年中每年有80万元的收益。

估计需求量大的概率为0.5，需求量一般的概率为0.4，需求量小的概率为0.1，基准贴现率为10%。

a. 根据期望值，公司是否做这种投资？

b. 有人建议对需求实际情况进行调查。给这种调查的最大费用是多少？

c. 花75 000元的成本进行调查，调查的可靠性如表9-25所示。

表 9-25　　习题 11(c)的数据

自然状态 调查结果	需求量大(H)	需求量中(M)	需求量小(L)
有利可图(u)	$P(u \mid H)=0.9$	$P(u \mid M)=0.5$	$P(u \mid L)=0.0$
无利可图(f)	$P(f \mid H)=0.1$	$P(f \mid M)=0.5$	$P(f \mid L)=1.0$

公司是否做这种调查？假如做调查，而调查表明是无利可图，公司如果生产这种仪器，期望净收益为多少？

12. 某公司正有一项短期投资100万元的机会，年内即可回收投资的可能如表9-26所示。

表 9-26　　习题 12 的数据 1

状　　态	回收投资	出现状态的概率
A	140万元	0.2
B	120万元	0.5
C	50万元	0.3

由于时间短，资金的时间价值可忽略不计。公司在决策前可以请某咨询公司咨询。根据以往的业绩，该咨询公司提供的预测准确性如表9-27所示。

表 9-27　　习题 12 的数据 2

咨询者的预测	实际发生的状态			说　　明
	A	B	C	
A_C	0.8	0.1	0.1	表中的数字表示各实际状态下预报各种状态的概率 如 $P(B_C \mid B)=0.9$
B_C	0.1	0.9	0.2	
C_C	0.1	0.0	0.7	

试构造包括是否要请公司做咨询在内的决策树、能支付的最大咨询费用和完全(准确)情报的价值。

13. 设某项目影响工期变化的风险因素有两个，它们是并联联接关系，其对工期延误百分比可能性大小见表9-28，求工期延误发生的概率。

表 9-28

发生概率	工期变化百分比/%		
	0	5	10
风险因素 $X^{(1)}$	0.4	0.3	0.3
风险因素 $X^{(2)}$	0.5	0.2	0.3

14. 试完成第 6 章习题中第 12 题销售收入、建设投资和经营成本分别增(减)5%,10%和15%对权益投资内部收益率 *IRR* 的敏感性分析。假定销售收入变化不影响经营成本,销售税金及附加随销售收入同步变化。

10 价 值 工 程

10.1 价值工程的产生和发展

价值工程(Value Engineering)简称 VE,1947 年前后起源于美国。第二次世界大战期间,美国的军事工业获得很大发展,但同时出现了原材料供应紧张问题。设计工程师 L. D. Miles(麦尔斯)当时在美国通用电气公司采购部门工作。战争期间,他的工作是为通用电气公司寻找取得军工生产中的短缺材料和产品。当时材料采购困难,他认为如果得不到所需要的材料和产品,可以利用其他材料代替,同样可以获得相同的功能,于是,他就开始研究材料代替的问题。比较典型的是"石棉事件"。当时,通用电气公司需要购买的石棉板,价格成倍地增长,给采购工作和财务预算带来很大困难。麦尔斯就提出一个问题,为什么要使用石棉板?它的功能是什么?原来,他们在给产品上涂料时,容易把地板弄脏,要在地板上铺一层东西。涂料的溶剂是易燃品,消防法规定要垫石棉板。由于石棉板奇缺,他们就想使用代用材料。采购员找到了一种不燃烧的纸,不仅采购容易,而且价格便宜,但有人根据消防法的规定,不同意使用代用品。经过周折,修改了消防法,才被允许代用。麦尔斯等人通过他们的实践活动,总结出一套在保证同样功能的前提下降低成本的比较完整的科学方法,当时称它为价值分析(Value Analysis)简称 VA。以后价值分析内容又逐步丰富发展与完善,而至目前统称价值工程。

麦尔斯从事的降低成本工作,是在分析功能的基础上找出不必要的费用,即那些既非用于保证产品质量和外观,也非用于满足用户要求的费用,并设法消除这些费用。这项工作取得很好的效果。通用电气公司在开发价值工程技术上花了 80 万美元,而在头 17 年里就节约 2 亿美元以上。1954 年美国海军舰船局首先采用 VE,1956 年正式签订订货合同,第一年就节约了3 500万美元。1955 年 VE 传到日本,1960 年日本的企业开始采用,并与质量管理(Quality Control)和工业管理工程(Industrial Engineering)三者结合起来开展活动。价值工程从材料代用开始,以后发展到改进技术、改进工艺、改进生产等领域。开始由单个零件、单个作业工序的改进,发展到整机整工序的改进或设计。现在价值工程已被公认是一种相当成熟而行之有效的技术,是降低成本的有效方法。

10.2 什么是价值工程

在谈这个问题之前,先看看我们平常是如何评价一种产品的。我们在日常生活中购买商品,特别是消费品,首先要看看商品的质量,再看看要花多少钱,脑子里盘算一下,我花这么多钱买一件这样质量的商品,值得不值得?是否合算?如果质量很好,价钱还可以,或者质量一般,但价钱便宜,认为值得买。这就是说,我们买东西时,一般同时要考虑商品的质量(功能)和价格。假定两人在不同的商店各买了一只脸盆。经比较,这两只脸盆的质量和式样可以认为完全一样,甲花了 12.80 元,而乙花了 13.00 元。在这种情况下,我们认为甲买的脸盆比乙的合算。如果两人花同样的钱购买同样的商品,例如花 3.54 元买一斤苹果,允许挑选的话,你肯定在同样价格的苹果中挑又大又好的,因为在相同价格下,质量高的就合算。又假如两种苹果价格不同，质量也不一样，买者肯定会考虑，假如苹果价格高几分而大了许多，又好了许多，那你肯定会买价格高几分的苹果；相反，价格高了而质量似乎没有好多少，可能就买价格低的一种。这是从用户的角度来衡量考虑质量和价格的关系。对于一个企业来说，可以用更低的成本生产出用户所需要的产品。由此可见，评价一种产品，要看它的功能（质量）和成本之间的比值，这个比值称为“价值”。在价值工程里，这三者的关系是：

$$价值(\text{Value})=\frac{功能(\text{Function})}{成本(\text{Cost})},$$

$$简写为\ V=\frac{F}{C}。$$

从这个公式中，我们可以看出，要提高价值（V 值）可以采用五种方法：

① 功能（F）不变，降低成本（C）；

② 成本（C）不变，提高功能（F）；

③ 成本增加一些，功能有很大的提高，则价值也提高；

④ 功能提高，成本降低，则价值提高；

⑤ 功能降低一些，成本很大降低，则价值提高。

成本一般都可以用货币来表示，而功能则千差万别，很难用数量来表示。在下面的讨论中，产品的功能采用评分的方法，依靠几个有经验的人，像几个裁判员给某个体操运动员评分一样，按产品完成功能的好坏给以评分。

上面谈了价值、功能、成本三者关系。那什么是价值工程呢？价值工程是以最低的总费用，可靠地实现产品或作业的必要功能，着重于功能分析的有组织的活动。从这里可以看出，价值工程的定义包括三个方面：

（1）价值工程的目标是以最低的总费用，使某产品或作业具有它所必须具备的功能。这个总费用指的是寿命周期的总费用，它不仅包括产品出厂时的费用（对用户来说就是购买时的费用），而且还包括产品在整个使用寿命期间的贮存、运输、使用、维修等方面的费用。在价值工程里，强调的是总费用，只有总费用的降低，才能体现整个系统的经济效果。

（2）价值工程的核心是对产品或作业进行功能分析。在工业生产中，降低成本的方法是多种多样的。价值工程之所以比其他方法更有效些，关键在于进行功能分析。通过功能分析，搞清它的基本功能和辅助功能，弄清哪些是用户需要的，哪些是不需要的。通过分析，搞清各功能之间的关系，找出新的解决办法。

（3）价值工程是一种有组织、有领导的活动。一种产品从设计到制成成品出厂，要通过企业内部的许多部门。一个改进方案，从方案提出，到进行试验，到最后付诸实现，是依靠集体力量，通过许多部门的配合，才能体现到产品上，达到降低成本的目的。有人把价值工程看作是一种组织企业主要活动的良好方法。把价值工程比喻为一个足球队，把企业里的设计、工艺、采购、销售、财务等部门的活动和其中一部分人员像足球队那样组织起来，作出有效射击球门的活动。射入球门就是提高产品的价值。VE 之所以比一般方法效果好一些，因为它抓住了功能分析这个关键，总结出一套比较科学的思维方法和工作步骤，把各方面的知识和技能，把集体的智慧、力量都调动起来达到提高产品的功能和降低成本的目的。根据日本报道的资料，日本工人提出的改善提案（相当于我国的合理化建议），一般能降低成本的 5%，经过培训的技术人员的提案，一般能降低成本的 10%～15%，而有组织地推行 VE 活动可降低成本的 30%，

甚至更高一些，如果将 VE 活动和质量管理相结合，则效果更大。根据国外资料报道，有

VE 投资：VE 的收益＝1：12。

开展价值工程的过程是一个发现问题、解决问题的过程。针对价值工程的研究对象，逐步深入提出一系列问题。通过回答问题寻找答案，导致问题的解决。所提问题通常有以下十个：

① VE 的对象是什么？

② 围绕 VE 对象需做哪些准备工作？

③ VE 对象的功能是什么？

④ VE 对象的成本是多少？

⑤ VE 对象的价值是多少？

⑥ 有何其他方法可以实现同样功能？

⑦ 新方案的成本是多少？

⑧ 新方案能满足功能要求吗？

⑨ 怎样保证新方案的实施？

⑩ VE 活动的效果有多大？

回答了上述十个问题，就完成了价值工程活动的一个循环。

价值工程的一般工作程序划分为准备阶段、分析阶段、创新阶段、实施阶段 4 个阶段及对象选择、组成价值工程工作小组、制定工作计划、搜集整理信息资料、功能系统分析、功能评价、方案创新、方案评价、提案编写、审批、实施与检查、成果鉴定 12 个步骤，把 4 个阶段和 12 个步骤，10 个提问分别对应列于表 10-1。

表 10-1　　价值工程的一般工作程序

	步　骤	价值工程提问
准备阶段	对象选择	VE 对象是什么？
	组成价值工程工作小组	围绕 VE 对象需做哪些准备工作？
	制定工作计划	
分析阶段	搜集整理信息资料	VE 对象的功能是什么？ VE 对象的成本是多少？ VE 对象的价值是多少？
	功能系统分析	
	功能评价	
创新阶段	方案创新	有何其他方法可以实现同样功能？ 新方案的成本是多少？ 新方案能满足功能要求吗？
	方案评价	
	提案编写	
实施阶段	审　批	怎样保证新方案的实施？
	实施与检查	
	成果鉴定	VE 活动的效果有多大？

它们之间的关系是：

准备、分析阶段也就是功能分析阶段，创新、实施阶段包括方案的创造、评价、选择、实施及 VE 活动的效果评价。

(1) 对象选择　选择价值工程的对象并明确目标，限制条件和分析范围。

(2) 组成价值工程工作小组　根据不同的价值工程对象，组成工作小组。工作小组成员一般10人左右，应熟悉价值工作和研究对象，具有创造精神。小组负责人一般由项目负责人担任。

(3) 制定工作计划　包括具体执行人、执行日期、工作目标等。

(4) 搜集整理信息资料　搜集整理与对象有关的一切信息资料，并贯穿于价值工程的全过程。

(5) 功能系统分析　通过分析信息资料，用动词和名词的组合简明正确地表述各对象的功能。明确功能特性要求，并绘制功能系统图。

(6) 功能评价　包括改进原有对象和创造新对象。定量地表述原有对象各功能的大小、目前成本，并确定原有对象的功能，改进区域及功能目标成本。把确定功能的目标成本作为创新、设计的评价依据。

(7) 方案创新　针对应改进的具体目标，依据已建立的功能系统图、功能特性和目标成本，通过创造性的思维活动，提出各种不同的实现功能的方案。

(8) 方案评价　对所提出的各种方案，从技术、经济和社会等方面进行评价，通过评价从中选择最佳方案。

(9) 提案编写　将选出的方案及有关的技术经济资料和预测的效益，编写成正式的提案。

(10) 提案审批　主管部门对提案组织审查并签署是否实施的意见。

(11) 实施与检查　制定实施计划，组织实施，实施过程中要跟踪检查，记录全过程的有关资料。

(12) 成果鉴定　根据提案实施后的技术经济，进行成果鉴定，计算考核指标(如：年净节约金额、节约百分数和节约倍数等)。

价值工程的应用范围是比较广泛的，可分为两方面：一方面是用于改进具体的物品，例如改进某种产品、零部件、材料等，包括设计工作；另一方面是用于改进工作方法，例如改进一个工程、作业、工序、管理方法、工作程序，即属于软科学一类的东西。

10.3　对象的选择和情报资料的搜集

10.3.1　对象的选择

VE的对象就是生产中存在的问题。但问题很多，怎样把它们整理出来呢？一般说来，首先要根据社会主义建设和生产经营的需要，其次根据本企业的重点，提高劳动生产率、提高质量和降低成本的目标，然后结合企业的具体情况，从自己周围熟悉的问题来考虑。能否正确地选择VE对象是VE活动收效大小，甚至是成败的关键。从一个企业范围来讲并不是把所有的产品全部进行VE活动，对于一个产品来讲也并不是把所有的零件、部件都进行VE活动。VE对象的确定大致可按下列几个方面来考虑：

(1) 成本大的产品有两种情况：一是指某种产品占本厂成本大的，只要这种产品成本降低一点，本厂成本就降低，这类产品可作VE对象；另一是指与同类型产品相比哪一个成本大，为什么大，经过分析之后可以找到成本差距原因。那么，这类产品中成本大的那个就是选择的对象。

(2) 对于产量大而收益低，产量大而工艺有可能改进，产量大而今后有希望的产品可以列为VE的对象。由于这类产品生产数量大，每个产品只要成本降低一点或收益增加一点，积累的数量是很大的。

(3) 退货多的产品。由于产品的质量较差，用户意见很多，来信来函要求退货的很多，这类产品可作为 VE 的分析对象。分析研究问题的所在，搞清是设计问题、安装质量问题、包装运输问题还是操作维护使用问题，提出解决问题方法，提高产品质量，提高工厂信誉。

(4) 对于结构复杂、零件多的产品，通过功能分析可达到简化结构，减少合并零件。

(5) 投入力量小而收效快的简单产品，易得情报的产品，设计周期短的产品也可列为 VE 对象。

(6) 同类产品中技术指标差的产品。

(7) 占产品成本比重大的零部件。

(8) 对国计民生影响大的产品。

(9) 对企业生产经营目标影响大的产品和零部件。

(10) 社会需要量大，竞争激烈的产品。

10.3.2 情报资料的搜集

价值工程的目标是提高价值，为实现目标所采取的任何行动或决策，都离不开必要的情报。一般地说情报越多，价值提高的可能性也就越大。因为通过情报可以进行有关问题的分析对比，而通过对比往往使人受到启发，打开思路；发现问题和找出差距；可以找到解决问题的方向、方针和方法；可以从情报中找到提高价值的依据和标准。因此，在一定意义上可以说 VE 成果的大小取决于情报搜集的质量、数量与适宜的时间。

搜集情报内容原则上讲应将产品研制、生产、流通、交换、消费全过程中的有关情报资料都搜集起来。情报搜集之后还需要进行整理，并对情报要加以分析。需要的情报是多方面的，大致可分为：

(1) 用户要求方面的情报

① 用户使用产品的目的，使用环境和使用条件。

② 用户对产品性能方面的要求：

a. 产品使用功能方面的要求。如电机的功率、汽车的载重量、手表的走时精度等。

b. 对产品可靠性、安全性、操作性、保养维修性及寿命的要求。产品过去使用中的故障、事故情况与问题。

c. 对产品外观方面的要求。如造型、体积、色彩等。

③ 用户对产品价格、交货期限、配件供应、技术服务方面的要求。

(2) 销售方面的情报

① 产品产销数量的演变，目前产销情况与市场需求量的预测。

② 产品竞争的情况。目前有哪些竞争的厂家和竞争的产品，其产量、质量、销售、成本、利润情况。同类企业和同类产品的发展计划，拟增加的投资额、重新布点、扩建改建或合并调整的情况。

(3) 科学技术方面的情报

① 现产品的研制设计历史和演变。

② 本企业产品和国内外同类产品的有关技术资料，如图纸、说明书、技术标准、质量调查等。

③ 有关新结构、新工艺、新材料、新技术、标准化和三废处理方面的科技资料。

(4) 制造和供应方面的情报

① 产品加工方面的情报。生产批量、生产能力、加工方法、工艺装备、生产节拍、检验方法、废次品率、厂内运输方式、包装方法等情况。

② 原材料及外购件，外购件种类、质量、数量、价格、材料利用率等情况。

③ 供应与协作单位的布局、生产经营情况、技术水平与成本、利润、价格情况。

④ 厂外运输方式及运输经营情况。

(5) 成本方面的情报

按产品、零部件的定额成本、工时定额、材料消耗定额、各种费用定额、材料、配件、自制半成品、厂内劳务的厂内计划价格等。

(6) 政府和社会有关部门法规、条例等方面的情报

需要搜集的情报很难一一列举,但搜集情报时要注意目的性、可靠性、适时性。搜集情报要事先明确目的,避免无的放矢。要力争无遗漏又无浪费地搜集必要的情报,情报是行动和决策的依据,错用了不可靠、不准确的情报不仅达不到预期的效果,还可能导致 VE 的失败。情报只有在需要时提出才有价值。

10.4 功能分析、整理和评价

10.4.1 功能分析

功能分析是价值工程的核心,依靠功能分析来达到降低成本的目的。那什么叫功能呢?功能就是某个产品(作业)或零件(工序)在整体中所担负的职能或所起的作用。例如一支钢笔。它由墨水、笔尖、笔圈、吸墨水管、押簧、杆身、杆帽、气孔、笔套 9 个零件组成。我们来看押簧,在整体中所起的作用是吸取墨水。笔套所起的作用是保护笔尖,那么可以讲笔套的功能是保护笔尖,押簧的功能是吸取墨水。任何产品都具备相应的功能,电冰箱的基本功能是保存食物。假如钟表不能准确地反映时间,电冰箱不能保存食物,那么钟表、电冰箱就失去存在的价值。不同的产品有不同的功能,不同的功能又要花费不同的成本去实现。我们对功能分析的目的就是要用最少的成本去实现这个功能。功能分析可以从功能的分类开始。

1. 基本功能和辅助功能

基本功能是满足用户基本要求或实现产品用途必不可少的功能,它是产品存在的基础。如家用电视机的基本功能是能看见和听见所播送的节目。假如电视机不具备这基本功能,就失去了存在的价值。基本功能一般可以从产品基本功能的作用为什么是必不可少的,其重要性如何表达,其作用是不是产品的主要目的,如果作用变化了则相应的工艺和零件是否要改变等四个方面来确定。

辅助功能又称二次功能,是实现基本功能所必需的功能。辅助功能在不影响基本功能实现的前提下是可以改变的。这种改变往往可以达到提高产品性能、降低制造成本的目的。例如,钟的基本功能是计时,实现计时的辅助功能可以是机械摆动,也可以是石英振荡;时间显示可以用指针,也可以用数字直接表示。电子钟由于采用了新的辅助功能,在不改变基本功能的情况下,性能-价格比大大提高,成为取代机械钟的新一代产品。又如以代步为基本功能的一般自行车的书包架的功能是起一个辅助作用,没有书包架也完全可以起到代步功能,如果把载物也作为基本功能之一,那么,书包架就是一个必要的部件了。辅助功能可以从它是不是对基本功能起辅助作用,它的重要性和基本功能的重要性相比,是不是起次要作用两方面来确定。

2. 使用功能和品位功能

使用功能是使产品有实用价值的实用功能。使用功能最容易为用户所了解,并通过产品的基本功能和辅助功能表达出来。

品位功能是与用户的精神感觉、主观意识有关的功能,如外观功能、美学功能、欣赏功能

等。品位功能也是通过基本功能和辅助功能表达出来。

3. 必要功能和不必要功能

必要功能是产品满足用户需要必须具备的功能。它既包括用户直接需要的基本功能,又包括实现基本功能必需的辅助功能。

不必要功能是指用户不需要的或对基本功能实现没有任何作用的辅助功能。不必要的功能有两种形式:一是多余功能,二是过剩功能。例如,一些收录机设计了大量的附属功能,很多是一般用户并不需要的,成为多余功能。机床配备的电动机,功率储备过大,过大的功率就是过剩功能。价值分析中剔除了不必要功能就能提高产品价值。

举一个储油设备作例子。价值分析人员在分析某类型海军登陆艇的时候,对艇上的一项储油设备进行功能分析。艇上的储油设备,是用不锈钢特制的方形容器,它的功能是存储 900L 汽油,成本要 520 元。价值分析人员了解到市场上有两种普通钢板制的储油圆桶供应,一种是 1 100L容量,30 元一只;另一种是 230L 容量,6 元一只。经过计算,如果采用大的,只需要一只;用小的需要 4 只,再加些管道零件,80 元就够了。又了解到它的功能是储油而不是装酸、碱,所以完全可以用市场上的圆桶代替特制的不锈钢方形容器,成本从 520 元降低到 80 元。

又例如要设计一个实验室,在实验室里装置一架强大功率的 X 光机,对铸件探伤。为了不让实验室周围的地方受 X 光射线的波及,设计了一座 2 m 厚、3 m 高的马蹄形的钢筋混凝土防护墙,造价估计为 5 万元。经过功能分析,了解到这垛墙的功能是防护,外观的需求极小,因此,建议改用土墙,既满足了防护功能,又降低了造价,仅为 5 000 元,是原设计的 1/10。

再看一下价值分析人员对车间常见的电动机罩子是怎样进行功能分析的。电动机罩子的基本功能是保护电动机。辅助功能是通风、便于维修、美观三项。怎样来保护电动机呢?就是要防止外物卷进电动机,损坏电动机。有些地方同时也要防止工伤事故。了解了这一功能之后,自然会想到用板材(木板、钢板、铝板、镀锌钢板)把外物挡住。木板受热容易着火、做电动机罩子不合适。经过分析比较,认为钢板比较便宜。为了考虑通风,在钢板上打眼子。打眼子可以采用钻、冲等,认为冲比较便宜。为了便于维修,用什么五金零件来进行开启和关闭。用铰链还是插销或其他。铰链比插销贵,但开启方便,便于维修。为了考虑外观,在罩子外面刷一道漂亮的漆。经过功能分析最后决定采用铰链开启,冲眼子的钢板组成防护罩子,成本是里面用钢网、外面用钢板的罩子的 1/5。

10.4.2 功能整理

1. 功能定义

功能定义是指用最简明的语言来表达产品(或零部件)或作业的功用和效用。通常用一个动词和一个名词的词组定义功能。功能定义有以下几点要求:

(1) 功能定义应简明扼要。用最简洁的语言来描述功能。例如电线的功能是“传导电流”,油漆的功能是“保护表面”等。

(2) 功能定义要准确。使用的词汇要反映功能的最本质的特征,含意应清晰。例如,吸尘器的功能应定义为“弄掉灰尘”,不宜定义为“吸掉灰尘”。

(3) 功能定义应适当抽象。

(4) 功能定义要全面。要认真分析产品的各种功能,依次对每一功能下定义,不要遗漏。

2. 功能整理

一个产品通常是由许多零部件组成的,零部件各有各的功能。功能整理是依据功能之间的逻辑关系对功能进行分析、归类，建立功能之间的联系并画出反映功能关系的功能系统图。有了功能系统图，就可以对价值工程对象进行以功能为中心的研究。

（1）功能的逻辑关系

产品的功能结构一般以基本功能为始端，各种辅助功能按一定逻辑关系连接、排列于基本功能之后，形成一树形结构。功能之间存在目的-手段的逻辑关系和并列逻辑关系。处于主导地位的功能为目的功能，也称上位功能；处于从属地位的是手段功能，也称下位功能。目的与手段、上位与下位都是相对而言，一功能对于它的下位功能是目的功能，对于它的上位功能则是手段功能。同一功能既可能是目的功能，又可能是手段功能。图 10-1 表示了白炽灯功能的目的、手段逻辑关系。一个目的功能之后可能存在若干相对独立的手段功能，形成功能的并列逻辑关系。每一并列功能和从属于它的下位功能形成一些相对独立的功能子系统，称为“功能域”，见图 10-2。

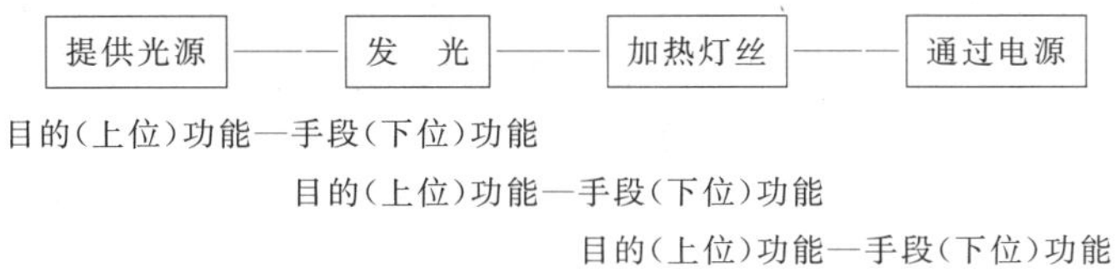

图 10-1　功能的目的、手段逻辑关系

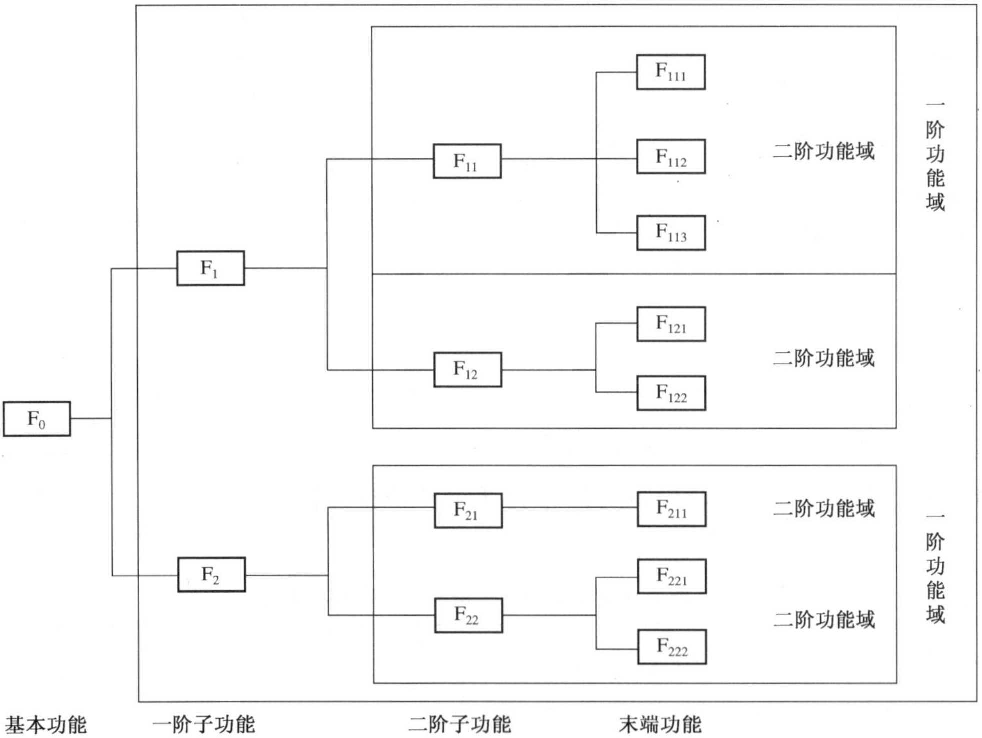

图 10-2　功能逻辑关系图

（2）功能整理的方法

① 编制功能卡片　把定义好的功能按零件逐个填写卡片，每张卡片只填一个零件的一种功能。

② 功能卡片归类　把功能定义相同、零件名称不同的功能卡片集中起来形成一个卡片组，以卡片组为单位进行功能整理。

③ 建立功能之间的联系　可以通过提问题建立功能之间的联系。随意取出一张功能卡片，通过提问“为什么需要这个功能?”寻找它的目的功能；“怎样来实现这一功能?”寻找它的手段功能；依次向上追寻每一功能的目的功能，直到基本功能。向下追寻每一功能的手段功能，直到末端功能，便把一组功能按目的、手段的逻辑关系联系起来，形成一个功能序列。连续这种提问式的寻找，待所有功能都建立起这种联系之后，功能系统图就建立起来了。

④ 编制功能系统图

10.4.3　功能评价

产品功能的重要性是通过评价之后予以评定的。产品功能重要的评价就高，功能次要的评价就低。通过评价将定性的概念转化为定量的数值，有了定量的数值可以进行数学运算，可以进行比较。产品的功能又由产品的各零部件来实现的，所以对产品的功能评价要通过对其零部件进行评价来实现。评价是通过评分来得出的。

功能评价的方法有多种。例如“01”评分法、“04”评分法、定量评分法等。

1. “01”评分法(也称强制确定法——forced decision method，简称 FD 法)

这种方法的做法是请 5～15 个对产品熟悉的人员各自参加功能的评价。评价两个功能的重要性时，可以对完成该功能的相应零部件去一一对比完成其他功能的相应零部件，重要者得 1 分，不重要者得 0 分，自己和自己相比不得分用“×”表示。两个零件比较时，不能认为都重要均得 1 分，也不能认为都不重要均得 0 分，一定要给予 1 与 0 的相对比较。例如某个产品有五个零件，相互间进行功能重要性对比。以某一评价人员为例：见表 10-2。

表 10-2　　某零件功能重要性评价对比表(FD 法)

零件名称	A	B	C	D	E	得　分
A	×	1	1	0	1	3
B	0	×	1	0	1	2
C	0	0	×	1	0	1
D	1	1	0	×	1	3
E	0	0	1	0	×	1
总　分						10

如请 10 个评价人员进行评定，那么，把 10 人的评价得分汇总，求出平均得分值和功能评价系数。见表 10-3。

表 10-3　　某零件的功能重要性平均得分和功能评价系数

评价人员 / 零件名称	一	二	三	四	五	六	七	八	九	十	得分总数	平均得分	功能评价系数
A	3	4	4	4	4	4	4	3	4	4	38	3.8	0.38
B	2	3	3	2	3	3	1	2	3	2	24	2.4	0.24
C	1	1	0	1	2	0	1	1	0	2	9	0.9	0.09
D	3	2	3	3	1	3	4	3	2	2	26	2.6	0.26
E	1	0	0	0	0	0	0	1	1	0	3	0.3	0.03
总　计	10	10	10	10	10	10	10	10	10	10	100	10	1.00

平均得分值是将得分总数除以评价人数。例如A零件的平均得分是38÷10=3.8。

功能评价系数是将零件所得平均得分值除以平均得分值总和。如A零件的功能评价系数是3.8÷10=0.38。

功能评价系数的大小是反映零件功能重要性的大小。功能评价系数大说明功能重要，反之功能不太重要。功能评价系数是说明功能大小的数量化数据。

"01"评分法的产品零件对比次数总分 $=\dfrac{n(n-1)}{2}$，n 为对比的零件数量。例：本例中产品由5个零件组成，总分 $=\dfrac{5\times(5-1)}{2}=10$。见表10-2总分行。

2. "04"评分法

这种方法的做法是请5～15个对产品熟悉的人员各自参加功能的评价。评价两个功能的重要性时采用五种评价计分：

a. 非常重要的零件得4分，另一个相比的功能很不重要时得0分。

b. 比较重要的功能得3分，另一个相比的功能不太重要时得1分。

c. 两个功能同样重要时，则各得2分。

d. 不太重要的功能得1分，另一个相比的功能比较重要时得3分。

e. 功能很不重要的得0分，另一个相比的功能非常重要时得4分。

例如某个产品有六个零件，相互间进行功能重要性对比。以某一评价人员为例（表10-4）：

表10-4　某零件功能重要性评价对比表(04法)

零件名称	A	B	C	D	E	F	得分
A	×	4	4	3	3	2	16
B	0	×	3	2	4	3	12
C	0	1	×	1	2	2	6
D	1	2	3	×	3	3	12
E	1	0	2	1	×	2	6
F	2	1	2	1	2	×	8
总分							60

如请10个评价人员进行评定，同"01"评分一样列表进行汇总，同样求出平均得分值和功能评价系数。

"04"评分法的产品零件对比次数总分 $=2n(n-1)$，本例中产品由6个零件组成，总分 $=2\times 6(6-1)=60$（见表10-4）。

3. 定量评分法

这种方法的做法是请5～15个对产品熟悉的人员各自参加功能的评价。评价功能重要性时，可综合应用"01"评分法和"04"评分法，评定出功能重要性系数。然后对零部件进行逻辑比例分配，最后计算出零部件的功能评价系数。

下面列举普通28英寸标准型自行车主要零部件功能评价系数的计算来说明定量评分法。

首先对28英寸标准型自行车进行功能分析。

基本功能是陆上短途脚踏交通工具，所起作用是代步及少量载重。既要安全又要可靠。

安全功能要求能报警和制动，可靠功能要求坚固耐用，方向控制，附着力强。

辅助功能要求停靠稳妥、防尘可靠、搬运方便；

使用功能要求骑行轻快、感觉舒适、维修方便；

外观功能要求造型大方、装饰新颖、色泽美观。

根据功能分析先对四个功能用“04”评分法或“01”评分法进行评定，根据所有参加者的评分值求出功能评价系数，见表 10-5。

表 10-5　　功能评价系数

	基本功能	辅助功能	使用功能	外观功能
功能评价系数	0.333 3	0.041 7	0.333 3	0.291 7

其次将各功能的功能评价系数分配给各要求的功能。分配的比例根据其重要性来决定。例如基本功能中可靠功能比安全功能重要，则可靠功能的重要性占 70%，安全功能占 30%，可靠功能中坚固耐用功能占 70%，方向控制占 20%，附着力强占 10%等。现将各要求的功能分配到的功能评价系数汇总于表 10-6。

表 10-6　　功能评价系数进一步分配

基本功能 0.333 3	可靠功能 70% 0.233 31	坚固耐用　70%　0.163 32
		方向控制　20%　0.046 66
		附着力强　10%　0.023 33
	安全功能 30%　0.099 9	制动装置　80%　0.079 92
		报警装置　20%　0.019 98
辅助功能 0.041 7		停靠稳妥　20%　0.008 34
		防尘可靠　10%　0.004 17
		搬运方便　70%　0.029 19
使用功能 0.333 3		骑行轻快　60%　0.199 98
		感觉舒适　30%　0.099 99
		维修方便　10%　0.033 33
外观功能 0.291 7		造型大方　30%　0.087 51
		装饰新颖　40%　0.116 68
		色泽美观　30%　0.087 51

而后对各零件所能负担的各种功能进行评分评价；最后求出各零件的功能评价系数。举几个零件为例加以说明(表 10-7)。

10.5　目标的选定

目标的选定要从组成产品的零件成本着手。有的产品只有一个或几个零件组成，有的产品则由几千几万个零件组成。要将每一个产品的成本分解到零件，然后逐一进行分析，再从功能分析着眼利用价值工程的分析方法，找出主要分析的目标。

选定的方法有 ABC 分析法、价值系数判别法、最合适区域法。

表 10-7　　零部件的功能系数汇总表

零件名称	基本功能　0.333 3					辅助功能 0.041 7			使用功能 0.333 3			外观功能 0.291 7			功能评价系数
	可靠功能　70% 0.233 31			安全功能　30% 0.099 9											
	坚固耐用 70% 0.163 32	方向控制 20% 0.046 66	附着力强 10% 0.023 33	制动装置 80% 0.079 92	报警装置 20% 0.019 98	停靠稳妥 20% 0.008 34	防尘可靠 10% 0.004 17	搬运方便 70% 0.029 19	骑行轻快 60% 0.199 98	感觉舒适 30% 0.099 99	维修方便 10% 0.033 33	造型大方 30% 0.087 51	装饰新颖 40% 0.116 68	色泽美观 30% 0.087 51	
外胎	0.044 1 27%	0.004 7 10%	0.023 3 100%	0.004 0 5%				0.007 9 27%	0.010 0 5%	0.005 0 5%	0.009 0 27%	0.008 8 10%	0.005 8 5%		0.122 6
内胎	0.011 4 7%							0.002 0 7%	0.010 0 5%	0.005 0 5%	0.002 3 7%				0.030 7
鞍座	0.011 4 7%							0.002 0 7%		0.065 0 65%	0.002 3 7%	0.008 8 10%	0.011 7 10%	0.008 8 10%	0.110 0
飞轮	0.002 4 1.5%						0.000 4 10%	0.000 4 1.5%	0.040 0 20%		0.000 5 1.5%				0.043 7
大扳铃	0.001 6 1%				0.017 0 85%			0.000 3 1%			0.000 3 1%	0.000 9 1%			0.020 1
前闸	0.001 6 1%			0.032 40%				0.000 3 1%			0.000 3 1%	0.001 8 2%			0.036 0
双撑	0.003 3 2%					0.008 3 100%		0.000 6 2%			0.000 7 2%	0.002 6 3%	0.005 8 5%	0.004 4 5%	0.025 7

10.5.1　ABC 分析法

ABC 分析法是应用数理统计分析的方法来选择对象的。

ABC 分析法也称为不均匀分布定律法。这个方法为帕莱脱(Pareto)所创造,现已广泛应用。方法的基本思路是将某一产品的成本组成逐一分析,将每一个零件占多少成本从高到低排出一个顺序,再归纳出少数零件占多数成本的是哪些零件。一般零件的个数占零件总数的 10%~20%,而成本却占总成本的 70%~80%的这类零件为 A 类零件;另一类零件的个数占 70%~80%,而成本却占 10%~20%,这类零件为 C 类零件。其余为 B 类零件。其中 A 类零件是需要研究的对象。ABC 分析法还可以用图表反映出来。

例如,某产品共有 337 个零件,总成本为 4 000 元,根据帕莱脱原理,分成 ABC 三类(表 10-8)。

表 10-8　　ABC 分析表

项目 分类	零件数/个	零件比重/%	累计零件比重/%	零件成本/元	成本比重/%	累计成本比重/%
A 类	35	10.39	10.39	2 900	72.5	72.5
B 类	46	13.65	24.04	323	8.08	80.58
C 类	256	75.96	100	777	19.42	100
合 计	337	100	—	4 000	100	—

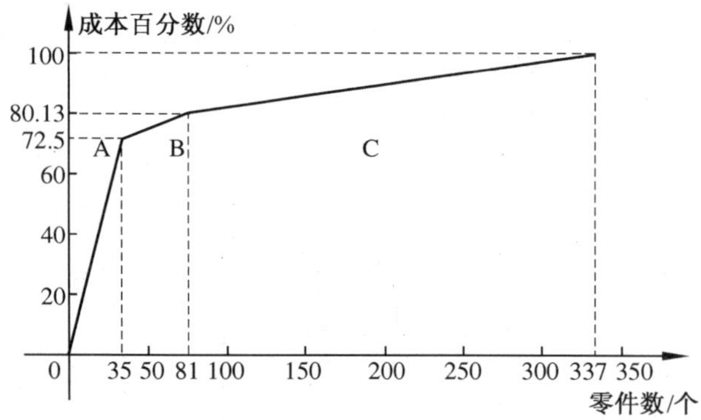

图 10-3　ABC 分析图

因此,A 类 35 个零件作为价值工程的对象。本例的 ABC 分析图如图 10-3 所示。

从 ABC 分析图中可以清楚地看出问题的所在。只要集中在 A 类零件上做些工作,那么一定会达到降低产品成本的目的。这种分析方法就称为 ABC 分析法。

10.5.2　价值系数判别法

当对产品的功能进行评价之后,得出每一个零件的功能评价系数,同样对产品成本分析之后,可求得每一个零件的成本系数,并可求得价值系数。即

$$成本系数=\frac{零件成本}{总成本},$$

$$价值系数=\frac{功能评价系数}{成本系数}。$$

现以"01"评分法中的例子为例来说明,列表 10-9。

表 10-9　　功能评价系数、成本系数和价值系数

零件名称	功能评价系数 ①	目前成本/元 ②	成本系数 ③	价值系数 ①÷③
A	0.38	1800	0.3	1.267
B	0.24	3000	0.5	0.48
C	0.09	303	0.0505	1.782
D	0.26	284	0.0473	5.497
E	0.03	613	0.1022	0.294
	1.00	6000	1.00	—

价值系数接近于 1 或者等于 1,说明该零件的功能重要性与所花费成本的比重相适应,这个零件不是改进的目标。如果价值系数大于 1,说明零件的功能重要性较高,而所花费的成本比例相应较小,这时可以考虑提高一点成本(成本增加的数值又在整个成本控制的范围之内),从而使功能再有提高。再一个考虑原功能太高是否存在着多余或不必要功能,这时可考虑将功能降低一点,或除去多余的功能,然后再相应地降低一点成本。价值系数小于 1,说明零件的功能重要性较差而相应所花费的成本比例较大,这时就要研究如何对该零件进行改进,使功能在不变的条件下来降低成本。这就是要改进的目标对象。从表中来看,零件 B, E 的价值系数分别为 0.48, 0.294,可以选定为目标。

10.5.3　最合适区域法

这种方法是由日本田中教授提出的,也是一种通过求价值系数来选择 VE 目标的方法。选择 VE 目标时提出了一个选用价值系数的最合适区域。这种方法的思路是这样的:价值系数相同的对象,由于各自的成本系数与功能评价系数的绝对值不同,因而对产品价值的实际影响有很大差异。在选择目标时不应把价值系数相同的对象同等看待,而应优先选择对产品实际影响大的对象,至于对产品影响小的,则可根据必要与可能,决定选择与否。例如有 A, B, C, D 四个零件,有关数据见表 10-10。

表 10-10　　四个零件的价值系数计算

零件名称	功能评价系数	目前成本/元	成本系数	价值系数
A	0.090	100	0.10	0.9
B	0.009	10	0.01	0.9
C	0.200	100	0.10	2.0
D	0.020	10	0.01	2.0
合　计	1.00	1000	1.00	—

从表中可以看出 A, B 两零件和 C, D 两零件它们的价值系数虽然相同,但由于它们的功能评价系数和成本系数的绝对值不同,所以对产品价值改善的实际影响有很大的差异。例如零件 A 若价值系数提高 0.1,则成本可降低 10 元;而零件 B 若价值系数提高 0.1 成本仅降低 1 元。反之若使零件 C 的价值系数达到 1,则将零件 C 的目前成本提高一倍,即成本增加 100 元。而若使零件 D 的价值系数达到 1,则成本最多只增加 10 元。很明显它们对产品成本或功能的影响是有很大的差异的。当然,功能提高一倍,成本并不一定也增加一倍,但相对说来多

增加一些则是肯定的。所以在根据价值系数选择 VE 目标时，还应区别目标的成本系数和功能评价系数绝对值的大小，分别加以控制。对于成本系数和功能评价系数大的目标要从严控制，不允许其价值系数对 1 的偏离过大。对 1 偏离稍大时，即应选为 VE 目标。对于功能评价系数和成本系数小的目标，则可放宽控制，即使其对 1 的偏离较大，也可不列为 VE 的目标。这样既可使 VE 能抓住少数对象开展工作，不被对象过多所困扰，又能保证不漏掉重点对象，使 VE 活动能获得圆满的效果。为了解决选择目标的控制问题，田中教授提出一个最合适区域问题。

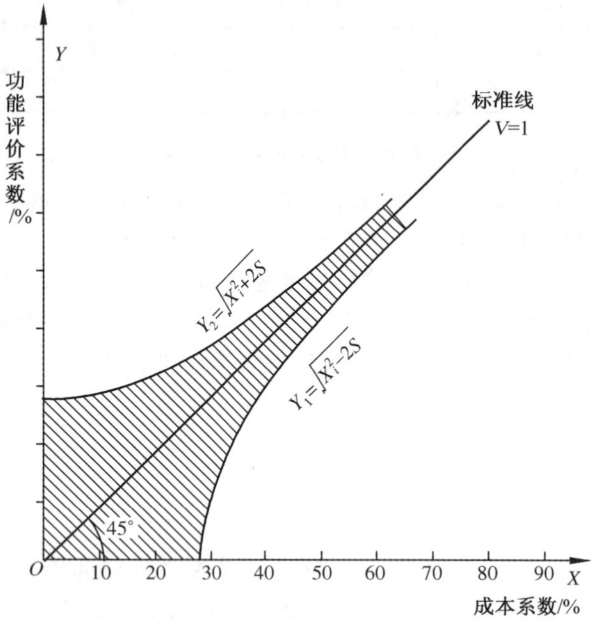

图 10-4　价值系数坐标图

如果我们以成本系数为横坐标，以功能评价系数为纵坐标绘制价值系数坐标图，则与 X 轴或 Y 轴成 45° 夹角的直线即为价值系数 = 1 的标准线，再以 $Y_1 = \sqrt{X_i^2 - 2S}$，$Y_2 = \sqrt{X_i^2 + 2S}$ 作两条曲线，这两条曲线所包络的阴影部分为最合适区域，见图 10-4。凡是图中阴影部分的点子(即区域内的一切目标)都被认为其价值系数对于 1 的偏离是可以允许的，因此不再列为 VE 的目标。而在阴影外的点，特别是离阴影远的(即区域外的点子)，则应优先选为 VE 的目标。

构成最合适区域的两条曲线是这样确定的，即曲线上任意一点 Q，图 10-4 价值系数坐标图(X_i，Y_i)至标准线 $V=1$ 的垂线 QP，即 Q 点到标准线的距离 R 与 OP(即 P 点到坐标中心 O)的长度 L，R 与 L 的乘积是一个给定的常数 S，见图10-5。$R \times L = R_1 L_1 = R_2 L_2 = S$，$L$ 大则 R 相应要小，L 小则 R 要大，这样两条曲线能满足最合适区域的需要。这两条曲线的方程式如图 10-4 所示，分别为

$$Y_1 = \sqrt{X_i^2 - 2S} \text{ 和 } Y_2 = \sqrt{X_i^2 + 2S}。$$

很明显，若给定的 S 较大，则两条曲线与标准线的距离就大，阴影部分的面积亦较大，VE 的目标将选择得少一些。反之，若给定的 S 较小，则曲线就更加逼近标准线，选定的 VE 目标就多一些。至于 S 取何值，将视选择目标的需要人为给定。在应用时可以通过试验，代入不同的 S 值直到获得满意结果为止。

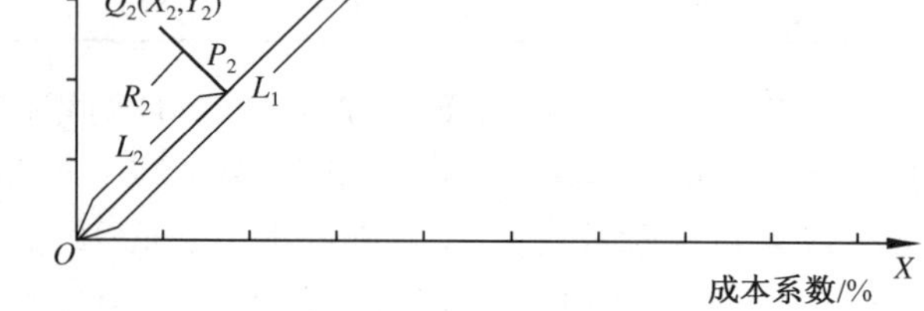

图 10-5　确定最合适区域的坐标图

现举自来水笔作例子来说明这一方法。把自来水笔分为墨水、笔尖、笔圈、吸墨水管、押簧、笔杆、杆帽、气孔、笔套九个

零件。根据功能分析求出各零件的功能评价系数、成本系数，并已求得各零件的价值系数(表10-11)。

表 10-11　　自来水笔的功能评价系数、成本系数和价值系数

编　号	零件名称	功能评价系数	成本系数	价值系数
1	气　孔	4.35	1.12	3.88
2	押　簧	5.65	1.23	4.59
3	杆　帽	7.76	3.91	1.98
4	笔　圈	9.08	6.50	1.40
5	墨　水	16.06	6.93	2.32
6	笔　尖	13.60	8.41	1.62
7	吸墨水管	7.25	11.62	0.62
8	笔　套	20.54	13.97	1.47
9	笔　杆	15.68	36.31	0.43

通过试验取 $S=50$，在价值系数坐标图上作出 $Y_1=\sqrt{X_i^2-100}$ 和 $Y_2=\sqrt{X_i^2+100}$ 的两条曲线，并把表 10-11 中的数值画在价值系数坐标图上(图 10-6)。

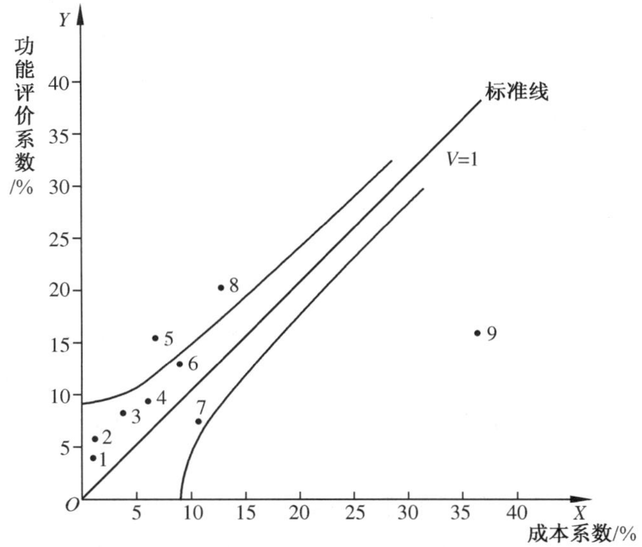

图 10-6　自来水笔的价值系数坐标图

从图上可以看出，笔尖、笔圈、杆帽、押簧、气孔、吸墨水管都在最合适区域内，可以不列为 VE 目标，墨水、笔套、笔杆都在最合适区域外，特别是笔杆远离最合适区域，可以列为 VE 目标。

10.6　方案的评价和选择

10.6.1　提出改进的方案

为了实现产品的基本功能、辅助功能、使用功能、外观功能等功能，任何设想都可以提出。提出各种设想不受任何时间、空间的限制，不受任何权威意见的限制，只要符合这些功能的设想都可以解放思想，自由提出。

提方案的方法多种多样，现列举下列几种方法：

(1) 千方百计法

这种方法在国外称为“头脑风暴法”(Brain Storming，简称 BS 法)。邀请 5～15 个熟悉产品的人员参加，会议的主持者头脑清楚，思想敏捷，技术作风民主，态度和气，既善于活跃会议气氛又善于启发引导，使到会者感到无拘无束，思路宽广，思想活跃。参加提方案的各自提案，互不批判互不批评。会议应有记录人员，会后参加提案整理。这样做到千方百计，不墨守成规，不迷信权威，不紧固自己头脑，不怕讥笑，相信事物的改进是无止境的。这样可以提出几十个甚至上百个方案。

(2) 哥顿法

这是美国人哥顿(Gordon)提出的方法。这种方法的指导思想是把要研究的问题适当抽象，以利于开拓思路。在研究改进的会议开始时，会议主持者并不把要解决的具体问题全部摊开，只把问题抽象地向大家介绍，要求海阔天空地提出各种设想。例如要研究改进剪草机的方案，开始只是提出“用什么办法可以把一种东西断开?”当会议提出可以用剪切、刀切、扯断等不同方式之后，再宣布具体研究剪草机的改进方案。这样就可能提出用理发推子形式的刀片，或镰刀形式的旋转刀片，或圆盘形式的刀片等各种设想方案，便于对比选择。

(3) 台尔菲法

这种方法是将所要提的方案分解为若干内容，并将这些内容通知提案的对方，经对方反馈后整理出各种建议，并归纳出若干较合适的方案再通知对方分析方案，对方反馈后集中各位建议的内容，再选出少数几个意见比较一致的提案。如此经过三次反复，最后确定推荐方案。这种方法提案人员互不见面，可以避免不必要的顾虑而尽量提出方案。

10.6.2 方案的评价和选择

对于所提出的若干方案，需要进行评价。评价有概略评价和详细评价两种。

概略评价是对所提出的许多改进设想进行粗略筛选，减少详细评价的工作量。

详细评价是对经过筛选后的少数方案再具体化，通过进一步的调查研究和技术经济分析，最后选出最令人满意的方案。

方案评价不论概略评价和详细评价都包括技术评价、经济评价和社会评价三方面。技术评价主要评价方案能否实现所要求的功能，以及方案本身在技术上能否实现。包括：功能实现程度(性能、质量、寿命等)、可靠性、可维修性、可操作性、安全性、整个系统的协调、与环境条件的协调性等。方案的经济评价包括费用的节省、对企业或公众产生的效益，同时还应考虑产品的市场情况、销路以及同类产品的竞争企业，竞争产品、产品盈利的多少和能保持盈利的年限。社会评价是指产品大量投产后对社会有利或有害的影响，诸如污染、噪音、能源的耗费等。

方案评价的方法也有多种，下面介绍其中两种。

对方案的评价概括起来从两个方面来考虑：一是效果(即完成功能的好坏)，二是成本(即所需成本高低)。一般选择成本低、效果好的方案作为采用的方案。

1. 评分法

方案的效果好坏可以像批学生作业一样用分数来评比，邀请有经验的行家来评分。评分分数见表 10-12。

表 10-12　　评价给分表

方案接近理想完成的程度	给　分　值
很好很理想的方案	4
好的方案	3
过得去的方案	2
勉强过得去的方案	1
不能满足要求的方案	0

(1) 从给分评价表中先分析技术价值系数。技术价值系数用 X 表示为

$$X=\frac{\sum P}{nP_{\max}}。$$

式中　P——各方案满足功能的数据。可分别评定后求得；

$P_{\max}$——满足功能的最高得分，$P_{\max}=4$ 分；

n——需要满足的功能数。以手表为例(表 10-13)。

表 10-13　　手表方案的评分表

技术功能目标	A 方案	B 方案	C 方案	理想方案
走时准确	3	2	1	4
防震性能	3	2	1	4
防水性能	3	2	1	4
防磁性能	4	2	1	4
夜光性能	0	3	0	4
式样新颖	3	3	3	4
$\sum P$	16	14	7	24
$X=\frac{\sum P}{nP_{\max}}$	$X_A=0.66$	$X_B=0.58$	$X_C=0.29$	$X_{理}=1.00$

(2) 从经济价值再来对方案进行评价。经济价值系数用 Y 来表示：

$$Y=\frac{H_{理}-H}{H_{理}}。$$

式中　$H_{理}$——理想成本(元)；

H——新方案的预计成本(元)。

理想成本的确定，可将老产品原成本作基数来计算。如原手表的成本为 10 元/只。A，B，C 方案的预算成本见表 10-14。

(3) 对三个方案作综合评价，综合评价系数以 K 表示为

$$K=\sqrt{XY}。$$

式中　X——技术价值系数；

Y——经济价值系数；

K——综合评价系数。

表 10-14　　手表方案的成本及经济价值系数

方案名称	新方案的预计成本 H	理想成本 $H_{理}$	经济价值系数
A	8 元	10 元	$Y_A=0.2$
B	7 元	10 元	$Y_B=0.3$
C	6 元	10 元	$Y_C=0.4$

各方案的 X，Y，K 数值见表 10-15。

表 10-15　　手表方案的综合评价表

方案名称	技术价值系数 X	经济价值系数 Y	综合评价系数 K
A	0.66	0.2	0.3633
B	0.58	0.3	0.4171
C	0.29	0.4	0.3406

从表 10-15 中可以看出 B 方案的综合评价系数最高，所以选择 B 方案为最佳方案。

2. 功能加权法

这种方法选择 5～15 个熟悉产品的人员参加综合评价。首先求出功能加权系数，再由各评价人员对各个方案功能满足的程度作出评分，将评分值与功能加权系数相乘得出每一方案的评价总值，求其各方案的平均评价总值。

功能加权的系数可以按百分率来表示。如手表，经过评定人员的评定，功能加权的平均系数见表 10-16。

表 10-16　　手表的功能加权的平均系数表

功能名称	走时准确	防震	防水	防磁	夜光	式样新颖	价格低廉
功能加权系数/%	30	9	10	4	4	27	16

加权系数也可以按功能的重要性排列后给予一个数值。例如某种产品，需要满足 9 个功能，经过评价人员的评定，最后确定按其功能重要性排列为：A，B，C，D，E，F，G，H，I。功能加权系数为 9，8，7，6，5，4，3，2，1。评价人员的功能满足系数、评价总分、n 人平均评价总分见表 10-17。

表 10-17　　五个方案的综合评价

功能 ϕ 评分	I	H	G	F	E	D	C	B	A	评价总分	n 人平均评价总分	估计成本
	1	2	3	4	5	6	7	8	9			
方案	满足系数 S									$\sum \phi \cdot S$	$\frac{\sum \phi \cdot S}{n}$	元
一	10	7	3	9	8	9	6	8	10	359	356	55
二	10	8	4	10	8	9	6	8	10	368	365	47
三	10	10	4	10	8	9	6	8	10	372	370	54
四	10	8	8	5	9	9	6	8	10	365	366	42
五	10	10	7	10	8	9	7	9	10	396	398	43

有了评价总分，也有了估计成本，怎样来选择呢？这要看决策者强调的是什么。如果强调功能方面，就选择总分最高的方案五，如果强调的是成本，则选择成本最低的方案四(不能有任何一个功能的满足系数为零)。如果在功能与成本之间选择一个折中方案，可以选择方案五。经过评价，第五方案为最优方案，可以为选择的方案。方案选择有时也可以根据市场销售情况、质量与可靠性等方面综合作出评价。

3. 环比法(倍数确定法，DARE 法)

为某种产品提出一，二，三 3 个改进方案，需要满足 A，B，C，D，E 5 个评价因素。用环比法选择改进方案。

(1) 各评价因素的重要性系数 W_i 的确定

重要性系数的确定方法是从上到下把相邻的两个功能依次对比，其功能的重要性的差别以倍数计算。如 F_1 和 F_2 比较，F_1 的重要性是 F_2 的两倍，则 F_1 的暂定重要性系数为 2，以此类推如表 10-18 所示。第二步对暂定重要性系数进行修正。修正的方法是把最后一个评价因素 F_5 的修正重要性系数定为 1，从此开始逐一往上求算修正重要性系数。例如，F_4 的修正重要性系数等于 F_5 的修正重要性系数乘以 F_4 的暂定重要性系数。以此类推，可求得评价因素的重要性系数。计算过程见表 10-18。

表 10-18　　重要性系数 W_i 计算表

评价因素 (1)	暂定重要性系数 (2)	修正重要性系数 (3)	重要性系数 (4)
F_1	2.0	7.20	0.4
F_2	0.8	3.60	0.2
F_3	3	4.50	0.25
F_4	1.5	1.50	0.09
F_5	—	1.00	0.06
合　计	—	17.80	1.00

(2) 求各备选方案对各评价因素的满足程度系数 S_i

S_i 的确定方法与 W_i 相同，如表 10-19 所示。

(3) 各备选方案的总评分值的计算

把各评价因素的重要性系数 W_i 乘以各备选方案的满足程度系数 S_i，并求其和，可求得各备选方案的总评分值。如表 10-20 所示，选择总评分值最高的方案一为最优方案。

表 10-19　　满足程度系数 S_i 计算表

评价因素 (1)	备选方案 (2)	暂定重要性系数 (3)	修正重要性系数 (4)	满足程度系数 (5)
F_1	一	3.0	2.40	0.57
	二	0.8	0.80	0.19
	三	—	1.00	0.23
	合　计	—	4.20	1.00

续表

评价因素 (1)	备选方案 (2)	暂定重要性系数 (3)	修正重要性系数 (4)	满足程度系数 (5)
F_2	一	0.25	0.2	0.10
	二	0.8	0.8	0.40
	三	—	1.00	0.50
	合　计		2.00	1.00
F_3	一	0.8	1.60	0.35
	二	2.0	2.00	0.43
	三	—	1.00	0.22
	合　计		4.60	1.00
F_4	一	4.0	2.40	0.60
	二	0.6	0.60	0.15
	三	—	1.00	0.25
	合　计		4.00	1.00
F_5	一	2.0	1.40	0.45
	二	0.7	0.70	0.23
	三	—	1.00	0.32
	合　计		3.10	1.00

表 10-20　　备选方案的总评分值

评价因素	重要性系数 W_i	一		二		三	
		S_i	$W_i \cdot S_i$	Si	$W_i \cdot S_i$	Si	$W_i \cdot S_i$
F_1	0.40	0.57	0.23	0.19	0.08	0.24	0.10
F_2	0.20	0.10	0.02	0.40	0.08	0.50	0.10
F_3	0.25	0.35	0.09	0.43	0.11	0.22	0.06
F_4	0.09	0.60	0.05	0.15	0.01	0.25	0.02
F_5	0.06	0.45	0.03	0.23	0.01	0.32	0.02
合　计	1.00	0.42		0.29		0.3	

10.7　试验与提案

经过上述步骤，选出了最优方案。为了确保质量和为以后的审批提供依据，需要进行试验。试验的步骤包括：① 提出试验方法、设备、材料、日期、负责人以及试验结果的评价标准；② 试验；③ 整理和评价试验结果，写出总结报告；④ 试验通过，可以正式提案。

提案时要将原产品的技术经济指标体系、用户要求、存在的主要问题、拟达到的目标、原产品的成本、质量、销售量等都要具体明确。产品功能分析，改进的对象目标、依据，改进前后的试验数据、图纸，改进后的预计成本、预计效果等都要汇总附上，报请主管部门审查批准。

10.8 活动成果的评价和总结

当一个产品的价值工程分析实现之后，要进行活动成果的评价。

10.8.1 企业经济效果的评价

可包括若干技术、经济指标，例如：

(1) 产品性能与功能条件的改善，包括各项性能指标、质量、寿命、外观及可靠性、安全性、操作性、可维修性、系统的协调等等。

(2) 产品经济指标：可根据需要计算方案实施对劳动生产率、材料消耗、能源消耗、资金利用、设备利用、产量品种发展、利润等指标的效果。此外，一般都计算下列几项数值：

$$全年净节约额=(改进前的成本-改进后的成本)\times 年产量-\text{VE}活动费用,$$

$$节约百分数=\frac{改进前的成本-改进后的成本}{改进前的成本},$$

$$节约倍数=\frac{全年净节约额}{\text{VE}活动费}。$$

10.8.2 方案实施的社会效果

如填补国内外科学技术或品种发展的空白，满足国民经济或国防建设重点需要，节约贵重稀缺物资，节约能源消耗，降低用户购买成本或其他使用成本，防止或减少污染公害等。

待全部工作结束之后，要进行总结。总结的内容是预订目标是否如期实现，分析过程中目标有否变化，与国内外同类产品相比还存在什么差距等。通过总结找出成功和失败所在及其原因，分析情况以便今后改进。

下面列举价值工程在矿灯更新应用中更新前后技术经济指标对比表(表 10-21)。更新前为 WS-1，更新后为 WS-2。

表 10-21　　矿灯更新前后技术经济指标对比表

序号	技术经济指标	单位	WS-2 矿灯	WS-1 矿灯	比较
1	额定电压	V	4	4	相同
2	额定容量	A·h	7	8	小
3	灯点时间	h	11	11	相同
4	矿灯照度点灯开始	lx	400	400	相同
	点灯 11h 后	lx	200	200	相同
5	灯泡(电压)	V	4	4	相同
	(电流)	A	0.6	0.7	小
	(光通量)	lm	24～26	22	提高 9%～18%
6	充放寿命	次	500	500	相同
7	存放期	年	1	1	相同
8	重量	kg	1.5	2.25	下降 1/3
9	成本	元	23.18	38.686	下降 40.1%
10	售价	元	50	60	下降 16.6%

如以年产量50万只、VE活动费为780 136元计算，更新后产品在经济、物资上的节约数见表10-22。

表10-22　　矿灯更新后的经济、物资节约数

序　号	经济、物资节约内容	节约数值
1	全年净节约额	6 972 864元
2	节约百分数	40.1%
3	节约倍数	8.938倍
4	全年节省耐酸不锈钢	34.45 t
5	全年节省A_3钢	38.95 t
6	全年节省橡胶	242.2 t
7	全年节省硫酸(1.260，96.8%)	6 697 kg
8	全年节省铅	8 200 kg
9	全年节电	66 000 kW·h
10	全年吨公里运输费节约	30%
11	全年因销售价下降节省用户成本	5 000 000元

习　题　10

1. 某产品由13种零件组成，各种零件的个数和每个零件的成本如表10-23所示，用ABC分析法选择VE目标。并画出A，B，C分析图。

表10-23　　习题1的数据

零件名称	a	b	c	d	e	f	g	h	i	j	k	l	m
零件个数	1	1	2	2	18	1	1	1	1	1	1	2	1
每个零件成本/元	3.42	2.61	1.03	0.80	0.10	0.73	0.67	0.33	0.32	0.19	0.11	0.05	0.08

2. 利用“01”评分法对习题1的产品进行功能评价，评价后各零件的平均得分如表10-24，利用价值系数判别法，如取价值系数最小的作为VE目标，应选哪一种零件？

表10-24　　习题2的数据

零件名称	a	b	c	d	e	f	g	h	i	j	k	l	m
平均得分	8	8	3	4	5	11	10	8	6	11	1	3	1

3. 为某类型的手表提出三种改进的方案，评价人员对各个方案功能满足程度的评分归纳如表10-25，利用表10-16所给的功能加权系数，采用功能加权法以评价总分的高低选择方案。

表10-25　　习题3的数据

方案名称	走时准确	防　震	防　水	防　磁	夜　光	式样新颖	价格低廉
A	90	90	90	95	0	90	80
B	80	85	80	80	90	85	90
C	70	75	70	70	0	90	100

4. 为指示危险的装置提出四个方案，每个方案对 6 个功能的满足程度的评分和估计成本如表 10-26，利用评分法选择最优方案。

表 10-26　　习题 4 的数据

方案＼功能	A	B	C	D	E	F	估计成本/元
安全信号器	2	10	10	10	10	2	155
警报器	8	8	4	8	6	4	147
红灯	8	10	8	10	10	8	165
中心指示器	8	8	8	10	10	4	172
理想方案	10	10	10	10	10	10	180

参考答案

习　题　1

略。

习　题　2

2. 197 085.20 元。

3. 26.28 万元。

4. 160.5 万元。

5. 7 097.7 万元。

6. 47.6h；　631h；　63.1h。

8. $48.28+0.6597x$。

11. 618 万元。

习　题　3

1. 单利的利息:400 元；　复利的利息:469.33 元。

2. 3 658.99 元。

3. (a) 17 148.71 元；　(b) 601 766.45 元；　(c) 1 490.43 元；　(d) 35 882.42 元。

4. (a) 3 279.47 元；　(b) 93.61 元；　(c) 829 元；　(d) 1 034.06 元。

5. (a) 8 434.95 元；　(b) 1 851 551.79 元；　(c) 178 604.53 元。

6. (a) 1 219.5 元；　(b) 4.85 元；　(c) 285 元；　(d) 225.35。

7. (a) 1 123 元；　(b) 3 555.7 元；　(c) 2 691.96 元；　(d) 768.06 元。

8. (a) 20 899.55 元；　(b) 1 524.63 元；　(c) 19 904.80 元；　(d) 20 240.76 元。

9. (a) 1 143.91 元；　(b) 4 283.06 元；　(c) 865.92 元。

10. 复利系数:$\frac{(1+i)^{n+1}-1}{i}$；　现值系数:$\frac{(1+i)^{n+1}-1}{i(1+i)^n}$。

11. $F=P\left(1+\frac{r}{x}\right)^{xy}$。

12. (a) 8.16%；　(b) 12.68%。

13. 6 690.33 元。

14. 1 422.49 元。

15. 7 116.62 元。

16. 见下表(单位:万元)

年次	年初尚未归还本金	本年利息	本年归还本金	年末支付金额	年初尚未归还本金
1	2000	200	431	631	1569
2	1569	157	474	631	1095
3	1095	110	522	631	574
4	574	57	574	631	0

17. 见下表(单位:万元)

年次	年初尚未归还本金	本年利息	本年归还本金	年末支付金额	年初尚未归还本金
1	2000	200	500	700	1500
2	1500	150	500	650	1000
3	1000	100	500	600	500
4	500	50	500	550	0

18. 1052.5 万元。

19. 直接存 5 年。

20. 第 2 个方案。

21. 3047 元。

22. 0.4458 元,6.58%,3.08%。

习　题　4

1. −25.3 千元。

2. ① $PW(10)=-1660.3$;　$PW(5)=-908.1$。

② $PW(10)=89.2$。

3. $PW(10\%)_A/PW(10\%)_B=1.054$,

$FW(10\%)_A/FW(10\%)_B=1.054$,

$AW(10\%)_A/AW(10\%)_B=1.054$。

4. $i_a=34.9\%$;　$i_b=82.6\%$;　i_c 不存在;　$i_d=0$。

5. (1) 内部收益率个数为 2;

(2) 内部收益率个数为 2。

6. 不满意. 当 $n\geqslant 12$ 时,投资是满意的。

7. $n=\dfrac{\dfrac{(1+i')^{N-M}-1}{i'(1+i')^N}}{1+\dfrac{(1+i')^M-1}{i'(1+i')^M}}\cdot(M+1)+M$;　9 年。

8. 8.72 年。

9. 38.4%。

11. A_1。

13. 当 $0\leqslant i_0\leqslant 21\%$时,取 A 方案;

当 $21\%<i_0\leqslant 34.3\%$时,取 B 方案;

当 $i_0>34.3\%$时,方案 A,B 均不取。

14. (1) C;　(2) ABCD 都可选。

15. 最优方案组合 A_1+A_3,$PW(15)=-2\,206\,910$ 元。

16. B方案。

17. (1) 内部收益率:$i_A=40\%$; $i_B=25.65\%$; $i_C=29.86\%$; $i_D=21.76\%$. 所以A>C>B>D。

净现值:$PW(10\%)_A=272.74$; $PW(10\%)_B=358.66$;

$PW(10\%)_C=313.18$; $PW(10\%)_D=421.37$。 有 D>B>C>A。

净现值率:A 27.27; B 17.93; C 31.32; D 21.07。 有 C>A>D>B。

(2) D。

(3) a. ABCD; b. AC; c. DC; d. ACD; e. BCD。

18. 30 年,6 096 元。

19. 一次性补贴 424 元;还不值得补贴这么多。

20. 0.39 元/kWh。

习 题 5

2. 平均年限法:9 840 元。

双倍余额递减法:20 000 元,12 000 元,7 200 元,5 000 元,5 000 元。

年数总和法:16 400 元,13 120 元,9 840 元,6 560 元,3 280 元。

3. 11%时:200 000, 160 000, 128 000, 102 400, 81 920, 65 536, 52 428.8, 41 943.04, 28 886.08, 28 886.08。

5. 5 500 元。

6. 年分类折旧率:10.26%; 月分类折旧率:0.855%; 9.30 年。

7. 见下表(单位:万元)

	0	1	2	3	4	5	6	7
净现金流量	−200	−200	−1 100	100	100	300	300	1 200
利润				100	100	100	100	100

假设折旧年限 5 年,无残值。

8. (1) 550 000 元。

(2) 平均年限法 550 000 元;双倍余额递减法 1 100 000 元;年数总和法 1 000 000 元;工作量法 550 000 元。

9. 直线法:28 500 元。

年数总和法:47 500 元,38 000 元,28 500 元,19 000 元,9 500 元。

10. 38.75(万元)。

习 题 6

1. 权益资金的内部收益率为 36.6%。

2. 5.943%。

3. 10.09%。

4. (1) 11.09%; (2) 14.8%; (3) 11.43%。

5. 6.61%。

6. 17.64%。

12. (1) $IRR_{全}$=21.32%； $IRR_{权}$=32.74%。

习　题　7

1. (1) 结论:应买进新抽水机。

2. 见下表(单位:元)

年末 (1)	年度使用费 (2)	使用费之 $\sum$(2) (3)	平均使用费 (3)÷(1) (4)	年末退出使用的资金恢复费用 20000÷(1) (5)	在该时间内的年度费用 (4)+(5) (6)
1	10000	10000	10000	20000	30000
2	12000	22000	11000	10000	21000
3	14000	36000	12000	6670	18670
4	16000	52000	13000	500	18000
5	18000	70000	14000	400	18000
6	20000	90000	15000	333	18330

所以,此机器的使用寿命为5年。

3. 旧设备不更换,使用1年后更换。

4. 应采取新处理机。

5. 5年。

6. 旧设备。

7. 新设备。

8. 应采用租赁方案。

习　题　8

5. 677.85元/t。

6. 1.57元/m^3。

8. 从社会角度分析,建桥投资的最高限额为22500万元。

9. 见下表(单位:元)

方　案	年度费用	可靠性	评价	原因
A	10700	0.998856		
B	11200	0.99890		
C	12000	0.99882	淘汰	费用高于B,可靠度低于B
D	12300	0.99893	淘汰	费用高于B,可靠度相当
E	12500	0.998919	淘汰	费用高于D,可靠度低于D
F	14000	0.9999		

习　题　9

1. 盈亏平衡产量为500000。

2. 盈亏平衡产量为 15。

3. 期望的净现值为 100.6。

4. 水坝 1,2,3,4 的年度费用依次为:31 326.6 元,27 304.2 元,26 416 元,28 675.8 元,30 893.5 元。

选第 3 种方案。

5. 整个工程不延误和延误 1—6 周的概率依次为:46.24%,29.61%,19.25%,3.72%,1.05%,0.12%和 0.02%。

6. A,B,C,D,E 五种工序的净现值期望依次为:49 042,41 337,62 072.5,75 280,64 460。

A,B,C,D,E 五种工序的方差依次为:1.02×10^{10},0.96×10^{10},1×10^{10},0.64×10^{10},0.68×10^{10}。

应该控制在 D 工序中。因为期望净现值最大,方差最小。

7. A 的平均年度费用为 18 366 元,B 的平均年度费用为 16 832.8 元,C 的平均年度费用为 25 742.4 元。B 最优。

8. A 方案和 B 方案的平均年度费用分别为:6 183 元,5 936 元,二者差别不大。

A 方案和 B 方案的方差分别为:63 826,79 344。

选 A 方案。

9. 年期望效益为 2.31 亿元,$NPV=2.31/0.08-29=28.875-29\approx 0$,考虑减灾效益随经济增长递增,水利项目的折现率可调低至 6%以下,项目还是值得进行的。

10. 采用搬迁方案。好天气下一般保养,坏天气下特殊保养。

11. a. 做这种投资;b. 24.64 万元;c. 不做调查. 如果做调查表面有利可图,期望收益为 17.9 万元。

12. 应该咨询. 能支付的最大咨询费用和完全情报价值为 9.7 万元。

13. 在具有并列关系的两因素的作用下,工期不变的概率为 0.2,工期延长 5%的概率为 0.29,工期延长 10%的概率为 0.51。

14.

内部收益率的敏感性分析

增减百分比	−15%	−10%	−5%	0	5%	10%	15%
建设投资	24.36%	23.27%	22.26%	21.32%	20.46%	19.65%	18.89%
销售收入	15.74%	17.69%	19.55%	21.32%	23.03%	24.67%	26.26%
经营成本	23.56%	22.83%	22.08%	21.32%	20.55%	19.76%	18.96%

习 题 10

1. VE 目标为:a,b,c,d,f 零件。

2. 选 c 零件。

3. 选 A 方案。

4. 选警报器为最优方案。

附　　录

附录 A

附录 A1 **一次支付复利系**

n \ i	0.75%	1%	1.5%	2%	2.5%	3%	4%	5%	6%
1	1.0075	1.0100	1.0150	1.0200	1.0250	1.0300	1.0400	1.0500	1.0600
2	1.0151	1.0201	1.0302	1.0404	1.0506	1.0609	1.0816	1.1025	1.1236
3	1.0227	1.0303	1.0457	1.0612	1.0769	1.0927	1.1249	1.1576	1.1910
4	1.0303	1.0406	1.0614	1.0824	1.1038	1.1255	1.1699	1.2155	1.2625
5	1.0381	1.0510	1.0773	1.1041	1.1314	1.1593	1.2167	1.2763	1.3382
6	1.0459	1.0615	1.0934	1.1262	1.1597	1.1941	1.2653	1.3401	1.4185
7	1.0537	1.0721	1.1098	1.1487	1.1887	1.2299	1.3159	1.4071	1.5036
8	1.0616	1.0829	1.1265	1.1717	1.2184	1.2668	1.3686	1.4775	1.5938
9	1.0696	1.0937	1.1434	1.1951	1.2489	1.3048	1.4233	1.5513	1.6895
10	1.0776	1.1046	1.1605	1.2190	1.2801	1.3439	1.4802	1.6289	1.7908
11	1.0857	1.1157	1.1779	1.2434	1.3121	1.3842	1.5395	1.7103	1.8983
12	1.0938	1.1268	1.1956	1.2682	1.3449	1.4258	1.6010	1.7959	2.0122
13	1.1020	1.1381	1.2136	1.2936	1.3785	1.4685	1.6651	1.8856	2.1329
14	1.1103	1.1495	1.2318	1.3195	1.4130	1.5126	1.7317	1.9799	2.2609
15	1.1186	1.1610	1.2502	1.3459	1.4483	1.5580	1.8009	2.0789	2.3966
16	1.1270	1.1726	1.2690	1.3728	1.4845	1.6047	1.8730	2.1829	2.5404
17	1.1354	1.1843	1.2880	1.4002	1.5216	1.6528	1.9479	2.2920	2.6928
18	1.1440	1.1961	1.3073	1.4282	1.5597	1.7024	2.0258	2.4066	2.8543
19	1.1525	1.2081	1.3270	1.4568	1.5987	1.7535	2.1068	2.5270	3.0256
20	1.1612	1.2202	1.3469	1.4859	1.6386	1.8061	2.1911	2.6533	3.2071
21	1.1699	1.2324	1.3671	1.5157	1.6796	1.8603	2.2788	2.7860	3.3996
22	1.1787	1.2447	1.3876	1.5460	1.7216	1.9161	2.3699	2.9253	3.6035
23	1.1875	1.2572	1.4084	1.5769	1.7646	1.9736	2.4647	3.0715	3.8197
24	1.1964	1.2697	1.4295	1.6084	1.8087	2.0328	2.5633	3.2251	4.0489
25	1.2054	1.2824	1.4509	1.6406	1.8539	2.0938	2.6658	3.3864	4.2919
26	1.2144	1.2953	1.4727	1.6734	1.9003	2.1566	2.7725	3.5557	4.5494
27	1.2235	1.3082	1.4948	1.7069	1.9478	2.2213	2.8834	3.7335	4.8223
28	1.2327	1.3213	1.5172	1.7410	1.9965	2.2879	2.9987	3.9201	5.1117
29	1.2420	1.3345	1.5400	1.7758	2.0464	2.3566	3.1187	4.1161	5.4184
30	1.2513	1.3478	1.5631	1.8114	2.0976	2.4273	3.2434	4.3219	5.7435
31	1.2607	1.3613	1.5865	1.8476	2.1500	2.5001	3.3731	4.5380	6.0881
32	1.2701	1.3749	1.6103	1.8845	2.2038	2.5751	3.5081	4.7649	6.4534
33	1.2796	1.3887	1.6345	1.9222	2.2589	2.6523	3.6484	5.0032	6.8406
34	1.2892	1.4026	1.6590	1.9607	2.3153	2.7319	3.7943	5.2533	7.2510
35	1.2989	1.4166	1.6839	1.9999	2.3732	2.8139	3.9461	5.5160	7.6861
40	1.3483	1.4889	1.8140	2.2080	2.6851	3.2620	4.8010	7.0400	10.2857
45	1.3997	1.5648	1.9542	2.4379	3.0379	3.7816	5.8412	8.9850	13.7646
50	1.4530	1.6446	2.1052	2.6916	3.4371	4.3839	7.1067	11.4674	18.4202
55	1.5083	1.7285	2.2679	2.9717	3.8888	5.0821	8.6464	14.6356	24.6503
60	1.5657	1.8167	2.4432	3.2810	4.3998	5.8916	10.5196	18.6792	32.9877
65	1.6253	1.9094	2.6320	3.6225	4.9780	6.8300	12.7987	23.8399	44.1450
70	1.6872	2.0068	2.8355	3.9996	5.6321	7.9178	15.5716	30.4264	59.0759
75	1.7514	2.1091	3.0546	4.4158	6.3722	9.1789	18.9453	38.8327	79.0569
80	1.8180	2.2167	3.2907	4.8754	7.2096	10.6409	23.0498	49.5614	105.7960
85	1.8873	2.3298	3.5450	5.3829	8.1570	12.3357	28.0436	63.2544	141.5789
90	1.9591	2.4486	3.8189	5.9431	9.2289	14.3005	34.1193	80.7304	189.4645
95	2.0337	2.5735	4.1141	6.5617	10.4416	16.5782	41.5114	103.0347	253.5463
100	2.1111	2.7048	4.4320	7.2446	11.8137	19.2186	50.5049	131.5013	339.3021

数(***F/P***, *i*, *n*)表

7%	8%	9%	10%	12%	15%	20%	25%	30%
1.0700	1.0800	1.0900	1.1000	1.1200	1.1500	1.2000	1.2500	1.3000
1.1449	1.1664	1.1881	1.2100	1.2544	1.3225	1.4400	1.5625	1.6900
1.2250	1.2597	1.2950	1.3310	1.4049	1.5209	1.7280	1.9531	2.1970
1.3108	1.3605	1.4116	1.4641	1.5735	1.7490	2.0736	2.4414	2.8561
1.4026	1.4693	1.5386	1.6105	1.7623	2.0114	2.4883	3.0518	3.7129
1.5007	1.5869	1.6771	1.7716	1.9738	2.3131	2.9860	3.8147	4.8268
1.6058	1.7138	1.8280	1.9487	2.2107	2.6600	3.5832	4.7684	6.2749
1.7182	1.8509	1.9926	2.1436	2.4760	3.0590	4.2998	5.9605	8.1573
1.8385	1.9990	2.1719	2.3579	2.7731	3.5179	5.1598	7.4506	10.6045
1.9672	2.1589	2.3674	2.5937	3.1058	4.0456	6.1917	9.3132	13.7858
2.1049	2.3316	2.5804	2.8531	3.4785	4.6524	7.4301	11.6415	17.9216
2.2522	2.5182	2.8127	3.1384	3.8960	5.3503	8.9161	14.5519	23.2981
2.4098	2.7196	3.0658	3.4523	4.3635	6.1528	10.6993	18.1899	30.2875
2.5785	2.9372	3.3417	3.7975	4.8871	7.0757	12.8392	22.7374	39.3738
2.7590	3.1722	3.6425	4.1772	5.4736	8.1371	15.4070	28.4217	51.1859
2.9522	3.4259	3.9703	4.5950	6.1304	9.3576	18.4884	35.5271	66.5417
3.1588	3.7000	4.3276	5.0545	6.8660	10.7613	22.1861	44.4089	86.5042
3.3799	3.9960	4.7171	5.5599	7.6900	12.3755	26.6233	55.5112	112.4554
3.6165	4.3157	5.1417	6.1159	8.6128	14.2318	31.9480	69.3889	146.1920
3.8697	4.6610	5.6044	6.7275	9.6463	16.3665	38.3376	86.7362	190.0496
4.1406	5.0338	6.1088	7.4002	10.8038	18.8215	46.0051	108.4202	247.0645
4.4304	5.4365	6.6586	8.1403	12.1003	21.6447	55.2061	135.5253	321.1839
4.7405	5.8715	7.2579	8.9543	13.5523	24.8915	66.2474	169.4066	417.5391
5.0724	6.3412	7.9111	9.8497	15.1786	28.6252	79.4968	211.7582	542.8008
5.4274	6.8485	8.6231	10.8347	17.0001	32.9190	95.3962	264.6978	705.6410
5.8074	7.3964	9.3992	11.9182	19.0401	37.8568	114.4755	330.8722	917.3333
6.2139	7.9881	10.2451	13.1100	21.3249	43.5353	137.3706	413.5903	1192.5333
6.6488	8.6271	11.1671	14.4210	23.8839	50.0656	164.8447	516.9879	1550.2933
7.1143	9.3173	12.1722	15.8631	26.7499	57.5755	197.8136	646.2349	2015.3813
7.6123	10.0627	13.2677	17.4494	29.9599	66.2118	237.3763	807.7936	2619.9956
8.1451	10.8677	14.4618	19.1943	33.5551	76.1435	284.8516	1009.7420	3405.9943
8.7153	11.7371	15.7633	21.1138	37.5817	87.5651	341.8219	1262.1774	4427.7926
9.3253	12.6760	17.1820	23.2252	42.0915	100.6998	410.1863	1577.7218	5756.1304
9.9781	13.6901	18.7284	25.5477	47.1425	115.8048	492.2235	1972.1523	7482.9696
10.6766	14.7853	20.4140	28.1024	52.7996	133.1755	590.6682	2465.1903	9727.8604
14.9745	21.7245	31.4094	45.2593	93.0510	267.8635	1469.7716		
21.0025	31.9204	48.3273	72.8905	163.9876	538.7693	3657.2620		
29.4570	48.9016	74.3575	117.3909	289.0022	1083.6574	9100.4382		
41.3150	68.9139	114.4083	189.0591					
57.9464	101.2571	176.0313	304.4816					
81.2729	148.7798	270.8460	490.3707					
113.9894	218.6064	416.7301	789.7470					
159.8760	321.2045	641.1909	1271.8954					
224.2344	471.9548	986.5517	2048.4002					
314.5003	693.4565	1517.9320	3298.9690					
441.1030	1018.9151	2335.5266	5313.0226					
618.6697	1497.1205	3593.4971	8556.6760					
867.7163	2199.7613	5529.0408	13780.6123					

n \ i	0.75%	1%	1.5%	2%	2.5%	3%	4%	5%	6%
1	0.9926	0.9901	0.9852	0.9804	0.9756	0.9709	0.9615	0.9524	0.9434
2	0.9852	0.9803	0.9707	0.9612	0.9518	0.9426	0.9246	0.9070	0.8900
3	0.9778	0.9706	0.9563	0.9423	0.9286	0.9151	0.8890	0.8638	0.8396
4	0.9706	0.9610	0.9422	0.9238	0.9060	0.8885	0.8548	0.8227	0.7921
5	0.9633	0.9515	0.9283	0.9057	0.8839	0.8626	0.8219	0.7835	0.7473
6	0.9562	0.9420	0.9145	0.8880	0.8623	0.8375	0.7903	0.7462	0.7050
7	0.9490	0.9327	0.9010	0.8706	0.8413	0.8131	0.7599	0.7107	0.6651
8	0.9420	0.9235	0.8877	0.8535	0.8207	0.7894	0.7307	0.6768	0.6274
9	0.9350	0.9143	0.8746	0.8368	0.8007	0.7664	0.7026	0.6446	0.5919
10	0.9280	0.9053	0.8617	0.8203	0.7812	0.7441	0.6756	0.6139	0.5584
11	0.9211	0.8963	0.8489	0.8043	0.7621	0.7224	0.6496	0.5847	0.5268
12	0.9142	0.8874	0.8364	0.7885	0.7436	0.7014	0.6246	0.5568	0.4970
13	0.9074	0.8787	0.8240	0.7730	0.7254	0.6810	0.6006	0.5303	0.4688
14	0.9007	0.8700	0.8118	0.7579	0.7077	0.6611	0.5775	0.5051	0.4423
15	0.8940	0.8613	0.7999	0.7430	0.6905	0.6419	0.5553	0.4810	0.4173
16	0.8873	0.8528	0.7880	0.7284	0.6736	0.6232	0.5339	0.4581	0.3936
17	0.8807	0.8444	0.7764	0.7142	0.6572	0.6050	0.5134	0.4363	0.3714
18	0.8742	0.8360	0.7649	0.7002	0.6412	0.5874	0.4936	0.4155	0.3503
19	0.8676	0.8277	0.7536	0.6864	0.6255	0.5703	0.4746	0.3957	0.3305
20	0.8612	0.8195	0.7425	0.6730	0.6103	0.5537	0.4564	0.3769	0.3118
21	0.8548	0.8114	0.7315	0.6598	0.5954	0.5375	0.4388	0.3589	0.2942
22	0.8484	0.8034	0.7207	0.6468	0.5809	0.5219	0.4220	0.3418	0.2775
23	0.8421	0.7954	0.7100	0.6342	0.5667	0.5067	0.4057	0.3256	0.2618
24	0.8358	0.7876	0.6995	0.6217	0.5529	0.4919	0.3901	0.3101	0.2470
25	0.8298	0.7798	0.6892	0.6095	0.5394	0.4776	0.3751	0.2953	0.2330
26	0.8234	0.7720	0.6790	0.5976	0.5262	0.4637	0.3607	0.2812	0.2198
27	0.8173	0.7644	0.6690	0.5859	0.5134	0.4502	0.3468	0.2678	0.2074
28	0.8112	0.7568	0.6591	0.5744	0.5009	0.4371	0.3335	0.2551	0.1956
29	0.8052	0.7493	0.6494	0.5631	0.4887	0.4243	0.3207	0.2429	0.1846
30	0.7992	0.7419	0.6398	0.5521	0.4767	0.4120	0.3083	0.2314	0.1741
31	0.7932	0.7346	0.6303	0.5412	0.4651	0.4000	0.2965	0.2204	0.1643
32	0.7873	0.7273	0.6210	0.5306	0.4538	0.3883	0.2851	0.2099	0.1550
33	0.7815	0.7201	0.6118	0.5202	0.4427	0.3770	0.2741	0.1999	0.1462
34	0.7757	0.7130	0.6028	0.5100	0.4319	0.3660	0.2636	0.1904	0.1379
35	0.7699	0.7059	0.5939	0.5000	0.4214	0.3554	0.2534	0.1813	0.1301
40	0.7416	0.6717	0.5513	0.4529	0.3724	0.3066	0.2083	0.1420	0.0972
45	0.7145	0.6391	0.5117	0.4102	0.3292	0.2644	0.1712	0.1113	0.0727
50	0.6883	0.6080	0.4750	0.3715	0.2909	0.2281	0.1407	0.0872	0.0543
55	0.6630	0.5785	0.4409	0.3365	0.2572	0.1968	0.1157	0.0683	0.0406
60	0.6387	0.5504	0.4093	0.3048	0.2273	0.1697	0.0951	0.0535	0.0303
65	0.6153	0.5237	0.3799	0.2761	0.2009	0.1464	0.0781	0.0419	0.0227
70	0.5927	0.4983	0.3527	0.2500	0.1776	0.1263	0.0642	0.0329	0.0169
75	0.5710	0.4741	0.3274	0.2265	0.1569	0.1089	0.0528	0.0258	0.0126
80	0.5500	0.4511	0.3039	0.2051	0.1387	0.0940	0.0434	0.0202	0.0095
85	0.5299	0.4292	0.2821	0.1858	0.1226	0.0811	0.0357	0.0158	0.0071
90	0.5104	0.4084	0.2619	0.1683	0.1084	0.0699	0.0293	0.0124	0.0053
95	0.4917	0.3886	0.2431	0.1524	0.0958	0.0603	0.0241	0.0097	0.0039
100	0.4737	0.3697	0.2256	0.1380	0.0846	0.0520	0.0198	0.0076	0.0029

数(P/F, i, n)表

7%	8%	9%	10%	12%	15%	20%	25%	30%
0.9346	0.9259	0.9174	0.9091	0.8929	0.8696	0.8333	0.8000	0.7692
0.8734	0.8573	0.8417	0.8264	0.7972	0.7561	0.6944	0.6400	0.5917
0.8163	0.7938	0.7722	0.7513	0.7118	0.6575	0.5787	0.5120	0.4552
0.7629	0.7350	0.7084	0.6830	0.6355	0.5718	0.4823	0.4096	0.3501
0.7130	0.6806	0.6499	0.6209	0.5674	0.4972	0.4019	0.3277	0.2693
0.6663	0.6302	0.5963	0.5645	0.5066	0.4323	0.3349	0.2621	0.2072
0.6227	0.5835	0.5470	0.5132	0.4523	0.3759	0.2791	0.2097	0.1594
0.5820	0.5403	0.5019	0.4665	0.4039	0.3269	0.2326	0.1678	0.1226
0.5439	0.5002	0.4604	0.4241	0.3606	0.2843	0.1938	0.1342	0.0943
0.5083	0.4632	0.4224	0.3855	0.3220	0.2472	0.1615	0.1074	0.0725
0.4751	0.4289	0.3875	0.3505	0.2875	0.2149	0.1346	0.0859	0.0558
0.4440	0.3971	0.3555	0.3186	0.2567	0.1869	0.1122	0.0687	0.0429
0.4150	0.3677	0.3262	0.2897	0.2292	0.1625	0.0935	0.0550	0.0330
0.3878	0.3405	0.2992	0.2633	0.2046	0.1413	0.0779	0.0440	0.0254
0.3624	0.3152	0.2745	0.2394	0.1827	0.1229	0.0649	0.0352	0.0195
0.3387	0.2919	0.2519	0.2176	0.1631	0.1069	0.0541	0.0281	0.0150
0.3166	0.2703	0.2311	0.1978	0.1456	0.0929	0.0451	0.0225	0.0116
0.2959	0.2502	0.2120	0.1799	0.1300	0.0808	0.0376	0.0180	0.0089
0.2765	0.2317	0.1945	0.1635	0.1161	0.0703	0.0313	0.0144	0.0068
0.2584	0.2145	0.1784	0.1486	0.1037	0.0611	0.0261	0.0115	0.0053
0.2415	0.1987	0.1637	0.1351	0.0926	0.0531	0.0217	0.0092	0.0040
0.2257	0.1839	0.1502	0.1228	0.0826	0.0462	0.0181	0.0074	0.0031
0.2109	0.1703	0.1378	0.1117	0.0738	0.0402	0.0151	0.0059	0.0024
0.1971	0.1577	0.1264	0.1015	0.0659	0.0349	0.0126	0.0047	0.0018
0.1842	0.1460	0.1160	0.0923	0.0588	0.0304	0.0105	0.0038	0.0014
0.1722	0.1352	0.1064	0.0839	0.0525	0.0264	0.0087	0.0030	0.0011
0.1609	0.1252	0.0976	0.0763	0.0469	0.0230	0.0073	0.0024	0.0008
0.1504	0.1159	0.0895	0.0693	0.0419	0.0200	0.0061	0.0019	0.0006
0.1406	0.1073	0.0822	0.0630	0.0374	0.0174	0.0051	0.0015	0.0005
0.1314	0.0994	0.0754	0.0573	0.0334	0.0151	0.0042	0.0012	0.0004
0.1228	0.0920	0.0691	0.0521	0.0298	0.0131	0.0035	0.0010	0.0003
0.1147	0.0852	0.0634	0.0474	0.0266	0.0114	0.0029	0.0008	0.0002
0.1072	0.0789	0.0582	0.0431	0.0238	0.0099	0.0024	0.0006	0.0002
0.1002	0.0730	0.0534	0.0391	0.0212	0.0086	0.0020	0.0005	0.0001
0.0937	0.0676	0.0490	0.0356	0.0189	0.0075	0.0017	0.0004	0.0001
0.0668	0.0460	0.0318	0.0221	0.0107	0.0037	0.0007		
0.0476	0.0313	0.0207	0.0137	0.0061	0.0019	0.0003		
0.0339	0.0213	0.0134	0.0085	0.0035	0.0009	0.0001		
0.0242	0.0145	0.0087	0.0053					
0.0173	0.0099	0.0057	0.0033					
0.0123	0.0067	0.0037	0.0020					
0.0088	0.0046	0.0024	0.0013					
0.0063	0.0031	0.0016	0.0008					
0.0045	0.0021	0.0010	0.0005					
0.0032	0.0014	0.0007	0.0003					
0.0023	0.0010	0.0004	0.0002					
0.0016	0.0007	0.0003	0.0001					
0.0012	0.0005	0.0002	0.0001					

附录 A3 **等额支付系列复利**

n \ i	0.75%	1%	1.5%	2%	2.5%	3%	4%	5%	6%
1	1.0000	1.0000	1.0000	1.0000	1.0000	1.0000	1.0000	1.0000	1.0000
2	2.0075	2.0100	2.0150	2.0200	2.0250	2.0300	2.0400	2.0500	2.0600
3	3.0226	3.0301	3.0452	3.0604	3.0756	3.0909	3.1216	3.1525	3.1836
4	4.0452	4.0604	4.0909	4.1216	4.1525	4.1836	4.2465	4.3101	4.3746
5	5.0756	5.1010	5.1523	5.2040	5.2563	5.3091	5.4163	5.5256	5.6371
6	6.1136	6.1520	6.2296	6.3081	6.3877	6.4684	6.6330	6.8019	6.9753
7	7.1595	7.2135	7.3230	7.4343	7.5474	7.6625	7.8983	8.1420	8.3938
8	8.2132	8.2857	8.4328	8.5830	8.7361	8.8923	9.2142	9.5491	9.8975
9	9.2748	9.3685	9.5593	9.7546	9.9545	10.1591	10.5828	11.0266	11.4913
10	10.3443	10.4622	10.7027	10.9497	11.2034	11.4639	12.0061	12.5779	13.1808
11	11.4219	11.5668	11.8633	12.1687	12.4835	12.8078	13.4864	14.2068	14.9716
12	12.5076	12.6825	13.0412	13.4121	13.7956	14.1920	15.0258	15.9171	16.8699
13	13.6014	13.8093	14.2368	14.6803	15.1404	15.6178	16.6268	17.7130	18.8821
14	14.7034	14.9474	15.4504	15.9739	16.5190	17.0863	18.2919	19.5986	21.0151
15	15.8137	16.0969	16.6821	17.2934	17.9319	18.5989	20.0236	21.5786	23.2760
16	16.9323	17.2579	17.9324	18.6393	19.3802	20.1569	21.8245	23.6575	25.6725
17	18.0593	18.4304	19.2014	20.0121	20.8647	21.7616	23.6975	25.8404	28.2129
18	19.1947	19.6147	20.4894	21.4123	22.3863	23.4144	25.6454	28.1324	30.9057
19	20.3387	20.8109	21.7967	22.8406	23.9460	25.1169	27.6712	30.5390	33.7600
20	21.4912	22.0190	23.1237	24.2974	25.5447	26.8704	29.7781	33.0660	36.7856
21	22.6524	23.2392	24.4705	25.7833	27.1833	28.6765	31.9692	35.7193	39.9927
22	23.8223	24.4716	25.8376	27.2990	28.8629	30.5368	34.2480	38.5052	43.3923
23	25.0010	25.7163	27.2251	28.8450	30.5844	32.4529	36.6179	41.4305	46.9958
24	26.1885	26.9735	28.6335	30.4219	32.3490	34.4265	39.0826	44.5020	50.8156
25	27.3849	28.2432	30.0630	32.0303	34.1578	36.4593	41.6459	47.7271	54.8645
26	28.5903	29.5256	31.5140	33.6709	36.0117	38.5530	44.3117	51.1135	59.1564
27	29.8047	30.8209	32.9867	35.3443	37.9120	40.7096	47.0842	54.6691	63.7058
28	31.0282	32.1291	34.4815	37.0512	39.8598	42.9309	49.9676	58.4026	68.5281
29	32.2609	33.4504	35.9987	38.7922	41.8563	45.2189	52.9663	62.3227	73.6398
30	33.5029	34.7849	37.5387	40.5681	43.9027	47.5754	56.0849	66.4388	79.0582
31	34.7542	36.1327	39.1018	42.3794	46.0003	50.0027	59.3283	70.7608	84.8017
32	36.0148	37.4941	40.6883	44.2270	48.1503	52.5028	62.7015	75.2988	90.8898
33	37.2849	38.8690	42.2986	46.1116	50.3540	55.0778	66.2095	80.0638	97.3432
34	38.5646	40.2577	43.9331	48.0338	52.6129	57.7302	69.8579	85.0670	104.1838
35	39.8538	41.6603	45.5921	49.9945	54.9282	60.4621	73.6522	90.3203	111.4348
40	46.4465	48.8864	54.2679	60.4020	67.4026	75.4013	95.0255	120.7998	154.7620
45	53.2901	56.4811	63.6142	71.8927	81.5161	92.7199	121.0294	159.7002	212.7435
50	60.3943	64.4632	73.6828	84.5794	97.4843	112.7969	152.6671	209.3480	290.3359
55	67.7688	72.8525	84.5296	98.5865	115.5509	136.0716	191.1592	272.7126	394.1720
60	75.4241	81.6697	96.2147	114.0515	135.9916	163.0534	237.9907	353.5837	533.1282
65	83.3709	90.9366	108.8028	131.1262	159.1183	194.3328	294.9684	456.7980	719.0829
70	91.6201	100.6763	122.3638	149.9779	185.2841	230.5941	364.2905	588.5285	967.9322
75	100.1833	110.9128	136.9728	170.7918	214.8883	272.6309	448.6314	756.6537	1300.9487
80	109.0725	121.6715	152.7109	193.7720	248.3827	321.3630	551.2450	971.2288	1746.5999
85	118.3001	132.9790	169.6652	219.1439	286.2786	377.8570	676.0901	1245.0871	2342.9817
90	127.8790	144.8633	187.9299	247.1567	329.1543	443.3489	827.9833	1594.6073	3141.0752
95	137.8225	157.3538	207.6061	278.0850	377.6642	519.2720	1012.7846	2040.6935	4209.1042
100	148.1445	170.4814	228.8030	312.2323	432.5487	607.2877	1237.6237	2610.0252	5638.3681

系数(*F*/*A*, *i*, *n*)表

7%	8%	9%	10%	12%	15%	20%	25%	30%
1.0000	1.0000	1.0000	1.0000	1.0000	1.0000	1.0000	1.0000	1.0000
2.0700	2.0800	2.0900	2.1000	2.1200	2.1500	2.2000	2.2500	2.3000
3.2149	3.2464	3.2781	3.3100	3.3744	3.4725	3.6400	3.8125	3.9900
4.4399	4.5061	4.5731	4.6410	4.7793	4.9934	5.3680	5.7656	6.1870
5.7507	5.8666	5.9847	8.1051	6.3528	6.7424	7.4416	8.2070	9.0431
7.1533	7.3359	7.5233	7.7156	8.1152	8.7537	9.9299	11.2588	12.7560
8.6540	8.9228	9.2004	9.4872	10.0890	11.0668	12.9159	15.0735	17.5828
10.2598	10.6366	11.0285	11.4359	12.2997	13.7268	16.4991	19.8419	23.8577
11.9780	12.4876	13.0210	13.5795	14.7757	16.7858	20.7989	25.8023	32.0150
13.8164	14.4866	15.1929	15.9374	17.5487	20.3037	25.9587	33.2529	42.6195
15.7836	16.6455	17.5603	18.5312	20.6546	24.3493	32.1504	42.5661	56.4053
17.8885	18.9771	20.1407	21.3843	24.1331	29.0017	39.5805	54.2077	74.3270
20.1406	21.4953	22.9534	24.5227	28.0291	34.3519	48.4966	68.7596	97.6250
22.5505	24.2149	26.0192	27.9750	32.3926	40.5047	59.1959	86.9495	127.9125
25.1290	27.1521	29.3609	31.7725	37.2797	47.5804	72.0351	109.6868	167.2863
27.8881	30.3243	33.0034	35.9497	42.7533	55.7175	87.4421	138.1085	218.4722
30.8402	33.7502	36.9737	40.5447	48.8837	65.0751	105.9306	173.6357	285.0139
33.9990	37.4502	41.3013	45.5992	55.7497	75.8364	128.1167	218.0446	371.5180
37.3790	41.4463	46.0185	51.1591	63.4397	88.2118	154.7400	273.5558	483.9734
40.9955	45.7620	51.1601	57.2750	72.0524	102.4436	186.6880	342.9447	630.1655
44.8652	50.4229	56.7645	64.0025	81.6987	118.8101	225.0256	429.6809	820.2151
49.0057	55.4568	62.8733	71.4027	92.5026	137.6316	271.0307	538.1011	1067.2796
53.4361	60.8933	69.5319	79.5430	104.6029	159.2764	326.2369	673.6264	1388.4635
58.1767	66.7648	76.7898	88.4973	118.1552	184.1678	392.4842	843.0329	1806.0026
63.2490	73.1059	84.7009	98.3471	133.3339	212.7930	471.9811	1054.7912	2348.8033
68.6765	79.9544	93.324	109.1818	150.3339	245.7120	567.3773	1319.4890	3054.4443
74.4838	87.3508	102.7231	121.0999	169.3740	283.5688	681.8528	1650.3612	3971.7776
80.6977	95.3388	112.9682	134.2099	190.6989	327.1041	819.2233	2063.9515	5164.3109
87.3465	103.9659	124.1354	148.6309	214.5828	377.1697	984.0680	2580.9394	6714.6042
94.4608	113.2832	136.3075	164.4940	241.3327	434.7451	1181.8816	3227.1743	8729.9855
102.0730	123.3459	149.5752	181.9434	271.2926	500.9569	1419.2579	4034.9678	11349.9811
110.2182	134.2135	164.0370	201.1378	304.8477	577.1005	1704.1095	5044.7098	14755.9755
118.9334	145.9506	179.8003	222.2515	342.4294	664.6655	2045.9314	6306.8872	19183.7681
128.2588	158.6267	196.9823	245.4767	384.5210	765.3654	2456.1176	7884.6091	24939.8985
138.2369	172.3168	215.7108	271.0244	431.6635	881.1702	2948.3411	9856.7613	32422.8681
199.6351	259.0565	337.8824	442.5926	767.0914	1779.0903	7343.8578		
285.7493	386.5056	525.8587	718.9048	1358.2300	3585.1285	18281.3099		
406.5289	573.7702	815.0836	1163.9085	2400.0182	7217.7163	45497.1908		
575.9286	848.9232	1260.0918	1880.5914					
813.5204	1253.2133	1944.7921	3034.8164					
1146.7552	1847.2481	2998.2885	4893.7073					
1614.1342	2720.0801	4619.2232	7887.4696					
2269.6574	4002.5566	7113.2321	12708.9537					
3189.0627	5886.9354	10950.5741	20474.0021					
4478.5761	8655.7061	16854.8003	32979.6903					
6287.1854	12723.9386	25939.1842	53120.2261					
8823.8535	18701.5069	39916.6350	85556.7605					
12381.6618	27484.5157	61422.6755	137796.1234					

附录 A4　等额支付系列积累基

i / n	0.75%	1%	1.5%	2%	2.5%	3%	4%	5%	6%
1	1.0000	1.0000	1.0000	1.0000	1.0000	1.0000	1.0000	1.0000	1.0000
2	0.4981	0.4975	0.4963	0.4950	0.4938	0.4926	0.4902	0.4878	0.4854
3	0.3308	0.3300	0.3284	0.3268	0.3251	0.3235	0.3203	0.3172	0.3141
4	0.2472	0.2463	0.2444	0.2426	0.2408	0.2390	0.2355	0.2320	0.2286
5	0.1970	0.1960	0.1941	0.1922	0.1902	0.1884	0.1846	0.1810	0.1774
6	0.1636	0.1625	0.1605	0.1585	0.1565	0.1546	0.1508	0.1470	0.1434
7	0.1397	0.1386	0.1366	0.1345	0.1325	0.1305	0.1266	0.1228	0.1191
8	0.1218	0.1207	0.1186	0.1165	0.1145	0.1125	0.1085	0.1047	0.1010
9	0.1078	0.1067	0.1046	0.1025	0.1005	0.0984	0.0945	0.0907	0.0870
10	0.0967	0.0956	0.0934	0.0913	0.0893	0.0872	0.0833	0.0795	0.0759
11	0.0876	0.0865	0.0843	0.0822	0.0801	0.0781	0.0741	0.0704	0.0668
12	0.0800	0.0788	0.0767	0.0746	0.0725	0.0705	0.0666	0.0628	0.0593
13	0.0735	0.0724	0.0702	0.0681	0.0660	0.0640	0.0601	0.0565	0.0530
14	0.0680	0.0669	0.0647	0.0626	0.0605	0.0585	0.0547	0.0510	0.0476
15	0.0632	0.0621	0.0599	0.0578	0.0558	0.0538	0.0499	0.0463	0.0430
16	0.0591	0.0579	0.0558	0.0537	0.0516	0.0496	0.0458	0.0423	0.0390
17	0.0554	0.0543	0.0521	0.0500	0.0479	0.0460	0.0422	0.0387	0.0354
18	0.0521	0.0510	0.0488	0.0467	0.0447	0.0427	0.0390	0.0355	0.0324
19	0.0492	0.0481	0.0459	0.0438	0.0418	0.0398	0.0361	0.0327	0.0296
20	0.0465	0.0454	0.0432	0.0412	0.0391	0.0372	0.0336	0.0302	0.0272
21	0.0441	0.0430	0.0409	0.0388	0.0368	0.0349	0.0313	0.0280	0.0250
22	0.0420	0.0409	0.0387	0.0366	0.0346	0.0327	0.0292	0.0260	0.0230
23	0.0400	0.0389	0.0367	0.0347	0.0327	0.0308	0.0273	0.0241	0.0213
24	0.0382	0.0371	0.0349	0.0329	0.0309	0.0290	0.0256	0.0225	0.0197
25	0.0365	0.0354	0.0333	0.0312	0.0293	0.0274	0.0240	0.0210	0.0182
26	0.0350	0.0339	0.0317	0.0297	0.0278	0.0259	0.0226	0.0196	0.0169
27	0.0336	0.0324	0.0303	0.0283	0.0264	0.0246	0.0212	0.0183	0.0157
28	0.0322	0.0311	0.0290	0.0270	0.0251	0.0233	0.0200	0.0171	0.0146
29	0.0310	0.0299	0.0278	0.0258	0.0239	0.0221	0.0189	0.0160	0.0136
30	0.0298	0.0287	0.0266	0.0246	0.0228	0.0210	0.0178	0.0151	0.0126
31	0.0288	0.0277	0.0256	0.0236	0.0217	0.0200	0.0169	0.0141	0.0118
32	0.0278	0.0267	0.0246	0.0226	0.0208	0.0190	0.0159	0.0133	0.0110
33	0.0268	0.0257	0.0236	0.0217	0.0199	0.0182	0.0151	0.0125	0.0103
34	0.0259	0.0248	0.0228	0.0208	0.0190	0.0173	0.0143	0.0118	0.0096
35	0.0251	0.0240	0.0219	0.0200	0.0182	0.0165	0.0136	0.0111	0.0090
40	0.0215	0.0205	0.0184	0.0166	0.0148	0.0133	0.0105	0.0083	0.0065
45	0.0188	0.0177	0.0157	0.0139	0.0123	0.0108	0.0083	0.0063	0.0047
50	0.0166	0.0155	0.0136	0.0118	0.0103	0.0089	0.0066	0.0048	0.0034
55	0.0148	0.0137	0.0118	0.0101	0.0087	0.0073	0.0052	0.0037	0.0025
60	0.0133	0.0122	0.0104	0.0088	0.0074	0.0061	0.0042	0.0028	0.0019
65	0.0120	0.0110	0.0092	0.0076	0.0063	0.0051	0.0034	0.0022	0.0014
70	0.0109	0.0099	0.0082	0.0067	0.0054	0.0043	0.0027	0.0017	0.0010
75	0.0100	0.0090	0.0073	0.0059	0.0047	0.0037	0.0022	0.0013	0.0008
80	0.0092	0.0082	0.0065	0.0052	0.0040	0.0031	0.0018	0.0010	0.0006
85	0.0085	0.0075	0.0059	0.0046	0.0035	0.0026	0.0015	0.0008	0.0004
90	0.0078	0.0069	0.0053	0.0040	0.0030	0.0023	0.0012	0.0006	0.0003
95	0.0073	0.0064	0.0048	0.0036	0.0026	0.0019	0.0010	0.0005	0.0002
100	0.0068	0.0059	0.0044	0.0032	0.0023	0.0016	0.0008	0.0004	0.0002

金系数(A/F, i, n)表

7%	8%	9%	10%	12%	15%	20%	25%	30%
1.0000	1.0000	1.0000	1.0000	1.0000	1.0000	1.0000	1.0000	1.0000
0.4831	0.4808	0.4785	0.4762	0.4717	0.4651	0.4545	0.4444	0.4348
0.3111	0.3080	0.3051	0.3021	0.2963	0.2880	0.2747	0.2623	0.2506
0.2252	0.2219	0.2187	0.2155	0.2092	0.2003	0.1863	0.1734	0.1616
0.1739	0.1705	0.1671	0.1638	0.1574	0.1483	0.1344	0.1218	0.1106
0.1398	0.1363	0.1329	0.1296	0.1232	0.1142	0.1007	0.0888	0.0784
0.1156	0.1121	0.1087	0.1054	0.0991	0.0904	0.0774	0.0663	0.0569
0.0975	0.0940	0.0907	0.0874	0.0813	0.0729	0.0606	0.0504	0.0419
0.0835	0.0801	0.0768	0.0736	0.0677	0.0596	0.0481	0.0388	0.0312
0.0724	0.0690	0.0658	0.0627	0.0570	0.0493	0.0385	0.0301	0.0235
0.0634	0.0601	0.0569	0.0540	0.0484	0.0411	0.0311	0.0235	0.0177
0.0559	0.0527	0.0497	0.0468	0.0414	0.0345	0.0253	0.0184	0.0135
0.0497	0.0465	0.0436	0.0408	0.0357	0.0291	0.0206	0.0145	0.0102
0.0443	0.0413	0.0384	0.0357	0.0309	0.0247	0.0169	0.0115	0.0078
0.0398	0.0368	0.0341	0.0315	0.0268	0.0210	0.0139	0.0091	0.0060
0.0359	0.0330	0.0303	0.0278	0.0234	0.0179	0.0114	0.0072	0.0046
0.0324	0.0296	0.0270	0.0247	0.0205	0.0154	0.0094	0.0058	0.0035
0.0294	0.0267	0.0242	0.0219	0.0179	0.0132	0.0078	0.0046	0.0027
0.0268	0.0241	0.0217	0.0195	0.0158	0.0113	0.0065	0.0037	0.0021
0.0244	0.0219	0.0195	0.0175	0.0139	0.0098	0.0054	0.0029	0.0016
0.0223	0.0198	0.0176	0.0156	0.0122	0.0084	0.0044	0.0023	0.0012
0.0204	0.0180	0.0159	0.0140	0.0108	0.0073	0.0037	0.0019	0.0009
0.0187	0.0164	0.0144	0.0126	0.0096	0.0063	0.0031	0.0015	0.0007
0.0172	0.0150	0.0130	0.0113	0.0085	0.0054	0.0025	0.0012	0.0006
0.0158	0.0137	0.0118	0.0102	0.0075	0.0047	0.0021	0.0009	0.0004
0.0146	0.0125	0.0107	0.0092	0.0067	0.0041	0.0018	0.0008	0.0003
0.0134	0.0114	0.0097	0.0083	0.0059	0.0035	0.0015	0.0006	0.0003
0.0124	0.0105	0.0089	0.0075	0.0052	0.0031	0.0012	0.0005	0.0002
0.0114	0.0096	0.0081	0.0067	0.0047	0.0027	0.0010	0.0004	0.0001
0.0106	0.0088	0.0073	0.0061	0.0041	0.0023	0.0008	0.0003	0.0001
0.0098	0.0081	0.0067	0.0055	0.0037	0.0020	0.0007	0.0002	0.0001
0.0091	0.0075	0.0061	0.0050	0.0033	0.0017	0.0006	0.0002	0.0001
0.0084	0.0069	0.0056	0.0045	0.0029	0.0015	0.0005	0.0002	0.0001
0.0078	0.0063	0.0051	0.0041	0.0026	0.0013	0.0004	0.0001	0.0000
0.0072	0.0058	0.0046	0.0037	0.0023	0.0011	0.0003	0.0001	0.0000
0.0050	0.0039	0.0030	0.0023	0.0013	0.0006	0.0001		
0.0035	0.0026	0.0019	0.0014	0.0007	0.0003	0.0001		
0.0025	0.0017	0.0012	0.0009	0.0004	0.0001	0.0000		
0.0017	0.0012	0.0008	0.0005					
0.0012	0.0008	0.0005	0.0003					
0.0009	0.0005	0.0003	0.0002					
0.0006	0.0004	0.0002	0.0001					
0.0004	0.0002	0.0001	0.0001					
0.0003	0.0002	0.0001	0.0000					
0.0002	0.0001	0.0001	0.0000					
0.0002	0.0001	0.0000	0.0000					
0.0001	0.0001	0.0000	0.0000					
0.0001	0.0000	0.0000	0.0000					

n \ i	0.75%	1%	1.5%	2%	2.5%	3%	4%	5%	6%
1	1.0075	1.0100	1.0150	1.0200	1.0250	1.0300	1.0400	1.0500	1.0600
2	0.5056	0.5075	0.5113	0.5150	0.5188	0.5226	0.5302	0.5378	0.5454
3	0.3383	0.3400	0.3434	0.3468	0.3501	0.3535	0.3603	0.3672	0.3741
4	0.2547	0.2563	0.2594	0.2626	0.2658	0.2690	0.2755	0.2820	0.2886
5	0.2045	0.2060	0.2091	0.2122	0.2152	0.2184	0.2246	0.2310	0.2374
6	0.1711	0.1725	0.1755	0.1785	0.1815	0.1846	0.1908	0.1970	0.2034
7	0.1472	0.1486	0.1516	0.1545	0.1575	0.1605	0.1666	0.1728	0.1791
8	0.1293	0.1307	0.1336	0.1365	0.1395	0.1425	0.1485	0.1547	0.1610
9	0.1153	0.1167	0.1196	0.1225	0.1255	0.1284	0.1345	0.1407	0.1470
10	0.1042	0.1056	0.1084	0.1113	0.1143	0.1172	0.1233	0.1295	0.1359
11	0.0951	0.0965	0.0993	0.1022	0.1051	0.1081	0.1141	0.1204	0.1268
12	0.0875	0.0888	0.0917	0.0946	0.0975	0.1005	0.1066	0.1128	0.1193
13	0.0810	0.0824	0.0852	0.0881	0.0910	0.0940	0.1001	0.1065	0.1130
14	0.0755	0.0769	0.0797	0.0826	0.0855	0.0885	0.0947	0.1010	0.1076
15	0.0707	0.0721	0.0749	0.0778	0.0808	0.0838	0.0899	0.0963	0.1030
16	0.0666	0.0679	0.0708	0.0737	0.0766	0.0796	0.0858	0.0923	0.0990
17	0.0629	0.0643	0.0671	0.0700	0.0729	0.0760	0.0822	0.0887	0.0954
18	0.0596	0.0610	0.0638	0.0667	0.0697	0.0727	0.0790	0.0855	0.0924
19	0.0567	0.0581	0.0609	0.0638	0.0668	0.0698	0.0761	0.0827	0.0896
20	0.0540	0.0554	0.0582	0.0612	0.0641	0.0672	0.0736	0.0802	0.0872
21	0.0516	0.0530	0.0559	0.0588	0.0618	0.0649	0.0713	0.0780	0.0850
22	0.0495	0.0509	0.0537	0.0566	0.0596	0.0627	0.0692	0.0760	0.0830
23	0.0475	0.0489	0.0517	0.0547	0.0577	0.0608	0.0673	0.0741	0.0813
24	0.0457	0.0471	0.0499	0.0529	0.0559	0.0590	0.0656	0.0725	0.0797
25	0.0440	0.0454	0.0483	0.0512	0.0543	0.0574	0.0640	0.0710	0.0782
26	0.0425	0.0439	0.0467	0.0497	0.0528	0.0559	0.0626	0.0696	0.0769
27	0.0411	0.0424	0.0453	0.0483	0.0514	0.0546	0.0612	0.0683	0.0757
28	0.0397	0.0411	0.0440	0.0470	0.0501	0.0533	0.0600	0.0671	0.0746
29	0.0385	0.0399	0.0428	0.0458	0.0489	0.0521	0.0589	0.0660	0.0736
30	0.0373	0.0387	0.0416	0.0446	0.0478	0.0510	0.0578	0.0651	0.0726
31	0.0363	0.0377	0.0406	0.0436	0.0467	0.0500	0.0569	0.0641	0.0718
32	0.0353	0.0367	0.0396	0.0426	0.0458	0.0490	0.0559	0.0633	0.0710
33	0.0343	0.0357	0.0386	0.0417	0.0449	0.0482	0.0551	0.0625	0.0703
34	0.0334	0.0348	0.0378	0.0408	0.0440	0.0473	0.0543	0.0618	0.0696
35	0.0326	0.0340	0.0369	0.0400	0.0432	0.0465	0.0536	0.0611	0.0690
40	0.0290	0.0305	0.0334	0.0366	0.0398	0.0433	0.0505	0.0583	0.0665
45	0.0263	0.0277	0.0307	0.0339	0.0373	0.0408	0.0483	0.0563	0.0647
50	0.0241	0.0255	0.0286	0.0318	0.0353	0.0389	0.0466	0.0548	0.0634
55	0.0223	0.0237	0.0268	0.0301	0.0337	0.0373	0.0452	0.0537	0.0625
60	0.0208	0.0222	0.0254	0.0288	0.0324	0.0361	0.0442	0.0528	0.0619
65	0.0195	0.0210	0.0242	0.0276	0.0313	0.0351	0.0434	0.0522	0.0614
70	0.0184	0.0199	0.0232	0.0267	0.0304	0.0343	0.0427	0.0517	0.0610
75	0.0175	0.0190	0.0223	0.0259	0.0297	0.0337	0.0422	0.0513	0.0608
80	0.0167	0.0182	0.0215	0.0252	0.0290	0.0331	0.0418	0.0510	0.0606
85	0.0160	0.0175	0.0209	0.0246	0.0285	0.0326	0.0415	0.0508	0.0604
90	0.0153	0.0169	0.0203	0.0240	0.0280	0.0323	0.0412	0.0506	0.0603
95	0.0148	0.0164	0.0198	0.0236	0.0276	0.0319	0.0410	0.0505	0.0602
100	0.0143	0.0159	0.0194	0.0232	0.0273	0.0316	0.0408	0.0504	0.0602

复系数(*A*/*P*, *i*, *n*)表

7%	8%	9%	10%	12%	15%	20%	25%	30%
1.0700	1.0800	1.0900	1.1000	1.1200	1.1500	1.2000	1.2500	1.3000
0.5531	0.5608	0.5685	0.5762	0.5917	0.6151	0.6545	0.6944	0.7348
0.3811	0.3880	0.3951	0.4021	0.4163	0.4380	0.4747	0.5123	0.5506
0.2952	0.3019	0.3087	0.3155	0.3292	0.3503	0.3863	0.4234	0.4616
0.2439	0.2505	0.2571	0.2638	0.2774	0.2983	0.3344	0.3718	0.4106
0.2098	0.2163	0.2229	0.2296	0.2432	0.2642	0.3007	0.3388	0.3784
0.1856	0.1921	0.1987	0.2054	0.2191	0.2404	0.2774	0.3163	0.3569
0.1675	0.1740	0.1807	0.1874	0.2013	0.2229	0.2606	0.3004	0.3419
0.1535	0.1601	0.1668	0.1736	0.1877	0.2096	0.2481	0.2888	0.3312
0.1424	0.1490	0.1558	0.1627	0.1770	0.1993	0.2385	0.2801	0.3235
0.1334	0.1401	0.1469	0.1540	0.1684	0.1911	0.2311	0.2735	0.3177
0.1259	0.1327	0.1397	0.1468	0.1614	0.1845	0.2253	0.2684	0.3135
0.1197	0.1265	0.1336	0.1408	0.1557	0.1791	0.2206	0.2645	0.3102
0.1143	0.1213	0.1284	0.1357	0.1509	0.1747	0.2169	0.2615	0.3078
0.1098	0.1168	0.1241	0.1315	0.1468	0.1710	0.2139	0.2591	0.3060
0.1059	0.1130	0.1203	0.1278	0.1434	0.1679	0.2114	0.2572	0.3046
0.1024	0.1096	0.1170	0.1247	0.1405	0.1654	0.2094	0.2558	0.3035
0.0994	0.1067	0.1142	0.1219	0.1379	0.1632	0.2078	0.2546	0.3027
0.0968	0.1041	0.1117	0.1195	0.1358	0.1613	0.2065	0.2537	0.3021
0.0944	0.1019	0.1095	0.1175	0.1339	0.1598	0.2054	0.2529	0.3016
0.0923	0.0998	0.1076	0.1156	0.1322	0.1584	0.2044	0.2523	0.3012
0.0904	0.0980	0.1059	0.1140	0.1308	0.1573	0.2037	0.2519	0.3009
0.0887	0.0964	0.1044	0.1126	0.1296	0.1563	0.2031	0.2515	0.3007
0.0872	0.0950	0.1030	0.1113	0.1285	0.1554	0.2025	0.2512	0.3006
0.0858	0.0937	0.1018	0.1102	0.1275	0.1547	0.2021	0.2509	0.3004
0.0846	0.0925	0.1007	0.1092	0.1267	0.1541	0.2018	0.2508	0.3003
0.0834	0.0914	0.0997	0.1083	0.1259	0.1535	0.2015	0.2506	0.3003
0.0824	0.0905	0.0989	0.1075	0.1252	0.1531	0.2012	0.2505	0.3002
0.0814	0.0896	0.0981	0.1067	0.1247	0.1527	0.2010	0.2504	0.3001
0.0806	0.0888	0.0973	0.1061	0.1241	0.1523	0.2008	0.2503	0.3001
0.0798	0.0881	0.0967	0.1055	0.1237	0.1520	0.2007	0.2502	0.3001
0.0791	0.0875	0.0961	0.1050	0.1233	0.1517	0.2006	0.2502	0.3001
0.0784	0.0869	0.0956	0.1045	0.1229	0.1515	0.2005	0.2502	0.3001
0.0778	0.0863	0.0951	0.1041	0.1226	0.1513	0.2004	0.2501	0.3000
0.0772	0.0858	0.0946	0.1037	0.1223	0.1511	0.2003	0.2501	0.3000
0.0750	0.0839	0.0930	0.1023	0.1213	0.1506	0.2001		
0.0735	0.0826	0.0919	0.1014	0.1207	0.1503	0.2001		
0.0725	0.0817	0.0912	0.1009	0.1204	0.1501	0.2000		
0.0717	0.0812	0.0908	0.1005					
0.0712	0.0808	0.0905	0.1003					
0.0709	0.0805	0.0903	0.1002					
0.0706	0.0804	0.0902	0.1001					
0.0704	0.0802	0.0901	0.1001					
0.0703	0.0802	0.0901	0.1000					
0.0702	0.0801	0.0901	0.1000					
0.0702	0.0801	0.0900	0.1000					
0.0701	0.0801	0.0900	0.1000					
0.0701	0.0800	0.0900	0.1000					

附录 A6　等额支付系列现值

n \ i	0.75%	1%	1.5%	2%	2.5%	3%	4%	5%	6%
1	0.9926	0.9901	0.9852	0.9804	0.9756	0.9709	0.9615	0.9524	0.9434
2	1.9777	1.9704	1.9559	1.9416	1.9274	1.9135	1.8861	1.8594	1.8334
3	2.9556	2.9410	2.9122	2.8839	2.8560	2.8286	2.7751	2.7232	2.6730
4	3.9261	3.9020	3.8544	3.8077	3.7620	3.7171	3.6299	3.5460	3.4651
5	4.8894	4.8534	4.7826	4.7135	4.6458	4.5797	4.4518	4.3295	4.2124
6	5.8456	5.7955	5.6972	5.6014	5.5081	5.4172	5.2421	5.0757	4.9173
7	6.7946	6.7282	6.5982	6.4720	6.3494	6.2303	6.0021	5.7864	5.5824
8	7.7366	7.6517	7.4859	7.3255	7.1701	7.0197	6.7327	6.4632	6.2098
9	8.6716	8.5660	8.3605	8.1622	7.9709	7.7861	7.4353	7.1078	6.8017
10	9.5996	9.4713	9.2222	8.9826	8.7521	8.5302	8.1109	7.7217	7.3601
11	10.5207	10.3676	10.0711	9.7868	9.5142	9.2526	8.7605	8.3064	7.8869
12	11.4349	11.2551	10.9075	10.5753	10.2578	9.9540	9.3851	8.8633	8.3838
13	12.3423	12.1337	11.7315	11.3484	10.9832	10.6350	9.9856	9.3936	8.8527
14	13.2430	13.0037	12.5434	12.1062	11.6909	11.2961	10.5631	9.8986	9.2950
15	14.1370	13.8651	13.3432	12.8493	12.3814	11.9379	11.1184	10.3797	9.7122
16	15.0243	14.7179	14.1313	13.5777	13.0550	12.5611	11.6523	10.8378	10.1059
17	15.9050	15.5623	14.9076	14.2919	13.7122	13.1661	12.1657	11.2741	10.4773
18	16.7792	16.3983	15.6726	14.9920	14.3534	13.7535	12.6593	11.6896	10.8276
19	17.6468	17.2260	16.4262	15.6785	14.9789	14.3238	13.1339	12.0853	11.1581
20	18.5080	18.0456	17.1686	16.3514	15.5892	14.8775	13.5903	12.4622	11.4699
21	19.3628	18.8570	17.9001	17.0112	16.1845	15.4150	14.0292	12.8212	11.7641
22	20.2112	19.6604	18.6208	17.6580	16.7654	15.9369	14.4511	13.1630	12.0416
23	21.0533	20.4558	19.3309	18.2922	17.3321	16.4436	14.8568	13.4886	12.3034
24	21.8891	21.2434	20.0304	18.9139	17.8850	16.9355	15.2470	13.7986	12.5504
25	22.7188	22.0232	20.7196	19.5235	18.4244	17.4131	15.6221	14.0939	12.7834
26	23.5422	22.7952	21.3986	20.1210	18.9506	17.8768	15.9828	14.3752	13.0032
27	24.3595	23.5596	22.0676	20.7069	19.4640	18.3270	16.3296	14.6430	13.2105
28	25.1707	24.3164	22.7267	21.2813	19.9649	18.7641	16.6631	14.8981	13.4062
29	25.9759	25.0658	23.3761	21.8444	20.4535	19.1885	16.9837	15.1411	13.5907
30	26.7751	25.8077	24.0158	22.3965	20.9303	19.6004	17.2920	15.3725	13.7648
31	27.5683	26.5423	24.6461	22.9377	21.3954	20.0004	17.5885	15.5928	13.9291
32	28.3557	27.2696	25.2671	23.4683	21.8492	20.3888	17.8736	15.8027	14.0840
33	29.1371	27.9897	25.8790	23.9886	22.2919	20.7658	18.1476	16.0025	14.2302
34	29.9128	28.7027	26.4817	24.4986	22.7238	21.1318	18.4112	16.1929	14.3681
35	30.6827	29.4086	27.0756	24.9986	23.1452	21.4872	18.6646	16.3742	14.4982
40	34.4469	32.8347	29.9158	27.3555	25.1028	23.1148	19.7928	17.1591	15.0463
45	38.0732	36.0945	32.5523	29.4902	26.8330	24.5187	20.7200	17.7741	15.4558
50	41.5664	39.1961	34.9997	31.4236	28.3623	25.7298	21.4822	18.2559	15.7619
55	44.9316	42.1472	37.2715	33.1748	29.7140	26.7744	22.1086	18.6335	15.9905
60	48.1734	44.9550	39.3803	34.7609	30.9087	27.6756	22.6235	18.9293	16.1614
65	51.2963	47.6266	41.3378	36.1975	31.9646	28.4529	23.0467	19.1611	16.2891
70	54.3046	50.1685	43.1549	37.4986	32.8979	29.1234	23.3945	19.3427	16.3845
75	57.2027	52.5871	44.8416	38.6771	33.7227	29.7018	23.6804	19.4850	16.4558
80	59.9944	54.8882	46.4073	39.7445	34.4518	30.2008	23.9154	19.5965	16.5091
85	62.6838	57.0777	47.8607	40.7113	35.0962	30.6312	24.1085	19.6838	16.5489
90	65.2746	59.1609	49.2099	41.5869	35.6658	31.0024	24.2673	19.7523	16.5787
95	67.7704	61.1430	50.4622	42.3800	36.1692	31.3227	24.3978	19.8059	16.6009
100	70.1746	63.0289	51.6247	43.0984	36.6141	31.5989	24.5050	19.8479	16.6175

系数(P/A, i, n)表

7%	8%	9%	10%	12%	15%	20%	25%	30%
0.934 6	0.925 9	0.917 4	0.909 1	0.892 9	0.869 6	0.833 3	0.800 0	0.769 2
1.808 0	1.783 3	1.759 1	1.735 5	1.690 1	1.625 7	1.527 8	1.440 0	1.360 9
2.624 3	2.577 1	2.531 3	2.486 9	2.401 8	2.283 2	2.106 5	1.952 0	1.816 1
3.387 2	3.312 1	3.239 7	3.169 9	3.037 3	2.855 0	2.588 7	2.361 6	2.166 2
4.100 2	3.992 7	3.889 7	3.790 8	3.604 8	3.352 2	2.990 6	2.689 3	2.435 6
4.766 5	4.622 9	4.485 9	4.355 3	4.111 4	4.784 5	3.325 5	2.951 4	2.642 7
5.389 3	5.206 4	5.033 0	4.868 4	4.563 8	4.160 4	3.604 6	3.161 1	2.802 1
5.971 3	5.746 6	5.534 8	5.334 9	4.967 6	4.487 3	3.837 2	3.328 9	2.924 7
6.515 2	6.246 9	5.995 2	5.759 0	5.328 2	4.771 6	4.031 0	3.463 1	3.019 0
7.023 6	6.710 1	6.417 7	6.144 6	5.650 2	5.018 8	4.192 5	3.570 5	3.091 5
7.498 7	7.139 0	6.805 2	6.495 1	5.937 7	5.233 7	4.327 1	3.656 4	3.147 3
7.942 7	7.536 1	7.160 7	6.813 7	6.194 4	5.420 6	4.439 2	3.725 1	3.190 3
8.357 7	7.903 8	7.486 9	7.103 4	6.423 5	5.583 1	4.532 7	3.780 1	3.223 3
8.745 5	8.244 2	7.786 2	7.366 7	6.628 2	5.724 5	4.610 6	3.824 1	3.248 7
9.107 9	8.559 5	8.060 7	7.606 1	6.810 9	5.847 4	4.675 5	3.859 3	3.268 2
9.446 6	8.851 4	8.312 6	7.823 7	6.974 0	5.954 2	4.729 6	3.887 4	3.283 2
9.763 2	9.121 6	8.543 6	8.021 6	7.119 6	6.047 2	4.774 6	3.909 9	3.294 8
10.059 1	9.371 9	8.755 6	8.201 4	7.249 7	6.128 0	4.812 2	3.927 9	3.303 7
10.335 6	9.603 6	8.950 1	8.364 9	7.365 8	6.198 2	4.843 5	3.942 4	3.310 5
10.594 0	9.818 1	9.128 5	8.513 6	7.469 4	6.259 3	4.869 6	3.953 9	3.315 8
10.835 5	10.016 8	9.292 2	8.648 7	7.562 0	6.312 5	4.891 3	3.963 1	3.319 8
11.061 2	10.200 7	9.442 4	8.771 5	7.644 6	6.358 7	4.909 4	3.970 5	3.323 0
11.272 2	10.371 1	9.580 2	8.883 2	7.718 4	6.398 8	4.924 5	3.976 4	3.325 4
11.469 3	10.528 8	9.706 6	8.984 7	7.784 3	6.433 8	4.937 1	3.981 1	3.327 2
11.653 6	10.674 8	9.822 6	9.077 0	7.843 1	6.464 1	4.947 8	3.984 9	3.328 6
11.825 8	10.810 0	9.928 0	9.160 9	7.895 7	6.490 6	4.956 3	3.987 9	3.329 7
11.986 7	10.935 2	10.026 6	9.237 2	7.942 6	6.513 5	4.963 6	3.990 3	3.330 5
12.137 1	11.051 1	10.116 1	9.306 6	7.984 4	6.533 5	4.969 7	3.992 3	3.331 2
12.277 7	11.158 4	10.198 3	9.369 6	8.021 8	6.550 9	4.974 7	3.993 8	3.331 7
12.409 0	11.257 8	10.273 7	9.426 9	8.055 2	6.566 0	4.978 9	3.995 0	3.332 1
12.531 8	11.349 8	10.342 8	9.479 0	8.085 0	6.579 1	4.982 4	3.996 0	3.332 4
12.646 6	11.435 0	10.406 2	9.526 4	8.111 6	6.590 5	4.985 4	3.996 8	3.332 6
12.753 8	11.513 9	10.464 4	9.569 4	8.135 4	6.600 5	4.987 8	3.997 5	3.332 8
12.854 0	11.586 9	10.517 8	9.608 6	8.156 6	6.609 1	4.989 8	3.998 0	3.332 9
12.947 7	11.654 6	10.566 8	9.644 2	8.175 5	6.616 6	4.991 5	3.998 4	3.333 0
13.331 7	11.924 6	10.757 4	9.779 1	8.243 8	6.641 8	4.996 6		
13.605 5	12.108 4	10.881 2	9.862 8	8.282 5	6.654 3	4.998 6		
13.800 7	12.233 5	10.961 7	9.914 8	8.304 5	6.660 5	4.999 5		
13.939 9	12.318 6	11.014 0	9.947 1					
14.039 2	12.376 6	11.048 0	9.967 2					
14.109 9	12.416 0	11.070 1	9.979 6					
14.160 4	12.442 8	11.084 4	9.987 3					
14.196 4	12.461 1	11.093 8	9.992 1					
14.222 0	12.473 5	11.099 8	9.995 1					
14.240 3	12.482 0	11.103 8	9.997 0					
14.253 3	12.487 7	11.106 4	9.998 1					
14.262 6	12.491 7	11.108 0	9.998 8					
14.269 3	12.494 3	11.109 1	9.999 3					

n \ i	0.75%	1%	1.5%	2%	2.5%	3%	4%	5%	6%
1	0.0000	0.0000	0.0000	0.0000	0.0000	0.0000	0.0000	0.0000	0.0000
2	0.4981	0.4975	0.4963	0.4950	0.4938	0.4926	0.4902	0.4878	0.4854
3	0.9950	0.9934	0.9901	0.9868	0.9835	0.9803	0.9739	0.9675	0.9612
4	1.4907	1.4876	1.4814	1.4752	1.4691	1.4631	1.4510	1.4391	1.4272
5	1.9851	1.9801	1.9702	1.9604	1.9506	1.9409	1.9216	1.9025	1.8836
6	2.4732	2.4710	2.4566	2.4423	2.4280	2.4138	2.3857	2.3579	2.3304
7	2.9701	2.9602	2.9405	2.9208	2.9013	2.8819	2.8433	2.8052	2.7676
8	3.4608	3.4478	3.4219	3.3961	3.3704	3.3450	3.2944	3.2445	3.1952
9	3.9502	3.9337	3.9008	3.8681	3.8355	3.8032	3.7391	3.6758	3.6133
10	4.4384	4.4179	4.3772	4.3367	4.2965	4.2565	4.1773	4.0991	4.0220
11	4.9253	4.9005	4.8512	4.8021	4.7534	4.7049	4.6090	4.5144	4.4213
12	5.4110	5.3815	5.3227	5.2642	5.2062	5.1485	5.0343	4.9219	4.8113
13	5.8954	5.8607	5.7917	5.7231	5.6549	5.5872	5.4533	5.3215	5.1920
14	6.3786	6.3384	6.2582	6.1786	6.0995	6.0210	5.8659	5.7133	5.5635
15	6.8606	6.8143	6.7223	6.6309	6.5401	6.4500	6.2721	6.0973	5.9260
16	7.3413	7.2886	7.1839	7.0799	6.9766	6.8742	6.6720	6.4736	6.2794
17	7.8207	7.7613	7.6431	7.5256	7.4091	7.2936	7.0656	6.8423	6.6240
18	8.2989	8.2323	8.0997	7.9681	7.8375	7.7081	7.4530	7.2034	6.9597
19	8.7759	8.7017	8.5539	8.4073	8.2619	8.1179	7.8342	7.5569	7.2867
20	9.2516	9.1694	9.0057	8.8433	8.6823	8.5229	8.2091	7.9030	7.6051
21	9.7261	9.6354	9.4550	9.2760	9.0986	8.9231	8.5779	8.2416	7.9151
22	10.1994	10.0998	9.9018	9.7055	9.5110	9.3186	8.9407	8.5730	8.2166
23	10.6714	10.5626	10.3462	10.1317	9.9193	9.7093	9.2973	8.8971	8.5099
24	11.1422	11.0237	10.7881	10.5547	10.3237	10.0954	9.6479	9.2140	8.7951
25	11.6117	11.4831	11.2276	10.9745	10.7241	10.4768	9.9925	9.5238	9.0722
26	12.0800	11.9409	11.6646	11.3910	11.1205	10.8535	10.3312	9.8266	9.3414
27	12.5470	12.3971	12.0392	11.8043	11.5130	11.2255	10.6640	10.1224	9.6029
28	13.0128	12.8516	12.5313	12.2145	11.9015	11.5930	10.9909	10.4114	9.8568
29	13.4774	13.3044	12.9610	12.6214	12.2861	11.9558	11.3120	10.6936	10.1032
30	13.9407	13.7557	13.3883	13.0251	12.6668	12.3141	11.6274	10.9691	10.3422
31	14.4028	14.2052	13.8131	13.4257	13.0436	12.6678	11.9371	11.2381	10.5740
32	14.8636	14.6532	14.2355	13.8230	13.4166	13.0169	12.2411	11.5005	10.7988
33	15.3232	15.0995	14.6555	14.2172	13.7856	13.3616	12.5396	11.7566	11.0166
34	15.7816	15.5441	15.0731	14.6083	14.1508	13.7018	12.8324	12.0083	11.2276
35	16.2387	15.9871	15.4882	14.9961	14.5122	14.0375	13.1198	12.2498	11.4319
40	18.5058	18.1778	17.5277	16.8885	16.2620	15.6502	14.4765	13.3775	12.3590
45	20.7421	20.3273	19.5074	18.7034	17.9185	17.1556	15.7047	14.3644	13.1413
50	22.9476	22.4363	21.4277	20.4420	19.4839	18.5575	16.8122	15.2233	13.7964
55	25.1223	24.5049	23.2894	22.1057	20.9608	19.8600	17.8070	15.9664	14.3411
60	27.2665	26.5333	25.0930	23.6961	22.3518	21.0674	18.6972	16.6062	14.7909
65	29.3801	28.5217	26.8393	25.2147	23.6600	22.1841	19.4909	17.1541	15.1601
70	31.4634	30.4703	28.5290	26.6632	24.8881	23.2145	20.1961	17.6212	15.4613
75	33.5163	32.3793	30.1631	28.0434	26.0393	24.1634	20.8206	18.0176	15.7058
80	35.5391	34.2492	31.7423	29.3572	27.1167	25.0353	21.3718	18.3526	15.9033
85	37.5318	36.0801	33.2676	30.6064	28.1235	25.8349	21.8569	18.6346	16.0620
90	39.4946	37.8724	34.7399	31.7929	29.0629	26.5667	22.2826	18.8712	16.1891
95	41.4277	39.6265	36.1602	32.9189	29.9382	27.2351	22.6550	19.0689	16.2905
100	43.3311	41.3426	37.5295	33.9863	30.7525	27.8444	22.9800	19.2337	16.3711

数(A/G, i, n)表

7%	8%	9%	10%	12%	15%	20%	25%	30%
0.0000	0.0000	0.0000	0.0000	0.0000	0.0000	0.0000	0.0000	0.0000
0.4831	0.4808	0.4785	0.4762	0.4717	0.4651	0.4545	0.4444	0.4348
0.9549	0.9487	0.9426	0.9366	0.9246	0.9071	0.8791	0.8525	0.8271
1.4155	1.4040	1.3925	1.3812	1.3589	1.3263	1.2742	1.2249	1.1783
1.8650	1.8465	1.8282	1.8101	1.7746	1.7228	1.6405	1.5631	1.4903
2.3032	2.2763	2.2498	2.2236	2.1720	2.0972	1.9788	1.8683	1.7654
2.7304	2.6937	2.6574	2.6216	2.5515	2.4498	2.2902	2.1424	2.0063
3.1465	3.0985	3.0512	3.0045	2.9131	2.7813	2.5756	2.3872	2.2156
3.5517	3.4910	3.4312	3.3724	3.2574	3.0922	2.8364	2.6048	2.3963
3.9461	3.8713	3.7978	3.7255	3.5847	3.3832	3.0739	2.7971	2.5512
4.3296	4.2395	4.1510	4.0641	3.8953	3.6549	3.2893	2.9663	2.6833
4.7025	4.5957	4.4910	4.3884	4.1897	3.9082	3.4841	3.1145	2.7952
5.0648	4.9402	4.8182	4.6988	4.4683	4.1438	3.6597	3.2437	2.8895
5.4167	5.2731	5.1326	4.9955	4.7317	4.3624	3.8175	3.3559	2.9685
5.7583	5.5945	5.4346	5.2789	4.9803	4.5650	3.9588	3.4530	3.0344
6.0897	5.9046	5.7245	5.5493	5.2147	4.7522	4.0851	3.5366	3.0892
6.4110	6.2037	6.0024	5.8071	5.4353	4.9251	4.1976	3.6084	3.1345
6.7225	6.4920	6.2687	6.0526	5.6427	5.0843	4.2975	3.6698	3.1718
7.0242	6.7697	6.5236	6.2861	5.8375	5.2307	4.3861	3.7222	3.2025
7.3163	7.0369	6.7674	6.5081	6.0202	5.3651	4.4643	3.7667	3.2275
7.5990	7.2940	7.0006	6.7189	6.1913	5.4883	4.5334	3.8045	3.2480
7.8725	7.5412	7.2232	6.9189	6.3514	5.6010	4.5941	3.8365	3.2646
8.1369	7.7786	7.4357	7.1085	6.5010	5.7040	4.6475	3.8634	3.2781
8.3923	8.0066	7.6384	7.2881	6.6406	5.7979	4.6943	3.8861	3.2890
8.6391	8.2254	7.8316	7.4580	6.7708	5.8834	4.7352	3.9052	3.2979
8.8773	8.4352	8.0156	7.6186	6.8921	5.9612	4.7709	3.9212	3.3050
9.1072	8.6363	8.1906	7.7704	7.0049	6.0319	4.8020	3.9346	3.3107
9.3289	8.8289	8.3571	7.9137	7.1098	6.0906	4.8291	3.9457	3.3153
9.5427	9.0133	8.5154	8.0489	7.2071	6.1541	4.8527	3.9551	3.3189
9.7487	9.1897	8.6657	8.1762	7.2974	6.2066	4.8731	3.9628	3.3219
9.9471	9.3584	8.8083	8.2962	7.3811	6.2541	4.8908	3.9693	3.3242
10.1381	9.6197	8.9436	8.4091	7.4586	8.2970	4.9061	3.9746	3.3261
10.3219	9.6737	9.0718	8.5152	7.5302	6.3357	4.9194	3.9791	3.3276
10.4987	9.8208	9.1933	8.6149	7.5965	6.3705	4.9308	3.9828	3.3288
10.6687	9.9611	9.3083	8.7086	7.6577	6.4019	4.9406	3.9858	3.3297
11.4233	10.5699	9.7957	9.0962	7.8988	6.5168	4.9728		
12.0360	11.0447	10.1603	9.3740	8.0572	6.5830	4.9877		
12.5287	11.4107	10.4295	9.5704	8.1597	6.6205	4.9945		
12.9215	11.6902	10.6261	9.7075					
13.2321	11.9015	10.7683	9.8023					
13.4760	12.0602	10.8702	9.8672					
13.6662	12.1783	10.9427	9.9113					
13.8136	12.2658	10.9940	9.9410					
13.9273	12.3301	11.0299	9.9609					
14.0146	12.3772	11.0551	9.9742					
14.0812	12.4116	11.0726	9.9831					
14.1319	12.4365	11.0847	9.9889					
14.1703	12.4545	11.0930	9.9927					

参 考 文 献

[1] Bussey LE, Eschenbach TG. The Economic Analysis of Industrial Projects[M]. 2nd ed. Upper Saddle River, NJ: Prentice Hall, 1992.

[2] Dasgupta P, Sen A, Marglin S. Guideline for Project Evaluation[M]. New York: UNIDO, 1972.

[3] European Commission. Guidelines for successful public-private partnerships[R]. [s. l.]: European commission,March 2003.

[4] Grant EL, Ireson WG, Levenworth RS. Principle of Engineering Economy[M]. 2nd ed. New York: John Wiley & Sons, 1990.

[5] Treasury HM(U. K.). Appraisal and Evaluation in Central Government (The Green Book)[R]. London: The Stationery Office, 2003.

[6] Little IMD, Mirrlees J. Project Appraisal and Planning for Developing Countries[M]. London: Heinemann, 1974.

[7] Musgrave RA, Musgrave PB. Public Finance in Theory and Practice[M]. 5th ed. New York: McGraw-Hill, 1989.

[8] OMB (USA). Benefit-Cost Analysis of Federal Programs[R]. Fed. Reg. 57, 1992.

[9] Perrot J-Y, Gautier C. Financing of Major Infrastructure and Public Service Projects: Public-Private Partnership[R]. Presses de l'ecole nationale des onts et chausses, 2000.

[10] Riggs JL, Bedworth DD, Randhawa SV. Engineering Economics[M]. 4th ed. New York: McGraw-Hill, 1996.

[11] Smith GW. Engineering Economy: The Analysis of Capital Expenditures[M]. 4th ed. Ames, IO: Iowa State University Press, 1987.

[12] Sullivan WG, Wicks EM, Luxhoj JT. Engineering Economy[M]. 12th ed. Upper Saddle River, NJ: Prentice Hall, 2003.

[13] Thuesen GJ, Fabrycky WJ. Engineering Economy[M]. 9th ed. Upper Saddle River, NJ: Prentice Hall, 2001.

[14] United Nations Economic Commision for Europe. Public/Private Partnership: A New Concept for Development[R]. [s. l.]: United Nations Economic Commision of Europe,Sept. 13, 1999.

[15] White JA, Case KE, Pratt DB, et al. Principles of Engineering Economic Analysis [M]. 4th ed. New York: John Wiley & Sons, 1998.

[16] P•贝利,等.投资运行的经济分析(世界银行学院发展丛书)[M].北京:中国计划出版社,2002.

[17] 国家计划委员会,建设部.建设项目经济评价方法与参数[M].3 版.北京:中国计划出版社,2006.

[18] 黄渝祥,邢爱芳.工程经济学[M].3 版.上海:同济大学出版社,2005.

[19] 黄渝祥.费用-效益分析[M].上海:同济大学出版社,1987.

[20] 黄渝祥.投资财务[M].北京:知识出版社,1993.

[21] 黄渝祥，李明哲，等. 政府投资项目经济评价方法与参数研究[M]. 北京：中国计划出版社，2004.
[22] 黄渝祥，张庆洪. 现代应用经济学[M]. 北京：高等教育出版社，2003.
[23] 黄渝祥，等. 企业管理概论[M]. 北京：高等教育出版社，2002.
[24] J·P·吉廷格. 农业项目的经济评价[M]. 金慰祖，等，译. 北京：中国财政经济出版社，1985.
[25] 桑贾伊·普拉丹. 公共支出分析的基本方法[M]. 北京：中国财政经济出版社，2000.
[26] 邵颖红，黄渝祥. 工程经济学概论[M]. 北京：电子工业出版社，2003.
[27] H. M. Steiner. 工程经济学原理[M]. 2 版. 成其谦，等，译. 北京：经济科学出版社，2000.
[28] 中国国际工程咨询公司编写组. 投资项目可行性研究指南[M]. 北京：中国电力出版社，2002.
[29] 于九如. 投资项目风险分析[M]. 北京：机械工业出版社，1999.